北大社·"十三五"普通高等教育本科规划教材
高等院校汽车专业"互联网+"创新规划教材
辽宁省"十二五"普通高等教育本科省级规划教材

汽车电子控制技术
（第 3 版）

主　编　凌永成
主　审　王岩松

内容简介

本书全面、系统地阐述了汽车电子控制技术在现代汽车上的应用情况。在简要介绍汽车电子控制系统的基本组成和发展趋势之后，本书着重论述了发动机、底盘、车身电子控制系统的结构组成、工作原理等知识，对车载网络技术和汽车电子控制系统检测诊断等内容也作了充分的介绍。

本书可以作为高等院校交通运输、车辆工程专业的教材，也可以作为高等职业技术学院和高等工程专科学校汽车运用与维修专业的教材，同时也可供广大汽车工程技术人员和汽车维修人员参考使用。

图书在版编目(CIP)数据

汽车电子控制技术/凌永成主编. —3版. —北京：北京大学出版社，2017.1
(高等院校汽车专业"互联网+"创新规划教材)
ISBN 978-7-301-27262-6

Ⅰ. ①汽… Ⅱ. ①凌… Ⅲ. ①汽车—电子控制—高等学校—教材 Ⅳ. ①U463.6

中国版本图书馆 CIP 数据核字(2016)第 155829 号

书　　　名	汽车电子控制技术（第3版） Qiche Dianzi Kongzhi Jishu
著作责任者	凌永成　主编
策划编辑	童君鑫
责任编辑	黄红珍
数字编辑	刘志秀
标准书号	ISBN 978-7-301-27262-6
出版发行	北京大学出版社
地　　　址	北京市海淀区成府路 205 号　100871
网　　　址	http://www.pup.cn　新浪微博:@北京大学出版社
电子信箱	pup_6@163.com
电　　　话	邮购部 010-62752015　发行部 010-62750672　编辑部 010-62750667
印刷者	北京圣夫亚美印刷有限公司
经销者	新华书店
	787 毫米×1092 毫米　16 开本　21 印张　489 千字 2006 年 8 月第 1 版　2011 年 7 月第 2 版 2017 年 1 月第 3 版　2023 年 6 月第 8 次印刷
定　　　价	59.00 元

未经许可，不得以任何方式复制或抄袭本书之部分或全部内容。
版权所有，侵权必究
举报电话：010-62752024　电子信箱：fd@pup.pku.edu.cn
图书如有印装质量问题，请与出版部联系，电话：010-62756370

第 3 版前言

教材是教学之本,是教学质量稳步提高的基本保障。教材内容必须与时俱进,紧跟技术发展的步伐,反映工程技术领域的新结构、新工艺、新特点和新趋势。

随着近年来国内外汽车技术的迅猛发展,《汽车电子控制技术》(第 2 版)的部分内容已显陈旧,需要删减和更新;同时,许多关于汽车新技术的知识需要补充和加强。为此,我们组织力量对《汽车电子控制技术》(第 2 版)进行了全面的修订。

本书是按照教育部关于应用型本科和"卓越工程师教育培养计划"的总体目标,并结合汽车类专业的实际需求编写的。

全书共分 11 章,在简要介绍电子控制技术在汽车上的应用情况和发展趋势之后,着重阐述和讲授发动机、底盘、车身电子控制系统的结构组成、工作原理等知识,对车载网络技术和汽车电子控制系统检测诊断等内容也作了充分的介绍。

本书作为北京大学出版社出版、沈阳大学凌永成主编的《汽车电气设备》的姊妹篇,在内容上与《汽车电气设备》相互呼应,互为补充。在课程安排上,应先开设"汽车电气设备",再开设"汽车电子控制技术"。

本书是按照授课时数约为 60 学时编写的。各学校在选用本书作为教材时,可根据自己的教学大纲适当增减学时。

本书条理清晰,层次分明,语言简练,图文并茂,重点突出,详略得当,简化了冗长的理论分析,强化了汽车新技术和实用技术的介绍;内容的取舍以充分满足汽车工程师知识结构的要求为出发点,特别注重理论与实践的紧密结合;内容具有极强的针对性和实用性,旨在切实培养和提高学生的技术应用能力,是一本具有鲜明特色的实用规划教材。

本书由沈阳大学凌永成主编,具体编写分工如下:第 1~2 章由李雪飞编写,第 3 章由于非非编写,第 4 章由戚基艳(沈阳工学院)编写,第 5 章由曹师今编写,第 6 章由张贺东(吉林大学珠海学院)编写,第 7~9 章、第 11 章由凌永成编写,第 10 章由赵海波(沈阳理工大学)编写。

上海工程技术大学王岩松教授作为主审,对全书进行了认真的审阅,并提出了许多宝贵意见,使本书体系更为完整,结构更为严谨,我们在此深表谢忱!

在本书编写过程中,我们得到许多专家和同行的热情支持,并参考和借鉴了国内外公开出版的文献,在此一并致谢!

由于编者水平有限,书中难免存在不足或疏漏之处,恳请广大读者批评指正,以便再版时修订。

为方便选用本书作为教材的任课教师授课,编者制作了与本书配套的电子课件,有需要的教师可联系 QQ 客服 3209939285@qq.com 索要,或者致信凌永成电子邮箱 lyc903115@163.com 索取,编者会无偿提供。

编 者
2016 年 9 月

目　　录

第1章　绪论 …………………… 1
  1.1 汽车电子控制技术的发展………… 1
    1.1.1 汽车电子控制技术的发展历程 ………………… 1
    1.1.2 汽车电子控制技术的发展特点 ………………… 2
    1.1.3 汽车电子控制技术的发展趋势 ………………… 3
  1.2 汽车电子控制技术应用概况 …… 4
  1.3 汽车电子控制系统的基本组成 …… 6
    1.3.1 信号输入装置 ………… 6
    1.3.2 控制器 ………………… 8
    1.3.3 执行器 ………………… 10
  复习思考题 ………………………… 10

第2章　发动机电子控制系统 ……… 11
  2.1 电子控制汽油喷射系统概述 …… 11
    2.1.1 汽油机对空燃比的要求 … 11
    2.1.2 燃油喷射的概念 ……… 14
    2.1.3 燃油喷射系统的分类 … 14
  2.2 电控燃油喷射系统的基本组成 … 20
    2.2.1 空气供给系统 ………… 20
    2.2.2 燃油供给系统 ………… 23
    2.2.3 电子控制系统 ………… 25
  2.3 电控燃油喷射系统传感器的结构原理 …………………… 27
    2.3.1 歧管压力传感器 ……… 27
    2.3.2 空气流量传感器 ……… 30
    2.3.3 节气门位置传感器 …… 37
    2.3.4 曲轴位置传感器和凸轮轴位置传感器 ……… 39
    2.3.5 氧传感器 ……………… 39
    2.3.6 温度传感器 …………… 43

  2.4 电控燃油喷射系统执行器的结构原理 …………………… 45
    2.4.1 喷油器 ………………… 46
    2.4.2 电动汽油泵 …………… 47
  2.5 电控燃油喷射系统的控制原理 … 50
    2.5.1 喷油器控制 …………… 50
    2.5.2 喷油正时控制 ………… 51
    2.5.3 发动机起动时喷油量的控制 ……………………… 53
    2.5.4 发动机起动后喷油量的控制 ……………………… 54
    2.5.5 发动机断油控制 ……… 55
  2.6 电控电子点火系统 ……………… 56
    2.6.1 电控电子点火系统的组成 ……………………… 56
    2.6.2 电控电子点火系统主要部件的结构原理 ……… 58
    2.6.3 电控电子点火系统控制原理 …………………… 66
  2.7 汽油发动机辅助控制 …………… 73
    2.7.1 怠速控制 ……………… 73
    2.7.2 进气控制 ……………… 80
    2.7.3 配气相位和气门升程控制 ……………………… 82
    2.7.4 排放净化系统 ………… 91
    2.7.5 电控节气门系统 ……… 94
  复习思考题 ………………………… 97

第3章　电子控制自动变速器 …… 98
  3.1 自动变速器概述 ………………… 98
    3.1.1 自动变速器的定义 …… 98
    3.1.2 自动变速器的优点 …… 98
    3.1.3 自动变速器的发展趋势 … 99
    3.1.4 自动变速器类型 ……… 100
    3.1.5 电子控制自动变速器的组成 …………………… 103

3.2 行星齿轮式电控自动变速器 …… 105
   3.2.1 液力传动装置 …… 105
   3.2.2 行星齿轮变速机构 …… 109
   3.2.3 液压控制系统 …… 119
   3.2.4 电子控制系统 …… 123
   3.2.5 自动变速器的使用 …… 134
   3.2.6 自动变速器的检验 …… 135
3.3 机械式自动变速器 …… 142
   3.3.1 机械式自动变速器概述 …… 142
   3.3.2 平行轴式电控自动变速器 …… 142
   3.3.3 双离合器式电控自动变速器 …… 144
3.4 无级自动变速器 …… 146
   3.4.1 无级变速器概述 …… 146
   3.4.2 无级变速器的基本组成和工作原理 …… 147
复习思考题 …… 149

第4章 汽车制动稳定性控制系统 …… 150

4.1 汽车防抱死制动系统 …… 150
   4.1.1 防抱死制动系统的功能和分类 …… 150
   4.1.2 防抱死制动系统的组成 …… 155
   4.1.3 丰田循环式防抱死制动系统 …… 159
4.2 汽车牵引力控制系统 …… 166
   4.2.1 牵引力控制系统概述 …… 166
   4.2.2 牵引力控制系统的结构组成 …… 168
   4.2.3 TRC执行器的工作过程 …… 173
   4.2.4 ABS和TRC ECU的功能 …… 176
4.3 电子制动力分配与辅助制动系统 …… 179
   4.3.1 电子制动力分配系统 …… 179
   4.3.2 辅助制动系统 …… 180
4.4 汽车电子稳定程序 …… 181
   4.4.1 汽车电子稳定程序的作用 …… 181
   4.4.2 汽车电子稳定程序的工作原理 …… 182
   4.4.3 汽车电子稳定程序的组成 …… 183
复习思考题 …… 184

第5章 电子控制悬架系统 …… 185

5.1 汽车悬架概述 …… 185
   5.1.1 汽车悬架的作用 …… 185
   5.1.2 汽车悬架的分类 …… 186
5.2 汽车电控悬架 …… 186
   5.2.1 电控悬架系统的组成和控制形式 …… 187
   5.2.2 电控悬架系统的功能 …… 189
5.3 丰田LS400乘用车电控空气悬架系统 …… 189
   5.3.1 丰田车系电控空气悬架 …… 189
   5.3.2 丰田LS400乘用车电控空气悬架系统的组成和基本原理 …… 190
   5.3.3 丰田LS400乘用车电控悬架压缩空气系统的组成部件 …… 191
   5.3.4 电子控制系统的组成 …… 196
   5.3.5 电控悬架系统的输入信号 …… 197
   5.3.6 电控悬架系统的执行器 …… 203
   5.3.7 电控悬架系统的控制方式 …… 204
复习思考题 …… 207

第6章 汽车电控转向系统 …… 208

6.1 汽车转向系统概述 …… 208
   6.1.1 转向系统的作用与相关要求 …… 208
   6.1.2 转向系统的分类 …… 209
6.2 汽车电控动力转向系统 …… 209
   6.2.1 动力转向系统 …… 209

6.2.2 电控动力转向系统 …… 211
6.3 液压式电控动力转向系统 …… 212
    6.3.1 流量控制式动力转向系统的组成 …… 212
    6.3.2 流量控制式动力转向系统的工作过程 …… 213
    6.3.3 流量控制式动力转向系统的工作电路 …… 213
6.4 电动式电控动力转向系统 …… 214
    6.4.1 电动式电控动力转向系统概述 …… 214
    6.4.2 三菱乘用车电动式电控动力转向系统 …… 215
6.5 电控四轮转向系统 …… 218
    6.5.1 电控四轮转向系统概述 …… 218
    6.5.2 转向角比例控制式四轮转向系统 …… 220
    6.5.3 横摆角速度比例控制式四轮转向系统 …… 223
    6.5.4 本田序曲汽车的电控四轮转向系统 …… 227
复习思考题 …… 229

第7章 汽车巡航控制系统 …… 230

7.1 巡航控制系统概述 …… 230
7.2 巡航控制系统的组成与工作原理 …… 231
    7.2.1 操作开关 …… 231
    7.2.2 传感器 …… 233
    7.2.3 巡航控制单元 …… 234
    7.2.4 执行器 …… 235
7.3 巡航控制系统的使用 …… 240
    7.3.1 汽车巡航控制系统使用方法 …… 240
    7.3.2 汽车巡航控制系统使用注意事项 …… 241
7.4 自适应巡航控制系统 …… 241
    7.4.1 自适应巡航控制系统的组成 …… 242
    7.4.2 自适应巡航控制系统的工作原理 …… 242
    7.4.3 自适应巡航控制系统的扩展功能 …… 243
复习思考题 …… 244

第8章 汽车安全气囊系统 …… 245

8.1 安全气囊系统概述 …… 245
    8.1.1 安全气囊的作用 …… 245
    8.1.2 安全气囊的种类 …… 246
8.2 安全气囊系统的结构组成与工作原理 …… 248
    8.2.1 安全气囊系统的组成与工作过程 …… 248
    8.2.2 安全气囊系统的主要部件 …… 250
8.3 智能安全气囊系统 …… 259
    8.3.1 智能安全气囊系统概述 …… 259
    8.3.2 智能安全气囊系统的特点与组成 …… 260
    8.3.3 智能安全气囊的工作原理 …… 262
8.4 座椅安全带 …… 264
    8.4.1 安全带的作用 …… 264
    8.4.2 安全带的种类 …… 264
    8.4.3 安全带的结构 …… 266
    8.4.4 预紧式安全带 …… 266
复习思考题 …… 268

第9章 汽车电子防盗系统 …… 269

9.1 汽车防盗系统概述 …… 269
    9.1.1 汽车防盗系统的分类 …… 269
    9.1.2 汽车防盗系统的工作原理 …… 270
9.2 典型汽车防盗系统 …… 271
    9.2.1 大众车系防盗系统的发展历程 …… 271
    9.2.2 大众车系第3代防盗系统 …… 271

9.2.3 大众车系第4代防盗系统 …………… 272

9.2.4 大众车系第5代防盗系统 …………… 275

复习思考题 …………………………… 276

第10章 车载网络技术 …………… 277

10.1 车载网络技术作用与分类 …… 277

    10.1.1 车载网络技术的作用 … 277

    10.1.2 车载网络技术的分类 … 278

10.2 车载网络技术应用 …………… 281

    10.2.1 车载网络技术应用概况 …………… 281

    10.2.2 各种网络技术的应用 … 282

10.3 车载网络标准与协议 ………… 285

    10.3.1 A类网络标准与协议 … 285

    10.3.2 B类网络标准与协议 … 286

    10.3.3 C类网络标准与协议 … 286

    10.3.4 D类网络标准与协议 … 289

复习思考题 …………………………… 289

第11章 汽车电子控制系统检测诊断 … 290

11.1 汽车自诊断系统 ……………… 290

    11.1.1 汽车自诊断系统的基本功能 …………… 290

    11.1.2 汽车自诊断系统的备用功能 …………… 292

11.2 汽车故障自诊断测试 ………… 292

    11.2.1 汽车自诊断测试方式 … 292

    11.2.2 汽车自诊断测试内容 … 293

    11.2.3 汽车自诊断测试工具 … 293

    11.2.4 汽车自诊断测试过程 … 296

11.3 OBD-Ⅱ车载自诊断系统 …… 309

    11.3.1 OBD-Ⅱ车载自诊断系统简介 …………… 309

    11.3.2 OBD-Ⅱ车载诊断系统的特点 …………… 309

    11.3.3 故障码 ………………… 311

    11.3.4 故障码的读取 ………… 314

    11.3.5 故障码的清除 ………… 315

11.4 数据流与波形分析 …………… 315

    11.4.1 汽车数据流 …………… 315

    11.4.2 数据流的读取 ………… 316

    11.4.3 数据流的分析 ………… 317

    11.4.4 波形分析 ……………… 322

复习思考题 …………………………… 322

参考文献 …………………………………… 323

第 1 章 绪 论

教学提示

电子控制技术在提高汽车综合性能、推进汽车及交通智能化等方面发挥着不可替代的作用。控制系统集成化、网络化和智能化是汽车电子控制技术的发展趋势。

教学要求

本章主要介绍电子控制技术在汽车上的应用概况、基本组成和发展趋势。要求学生了解电子控制技术在汽车上的应用概况和发展趋势,熟悉汽车电子控制系统的基本组成。

近年来,随着电子技术、控制技术和通信技术的快速发展,汽车的电子化程度越来越高,汽车电子控制技术的应用越来越广泛。

汽车电子控制技术在提高汽车动力性、燃油经济性、安全可靠性、乘坐舒适性,改善汽车尾气排放和噪声控制,推进汽车及交通智能化等方面发挥着不可替代的作用。

目前,汽车电子控制技术已经成为衡量汽车技术发展水平的重要指标。未来汽车技术的发展和汽车性能的进一步提高,仍将依赖汽车电子控制技术的发展。

1.1 汽车电子控制技术的发展

1.1.1 汽车电子控制技术的发展历程

电子控制技术的飞速发展和汽车相关法规(节能、安全、排放等)的建立,是汽车电子控制技术形成与发展的两大主要因素。汽车电子控制技术形成和发展过程可分为 3 个阶段。

第一阶段：20世纪60年代中期至70年代末，汽车电子技术萌芽及初级发展阶段。这一阶段的主要特点是改善汽车单个零部件的性能，比较有代表性的技术有电子收音机、发电机硅整流器、电压调节器、晶体管无触点电子点火、电子控制燃油喷射等。

第二阶段：20世纪70年代末到90年代中期，汽车电子控制技术的大发展阶段。该阶段开始出现具有一定综合性的汽车电子控制系统。大规模集成电路和超大规模集成电路技术的快速发展(导致电子控制装置小型化)和自动控制理论的引入，使得汽车电子控制技术基本成熟，并逐渐向汽车的其他组成部分扩展。这一阶段的代表性技术有发动机电子控制系统、自动变速器、防抱死制动系统、电控悬架、电控转向、电子仪表和影音娱乐设备等。

第三阶段：20世纪90年代中期至今，电子装置成为汽车设计中必不可少的装置。20世纪90年代以后，汽车电子控制技术进入广泛应用阶段，几乎渗透到了汽车的各个组成部分。汽车电子控制技术成为提高和改善汽车性能的主要途径。在此期间，各种控制系统的功能进一步增强，性能更加完善。

(1) 动力控制方面。在发动机管理系统(Engine Management System, EMS)的基础上，增加了变速器控制功能，拓展为动力传动控制系统(Powertrain Control Module, PCM)。

(2) 汽车主动安全控制方面。在防抱死制动系统(Anti-lock Braking System, ABS)的基础上，增加了牵引力控制系统(Traction Control System, TCS)和驱动防滑系统(Acceleration Slip Regulation, ASR)控制的功能。

(3) 车辆稳定性控制方面。出现了车辆稳定性控制(Vehicle Stable Control, VSC)系统、强化车辆稳定性系统(Vehicle Stable Enhance, VSE)及智能悬架控制系统。

(4) 被动安全控制方面。发展了主动安全带和安全气囊的综合控制技术。

(5) 改善驾驶人劳动强度和保障行车安全方面。在传统的巡航控制系统的基础上，出现了智能巡航控制(也称自适应巡航控制, Adaptive Cruise Control, ACC)，其控制项目包括防抱死制动、牵引力控制及车辆稳定性控制等。驾驶人即使没有踩制动踏板，智能巡航控制也能在必要的时刻自动完成汽车制动操作，以保证安全。

此外，在汽车内部环境的人性化设计方面、无线网络通信技术、防盗报警系统和车载防撞雷达等电子装置，都得到了进一步的开发和应用。

以控制器局域网(Controller Area Network, CAN)为代表的数据总线(Data Bus)技术在此期间有了很大的发展。CAN总线将各种汽车电子装置连接成为车载网络。在车载网络中，各控制装置独立运行，完成各自的控制功能，同时还可以通过通信线为其他控制装置提供数据服务，实现信息共享。

出现了以大规模集成电路和控制器局域网为特征的、多学科综合的汽车电子控制技术，是第三阶段的突出特点。其代表性技术有智能传感器、16位和32位微处理器、车载网络系统等。

1.1.2　汽车电子控制技术的发展特点

从上述3个发展阶段来看，汽车电子技术发展的特点如下。

(1) 汽车电子控制技术从单一的控制逐步发展到综合控制，如点火时刻、燃油喷射、急速控制、排气再循环等。

(2) 电子控制技术从发动机控制扩展到汽车的各个组成部分，如防抱死制动系统、自动变速系统、信息显示系统等。

(3) 从汽车本身到融入外部社会环境。

1.1.3 汽车电子控制技术的发展趋势

当前，汽车电子控制技术的发展趋势主要体现在集成化、网络化和智能化几个方面。

1. 控制系统集成化

将发动机管理系统和自动变速器控制系统集成为动力传动系统的综合控制；将制动防抱死控制系统、牵引力控制系统和驱动防滑控制系统综合在一起进行制动控制；通过中央底盘控制器，将制动、悬架、转向、动力传动等控制系统通过总线进行连接。控制器通过复杂的控制运算，对各子系统进行协调，将车辆行驶性能控制到最佳水平，形成一体化底盘控制系统(UCC)。

2. 信息传输网络化

由于汽车上电子装置数量急剧增多，为了减少连接导线的数量，网络、总线技术有了很大的发展。如使用了网络，简化了布线，减少了电气节点的数量和导线的用量，同时也增加了信息传送的可靠性。

利用总线技术将汽车中各种电控单元、智能传感器、智能仪表等连接起来，从而构成汽车内部的控制器局域网，实现各系统间的信息资源共享。

根据侧重功能的不同，美国机动车工程师学会(SAE)早期将总线协议粗略地划分为A、B、C三大类：A类是面向传感器和执行器的一种低速网络，主要用于后视镜调整、灯光照明控制、电动车窗控制等，目前A类的主流是LIN；B类是应用于独立模块间的数据共享中速网络，主要用于汽车舒适性、故障诊断、仪表显示等，目前B类的主流是低速CAN；C类是面向高速、实时闭环控制的多路传输网络，主要用于发动机、ABS和自动变速器、安全气囊等的控制，目前C类主流是高速CAN。

但是，随着X-by-Wire线控技术的发展，下一代高速、具有容错能力的时间触发方式的通信协议，将逐渐代替高速CAN在C类网中的位置，力求在未来几年之内使传统的汽车机械系统变成通过高速容错通信总线与高性能CPU相连的百分之百的电控系统，完全不需要后备机械系统的支持，其主要代表有TTP/C和FlexRay。而在多媒体与通信系统中，MOST、IDB1394和蓝牙技术成为了今后的发展主流。此外，光纤凭借其高的传输速率和抗干扰能力，越来越广泛地用作高速信号传输介质。

3. 汽车、交通智能化

汽车智能化相关的技术问题已受到汽车制造商们的高度重视。智能汽车是一个集环境感知、规划决策、多等级辅助驾驶等功能于一体的综合系统，集中运用了计算机、现代传感、信息融合、通信、人工智能及自动控制等技术，是典型的高新技术综合体。

智能汽车(Intelligent Vehicle)装备有多种传感器，能够充分感知驾驶人和乘客的状况、交通设施和周边环境的信息，判断驾乘人员是否处于最佳状态，车辆和人是否会发生危险，并及时采取对应措施。

汽车智能化还表现在汽车由交通工具到移动办公室的转变上。利用Windows操作系统开发的车载计算机多媒体系统,具有信息处理、通信、导航、防盗、语言识别、图像显示和娱乐等功能。

智能汽车与智能交通系统的发展是相辅相成的。智能交通系统(Intelligent Transportation System,ITS)是将先进的信息技术、通信技术、传感技术、控制技术及计算机技术等有效地集成运用于整个交通运输管理体系,而建立起的一种在大范围内、全方位发挥作用的、实时、准确、高效、综合的运输和管理系统。汽车、交通智能化代表着未来汽车和未来交通系统的发展方向。

1.2 汽车电子控制技术应用概况

目前,电子技术已经在汽车上得到了广泛的应用,几乎涉及汽车的各个部分,如图1.1所示。其中,汽车上应用较多、较为成熟的电子控制装置大致可分为几个方面,见表1-1。

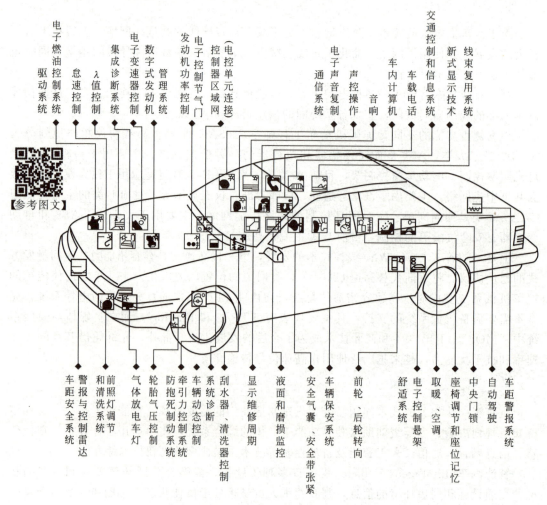

图1.1 电子控制技术在汽车上的应用

表1-1 汽车电子控制技术应用概况

系统	已采用	将采用
仪表通信系统	① 电子钟表 ② 电子油耗表 ③ 电子温度计 ④ 电子车速里程表 ⑤ 电子转速表 ⑥ 行驶里程计算器 ⑦ 燃料消耗计 ⑧ 各种报警(灯丝切断、排气温度、各种工作液液面、未关门、未系安全带等) ⑨ 电子定时 ⑩ 电子化图示仪表板 ⑪ 电话及其通信装置	① 大型电子化薄式仪表板 ② 多路信息传输 ③ 光纤通信传输 ④ 惯性导航 ⑤ 卫星导航 ⑥ 屏幕显示街道图及交通阻塞状况图 ⑦ 多功能综合屏幕显示
发动机及传动系统	① 交流发电机的整流及集成调节器 ② 电子点火(全晶体管式、集成式、无触点分电器式、一体化点火线圈式) ③ 点火正时控制 ④ 废气再循环控制(氧传感器) ⑤ 燃油喷射电子控制 ⑥ 发动机停缸控制 ⑦ 发动机最佳参数电子控制(空燃比、点火、废气再循环、怠速、爆燃控制、喷射控制等) ⑧ 柴油机最佳参数电子控制(喷射、进气、正时等) ⑨ 车速自动控制 ⑩ 柴油机起动控制 ⑪ 增压器自动控制 ⑫ 变速器电子控制 ⑬ 离合器电子控制 ⑭ 冷却系电子控制 ⑮ 冷起动控制 ⑯ 换挡提示器 ⑰ 车速感应的动力转向装置	① 发动机气缸断缸电子控制 ② 发动机和传动系统综合控制 ③ 无级变速和自适应速度控制 ④ 热电变换 ⑤ 蓄电池容量余值显示 ⑥ 自适应巡航系统 ⑦ 电子控制消声器 ⑧ 电子控制动力转向 ⑨ 可变气门控制(VTEC、VVA) ⑩ 电子节气门(ETC)
安全方面	① 电子防抱制动控制 ② 驱动防滑控制装置 ③ 电子主动悬架控制 ④ 电子控制四轮转向系统 ⑤ 安全气囊系统 ⑥ 刮水器自动控制 ⑦ 速度控制(限速与恒速) ⑧ 车窗自动控制 ⑨ 轮胎气压报警 ⑩ 防盗报警 ⑪ 防撞车间距报警 ⑫ 未系安全带报警,安全带自动锁紧控制 ⑬ 明暗灯光控制 ⑭ 冲撞记录仪 ⑮ 前照灯控制 ⑯ 后视镜控制 ⑰ 电子门锁	① 路面状态显示 ② 防碰撞自动控制 ③ 死角处障碍物报警 ④ 安全雷达 ⑤ 制动管路故障应急制动 ⑥ 睡眠检测报警 ⑦ 驾驶人突病时自控 ⑧ 电子操纵紧急制动 ⑨ 酒醉检测安全自控 ⑩ 后视摄像及屏幕显示 ⑪ 声音合成报警系统 ⑫ 故障预警提示系统 ⑬ 倒车测距系统 ⑭ 电子稳定程序(ESP)

(续)

系统	已采用	将采用
舒适性方面	① 空调自动控制 ② 座椅自动调整 ③ 自动照明 ④ 红外线控制车门开关 ⑤ 车窗、车门自动开关(声控) ⑥ 高级立体音响 ⑦ 无线电调谐自动预选 ⑧ 无钥匙开车 ⑨ 车用电视机及音响	① 全自动空调(温度、湿度、清洁度、含氧量)系统 ② 道路交通信息系统 ③ 行驶路线最优化选择控制 ④ 声控驾驶
故障诊断	车载故障自诊断(OBD-Ⅱ)	① 车载故障自诊断(OBD-Ⅲ) ② 远程车辆故障诊断

1.3 汽车电子控制系统的基本组成

汽车电子控制系统主要由信号输入装置、ECU和执行器等组成。

1.3.1 信号输入装置

信号输入装置包括各种传感器和开关。车用传感器有两类，一类用于控制汽车运行状态，另一类让驾驶人了解某些信息和状态(如冷却液温度、润滑油压力、燃油量等)。车用传感器的类型和功能见表1-2。

表1-2 车用传感器的类型和功能

物理量	测试部位	传感元件	基本要求	应用范畴(系统)
转角	曲轴角度	电磁型拾音器、光电遮断器、霍尔集成电路	小型化、提高分辨能力	EFI
	节气门开度	电位计(电路组件)	提高触点的接触可靠性、高寿命	
	转向角	光电遮断器、静电容量式	小型化、提高分辨能力	4WS、EPS
	车高	超声波、激光、电位计	低成本化	ECS
	角速度、方位	振动陀螺仪、光纤陀螺仪、地磁陀螺仪、排气流量陀螺仪	提高耐高温特性、提高灵敏度、低成本化、零件集成化、消除残留磁性	导航系统

(续)

物理量	测试部位	传感元件	基本要求	应用范畴（系统）
转速	发动机转速	电磁型拾音器、霍尔集成电路	小型化、耐噪声	EFI、EAT、ECS、ASR、中央门锁、扰流器、导航系统等
	变速器转速	电磁型拾音器、霍尔集成电路、MR元件	耐振动、耐噪声、耐高温	
	车轮转速	电磁型拾音器、霍尔集成电路、MR元件	零点车速的检测	ABS等
加速度	质心弹簧上的加速度	差动变量器、光电遮断器、霍尔集成电路	小型化、提高频率响应特性	ABS、ASR、4WS、ECS及导航系统
	碰撞加速度	机械式、半导体式开关	触点接触可靠、耐冲击、耐高温	SRS
压力	发动机进气压力	半导体式	密度校正	EFI等
	发动机润滑油压力	机械式膜片、半导体式	触点接触可靠、耐高温、耐高压	
	制动液压力	半导体式	耐高温、耐高压	ABS、ASR
流量	发动机吸入空气量	翼片式、卡门涡旋式、热丝式、热膜式	触点接触可靠、耐振动、耐污染、耐噪声、耐吸气脉动	EFI等
液量	燃油、润滑油、冷却液	浮子、电位计式、静电容量式	触点接触可靠、低成本、耐噪声	EFI等
温度	发动机冷却液温度	热敏电阻	提高灵敏度、小型化	
	发动机进气温度	铂电阻		
	制冷剂温度	热电偶、热敏电阻	提高放大器性能	
	变速器油液温度	热敏铁氧体	提高灵敏度	EAT
	控制器、车室内外温度	热敏电阻	提高灵敏度	A/C、通风装置
废气/氧气	废气中氧浓度	导电性陶瓷、电解质陶瓷	耐高温、稳定性好	EFI

输入信号主要是由传感器或开关产生的电信号，输入计算机的信号通常为电压信号，电压信号分为模拟信号和数字信号两类，如图 1.2 所示。模拟信号是指在给定范围内无穷可变的信号，来自传感器的信号大都是模拟信号。数字信号是指通—断、高—低或有—无 3 种状态中的一种。中央处理器（CPU）接收的信号为数字信号。

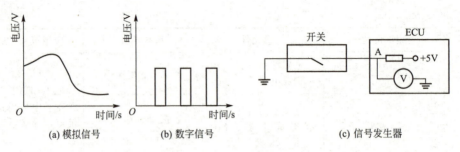

图 1.2　输入信号

简单的数字信号发生器,如驾驶人操纵的开关,如图 1.2(c)所示,当开关断开时,ECU A 点处电压信号为 5V;当开关闭合时,ECU A 点处电压为 0V。对于只需要"是—否"或"闭合—断开"的工作状态,都可以用开关作输入信号。开关通常控制搭铁。

1.3.2　控制器

控制器,即电子控制单元(ECU),由输入接口、计算机和输出接口等组成,如图 1.3 所示。其基本功能如下。

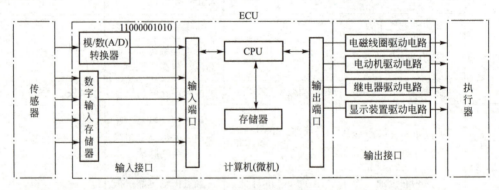

图 1.3　ECU 的基本结构

信号输入:计算机接收来自传感器或开关的电信号,并对传感器提供基准工作电压(2V、5V、9V 或 12V)。

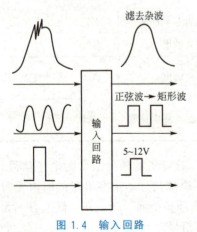

图 1.4　输入回路

信号处理:采集输入信息,通过逻辑电路将输入信号加工成输出信号。

存储:程序指令、车辆参数、运算数据及故障信息等被存入存储器。

信号输出:计算机将输入信号处理后,调用程序指令,向执行器发出控制命令或向仪表板输出其他信息。

1. 输入接口

输入接口也称为输入回路,来自传感器的信号要经过输入回路滤波、整形、放大等处理后,才能送到 CPU 进行运算,如图 1.4 所示。由于传感器检测的信号有模拟信号和数字信号两类,而计算机只能接收数字信号,因此要用输入接口电路将模拟信号转换成数字信号，即在输入接口中采用 A/D(模/数)转换器，如图 1.5 所示。

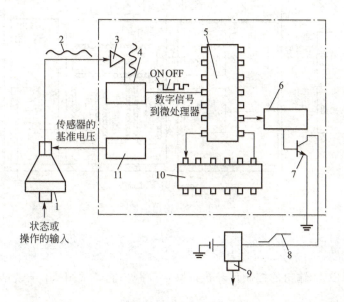

图 1.5　信号转换

1—传感器；2—模拟信号；3—放大器；4—A/D 转换器；5—CPU；6—D/A 转换器；
7—功率晶体管(或驱动器)；8—模拟信号；9—执行器；10—存储器；11—稳压器

2. 计算机

计算机(微机)由输入和输出、CPU、存储器、地址总线和数据总线等组成，如图 1.6 所示。

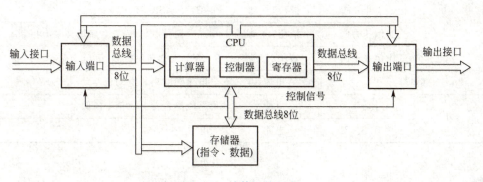

图 1.6　计算机的组成

3. 输出接口

计算机输出的电信号是数字信号，而有些执行器需要计算机输出模拟信号。因此，输出接口需要 D/A(数/模)转换器。同时，由于计算机输出的电信号较弱，不能直接控制执行器，因此输出电路中大多采用由大功率晶体管组成的输出驱动器(图 1.7)，由计算机输出信号控制晶体管的导通与截止，从而控制执行器的搭铁回路。

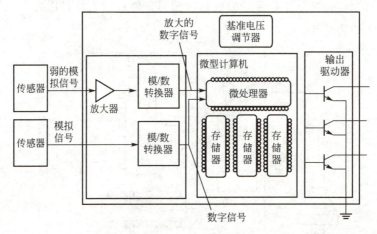

图 1.7 输出回路

1.3.3 执行器

执行器根据 ECU 输出的控制信号执行某项控制功能,常用执行器见表 1-3。

表 1-3 常用执行器

名称		驱动能源	应用范畴(系统)
电动机	直流电动机	电能	刮水器
	伺服电动机	电能	节气门开度
	步进电动机	电能	节气门开度、电子悬架阻尼与刚度控制
控制阀	2/2 开关阀	液压/气动	ABS、ASR、EAT
	3/3 开关阀	液压/气动	ABS、ASR、EAT
	比例压力阀	液压/气动	离合器控制、CVT 金属带夹紧力控制
	比例流量阀	液压/气动	CVT 连续速比控制
继电器		电能	电磁阀驱动、电动机驱动
电磁铁	比例	电能	电磁离合器、比例液压阀
	开关	电能	开关电磁阀

复习思考题

【参考视频】

1. 简述汽车电子控制技术的发展历程。
2. 简述电子控制技术在汽车上的应用概况。
3. 简述汽车电子控制系统的基本组成。
4. 汽车电子控制技术的发展趋势主要有哪些?

第 2 章 发动机电子控制系统

 教学提示

汽车电子控制技术最早应用于发动机的控制。发动机电子控制技术的广泛应用,极大地提高了汽车发动机的技术性能。

教学要求

本章主要介绍电子控制技术在汽车发动机上的应用,重点内容是电子控制汽油喷射技术、电子控制点火技术及发动机辅助控制技术。要求学生了解控制原理,熟悉系统组成和工作特性。

为确保汽车发动机在各种工况和使用条件下均有良好的燃油经济性、动力性和排放性能,必须对发动机进行精确的电子控制。发动机电子控制系统主要由汽油喷射系统、电子点火系统、怠速和排放控制系统等组成。

限于篇幅,本书只讲授汽油发动机电子控制技术,关于柴油发动机电子控制技术,读者可参考相关专题技术文献。

2.1 电子控制汽油喷射系统概述

2.1.1 汽油机对空燃比的要求

1. 可燃混合气浓度的表征方法

为了使汽油发动机正常运转,必须为其提供连续可燃的空气汽油混合气。在欧美等国家,可燃混合气的成分通常用进入气缸的空气(air)和燃料(fuel)的质量比——空燃比(A/F)来表示。

理论上，要使1kg汽油完全燃烧，需要提供14.7kg的空气与之充分混合，因此对于汽油机而言，空燃比为14.7的可燃混合气称为理论混合气。若可燃混合气的空燃比小于14.7，则说明可燃混合气中汽油含量有余而空气含量不足，称为浓混合气；若可燃混合气的空燃比大于14.7，则说明可燃混合气中汽油含量不足而空气含量有余，称为稀混合气。即

$$\lambda = A/F < 14.7 \quad \text{浓混合气}$$
$$\lambda = A/F = 14.7 \quad \text{理论混合气}$$
$$\lambda = A/F > 14.7 \quad \text{稀混合气}$$

应当指出，对于不同的燃料，其理论空燃比的数值是不同的。

在我国及其他一些国家，习惯使用过量空气系数（Φ）来表征可燃混合气的浓度

$$\Phi = L/L_0$$

式中，L为燃烧1kg燃料所实际供给的空气质量；L_0为完全燃烧1kg燃料所需的理论空气质量。

由过量空气系数的定义可知：无论使用任何燃料，都有

$$\Phi = L/L_0 < 1 \quad \text{浓混合气}$$
$$\Phi = L/L_0 = 1 \quad \text{理论混合气}$$
$$\Phi = L/L_0 > 1 \quad \text{稀混合气}$$

2. 可燃混合气浓度对发动机性能的影响

空燃比是发动机燃料供给系统的一个非常重要的参数，空燃比的大小对发动机的动力性、经济性和排放性能均有重要影响。

如图2.1所示，当可燃混合气空燃比发生变化时，发动机的火焰温度、油耗率和输出功率也会随之发生变化。

当A/F约为12.5时，由于其燃烧速度最快，发动机产生的转矩最大，故发动机的动力性最好，所以又称其为功率空燃比。当A/F为16时，由于混合气较稀，有利于汽油完全燃烧，可降低发动机的油耗，故此时发动机的经济性最好，所以又称其为经济空燃比。

如图2.2所示，可燃混合气空燃比对发动机有害排放物的浓度也有直接影响。

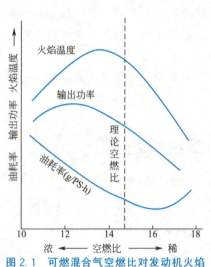

图2.1 可燃混合气空燃比对发动机火焰温度、油耗率和输出功率的影响

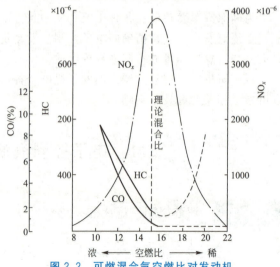

图2.2 可燃混合气空燃比对发动机有害排放物浓度的影响

由此可见，发动机的性能与空燃比有着密切的关系，但影响的程度和变化规律各不相同，所以如何精确控制可燃混合气的空燃比是比较复杂且又非常重要的问题。

3. 不同工况下发动机对空燃比的要求

发动机在实际运行过程中，其工况在工作范围内不断变化，并且在工况变化时，发动机对可燃混合气 A/F 的要求也不同。

(1) **稳定工况对混合气的要求**。发动机的稳定工况是指发动机已经完全预热，进入正常运转，而且在一定时间内转速和负荷没有突变。稳定工况可分为怠速、小负荷、中等负荷、大负荷和全负荷等。

① **怠速和小负荷工况**。怠速工况是指发动机对外无功率输出，并且以最低稳定转速运转的情况。此时，混合气燃烧后所做的功，只用于克服发动机内部的阻力并使发动机保持最低转速稳定运转。

汽油机怠速转速一般为(800±100)r/min。在怠速工况下，节气门处于关闭状态。此时，吸入气缸内的可燃混合气不仅数量极少，而且汽油雾化蒸发也不良，进气管中的真空度很高，当进气门开启时，缸内压力仍高于进气管压力，结果使得气缸内的混合气废气率较大。此时，为保证混合气能正常燃烧，必须提高其浓度，如图 2.3 中的 A 点。随着负荷的增加和节气门稍微开大而转入小负荷工况时，吸入混合气的品质逐渐改善，所以在小负荷工况时，发动机对混合气成分的要求如图 2.3 中 AB 段所示，即发动机在小负荷运行时，供给混合气也应加浓，但加浓的程度随负荷的增加而减小。

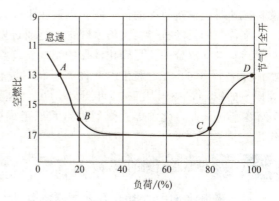

图 2.3 汽油机负荷变化时所需要的 A/F

② **中等负荷工况**。汽车发动机的大部分工作时间都处于中等负荷状态。此时节气门已有足够大的开度，上述影响因素已不复存在，因此可供给发动机较稀的混合气，以获得最佳的燃油经济性。该工况相当于图 2.3 中的 BC 段，A/F 为 16~17。

③ **大负荷和全负荷工况**。在大负荷时，节气门开度已超过 75%，此时应随着节气门开度的开大而逐渐地加浓混合气以满足发动机功率的要求，如图 2.3 中 CD 段所示。

但实际上，在节气门尚未全开之前，如果需要获得更大的转矩，只要把节气门进一步开大就能实现，没有必要使用功率空燃比来提高功率，而应当继续使用经济混合气来达到省油的目的。

因此，在节气门全开之前所有的部分负荷工况都应按经济混合气配制。只是在全负荷工况时，节气门已经全开，此时为了获得该工况下的最大功率必须供给功率混合气，如图 2.3 中的 D 点，在从大负荷过渡到全负荷工况的过程中，混合气的加浓应逐渐变化。

(2) **过渡工况对混合气的要求**。汽车在运行中的主要过渡工况可分为冷起动、暖机、加速和减速 3 种形式。

① **冷起动**。冷机起动时，发动机要求供给很浓的混合气，以保证混合气中有足够的汽油蒸气，使发动机能够顺利起动。但在冷起动时燃料和空气的温度很低，汽油蒸发率很

小，为了保证冷起动顺利，要求提供极浓的混合气。

② **暖机**。发动机冷机起动后，各气缸开始依次点火而做功，发动机温度逐渐上升，即暖机。发动机在暖机过程中，由于温度较低燃油雾化较差，因此也需要 A/F 较小的浓混合气，而且随着发动机温度升高而 A/F 逐渐增大，直至达到正常工作温度时为止，发动机进入怠速工况。

③ **加速和减速**。发动机的加速是指发动机的转速突然迅速增加的过程，此时驾驶人猛踩加速踏板，节气门开度突然加大，进气管压力随之增加，由于汽油的流动惯性和进气管压力增大后汽油的蒸发量减少，大量的汽油颗粒被沉积在进气管壁面上，形成较厚油膜，而进入气缸内的实际混合气则瞬时被稀释，严重时会出现过稀，使发动机转速下降。为了避免这一现象发生，在发动机加速时，应向进气管喷入一些附加汽油以弥补加速时的暂时稀释，从而获得良好的加速性能。

当汽车减速时，驾驶人迅速松开加速踏板，节气门突然关闭，此时由于惯性作用发动机仍保持很高的转速，因此进气管真空度急剧增高，促使附着在进气管壁面上的汽油蒸发汽化，并在空气量不足的情况下进入气缸内，造成混合气过浓，严重时甚至熄灭。因此发动机减速时应供给较稀的混合气，以避免上述现象的发生。

在传统的发动机燃料供给系统中，是通过安装在进气总管上的化油器（也称汽化器）进行燃料和空气混合的。尽管化油器的结构日趋复杂和精密，但由于其存在着各个气缸之间燃油分配不均匀、在过渡工况和冷态运行时混合气成分控制精度低、难以实现反馈控制等固有的缺陷，我国从 2001 年开始，在全国范围内禁止生产、销售化油器类乘用车及 5 座客车，从此，化油器式燃料供给系统正式被淘汰，由燃油喷射式燃料供给系统取而代之。

2.1.2　燃油喷射的概念

燃油喷射（Fuel Injection）就是用喷油器将一定压力和数量的汽油喷入进气道或气缸内（图 2.4）。其目的是提高燃油雾化质量，改进燃烧，改善发动机性能。

电控燃油喷射则是采用电动喷油器，由电子控制单元根据发动机运行工况和使用条件，将适量的燃油喷入进气道或气缸内，实现对发动机供油量的精确控制。

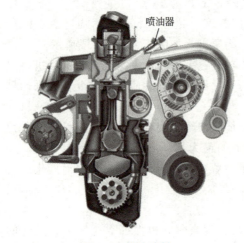

图 2.4　燃油喷射

2.1.3　燃油喷射系统的分类

1. 按喷油器的布置分类

按喷油器的布置不同，燃油喷射系统可以分为单点燃油喷射和多点燃油喷射两类。

（1）**单点燃油喷射系统（Single-Point Injection，SPI）**。如图 2.5 所示，在节气门体上安装一个或两个喷油器集中向进气管中喷油，与进气气流混合形成燃油混合气，在各缸进气行程时，燃油混合气被吸入气缸内，这种方式也称为节气门体喷射（Throttle Body Injection，TBI）或中央燃油喷射（Central Fuel Injection，CFI）。

单点喷射结构简单、工作可靠，对发动机本身结构改动量小，特别适合于化油器式发动机的技术改造。但由于与化油器式发动机一样存在各缸混合气分配均匀性差的问题，近年来已经逐步被多点燃油喷射系统取代。

（2）**多点燃油喷射系统(Multi‑Point Injection，MPI)**。如图 2.6 所示，在多点燃油喷射系统中，每一个气缸有一个喷油器，其特点是可以保证各缸混合气的均匀性和空燃比的一致性。

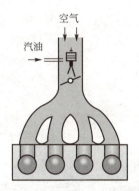
图 2.5 单点燃油喷射

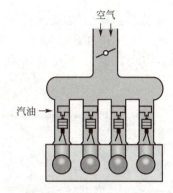
图 2.6 多点燃油喷射

根据喷油器的位置不同，多点喷射又分为进气管喷射（图 2.7）和缸内喷射（图 2.8）两种。

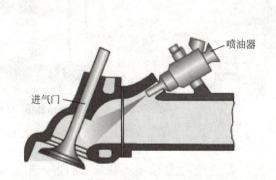
图 2.7 进气管喷射

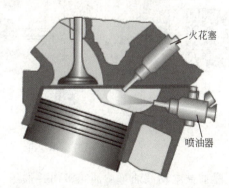
图 2.8 缸内喷射

① **进气管喷射**。喷油器安装在进气歧管内各缸进气门附近，按照一定的规律适时地将燃油喷入进气歧管。这种喷油方式中喷油器的工作条件较好，喷油器的制造难度和成本较低，因此目前在汽车上得到了广泛的应用。

国产桑塔纳 GLi、2000GLi、2000GSi，捷达 AT、GTX，奥迪 100、200，红旗 CA7180E、CA7200E、CA7220E、夏利 TJ7130E、夏利 2000 型乘用车及切诺基吉普车等均采用了进气管喷射系统。

② **缸内喷射**。缸内喷射又称缸内直接喷射(Gasoline Direct Injection，GDI)。缸内喷射同柴油喷射类似，通过喷油器将燃油以较高的压力(3～4MPa)直接喷射到气缸内。由于喷射压力高，燃油一喷入气缸内就会汽化，因此可燃混合气可以更稀(空燃比可达 35∶1)。这样可将燃油经济性提高 30%，并且可显著地减少在进气门出现燃油积垢和积炭的现象。

缸内直接喷射方式需要将喷油器装在缸体上。由于汽油黏度低而喷射压力较高，而且缸内工作条件恶劣（高温、高压），因此对喷油器的技术条件和加工精度要求较高，故目前应用不多。但缸内直接喷射是发动机燃油喷射技术的发展方向，将逐步取代进气管喷射系统。

2. 按喷射装置的控制方式分类

燃油喷射系统按喷射装置的控制方式可以分为机械式、机电结合式和电控式燃油喷射系统3类。

（1）机械式燃油喷射系统（K系统）。机械式燃油喷射系统是一种机械控制的喷射系统，在20世纪五六十年代开始运用于汽车上，其典型代表是德国博世公司研制的K-Jetronic系统（K系统），它应用在早期的奔驰（Benz）和奥迪（Audi）汽车上，如图2.9所示。

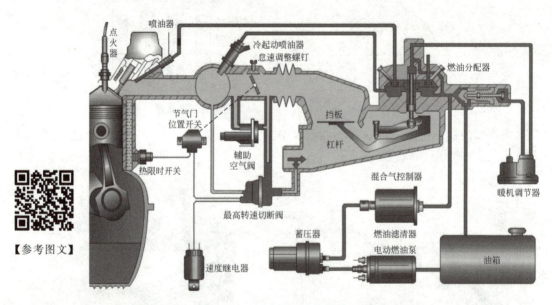

图2.9 机械式燃油喷射系统（K系统）

燃油被电动汽油泵从油箱吸出并加压，稳压后经过燃油滤清器去除杂质后进入燃油量分配器。燃油分配器和空气计量器组成一个总成，即混合气控制器，以控制喷油器喷入的燃油量和混合气浓度。当发动机某缸进气门开启后，混合气便被吸入气缸。

除上述基本装置外，为了适应汽车发动机在各种工况下对混合气数量和浓度的不同要求，系统中还设置了各种相应的辅助调节装置，如冷起动装置、暖机调节器和辅助空气阀等。

（2）机电结合式汽油喷射系统（KE系统）。机电结合式汽油喷射系统在K系统的基础上，增加了电子控制单元。其中德国博世公司生产的KE-Jetronic系统（图2.10）最具代表性。

KE系统有一个可以根据发动机不同工况控制差压阀下腔油压的电子控制单元和与其相对应的电液式系统压力调节器。电子控制单元通过对发动机运行工况的多种参数进行采集和处理，把计算结果以电流的形式输送给电液式系统压力调节器，将其转换成差压阀下腔的油压来满足不同工况对混合气的要求。

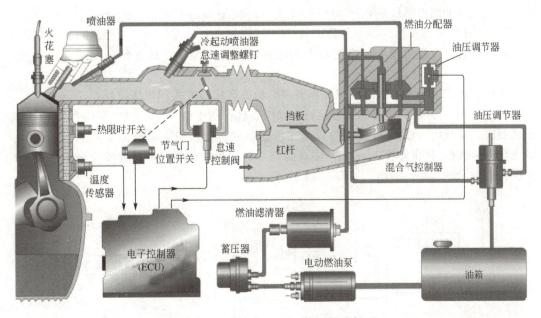

图 2.10　机电结合式汽油喷射系统(KE 系统)

机械式和机电结合式汽油喷射系统在 20 世纪 60—70 年代于汽车上得到广泛应用。随着排放法规的日益严格和电子控制技术的日趋成熟,20 世纪 80 年代以后,电控式汽油喷射系统逐渐取代了机械式和机电结合式汽油喷射系统,并开始广泛应用于汽车上。

(3) **电控式燃油喷射系统**。**电控式燃油喷射系统(Electronic Fuel Injection,EFI)** 一般由空气供给系统、燃油供给系统和电子控制系统 3 部分组成,如图 2.11 所示。

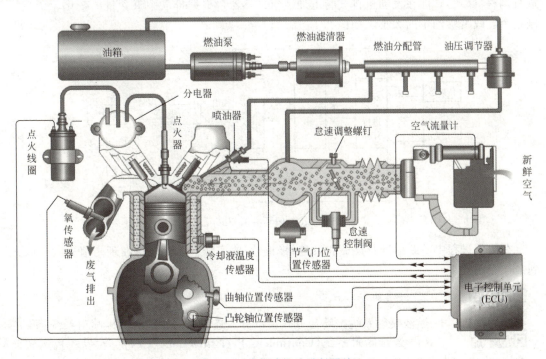

图 2.11　电控式汽油喷射系统

电控式燃油喷射系统的电子控制系统主要由电子控制单元(Electronic Control Unit，ECU)、各种传感器和执行器3部分构成。ECU通过对各种传感器的信号进行运算获得发动机的运行状况，发出指令控制喷油器的喷油时刻和喷油量，从而精确控制各工况的空燃比。

电控式燃油喷射系统按其控制过程又可分为开环控制方式和闭环控制方式。

① **开环控制方式**。把发动机各运行工况的最佳控制参数(如喷油量)事先存入ECU的存储器内。运行时，ECU根据各种开关和传感器的参数确定发动机的实际运行工况，从事先存入的数据表(常称作MAP表)中查出该工况的最佳控制参数，并发出控制命令，控制执行机构(如喷油器)动作，如图2.12所示。

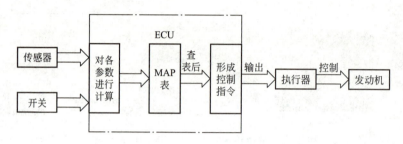

图2.12 开环控制方式

开环控制的特点是控制过程简单，ECU运算工作量小。但当使用条件发生变化时(如喷油器的精度、使用时间增长或其他原因)，其控制精度就会有较大的误差，因此对控制系统本身及各组成部分的精度要求较高。

② **闭环控制方式**。在开环控制的基础上，增加反馈环节，根据输出结果对控制指令进行调整(修正)，即在发动机排气管上加装氧传感器，根据排气中氧含量的变化，调整控制指令，改变喷油量的大小，如图2.13所示。

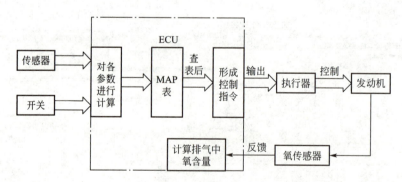

图2.13 闭环控制方式

在使用过程中不断地进行反馈和调整(修正)，使实际空燃比保持在理想值附近，以达到最佳控制效果。

3. 按喷油方式分类

燃油喷射系统按喷油方式可以分成连续喷射系统和间歇喷射系统。

(1) **连续喷射系统(Continuous Fuel Injection，CFI)**。在发动机运转期间，燃油连续不断喷射，主要用于机械式和机电结合式汽油喷射系统。

(2) **间歇喷射系统**。在发动机运转期间，燃油按照一定的规律间歇喷射。电控式燃油喷射系统都采用间歇喷射。

间歇喷射按喷射时序又分为同时喷射、分组喷射和顺序喷射，如图 2.14 所示。

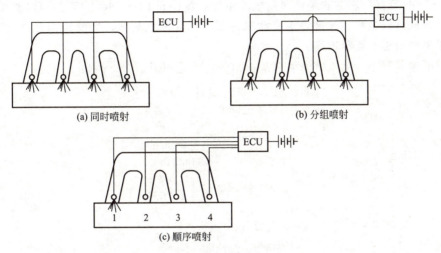

图 2.14　间歇喷射时序分类

① **同时喷射**：在发动机运转期间，各缸喷油器同时开启且同时关闭，如图 2.14(a)所示，ECU 的同一个喷油指令同时控制所有喷油器的工作。

② **分组喷射**：喷油器分成两组或多组，按照既定顺序交替喷射，如图 2.14(b)所示，ECU 发出两路喷油指令，分别控制两组喷油器的工作。

③ **顺序喷射**：各缸喷油器分别按各自的做功顺序在各缸进气行程前进行喷射，如图 2.14(c)所示，ECU 需要发出 4 路喷油指令，分别控制各缸喷油器的工作。

4. 按进气量的检测方式分类

按进气量的检测方式燃油喷射系统可以分为直接测量式和间接测量式。

(1) **直接测量式**。直接测量式燃油喷射系统利用空气流量计直接测量单位时间内吸入进气管的空气流量。直接检测方式也可称为质量-流量(Mass-Flow)方式，也称 L 型燃油喷射系统(L 为德文空气流量 luftmengen 的字头)。按照空气流量计的种类不同，直接测量式又分为以下几种。

① 叶片式空气流量计(测量体积流量)。
② 卡门涡旋式空气流量计(测量体积流量)。
③ 热线式空气流量计(测量质量流量)。
④ 热膜式空气流量计(测量质量流量)。

(2) **间接测量式**。间接测量式燃油喷射系统通过对其他参数(进气歧管绝对压力、节气门开度和发动机转速)的测量，并经过计算处理得到进气量的值。

间接检测方式又可分为速度-密度(Speed-Density)方式和节气门-速度(Throttle-Speed)方式。速度-密度方式根据进气管绝对压力和发动机转速计量发动机每循环的进气量，而节气门-速度方式则根据节气门开度和发动机转速计量发动机每循环的进气量，从而计算所需的喷油量。

间接测量常用进气歧管绝对压力式,即采用进气歧管绝对压力传感器测量进气管的绝对压力以确定进气量。该系统也称为 D 型燃油喷射系统(D 为德文压力 druck 的字头)。

目前在汽油发动机上通常采用质量-流量方式和速度-密度方式来测量进气量。

由于质量-流量控制方式是通过空气流量传感器(Air Flow Meter)直接测量发动机的进气量,再根据进气量和转速来确定发动机每工作循环的供油量,因此比用速度-密度控制方式测量发动机进气量精度高、稳定性好。

综上所述,汽车发动机燃油喷射系统的分类情况如图 2.15 所示。

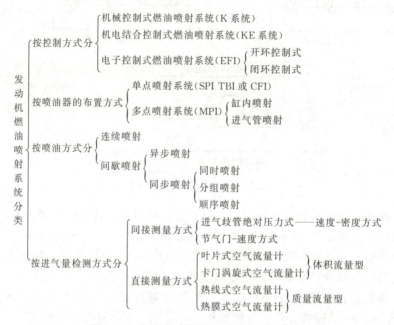

图 2.15 汽车发动机燃油喷射系统的分类

2.2 电控燃油喷射系统的基本组成

【参考图文】

发动机电控燃油喷射系统主要由**空气供给系统、燃油供给系统和电子控制系统**组成,如图 2.16 和图 2.17 所示。

2.2.1 空气供给系统

空气供给系统用于向发动机提供新鲜空气,并测量进入气缸的空气量。按怠速进气量的控制方式不同,空气供给系统分为旁通空气式和直接供气式两种,如图 2.18 所示。

桑塔纳 GLi、桑塔纳 2000GLi 型乘用车及切诺基吉普车采用了旁通式空气供给系统;桑塔纳 2000GSi 型乘用车、捷达系列乘用车和红旗乘用车采用了直接供气式空气供给系统。

1. 旁通空气式空气供给系统

旁通空气道的空气供给系统主要由空气滤清器、空气流量传感器、进气软管、旁通

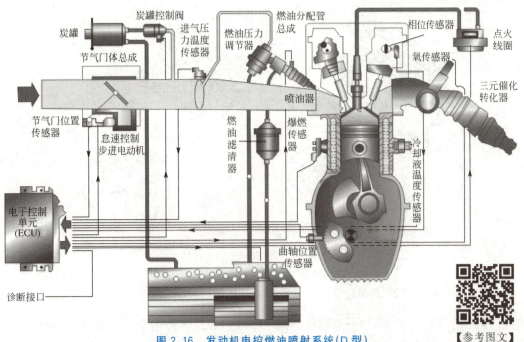

图 2.16　发动机电控燃油喷射系统(D 型)

【参考图文】

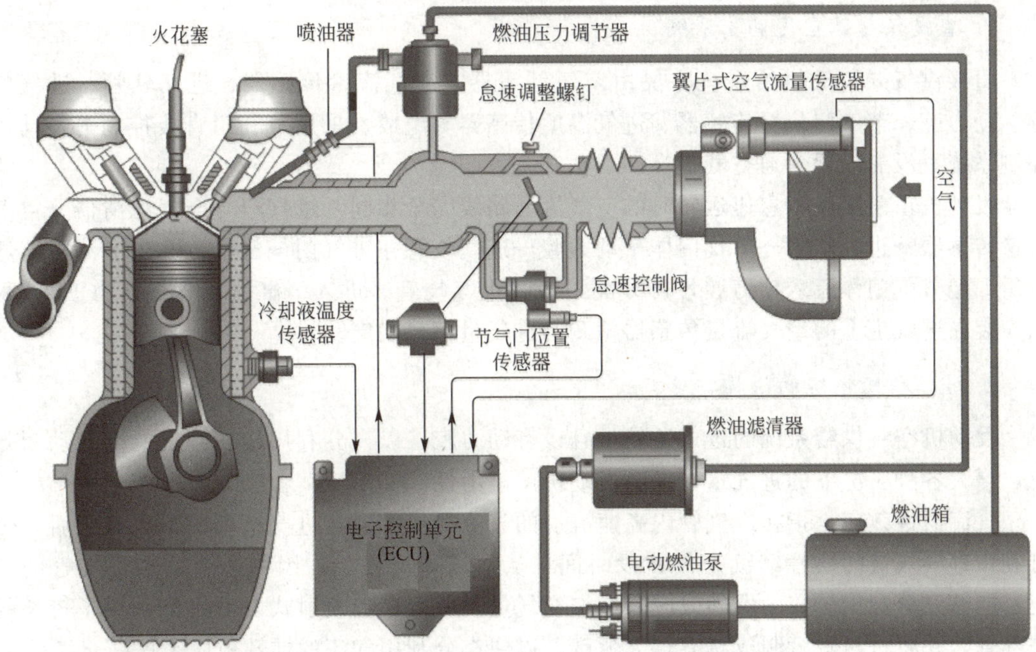

图 2.17　发动机电控燃油喷射系统(L 型)

空气道、急速控制阀、进气歧管、动力腔、节气门位置传感器、进气温度传感器等组成。

发动机正常工作时，空气流通路线：进气口→空气滤清器→空气流量传感器→进气管→节气门→动力腔→进气歧管→进气门→气缸。

发动机急速运转时，空气流通路线：进气口→空气滤清器→空气流量传感器→进气管→

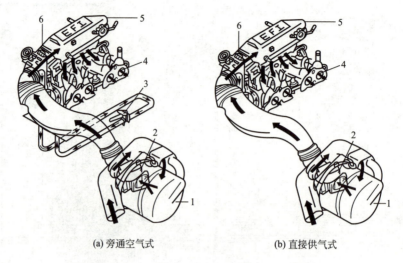

(a) 旁通空气式　　　　　(b) 直接供气式

图 2.18　空气供给系统

1—空气滤清器；2—空气流量传感器；3—怠速控制阀；4—进气歧管；5—动力腔；6—节气门体

节气门前端的旁通空气道入口→怠速控制阀→节气门后端的旁通空气道出口→动力腔→进气歧管→进气门→气缸。

2. 直接供气式空气供给系统

直接供气式空气供给系统主要由空气滤清器、空气流量传感器、进气软管、进气歧管、动力腔、节气门位置传感器、进气温度传感器等组成。采用节气门直接控制的发动机控制系统，没有设置旁通空气道。

发动机正常工作和怠速运转时的空气流通路线完全相同：进气口→空气滤清器→空气流量传感器→进气软管→节气门体→动力腔→进气歧管→进气门→气缸。空气经滤清器滤清后，经节气门体流入动力腔，再分配给各缸进气歧管。进入气缸的空气量，由 ECU 根据安装在进气道上的空气流量传感器检测的进气量信号确定。

3. 空气供给系统的结构特点

发动机空气供给系统的进气道较长且设有动力腔，以充分利用进气管内的空气动力效应，增大各种工况下的进气量，提高发动机的动力性。

气流惯性效应是指在进气管内高速流动的气流在活塞到达进气行程的下止点之后，仍可利用进气气流的惯性继续充气一段时间，从而增加充气量。因为适当增加进气管的长度，能够充分利用气流的惯性效应来增加充气量，所以燃油喷射式发动机都采用了较长的进气管，并将进气歧管制成具有较大弧度，以便充分利用气流的惯性效应来提高充气量。

气流压力波动效应是指各个气缸周期性、间歇性地进气，而导致进气管内产生一定幅度的气流压力波动。气流压力波动会沿着进气管以声速传播并往复反射。如果进气管的形状有利于压力波反射并产生一定的共振，就能利用共振后的压力波提高充气量。

为了利用气流压力波动效应，大多数燃油喷射式发动机在进气管中部设有一个动力腔或在进气管的旁边设有一个与进气管相通的谐振腔，利于进气管内压力波的共振提高充气量。

2.2.2 燃油供给系统

1. 燃油供给系统的组成

燃油供给系统向发动机提供混合气燃烧所需的燃油,主要由油箱、电动汽油泵、输油管、燃油滤清器、燃油压力调节器、燃油分配管(也称燃油导轨)、喷油器和回油管等组成,如图2.19所示。

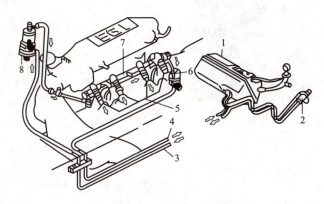

图2.19 燃油供给系统

1—油箱;2—电动汽油泵;3—输油管;4—回油管;5—喷油器;
6—燃油压力调节器;7—燃油分配管;8—燃油滤清器

2. 燃油压力调节器

喷油器的喷油量取决于喷油器的喷孔截面、喷油时间和喷油压差。在电控燃油喷射系统中,ECU通过控制喷油器的喷油时间来实现对喷油量的控制,因此要保证燃油喷射量的精确控制,在喷油器的结构尺寸一定时,必须保持恒定的喷油压差。

喷油器将燃油喷入进气管内,燃油分配管内燃油压力与进气管内气体压力的差值就是喷油压差,一般为300kPa左右。而进气管内的气体压力是随发动机转速和负荷的变化而变化的,要保持恒定的喷油压差,必须根据进气管内压力的变化来调节燃油压力。

燃油压力调节器的功用就是调节燃油压力,使喷油压差保持恒定。

燃油压力调节器通常安装在燃油分配管的一端(图2.20),其结构如图2.21所示,主要由膜片、弹簧和回油阀等组成。膜片将调节器壳体内部分成两个室,即弹簧室和燃油室。膜片上方的弹簧室通过软管与进气管相通,膜片与回油阀相连,回油阀控制回油量。

发动机工作时,燃油压力调节器的膜片上方承受的压力为弹簧的弹力和进气管内气体的压力之和,膜片下方承受的压力为燃油压力,当膜片上、下承受的压力相等时,膜片处于平衡位置不动。

当进气管内气体压力下降(真空度增大)时,膜片向上移动,回油阀开度增大,回油量增多,使燃油分配管内燃油压力下降;反之,当进气管内的气体压力升高时,则膜片带动回油阀向下移动,回油阀开度减小,回油量减少,使燃油分配管内燃油压力升高。

图 2.20 燃油压力调节器实物

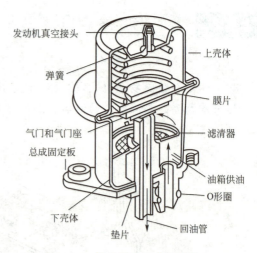

图 2.21 燃油压力调节器结构图

由此可见，在发动机工作时，燃油压力调节器通过控制回油量来调节燃油分配管内燃油压力，从而保持喷油压差恒定不变。

发动机工作时，由于燃油泵的供油量远大于发动机消耗的油量，所以回油阀始终保持开启，使多余燃油经过回油管流回油箱。发动机停止工作（燃油泵停转）时，随着燃油分配管内燃油压力的下降，回油阀在弹簧的作用下逐渐关闭，以保持燃油系统内有一定的残余压力。

进入发动机气缸的燃油流经路线：油箱→电动汽油泵→输油管→燃油滤清器→燃油分配管→喷油器。当电动汽油泵泵入供油系统的燃油增多、油路中的油压升高时，燃油压力调节器将自动调节燃油压力，保证供给喷油器的油压基本不变。供油系统过剩的燃油经回油管流回油箱。

燃油压力调节器不能维修，若工作不良，应进行更换，拆卸时注意应先释放燃油系统压力。

3. 燃油压力脉动阻尼器

在一些电控燃油喷射系统的电动燃油泵或燃油导轨上，安装有燃油压力脉动阻尼器，其作用是降低喷油器喷油时引起的燃油压力波动并降低噪声。

燃油压力脉动阻尼器的结构如图 2.22 所示，主要由膜片、回位弹簧和外壳等组成。发动机工作时，燃油经过脉动阻尼器膜片下方进入输油管，当燃油压力瞬时增大时，膜片受压上移，膜片下方的空间增大，油压减小；当燃油分配管的燃油压力瞬时减小时，膜片受弹簧回复力的作用下移，膜片下方的空间减小，油压增大。通过燃油压力脉动阻尼器膜片下方的容积变化，起到稳定燃油系统油压的作用。

燃油压力脉动阻尼器一般不会发生故障，需进行拆卸时，注意应首先释放燃油系统压力。

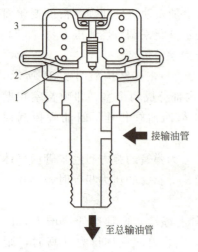

图 2.22 燃油压力脉动阻尼器结构图
1—阀片；2—膜片；3—回位弹簧

2.2.3 电子控制系统

发动机燃油喷射电子控制系统由信号输入装置、ECU 和执行器 3 部分组成，如图 2.23 所示。

图 2.23 燃油喷射电子控制系统（桑塔纳 2000GSi 型乘用车）

1. 信号输入装置

信号输入装置包括各种传感器和开关。发动机传感器安装在发动机的不同部位，用于检测发动机运行状态的各种参数，并将其转换成计算机能够识别的电信号输入 ECU。发动机传感器及开关信号的主要功用如下所述。

(1) 空气流量传感器（Air Flow Sensor，AFS）或歧管压力传感器（Manifold Absolute Pressure Sensor，MAP）：用于检测吸入发动机气缸的进气量。AFS 能直接检测发动机的进气量，MAP 只能间接测量发动机的进气量。

(2) 曲轴位置传感器（Crankshaft Position Sensor，CPS）：用于检测发动机曲轴的转速和转角，控制喷油提前角和点火提前角。

(3) 凸轮轴位置传感器（Camshaft Position Sensor，CPS）：用于检测活塞上止点位置，控制开始喷油时刻和开始点火时刻，故又称为气缸识别传感器（Cylinder Identification Sensor，CIS）。部分汽车发动机电控系统中，曲轴位置传感器与凸轮轴位置传感器制成一体，统称为曲轴位置传感器，并用 CPS 表示。

(4) 节气门位置传感器（Throttle Position Sensor，TPS）：用于检测节气门开度大小，如节气门关闭、部分开启和全开等。此外，ECU通过计算节气门位置传感器信号的变化率，便可得到汽车加速或减速信号。

（5）冷却液温度传感器(Coolant Temperature Sensor，CTS)：俗称为水温传感器，用于检测发动机冷却液温度。

（6）进气温度传感器(Intake Air Temperature Sensor，IATS)：用于检测吸入发动机气缸的空气的温度。

（7）氧传感器(Exhaust Gas Oxygen Sensor，EGOS)：用于检测排气管排出废气中氧的含量，来反映可燃混合气的空燃比。

（8）车速传感器(Vehicle Speed Sensor，VSS)：用于检测汽车行驶速度。

（9）点火开关信号(Ignition Switch，IGN)：当点火开关接通"点火(IG)"挡位时，向ECU输入一个高电平信号。

（10）起动开关信号(Starting Switch，STA)：当点火开关接通"起动(ST)"挡位时，向ECU输入一个高电平信号。

（11）空调开关信号(Air Conditioning Switch，A/C)：当空调开关接通时，向ECU提供接通空调的信号。

（12）电源电压信号(U-Battery，UBAT)：向ECU提供蓄电池端电压信号。

（13）空挡起动开关信号(Neutral Start Switch，NSW)：在选装自动变速器的汽车上，用于检测自动变速器的挡位选择开关是否处于空挡位置。

2. ECU

ECU又称为电子控制单元或电子控制组件，俗称电脑（图2.24）。ECU用于接收各种传感器和控制开关输入的发动机工况信号，根据ECU内部预先编制的控制程序和存储的试验数据，通过数学计算和逻辑判断确定适应发动机工况的喷油时间和点火提前角等参数，并将这些参数转换为电信号控制各种执行元件动作，从而使发动机保持最佳运行状态。

ECU还具有故障自诊断测试功能和应急处理功能(后备功能)。在ECU对发动机运行状态进行控制的同时，还对传感器传输的信号进行监测与鉴别，当发现某传感器传输的信号参数超出规定值范围或没有传输信号时，ECU将判定该传感器或相关线路发生故障，并将故障信息编成代码存储在存储器中，以便维修时调用，与此同时，立即启用后备功能使发动机进入故障应急状态运行。

【参考图文】

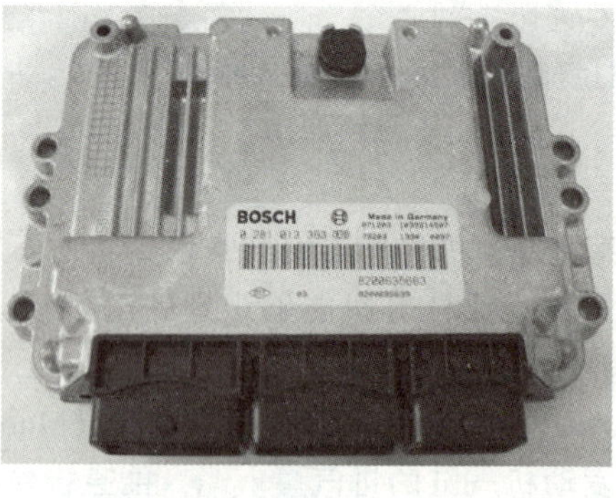

图2.24 电子控制单元

3. 执行器

执行器又称为执行元件，是电控系统的执行机构。执行器接收ECU的控制指令，完成具体的控制动作。发动机电控燃油喷射系统常用的执行器主要功用如下所述。

（1）**电动汽油泵**：给发动机电控系统提供规定压力的燃油。

（2）**油泵继电器**：控制电动汽油泵电路的接通与切断。

(3) **喷油器**：接收 ECU 发出的喷油脉冲信号，并计量燃油喷射量。

(4) **氧传感器加热器**：加热氧传感器的检测部件，使传感器尽快投入工作。

在汽车电控系统中，还设有一个故障诊断插座(故障测试仪接口)。当控制系统发生故障或需要了解控制系统的工况参数时，利用测试仪通过故障诊断插座可以调取所需信息和参数。

2.3 电控燃油喷射系统传感器的结构原理

2.3.1 歧管压力传感器

1. 歧管压力传感器的作用

歧管压力传感器(图2.25)用于测量发动机的进气量，又称为进气歧管绝对压力传感器或进气绝对压力传感器。歧管压力传感器采用间接测量方式测量进气量，即依据发动机的负荷变化测出进气歧管内绝对压力值，进而测算发动机的进气量。

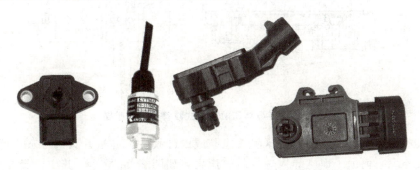

图2.25 几种常见的歧管压力传感器实物图

2. 歧管压力传感器的分类

歧管压力传感器按其信号产生的原理可分为电容式、半导体压敏电阻式、膜盒传动的可变电感式和声表面波式等。其中电容式和半导体压敏电阻式歧管压力传感器在 D 型燃油喷射系统中应用广泛。

1) **电容式歧管压力传感器**

电容式歧管压力传感器利用传感器的电容效应测量进气歧管绝对压力，主要由氧化铝膜片及厚膜电极等构成，如图2.26所示。

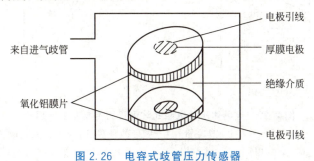

图2.26 电容式歧管压力传感器

压力转换元件由可产生电容效应的厚膜电极构成,电极被附在氧化铝膜片上。当发动机进气歧管绝对压力变化时,可使氧化铝膜片产生变形,导致传感器电极的电容产生相应变化,引起与其相关的振荡电路的振荡频率发生相应变化。

ECU 根据传感器输出信号的频率便可确定进气歧管的绝对压力。传感器输出信号频率和进气歧管绝对压力值成正比,该频率在 80～120Hz 范围内变化。

2) **半导体压敏电阻式歧管压力传感器**

半导体压敏电阻式歧管压力传感器利用半导体的压阻效应测量进气歧管的绝对压力,主要由压力转换元件和将转换元件输出信号进行放大的混合集成电路等构成,如图 2.27 所示。

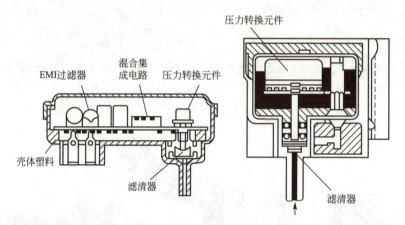

图 2.27 半导体压敏电阻式歧管压力传感器

压力转换元件是利用半导体的压阻效应制成的硅膜片。硅膜片为约 $3mm^2$ 的正方形,其上面是真空室,而另一面则导入进气歧管压力,如图 2.28 所示。其中部经光刻、腐蚀形成直径约 2mm、厚约 50mm 的薄膜,薄膜周围安置有 4 个应变电阻,并且以惠斯顿电桥方式连接而成。

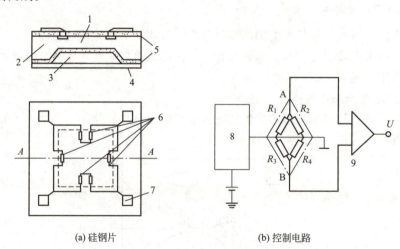

(a) 硅钢片   (b) 控制电路

图 2.28 半导体压敏电阻式歧管压力传感器工作原理

1—硅片;2—硅;3—真空管;4—硼硅酸玻璃片;5—二氧化硅膜;
6—应变电阻;7—金属片;8—稳压电源;9—差动放大器

当硅膜片受力变形时，其中应变电阻 R_2 和 R_4 受拉，其电阻值随应力增加而增加；而应变电阻 R_1 和 R_3 受压，电阻变化则相反，即随应力增加而减小，使惠斯顿电桥失去平衡，有信号输出；此外，进气歧管绝对压力越大，硅膜片受力变形越大，输出的信号越强烈。半导体压敏电阻式歧管压力传感器的输出信号电压具有随进气歧管绝对压力的增大而呈线性增大的特性。

由于输出信号较弱，需用混合集成电路进行放大后再输出。该电路采用了差动电桥放大方式，可明显提高传感器灵敏度。

半导体压敏电阻式歧管压力传感器具有尺寸小、精度高、成本低、响应性好、通用性强和测量范围广等优点，应用非常广泛。

3）**膜盒传动的可变电感式(LVDT)歧管压力传感器**

膜盒传动的可变电感式歧管压力传感器主要由膜盒、铁心、感应线圈和电子电路等组成，如图 2.29 所示。

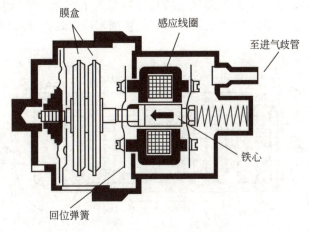

图 2.29 LVDT 式歧管压力传感器

膜盒是由薄金属片焊接而成，其内部被抽成真空，外部与进气歧管相通，膜盒外表压力变化将使其产生膨胀和收缩。置于感应线圈内部的铁心与膜盒联动。

感应线圈由两个绕组构成，如图 2.30 所示，一个与振荡电路相连，产生交流电压，在线圈周围产生磁场；另一个为感应绕组，用于产生信号电压。

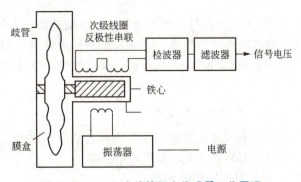

图 2.30 LVDT 式歧管压力传感器工作原理

当进气歧管压力变化时，膜盒带动铁心在磁场中移动，使感应线圈产生的信号电压随之变化，再将该电压信号送到电子电路，后经检波、整形和放大后，作为传感器的输出信号送至 ECU。

4）**声表面波式歧管压力传感器**

在测控领域中，能够将电（声）信号能量转换成与之相对应的声（电）信号能量的器件统称为电声换能器（Electroacoustic Transducer）。声表面波（Surface Acoustic Wave，SAW）是一种在固体浅表面传播的弹性波，能在压电材料表面激励/检测声表面波的器件称为叉指换能器（Inter-digital Transducer，IDT）。声表面波式压力传感器即属于电声换能器的范畴。

SAW 式进气歧管绝对压力传感器的工作原理如图 2.31 所示。在以石英压电晶体基片为衬底的表面上，一端设有信号输入叉指换能器（IDT1），另一端设有信号输出叉指换能器（IDT2），在两者之间的区域内刻划出针对气体压力敏感的薄膜（称为延迟线）。被测气体的压力作用到该薄膜上，导致薄膜界面的物理性质发生变化，从而改变了 SAW 的传播速度或频率。因此，通过测量声表面波的频率偏移或相位延迟，即可以检测出被测气体的压力。

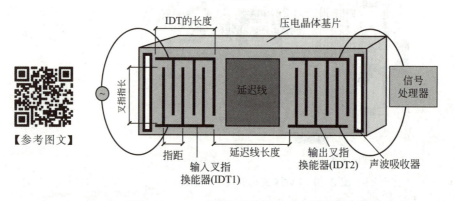

图 2.31 SAW 式进气歧管绝对压力传感器的工作原理

2.3.2　空气流量传感器

1. 空气流量传感器的作用

空气流量传感器（AFS）又称为空气流量计（AFM），一般安装在进气道中空气滤清器的后方（图 2.32），用于检测发动机的进气量，并将进气量信息转换成电信号输入 ECU，以供 ECU 计算确定喷油时间（即喷油量）和点火时间，是发动机 ECU 计算喷油时间和点火时间的主要依据。

2. 空气流量传感器的分类

目前车用空气流量传感器主要有翼片式空气流量传感器、卡门涡旋式空气流量传感器和热式空气流量传感器等。

1）**翼片式空气流量传感器**

（1）翼片式空气流量传感器的结构。翼片式空气流量传感器（图 2.33）

由测量板(叶片)、缓冲板(叶片)、阻尼室、旁通气道、怠速调整螺钉、回位弹簧等组成，如图 2.34 所示。此外，其内部还设有电动汽油泵开关及进气温度传感器等。

图 2.32 空气流量传感器(空气流量计)的安装位置

图 2.33 翼片式空气流量传感器实物

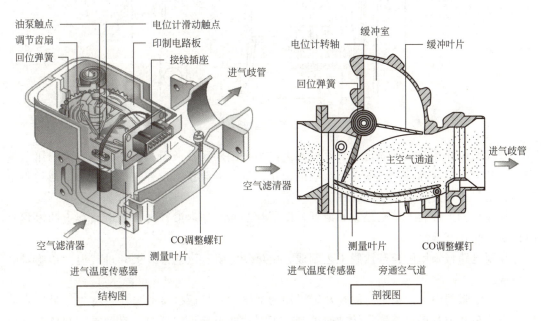

图 2.34 翼片式空气流量传感器结构

当点火开关接通而不起动发动机时，电动汽油泵开关控制电动汽油泵不工作，一旦翼片式空气流量传感器中有空气流过，此开关闭合，电动汽油泵开始工作。

翼片由测量叶片和缓冲叶片组成，两者铸成一体。叶片转轴安装在壳体上，转轴一端装有螺旋回位弹簧。

当回位弹簧的弹力与吸入空气气流对测量叶片的推力平衡时，叶片处于稳定位置。测量叶片随进气量的变化在空气主通道内发生偏转，缓冲叶片在缓冲室内与其同步偏转，缓冲室对叶片起阻尼作用。当发动机吸入空气量急剧变化和气流脉动时减小翼片的脉动，使翼片运转平稳。

在空气流量传感器空气主通道的下方设置有空气旁通通道，在旁通通道的一侧安置了可改变旁通空气量的 CO 调整螺钉，以便在小空气流量时对空气流量传感器的输出特性进行调节。

发动机怠速时的空燃比，因发动机、燃油喷射装置及系统的不同，会出现若干偏差，因此也同样需要通过调整旁通通道面积，使空气流量传感器的输出与目标值一致。

电位计安装在空气流量传感器壳体上方，内装有平衡配重、滑臂、回位弹簧、调整齿扇和印制电路板等，如图 2.35 所示。

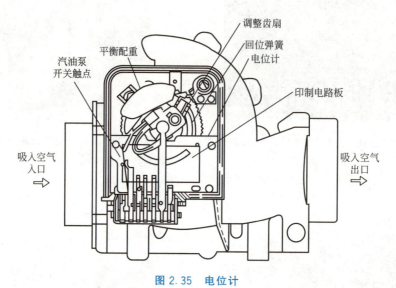

图 2.35　电位计

螺旋回位弹簧的一端固定在翼片转轴上，另一端固定在调整齿扇上。调整齿扇用卡簧定位，其上有刻度标记。改变调整齿扇的固定位置，可调整回位弹簧的预紧力，使用中用以调整空气流量传感器的输出特性。

翼片转轴上端装着平衡配重和滑臂，随翼片一起动作，滑臂与印制电路板上的镀膜电阻接触，并在其上滑动。

印制电路板采用陶瓷基镀膜工艺制成，由可变电阻、汽油泵开关和进气温度传感器电路组成。

可变电阻的中央抽头是与翼片转轴联动的滑臂，并且通过接线连接器将进气量信号输出。汽油泵开关触点也受翼片转轴的控制，当翼片处于静止位置时，汽油泵控制触点被顶开，切断汽油泵电路；当翼片偏转时，触点闭合，接通汽油泵电路。进气温度传感器安装在空气流量计主空气通道的进气口上。

由于不同温度时的空气密度不同，因此不同温度下同一体积的空气具有不同的质量。翼片式空气流量传感器只能测进气量而不能测进气质量。利用进气温度传感器，可对进气量信号进行修正，以提高进气量的测量精度。

（2）翼片式空气流量传感器的工作原理。如图 2.36 所示，当空气通过空气流量传感器主通道时，翼片将受到吸入空气气流的压力及回位弹簧的弹力作用，当空气流量增大时，气流压力增大，使翼片逆时针偏转 α 角，直到两力平衡为止。

与此同时，电位计中的滑臂与翼片同轴旋转，使得滑片电阻输出电位 V_s 提高，即电

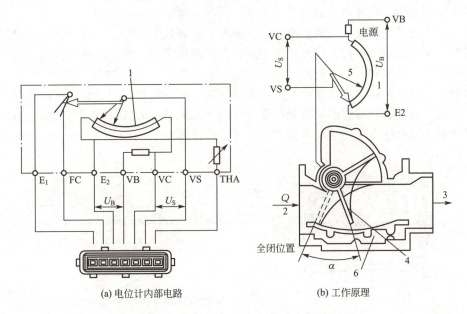

(a) 电位计内部电路　　(b) 工作原理

图 2.36　翼片式空气流量传感器工作原理

1—电位计；2—来自空气滤清器的空气；3—到发动机的空气；4—测量板；
5—电位计滑动触头；6—旁通空气通道

压 U_S 减小。ECU 则根据空气流量传感器输出的 U_S/U_B 电压比信号，测量发动机的进气量。U_S/U_B 信号与空气流量成反比且线性下降，当吸入的空气流量减小时，翼片转角 α 减小，U_S 电压值上升，则 U_S/U_B 的电压比值随之增大。

2) **卡门涡旋式空气流量传感器**

卡门涡旋式空气流量传感器(Karman Scroll Type Air Flow Meter)直接用电子方法测量进气量，与翼片式空气流量传感器相比，具有体积小、质量轻、进气道简单、进气阻力小等优点。

卡门涡旋式空气流量传感器在进气管道中央设置一个锥体状的涡流发生器，当空气流过时，在涡流发生器的后部将会不断产生称为卡门涡旋的涡流串，若测出卡门涡流的频率便可感知进气量的大小。

按照涡旋数的检测方式不同，卡门涡旋式空气流量传感器有超声波检测方式和反光镜检测方式两种。

采用超声波检测方式的卡门涡旋式空气流量传感器如图 2.37 所示。

利用卡门涡旋引起的空气疏密度变化进行测量，用接收器接收连续发射的超声波信号，因接收到的信号随空气疏

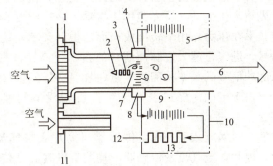

图 2.37　卡门涡旋式空气流量传感器(超声波检测方式)

1—整流栅；2—涡旋发生体；3—涡旋稳定板；
4—信号发生器(超声波发射头)；5—超声波发生器；
6—通往发动机；7—卡门涡旋；8—超声波接收器；
9—与涡旋数对应的疏密声波；10—整形放大电路；
11—旁通通路；12—通往 ECU；
13—整形成矩形波(脉冲)

密度的变化而变化,由此即可测得涡旋频率,从而测得空气流量。

在卡门涡旋发生区空气通道的两侧,分别装有超声波发生器 5 和超声波接收器 8,超声波发射头 4 沿涡旋的垂直方向发射超声波,由于涡旋使超声波的传播速度发生变化,超声波受到周期性的调制,使其振幅、相位、频率发生变化。

这种被调制后的超声波被超声波接收器接收后,变换成相应的电压,再经整形、放大电路,形成与涡旋数目相应的矩形脉冲信号,然后送入发动机 ECU 作为空气流量信号。

采用反光镜检测方式的卡门涡旋式空气流量传感器如图 2.38 所示。

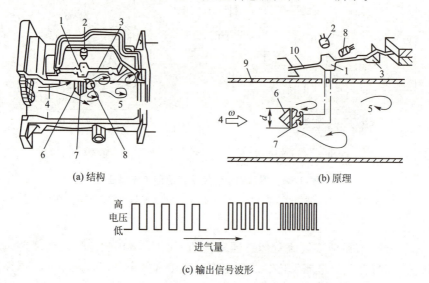

图 2.38　卡门涡旋式空气流量传感器(反光镜检测方式)
1—反光镜;2—发光二极管;3—弹性钢片;4—空气流;5—卡门涡旋;6—涡旋发生体;
7—压力导向孔;8—光敏晶体管;9—进气管路;10—支承板

将卡门涡旋发生器两侧的压力变化,通过导压孔而引向薄金属制成的反光镜表面,使反光镜产生振动,反光镜一边振动,一边将发光二极管发射来的光反射给光敏晶体管,涡旋频率在压力作用下转换成镜面的振动频率,镜面的振动频率通过光电耦合器转换成脉冲信号,进气量越大,脉冲信号的频率越高;进气量越小,脉冲信号频率越低。ECU 根据该脉冲信号的频率检测进气量(当然也要经过进气温度修正)和基准点火提前角。

由于卡门涡旋式空气流量传感器没有可动部件,反应灵敏,测量精度高,故应用广泛。

卡门涡旋式空气流量传感器与翼片式空气流量传感器直接测得的均是空气的体积流量,因此在空气流量传感器内均装有进气温度传感器,以便对随气温而变化的空气密度进行修正,从而正确计算出进气的质量流量。

3) **热式空气流量传感器**

热式空气流量传感器有热线式和热膜式两种形式,直接检测发动机吸入空气的质量流量,两种形式的检测原理完全相同。

热线式空气流量传感器的检测元件是铂金属丝,热膜式空气流量传感器的检测元件是铂金属膜。铂金属检测元件的响应速度很快,能在几毫秒内反映出空气流量的变化,因此测量精度不受进气气流脉动的影响(气流脉动在发动机大负荷、低转速运转时最为明显)。此外还具有进气阻力小、无磨损部件等优点,目前大多数中高档乘用车都采用这种传感器。

热线式与热膜式空气流量传感器主要由发热元件(热线或热膜)、温度补偿电阻(冷丝或冷膜)、信号取样电阻和控制电路等组成。

(1) 热线式空气流量传感器。传感器壳体两端设置有与进气道相连接的圆形连接接头,空气入口和出口都设有防止传感器受到机械损伤的防护网。传感器入口与空气滤清器一端的进气管连接,出口与节气门体一端的进气管连接,如图2.39所示。

传感器内部套装有一个取样管,管中设有一根直径很小(约$70\mu m$)的铂金属丝作为发热元件,称为热线,并制作成Ⅱ形张紧在取样管内。

由于进气温度变化会使热线的温度发生变化而影响进气量的测量精度,因此在热线附近的气流上游设有一只温度补偿电阻。该温度补偿电阻相当于一只进气温度传感器,其电阻值随进气温度的变化而变化。当进气温度降低(或升高)使发热元件的电阻值减小(或增大)时,温度补偿电阻的电阻值也会减小(或增大)。

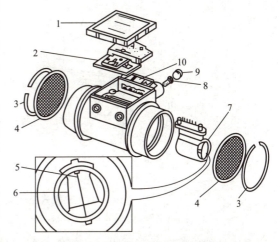

图2.39 热线式空气流量传感器

1—传感器密封盖;2—印制电路板;3—卡环;
4—防护网;5—温度补偿电阻丝(冷丝);6—铂金属丝(热线);7—取样管;8—CO调整螺钉;
9—防护塞;10—接线插座

温度补偿电阻的温度起到参考基准的作用,控制电路提供的电流将使温度补偿电阻的温度始终低于发热元件的温度(120℃),使进气温度的变化不至于影响发热元件(热线)测量进气量的精度。

(2) 热膜式空气流量传感器。热膜式空气流量传感器(图2.40)是对热线式空气流量传感器进行了改进,其发热元件采用平面形铂金属薄膜(厚约$200\mu m$)电阻器,故称为热膜电阻。

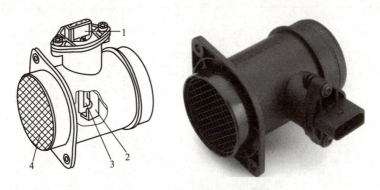

图2.40 热膜式空气流量传感器

1—接线插座;2—护套;3—铂金属膜;4—防护网

捷达 AT、GTX 和桑塔纳 2000GSi 型乘用车均采用了热膜式空气流量传感器。

热膜式空气流量传感器内部的进气通道上设有一个矩形护套（相当于取样管），热膜电阻设在护套内。为了防止污物沉积到热膜电阻上影响测量精度，在护套的空气入口侧设有空气过滤网，用于过滤空气中的污物。

为了防止进气温度变化使测量精度受到影响，在热膜电阻附近的气流上游设有铂金属膜式温度补偿电阻，如图 2.41 所示。

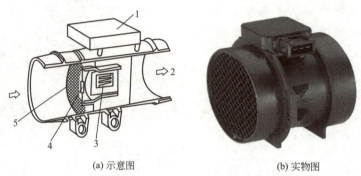

(a) 示意图 (b) 实物图

图 2.41 热膜式空气流量传感器内部元件

1—控制电路；2—通往发动机；3—热膜；4—进气温度传感器；5—金属网

温度补偿电阻和热膜电阻与传感器内部控制电路连接，控制电路与线束插接器插座连接，线束插座设在传感器壳体中部。

热膜式空气流量传感器与热线式空气流量传感器相比，由于热膜电阻的电阻值较大，所以消耗电流较小，使用寿命较长，但其发热元件表面制有一层绝缘保护膜，起到辐射热传导作用，因而响应特性略低于热线式空气流量传感器。

3. 空气流量传感器的性能比较

空气流量传感器的性能比较见表 2-1。

表 2-1 空气流量传感器性能比较

参数	翼片式空气流量传感器	卡门涡旋式空气流量传感器	热线式空气流量传感器	热膜式空气流量传感器
响应特性	△	○	○	○
怠速稳定性	○	○	○	○
废气再循环实用性	○	○	○	○
发动机性能随时间的变化	◎	◎	◎	◎
海拔高度修正	√	√	×	×
进气温度修正	√	√	×	×
安装性	○	○	○	○
成本	○	○	○	◎

注：◎—优；○—良；△—差；×—不需要；√—需要。

2.3.3 节气门位置传感器

1. 节气门位置传感器的作用

发动机工况(如起动、怠速、加速、减速、小负荷和大负荷等)**不同，对混合气浓度的要求也不相同。**节气门位置传感器(图2.42)将节气门开度(即发动机负荷)大小转变为电信号输入发动机ECU，以便确定空燃比的大小。

图2.42 节气门位置传感器

在装备电子控制自动变速器的汽车上，节气门位置传感器信号还要输入变速器ECU，作为确定变速器换挡时机和变矩器锁止时机的主要信号。

节气门位置传感器(TPS)一般都安装在节气门体上节气门轴的一端(图2.43)。

2. 节气门位置传感器的分类

按结构不同，节气门位置传感器可分为触点式、可变电阻式、触点与可变电阻组合式3种；按输出信号的类型不同，节气门位置传感器可分为线性(量)输出型和开关(量)输出型。

图2.43 节气门位置传感器的安装位置

1) 触点式节气门位置传感器

(1) 结构特点。触点式节气门位置传感器主要由节气门轴、大负荷触点(又称为功率触点)、凸轮、怠速触点和接线插座组成，如图2.44所示。

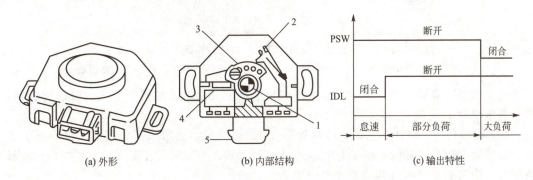

(a) 外形　　(b) 内部结构　　(c) 输出特性

图2.44 触点式节气门位置传感器的结构特点

1—节气门轴；2—功率触点(PSW)；3—凸轮；4—怠速触点(IDL)；5—接线插座

凸轮随节气门轴转动，节气门轴随节气门开度（发动机负荷）大小的变化而变化。

（2）输出特性。当节气门关闭时，怠速触点闭合、功率触点断开，怠速触点输出端子输出的信号为低电平"0"，功率触点输出的信号为高电平"1"。

ECU 接收到 TPS 输入的信号时，如果车速传感器输入 ECU 的信号表示车速为零，则 ECU 判定发动机处于怠速状态，并控制喷油器增加喷油量，保证发动机怠速转速稳定而不致熄火。

如果车速传感器输入 ECU 的信号表示车速不为零，则 ECU 判定发动机处于减速状态运行，并控制喷油器停止喷油，以降低排放和提高经济性。

当节气门开度增大时，凸轮随节气门轴转动并将怠速触点（IDL）顶开，如果功率触点（PSW）保持断开状态，则 IDL 端子和 PSW 端子都将输出高电平"1"。

ECU 接收到这两个高电平信号时，将判定发动机处于部分负荷状态，此时 ECU 根据空气流量传感器信号和曲轴转速信号计算确定喷油量，保证发动机运行的经济性和排放性能。

当节气门接近全部开启（80％以上负荷）时，凸轮转动使端子 PSW 闭合，端子 PSW 输出低电平"0"，IDL 端子保持断开而输出高电平"1"。ECU 接收到这两个信号时，将判定发动机处于大负荷状态运行，并控制喷油器增加喷油量，保证发动机输出足够的功率，故大负荷触点称为功率触点。

在此状态下，控制系统将进入开环控制模式，ECU 不采用氧传感器信号。如果此时空调系统仍在工作，则 ECU 将中断空调主继电器信号约 15s，以便切断空调电磁离合器线圈电流，使空调压缩机停止工作，增大发动机的输出功率，提高汽车的动力性。

2）组合式节气门位置传感器

（1）结构特点。组合式节气门位置传感器主要由可变电阻滑动触点、节气门轴、怠速触点和壳体组成，如图 2.45 所示。

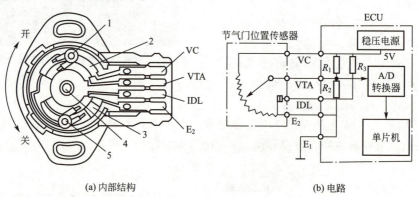

(a) 内部结构　　　　　　　　　　　　　　(b) 电路

图 2.45　组合式节气门位置传感器

1—可变电阻滑动触点；2—镀膜电阻；3—绝缘部件；4—节气门轴；5—怠速触点

可变电阻为镀膜电阻，制作在传感器底板上，可变电阻的滑臂随节气门轴一同转动，滑臂与输出端子 VTA 连接。

（2）输出特性。怠速触点输出特性如图 2.46(a)所示。当节气门关闭或开度小于 1.2°时，怠速触点闭合，其输出端子 IDL 输出低电平"0"；当节气门开度大于 1.2°时，怠速触点断开，输出端子 IDL 输出高电平"5V"。

当节气门开度变化时，可变电阻的滑臂便随节气门轴转动，滑臂上的触点便在镀膜电阻上滑动，传感器的输出端子 VTA 与 E_2 之间的信号电压随之发生变化，如图 2.46(b)所示，节气门开度越大，输出电压越高。

传感器输出的线性信号经过 A/D 转换器转换成数字信号后再输入 ECU。

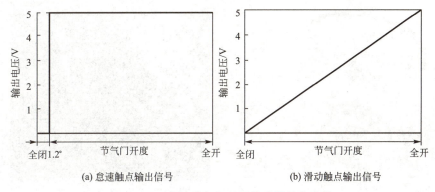

图 2.46　组合式节气门位置传感器输出特性

2.3.4　曲轴位置传感器和凸轮轴位置传感器

ECU 控制喷油器喷油和控制火花塞跳火时，先要确定哪一个气缸的活塞即将到达压缩行程上止点和排气行程上止点，然后才能根据曲轴转角信号控制喷油提前角与点火提前角。

曲轴位置传感器（图 2.47）**又称发动机转速与曲轴转角传感器，用于采集发动机曲轴转速与转角信号并输入 ECU，以便计算确定并控制喷油提前角与点火提前角。**

凸轮轴位置传感器又称为气缸识别传感器（CIS）用于采集配气凸轮轴的位置信号并输入 ECU，以便确定活塞处于压缩（或排气）行程上止点的位置。由于大多数汽车将曲轴与凸轮轴两种位置传感器制成一体，故同类型传感器的工作原理完全相同。

图 2.47　曲轴位置传感器(CPS)

曲轴位置传感器和凸轮轴位置传感器分为磁感应式、霍尔式和光电式三类。丰田系列乘用车采用磁感应式曲轴位置传感器和凸轮轴位置传感器；捷达 AT、CTX 型、桑塔纳 2000GSi 型、奥迪 200 型乘用车采用磁感应式曲轴位置传感器和霍尔式凸轮轴位置传感器；红旗 CA7220E 型乘用车和切诺基吉普车采用霍尔式曲轴位置传感器和凸轮轴位置传感器，并且曲轴位置传感器为差动霍尔式传感器；日产公爵王乘用车、三菱与猎豹吉普车采用光电式曲轴位置传感器和凸轮轴位置传感器。

关于曲轴位置传感器和凸轮轴位置传感器的结构原理，可参阅本书的姊妹篇《汽车电气设备》(第 3 版)(本书参考文献 [1])的相关内容，为节省篇幅，本书不再赘述。

2.3.5　氧传感器

1. 氧传感器的作用

氧传感器是排气氧传感器(EGOS)的简称，又称为氧含量传感器、λ 传

【参考图文】

感器(图 2.48)。**氧传感器安装在发动机排气管上**(图 2.49)，**通过监测排气中氧离子的含量获得混合气的 A/F 信号，并将 A/F 信号转变为电信号输入发动机 ECU**。

图 2.48　氧传感器实物

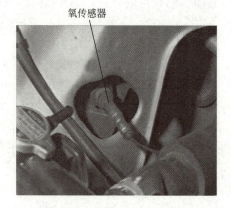

图 2.49　氧传感器安装在发动机排气管上

ECU 根据氧传感器信号对喷油时间进行修正，实现 A/F 反馈控制(闭环控制)，从而将 A/F 控制在 14.7 左右，使发动机得到最佳浓度的混合气，从而达到降低有害气体排放和节约燃油的目的。

2. 氧传感器的分类

氧传感器分为氧化锆(ZrO_2)式和氧化钛(TiO_2)式两种类型。 氧化锆式氧传感器又分为加热型与非加热型氧传感器两种，氧化钛式一般都为加热型传感器。由于氧化钛式氧传感器价格比氧化锆式便宜，而且不易受到硅离子的腐蚀，因此为越来越多的汽车采用。

1) 氧化锆式氧传感器结构原理

(1) 结构特点。氧化锆式氧传感器主要由钢质护管、钢质壳体、锆管、加热元件、电极引线、防水护套和线束插接器等组成，如图 2.50 所示。

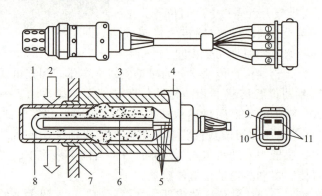

图 2.50　氧化锆式氧传感器

1—钢质护管；2—排气；3—壳体；4—防水护套；5—电极引线；6—陶瓷加热元件；
7—排气管；8—二氧化锆固体电解质陶瓷管(锆管)；9—加热元件电源端子；
10—加热元件搭铁端子；11—信号输出端子

锆管是在二氧化锆固体电解质粉末中添加少量的添加剂，经压力成型后，再烧结而成的陶瓷管。锆管制作成试管形状，以便氧离子能均匀扩散与渗透。锆管内表面通大气，外表面通排气，为了防止发动机排出的废气腐蚀外层铂电极，在外层铂电极表面还涂敷有陶瓷保护层。

在锆管的内、外表面都涂覆有一层金属铂作为电极，并用金属线与传感器信号输出端子连接。金属铂作为电极将信号电压引出传感器，同时还起催化作用。在催化剂铂的作用下，当发动机排气中的一氧化碳（CO）与氧气（O_2）接触时，则生成无害气体二氧化碳（CO_2）。

氧化锆陶瓷管的强度很低，而且安装在排气管上承受排气压力冲击，为了防止锆管受排气压力冲击而造成陶瓷管破碎，将锆管封装在钢质护管内。护管上制有若干个小孔以便于排气流通。在钢质壳体上制有六角对边螺栓头和螺纹，以便于安装和拆卸传感器。

国产乘用车大都采用非加热型氧传感器，其线束插接器只有一个或两个接线端子；中高档乘用车大都采用加热型氧传感器，其线束插接器有3个或4个接线端子。加热器采用陶瓷加热元件制成，设在锆管内侧，由汽车电源通入电流进行加热。

由于氧化锆式氧传感器在300℃以上的环境中时才能输出稳定的信号电压，因此，加热的目的是保证低温（排气温度在150～200℃以下）时，氧传感器就能投入工作，从而减少有害气体的排放量。

（2）测量原理。氧化锆式氧传感器的测量原理如图2.51所示。

锆管内侧与氧离子浓度高的大气相通，外侧与氧离子浓度低的排气相通。锆管外侧的氧离子随可燃混合气浓度变化而变化。

当氧离子在锆管中扩散时，锆管内外表面之间的电位差将随可燃混合气浓度变化而变化，即锆管相当于一个氧浓差电池，传感器的信号源相当于一个可变电源。

（3）工作特性。氧化锆式氧传感器的工作特性如图2.52所示。

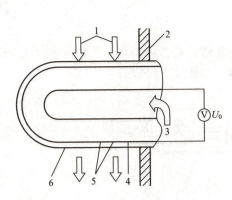

图2.51 氧化锆式氧传感器工作原理

1—排气；2—排气管；3—大气；
4—固体ZrO_2；5—铂电极；6—保护层

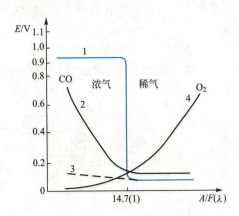

图2.52 氧化锆式氧传感器工作特性

1—传感器的电动势；2—CO浓度；
3—无铂电极时的电动势；4—氧离子浓度

当供给发动机的可燃混合气较浓（即$A/F<14.7$）时，排气中氧离子含量较少、CO浓度较大。在锆管外表面催化剂铂的催化作用下，氧离子几乎全部都与CO发生氧化反应生成CO_2气体，使外表面上氧离子浓度为零。

由于锆管内表面与大气相通，氧离子浓度很大，因此锆管内、外表面之间的氧离子浓度差较大,两个铂电极之间的电位差较高,约为0.9V。

当供给发动机的可燃混合气较稀时,排气中氧离子含量较多、CO浓度较小,即使CO全部都与氧离子产生化学反应,锆管外表面上还是有多余的氧离子存在,因此锆管内、外表面之间氧离子的浓度差较小,两个铂电极之间的电位差较低,约为0.1V。

当A/F接近于理论值(14.7)时,排气中的氧离子和CO都很少。在催化剂铂的作用下,氧离子与CO的反应从缺氧状态(CO过剩、氧离子浓度为零)变化为富氧状态(CO为零、氧离子过剩)。由于氧离子浓度差急剧变化,因此铂电极之间的电位差急剧变化,使传感器输出电压从0.9V急剧变化到0.1V。

当可燃混合气浓时,如果没有催化剂铂的催化作用使氧离子浓度急剧减小到零,在混合气由浓变稀时,固体电解质两侧氧离子的浓度差将连续变化,传感器的电动势将按图2.52中曲线3连续变化,即电动势不会出现突变现象。这正是氧化锆式氧传感器必须定期(汽车每行驶8万km)更换的原因,因为在使用过程中燃油和润滑油硫化产生的硅酮等颗粒物质附着在铂电极表面上会导致铂电极逐渐失效,同时传感器内部端子处用于防水的硅橡胶会逐渐污染内侧电极。

(4)工作条件。**氧化锆式氧传感器必须满足以下3个条件,才能正常调节混合气浓度。**

① **发动机工作在怠速工况和部分负荷工况。**

② **发动机温度高于60℃。**

③ **氧传感器自身温度高于300℃。**

氧传感器安装在温度较高的排气管上,为了使氧传感器能迅速达到工作温度(300℃)而投入工作,现代汽车采用了加热器对锆管进行加热。加热器一般采用陶瓷加热元件制成,并引出两个电极直接由汽车电源(12~14V)通电进行加热,加热器的加热温度一般设定为300℃。

2) 氧化钛式氧传感器的结构原理

(1)结构特点。氧化钛式氧传感器的外形与氧化锆式氧传感器相似,主要由二氧化钛传感元件、钢质壳体、加热元件和电极引线等组成,如图2.53所示。

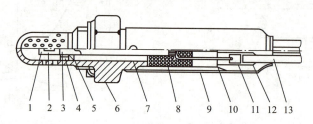

图2.53 氧化钛式氧传感器

1—加热元件;2—二氧化钛元件;3—基片;4—垫圈;5—密封圈;6—壳体;7—滑石粉填料;
8—密封釉;9—护套;10—电极引线;11—连接焊点;12—密封衬垫;13—传感器引线

钢质壳体上制有螺纹,以便于安装传感器。氧化钛式氧传感器不需要与大气压进行比较,因此传感元件的密封与防水十分方便,利用玻璃或滑石粉等密封即可达到使用要求。

此外,在电极引线与护套之间设置一个硅橡胶密封衬垫,可以防止水浸入传感器内部而腐蚀电极。

氧化钛传感元件目前使用较多的有芯片式和厚膜式两种。

加热元件用钨丝或陶瓷材料制成,加热的目的是使传感元件二氧化钛的温度保持恒定,从而使传感器的输出特性不受温度影响。二氧化钛是一种多孔性的陶瓷材料,达到激活温度(规定温度为600℃)需要的时间很短,这对降低发动机刚刚起动后HC的排放量十分有利。

(2)测量原理。由于二氧化钛半导体材料的电阻具有随氧离子浓度变化而变化的特性,因此氧化钛式氧传感器的信号源相当于一个可变电阻,其电阻值与过量空气系数的关系如图2.54所示。

当发动机的可燃混合气浓时,由于燃烧不完全,排气中会剩余少量氧气,传感元件周围的氧离子很少,二氧化钛呈现高阻状态。与此同时,在催化剂铂的催化作用下,使剩余氧离子与排气中的CO产生化学反应,生成CO_2,将排气中的氧离子进一步消耗掉,从而大大提高了传感器的灵敏度;当发动机混合气稀时,排气中氧离子含量较多,传感元件周围的氧离子浓度较大,二氧化钛呈现低阻状态;因此氧化钛式氧传感器的电阻将在混合气的A/F约为14.7时产生突变。

氧化钛式氧传感器的工作电路如图2.55所示。当给氧传感器施加稳定的电压(该电压由ECU内部的稳压电源提供)时,在其输出端便可得到一个交替变化的信号。

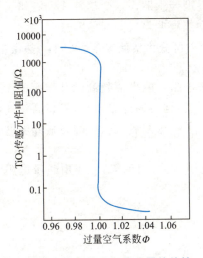

图2.54 氧化钛式氧传感器的特性

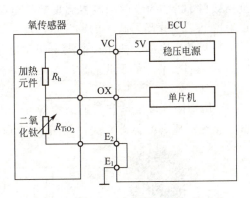

图2.55 氧化钛式氧传感器的工作电路

(3)工作条件。氧化钛式氧传感器满足以下3个条件,才能正常调节混合气。
① 发动机工作在怠速工况和部分负荷工况。
② 发动机温度高于60℃。
③ 氧传感器自身温度高于600℃。

2.3.6 温度传感器

1. 温度传感器的作用

温度传感器将被测对象的温度信号转变为电信号输入ECU,ECU修正控制参数或判断检测对象的热负荷状态。

2. 温度传感器的分类

按检测对象不同，温度传感器主要有发动机冷却液温度传感器、进气温度传感器（图 2.56）、燃油温度传感器、排气温度传感器、空调温度传感器（或空调温控开关）等。

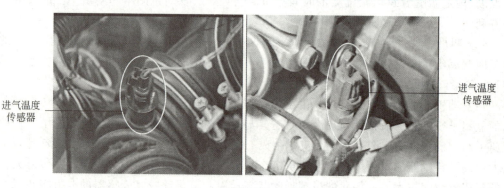

图 2.56 进气温度传感器

按结构与物理性能不同，温度传感器可分为热敏电阻式、双金属片式、热敏铁氧体式和石蜡式等。

热敏电阻式和热敏铁氧体式温度传感器属于物性型传感器，双金属片式和石蜡式温度传感器属于结构型传感器。现代汽车广泛采用物性型热敏电阻式温度传感器。

（1）热敏电阻的特性。**根据热敏电阻的特性不同，可分为负温度系数（NTC）热敏电阻、正温度系数（PTC）热敏电阻和临界温度热敏电阻（CTR）。**

电阻值随温度升高而减小的称为负温度系数热敏电阻；电阻值随温度升高而增大的称为正温度系数热敏电阻；热敏电阻的电阻值以某一温度（称为临界温度）为界，高于此温度时电阻值为某一水平，低于此温度时电阻值为另一水平，这类热敏电阻称为临界温度热敏电阻。

（2）热敏电阻式温度传感器的结构特点。热敏电阻式温度传感器主要由热敏电阻、金属引线、接线插座和壳体等组成，如图 2.57 所示。

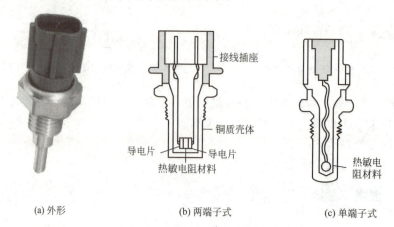

(a) 外形　　　　(b) 两端子式　　　　(c) 单端子式

图 2.57 热敏电阻式温度传感器

热敏电阻是温度传感器的主要部件，其外形制成珍珠形、圆盘形(药片形)、垫圈形、梳状芯片形、厚膜形等，放置在传感器的金属管壳内。在热敏电阻的两个端面各引出一个电极并连接到传感器插座上。

传感器壳体上制有螺纹，便于拆装。接线插座分为单端子式和两端子式，低档乘用车燃油喷射系统及汽车仪表一般采用单端子式温度传感器，中高档乘用车燃油喷射系统一般采用两端子式温度传感器。如传感器插座上只有一个接线端子，则壳体为传感器的一个电极。

目前电控系统使用的温度传感器插座大多数都有两个接线端子，分别与ECU插座上的相应端子连接，以便可靠传递信号。

（3）车用温度传感器特性与测量电路。负温度系数热敏电阻式温度传感器，如冷却液温度传感器、进气温度传感器、燃油温度传感器、排气温度传感器等应用广泛。

对于结构一定的NTC热敏电阻式温度传感器，其电阻值与温度的关系曲线如图2.58所示。

NTC热敏电阻具有温度升高电阻值减小、温度降低电阻值增大的特性，呈明显的非线性关系。

温度传感器的工作电路如图2.59所示，传感器的两个电极与ECU连接。ECU内部串联一只分压电阻，ECU向热敏电阻和分压电阻组成的分压电路提供一个稳定电压(5V)，传感器输入ECU的信号电压等于热敏电阻的分压值。

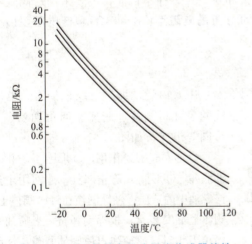

图2.58　NTC热敏电阻式温度传感器特性

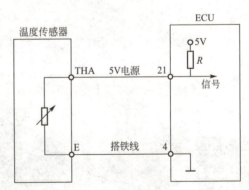

图2.59　温度传感器的工作电路

当被测对象的温度升高时，传感器电阻值减小，热敏电阻上的分压值降低；反之，当被测对象的温度降低时，传感器电阻值增大，热敏电阻上的分压值升高。ECU根据接收到的信号电压值，便可计算求得对应的温度值，从而进行实时控制。

2.4　电控燃油喷射系统执行器的结构原理

发动机电控燃油喷射系统常用的执行器主要有喷油器、电动汽油泵和氧传感器加热器等。

2.4.1 喷油器

1. 作用与分类

电磁喷油器简称喷油器，俗称喷嘴（图 2.60），用于向气缸或进气道内喷射适量的、雾化的燃油。

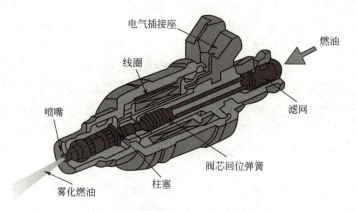

图 2.60 喷油器

按结构不同，喷油器可分为轴针式、球阀式和片阀式 3 种。目前，主要采用球阀式喷油器。按喷油器电磁线圈电阻值大小，喷油器可分为高电阻型（13～18Ω）和低电阻型（1～3Ω）两种。

2. 结构特点

（1）轴针式喷油器。喷油器安装在燃油分配管上，主要由燃油滤网、线束插座、电磁线圈、针阀阀体、阀座、回位弹簧、O 形圈等组成，如图 2.61 所示。

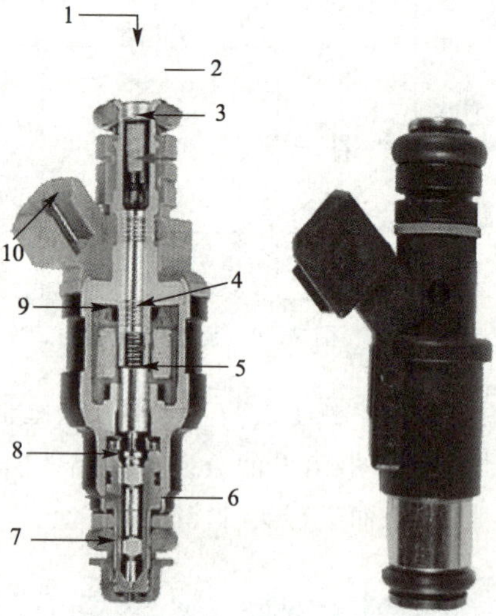

O 形圈起密封作用，O 形圈 2 防止燃油泄漏，O 形圈 6 防止漏气。滤网用于过滤燃油中的杂质。轴针制作在针阀阀体上，阀体上端安装有一根螺旋弹簧，当喷油器停止工作时，弹簧弹力使阀体复位，针阀关闭，轴针压靠在阀座上起到密封作用，防止燃油泄漏。在燃油分配管上，设有喷油器专用的安装支座，支座为橡胶成型件，起隔热作用，防止喷油器中的燃油产生气泡，有助于提高发动机的热起动性能。

（2）球阀式喷油器。球阀式喷油器结构与轴针式喷油器基本相同，主要区别在于阀体结构不同。球阀式喷油器的阀体由球阀、导杆和弹簧座组成，其导杆为空心结构，如图 2.62 所示。

图 2.61 轴针式喷油器

1—进油口；2、6—O 形圈；3—滤网；
4—回位弹簧；5—阀体；7—阀座；
8—轴针；9—电磁线圈；10—线束插座

轴针式阀体采用针阀,以确保阀体轴向移动不发生偏移和阀门密封良好,而有较长的导杆,制成实心结构,因此质量较大;球阀式喷油器的球阀具有自动定心作用,无需较长导杆,因此质量较小,具有较好的密封性能。

(3)片阀式喷油器。片阀式喷油器的结构与轴针式喷油器大致相同,其主要区别也是阀体有所不同,片阀式喷油器的阀体由质量较轻的片阀、导杆和带孔阀座组成,如图2.63所示。片阀式喷油器不仅具有较大的动态流量,而且具有较强的抗堵塞能力。

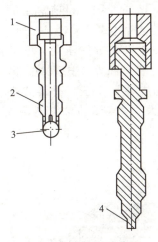
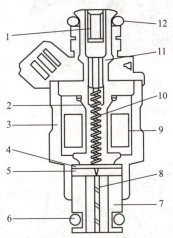

图 2.62 球阀式喷油器
1—弹簧座;2—导杆;
3—球阀;4—针阀

图 2.63 片阀式喷油器
1—燃油滤网;2—导杆;3—壳体;4—片阀;5—带孔阀座;6、12—O 形圈;7—底座;8—油道;9—电磁线圈;10—回位弹簧;11—弹簧预紧力调节滑套

3. 工作原理

当喷油器电磁线圈通电时,线圈中产生电磁吸力吸引针阀阀体。当电磁吸力大于回位弹簧的弹力时,阀体使弹簧压缩而上升(上升行程很小,一般为 0.1~0.2mm)。

阀体上升时,针阀(球阀或片阀)随阀体一同上升,针阀(球阀或片阀)离开阀座时,针阀被打开,燃油便从喷孔喷出,喷出燃油的形状为小于 35°的圆锥雾状。由于燃油压力较高,因此喷出的燃油为雾状。

当喷油器的电磁线圈电流切断时,电磁吸力消失,阀体在回位弹簧的弹力作用下复位,针阀(球阀或片阀)回落到阀座上将阀门关闭,喷油停止。

2.4.2 电动汽油泵

1. 作用与分类

电控燃油喷射系统均采用电动汽油泵(图 2.64),**用于向喷油器提供油压高于进气歧管压力 250~300kPa 的燃油。**

因为燃油是从油箱内泵出,经压缩或动量转换将油压提高后,再经输油管送到喷油器,

图 2.64 电动汽油泵

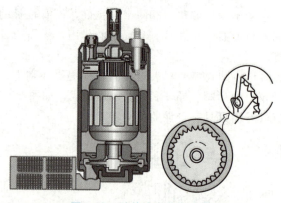

图 2.65 叶片式电动汽油泵

所以油泵的最高输出油压需要 450～600kPa,其供油量比发动机最大耗油量大得多,多余的燃油将从回油管返回油箱。

按汽油泵结构不同,电动汽油泵可分为叶片式(图 2.65)、滚柱式、齿轮式、涡轮式和侧槽式 5 种。目前常用的汽油泵有滚柱式、叶片式和齿轮式 3 种。

按汽油泵安装方式不同,电动汽油泵可分为内装式和外装式两种。内装式安装在油箱内(图 2.66),外装式安装在油箱外的输油管路中。目前,大多数汽车都采用内装式汽油泵。内装式汽油泵不易产生气阻和泄漏,有利于汽油泵电动机的冷却,而且噪声较小。

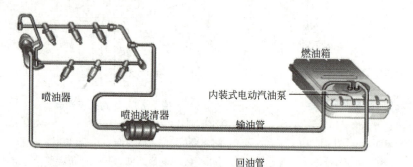

图 2.66 内装式电动汽油泵的安装位置

2. 结构特点

电动汽油泵主要由永磁式直流电动机、油泵、限压阀、单向阀和泵壳等组成,如图 2.67 所示。电动机由永久磁铁、电枢、换向器和电刷等组成。油泵由泵转子和泵体组成。泵转子固定在电动机轴上,随电动机转动而转动。

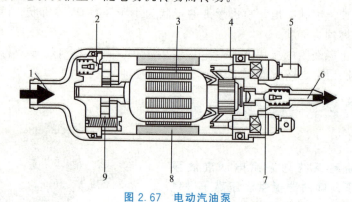

图 2.67 电动汽油泵

1—进油口;2—限压阀;3—电枢;4—泵壳;5—接线端子;
6—出油口;7—单向阀;8—永久磁铁;9—泵体

当点火开关接通时，直流电动机电路接通，电枢受电磁力的作用而开始转动，泵转子便随电动机一同转动，将燃油从油箱经输油管和进油口泵入汽油泵。当油泵内油压超过单向阀弹簧压力时，燃油便从出油口经输油管泵入供油总管，再分配给各个喷油器。

当油泵停止工作时，在油泵出口单向阀弹簧压力的作用下，单向阀将阻止汽油回流，使供油系统中保存的燃油具有一定压力，以便于发动机再次起动。

当油泵中的燃油压力超过规定值（一般为 320kPa）时，油压克服泵体上限压阀弹簧的压力将限压阀顶开，部分汽油返回到进油口一侧，使油压不致过高而损坏油泵。

点火开关一旦接通，电动汽油泵则工作 1～2s。此时，如果发动机转速高于 30r/min，电动汽油泵才连续运转；如果发动机转速低于 30r/min，即使点火开关接通，电动汽油泵也会停止运转。

3. 电动汽油泵的控制

在电控燃油喷射系统中，只有发动机运转时，电动汽油泵才工作（即使点火开关接通，发动机未转动，电动汽油泵也不工作）。电动汽油泵的控制有开关控制和转速控制两种方式。

（1）开关控制型。速度-密度型电控燃油喷射系统的电动汽油泵开关控制原理如图 2.68 所示。当发动机起动时，点火开关与起动端子 ST 接通，继电器线圈 L_2 通电，继电器触点闭合，电动汽油泵开始运转。

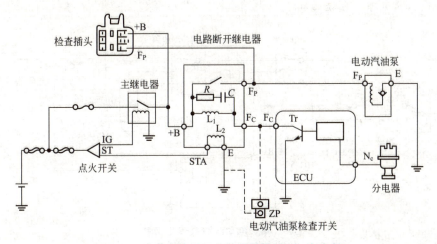

图 2.68　电动汽油泵开关控制原理（速度-密度型）

与此同时，发动机转动，发动机转速信号（Ne）输入 ECU，功率晶体管 Tr 导通，继电器的线圈 L_1 通电。因此只要发动机运转，电动汽油泵就保持运转。

质量-流量型电控燃油喷射系统的电动汽油泵开关控制原理如图 2.69 所示。在某些质量-流量型电控燃油喷射系统中，电动汽油泵由空气流量传感器中的电动汽油泵开关控制。

当发动机起动时，点火开关与 ST 端子接通，继电器的线圈 L_2 通电，继电器触点闭合，电动汽油泵通电工作。发动机转动后，吸入发动机的空气流经空气流量计，使空气流量计的测量板转动，电动汽油泵开关接通，继电器的线圈 L_1 通电，因此只要发动机工作，继电器触点总是闭合的。

（2）转速控制型。对于大排量的发动机，尤其是增压发动机，在不同工况下供油量差别非常大。发动机在高速、大负荷下工作需要的供油量大，在低速、小负荷下工作需要的

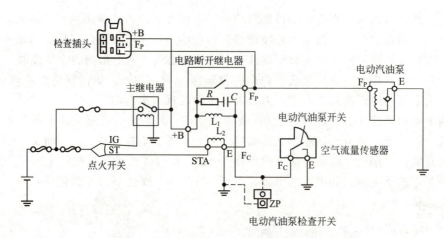

图 2.69　电动汽油泵开关控制原理(质量-流量型)

供油量小。

为了保证在最大油量供给的同时，减少小油量工况电动汽油泵的磨损及不必要的电能消耗，ECU 对电动汽油泵转速进行控制。

如图 2.70 所示，发动机在低速、中小负荷工况工作时，触点 B 闭合，因电路中串有电阻器，电动汽油泵工作转速低。

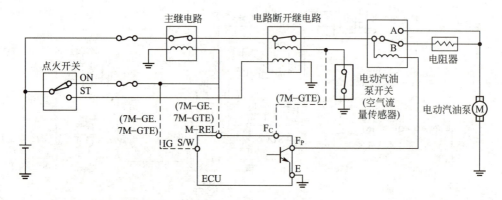

图 2.70　电动汽油泵转速控制

当 ECU 信号切断电动汽油泵控制继电器，发动机处于高速、大负荷工况下运转时，触点 A 闭合，电动汽油泵直接与电源相通，工作转速高。

2.5　电控燃油喷射系统的控制原理

2.5.1　喷油器控制

发动机各种传感器信号输入 ECU 后，ECU 根据数学计算和逻辑判断结果，发出脉冲信号指令控制喷油器喷油。

各型电控燃油喷射系统喷油器的控制电路大同小异，桑塔纳 2000 系列乘用车喷油器控制电路如图 2.71 所示。

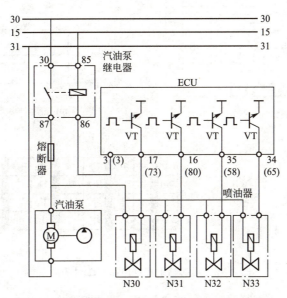

图 2.71　桑塔纳 2000 系列乘用车喷油器控制电路

当 ECU 向喷油器发出的控制脉冲信号的高电平"1"加到驱动晶体管 VT 基极时,喷油器线圈通电,产生电磁吸力将阀门吸开,喷油器开始喷油;当控制脉冲信号的低电平"0"加到驱动晶体管 VT 基极时,VT 截止,喷油器线圈断电,在回位弹簧的弹力作用下阀门关闭,喷油器停止喷油。

由于控制信号为脉冲信号,因此阀门不断地开闭使喷出的燃油雾化质量良好。雾状燃油喷射在进气门附近,与吸入空气混合形成可燃混合气。当进气门打开时,再吸入气缸燃烧做功。

2.5.2　喷油正时控制

喷油正时是指喷油器开始喷油的时刻。单点燃油喷射系统只有一只或两只喷油器,发动机一旦工作就连续喷油。多点燃油喷射系统每个气缸配有一只喷油器。根据燃油喷射时序不同,多点燃油喷射又可分为同时喷射、分组喷射和顺序喷射 3 种喷射方式。

1. 同时喷射控制

同时喷射是指各缸喷油器同时喷油,其控制电路如图 2.72(a)所示,各缸喷油器并联在一起,电磁线圈电流由一只功率晶体管 VT 驱动控制。

发动机工作时,ECU 根据曲轴位置传感器和凸轮轴位置传感器输入的基准信号发出喷油指令,控制功率晶体管 VT 的导通与截止,再由功率晶体管控制喷油器电磁线圈电流的接通与切断,使各缸喷油器同时喷油和停止喷油。

曲轴每转一圈或两圈,各缸喷油器同时喷油一次,喷油器控制信号波形如图 2.72(b)所示。由于各缸同时喷油,因此喷油正时与发动机进气、压缩、做功、排气行程无关,如图 2.72(c)所示。

同时喷射的控制电路和控制程序简单,而且通用性较好,但各缸喷油时刻不可能最佳。

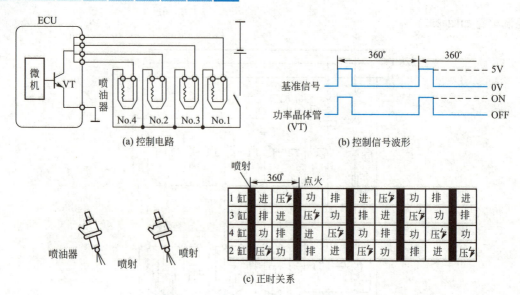

图 2.72 同时喷射控制电路与正时的关系

在图 2.72(c)中，除 1、4 缸喷油正时较好之外，2、3 缸喷射的燃油在进气门附近将要停留较长时间，其混合气雾化质量必然降低，因此现代汽车燃油喷射系统已很少采用同时喷射方式。

2. 分组喷射控制

分组喷射是将喷油器喷油分组进行控制，一般将四缸发动机分成两组，六缸发动机分成三组，八缸发动机分成四组。四缸发动机分组喷射控制电路如图 2.73(a)所示。

发动机工作时，由 ECU 控制各组喷油器轮流喷油。发动机曲轴每转一圈，只有一组喷油器喷油，每组喷油器喷油时连续喷射 1~2 次，喷油正时关系如图 2.73(b)所示。

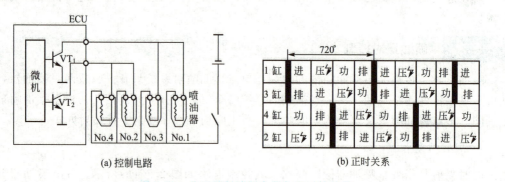

图 2.73 分组喷射控制电路与正时的关系

分组喷射方式虽然不是最佳的喷油方式，但 1、4 两缸的喷油时刻较佳，其混合气雾化质量比同时喷射大大改善。

3. 顺序喷射控制

顺序喷射是指各缸喷油器按照一定的顺序喷油。由于各缸喷油器独立喷油，因此也叫独立喷射，控制电路如图 2.74(a)所示。

在顺序喷射系统中，发动机工作一个循环(曲轴转两圈)，各缸喷油器轮流喷油一次，而且像点火系统跳火一样,按照特定的顺序依次进行喷射,喷油正时关系如图2.74(d)所示。

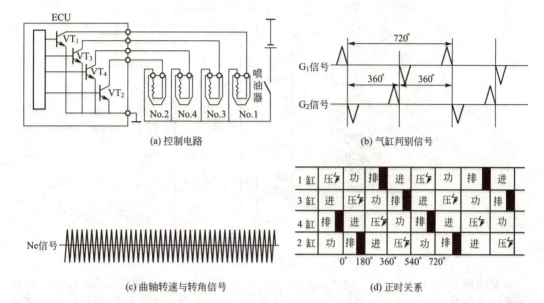

图 2.74 顺序喷射控制电路与正时的关系

ECU根据曲轴位置(转角)信号和判缸信号[图2.74(c)和图2.74(b)],确定出是哪一个气缸的活塞运行至排气上止点前某一角度(四缸机一般在上止点前60°左右)时,开始计算喷油提前角,并适时发出喷油控制指令,接通该缸喷油器电磁线圈电流,使喷油器适时开始喷油。

顺序喷射的各缸喷油时刻均可设置在最佳时刻,燃油雾化质量好,有利于提高燃油经济性和降低废气的排放量,但其控制电路和控制软件较复杂。现代汽车普遍采用顺序喷射方式。

在多点顺序喷射系统中,喷油顺序与点火顺序同步,点火时刻在压缩上止点前开始,喷油时刻在排气上止点前开始。

2.5.3 发动机起动时喷油量的控制

发动机工况不同,对混合气浓度的要求也不相同,特别是冷起动、急速、急加减速等特殊工况,对混合气浓度都有特殊要求。

因此,喷油量的控制大致可分为发动机起动时喷油量的控制和发动机起动后(即运转过程中)喷油量的控制两种情况。

发动机起动时,起动机驱动发动机运转,其转速很低(50r/min左右)且波动较大,导致反映进气量的空气流量信号或进气压力信号误差较大。因此,在发动机冷起动时,ECU不是以空气流量传感器信号或进气压力信号作为计算喷油量的依据,而是按照可编程只读存储器中预先编制的起动程序和预定空燃比控制喷油。

发动机起动时喷油量控制方法采用开环控制,控制过程如图2.75所示。ECU首先根据点火开关、曲轴位置传感器和节气门位置传感器提供的信号,判定发动机是否处于起动状态,以便决定是否按起动程序控制喷油;然后根据冷却液温度传感器信号确定基本喷油量。

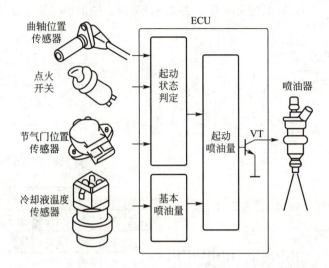

图 2.75 发动机起动时喷油量控制

当发动机起动时,ECU 的 STA 端子接收到一个高电平信号,此时 ECU 再根据曲轴位置传感器和节气门位置传感器信号判定发动机是否处于起动状态。如果曲轴位置传感器信号表明发动机转速低于 300r/min,并且节气门位置传感器信号表明节气门处于关闭状态,则判定发动机处于起动状态,并控制运行起动程序。

在燃油喷射系统具有清除溢流功能的汽车上,当发动机转速低于 300r/min 时,若节气门开度大于 80%,则 ECU 判定为清除溢流控制,喷油器停止喷油。

当冷车起动时,发动机温度很低,喷入进气管的燃油不易蒸发,吸入气缸内的可燃混合气浓度相对减小。为了保证具有足够浓度的可燃混合气,ECU 还要根据冷却液温度传感器信号反映的温度高低控制喷油器的喷油量,温度越低喷油量越大;温度越高喷油量越小,以使冷态发动机能够顺利起动。

2.5.4 发动机起动后喷油量的控制

在发动机起动后的运转过程中,喷油器的喷油量由基本喷油量、喷油修正量和喷油增量 3 部分确定,如图 2.76 所示。

基本喷油量由空气流量传感器或歧管压力传感器、曲轴位置传感器(发动机转速传感器)信号和试验设定的目标空燃比计算确定;喷油修正量由与进气量有关的进气温度、大气压力、氧传感器等传感器信号和蓄电池电压信号计算确定;喷油增量由反映发动机工况的点火开关信号和冷却液温度、节气门位置等传感器信号计算确定。

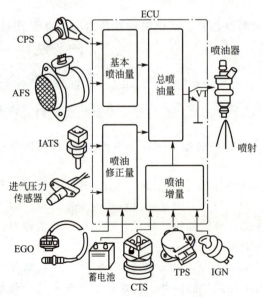

图 2.76 发动机起动后喷油量控制

2.5.5 发动机断油控制

断油控制是 ECU 在某些特殊工况下,暂时中断燃油喷射,以满足发动机运行的特殊要求。

断油控制包括发动机超速断油控制、减速断油控制和清除溢流控制、减转矩断油控制等。超速断油与减速断油控制如图 2.77 所示。

1. 超速断油控制

超速断油控制是指当发动机转速超过允许的极限转速时,ECU 立即控制喷油器中断燃油喷射。燃油喷射式发动机采用超速断油控制的目的是防止发动机超速运转而损坏机件。

发动机工作时,转速越高,曲柄连杆机构的离心力就越大。当离心力过大时,发动机会因飞车而损坏,因此每台发动机都有一个极限转速值,一般为 6000~7000r/min。

在发动机运行过程中,ECU 随时都将曲轴位置传感器测得的发动机实际转速与存储器中存储的极限转速进行比较。当实际转速达到或超过极限转速 80~100r/min 时,ECU 发出停止喷油指令,控制喷油器停止喷油,限制发动机转速进一步升高。

喷油器停止喷油后,发动机转速将降低。当发动机转速下降至低于极限转速时,ECU 将控制喷油器恢复喷油。超速断油控制曲线如图 2.78 所示。

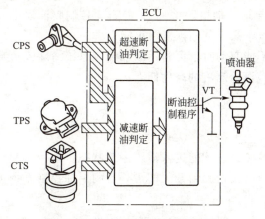

图 2.77 超速断油与减速断油控制

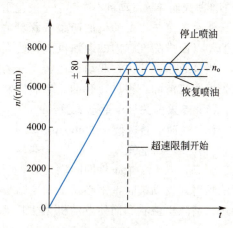

图 2.78 超速断油控制曲线

2. 减速断油控制

减速断油控制是指当汽车在高速行驶中突然松开加速踏板减速时,ECU 立即控制喷油器中断燃油喷射。当高速行驶的汽车突然松开加速踏板减速时,发动机将在汽车惯性力的作用下高速旋转,由于节气门已经关闭,进入气缸的空气很少,因此若不停止喷油,混合气将会很浓而导致燃烧不完全,同时排气中的有害气体成分将急剧增加。减速断油控制的目的就是节约燃油,并减少有害气体的排放量。

减速断油控制时,ECU 根据节气门位置、发动机转速和冷却液温度等传感器信号,判断是否满足以下 3 个减速断油条件:

(1) 节气门位置传感器信号表示节气门关闭。

(2) 发动机冷却液温度达到正常工作温度。

(3) 发动机转速高于燃油停供转速，燃油停供转速值由 ECU 根据发动机温度、负荷等参数确定。

当以上 3 个条件全部满足时，ECU 立即发出停止喷油指令，控制喷油器停止喷油。当喷油停止、发动机转速降低到燃油复供转速或节气门开启（急速触点断开）时，ECU 立即发出指令，控制喷油器恢复喷油。

减速断油控制是当发动机在高转速运转过程中突然减速时，ECU 自动控制喷油器中断燃油喷射，直到发动机转速下降到设定的转速时，再恢复喷油，其控制曲线如图 2.79 所示。

燃油停供转速和复供转速与冷却液温度和发动机负荷有关。冷却液温度越低，发动机负荷越大（如空调接通），燃油停供转速和复供转速就越高。

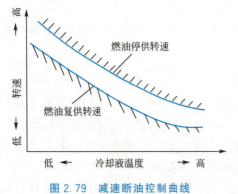

图 2.79　减速断油控制曲线

3. 清除溢流控制

在装备燃油喷射式发动机的汽车上起动发动机时，燃油喷射系统将向发动机供给较浓的混合气，以便顺利起动。若多次起动未能成功，则淤积在气缸内的浓混合气就会浸湿火花塞，使其不能跳火而导致发动机不能起动。火花塞被混合气浸湿的现象称为溢流、火花塞湿露或淹缸。

清除溢流是将发动机加速踏板踩到底，起动发动机，这时 ECU 自动控制喷油器中断喷油，以便排除气缸内的燃油蒸气，使火花塞干燥，从而恢复跳火能力。

当接通起动开关，起动机运转而发动机不能起动时，可利用断油控制系统清除溢流功能先将溢流清除，再进行起动。**断油控制系统清除溢流的条件**如下：

（1）点火开关处于起动位置。
（2）发动机转速低于 500r/min。
（3）节气门全开。

只有在以上 3 个条件同时满足时，断油控制系统才能进入清除溢流状态工作。在起动燃油喷射式发动机时，不必踩下加速踏板，直接接通起动开关即可，否则断油控制系统可能进入清除溢流状态而使发动机无法起动。

4. 减转矩断油控制

在配装电控自动变速器的汽车上，当行驶中变速器自动升挡时，变速器 ECU 向发动机 ECU 发出一个减转矩信号，发动机 ECU 接收到该信号后立即发出控制指令，暂时中断个别气缸喷油，降低发动机转速，以便减轻换挡冲击，该控制功能称为减转矩断油控制。

【参考图文】

2.6　电控电子点火系统

2.6.1　电控电子点火系统的组成

电控电子点火系统（也称微机控制点火系统，Microcomputer Control Ignition，MCI）

能实现最佳点火提前角的控制,从而提高发动机的动力性,降低燃油消耗量和有害气体的排放量。

电控电子点火系统主要由节气门位置传感器、曲轴位置传感器、凸轮轴位置传感器、冷却液温度传感器、进气温度传感器、车速传感器、爆燃传感器、各种控制开关、ECU、点火控制器、点火线圈及火花塞等组成,如图 2.80 所示。

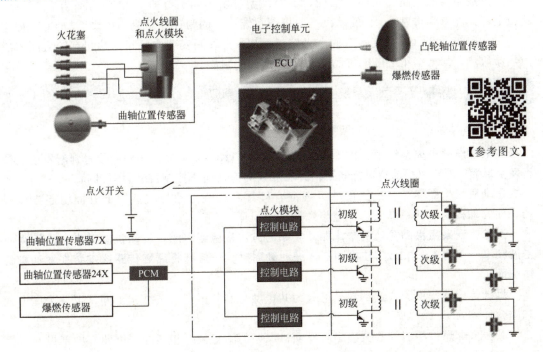

图 2.80　电控电子点火系统组成示意图

1. 信号输入装置

信号输入装置包括各种传感器和开关。传感器用来检测与点火有关的发动机工作和状况信息,并将检测结果输入 ECU,作为计算和控制点火时刻的依据。

各型汽车采用的传感器的类型、数量、结构及安装位置不尽相同,但其作用大同小异。除爆燃传感器之外,这些传感器大多与电控燃油喷射系统、怠速控制系统等共用。

各种开关信号用于修正点火提前角。起动开关信号用于起动时修正点火提前角;空调开关信号用于怠速工况下使用空调时修正点火提前角;空挡起动开关只对于自动变速器汽车,ECU 利用该信号判断发动机是处于空挡停车状态还是行驶状态,然后对点火提前角进行必要的修正。

2. ECU

电控电子点火系统是发动机集中控制系统的一个子系统,ECU 是发动机集中控制系统的核心。ECU 只读存储器中存储有监控和自检等程序及该型发动机在各种工况下的最佳点火提前角。

ECU 不断接收各种传感器和开关发送的信号,并按预先编制的程序进行计算和判断后,向点火控制器发出控制信号,实现点火提前角和点火时刻的最佳控制。

3. 执行器

电控电子点火系统的执行器为点火控制器。点火控制器又称点火控制组件、点火器或功率放大器，是电控电子点火系统的功率输出级，接收 ECU 输出的点火控制信号并进行功率放大，驱动点火线圈工作。

点火控制器的电路、功能与结构，不同车型有所不同，有的与 ECU 制作在同一块电路板上，如北京切诺基 4.0L 发动机集中控制系统；有的为独立总成，用线束与 ECU 相连接，如丰田车系 TCCS 系统；有的点火控制器与点火线圈安装在一起，并配有较大面积的散热器散热，如桑塔纳 2000GSi 型乘用车的点火控制器。

2.6.2　电控电子点火系统主要部件的结构原理

1. 爆燃传感器

在电控电子点火系统中，ECU 根据爆燃传感器(Knock Sensor，KS)的信号判断发动机是否发生爆燃，对点火提前角进行修正，实现点火提前角闭环控制(防爆燃控制)。

发动机发生爆燃时，气缸内的可燃混合气异常燃烧导致压力急剧上升而引起缸体振动，使发动机输出功率降低，甚至导致发动机损坏。

汽车广泛采用检测发动机缸体振动频率的方法来检测爆燃。发动机爆燃产生的压力冲击波频率一般为 6~9kHz。在检测缸体振动频率时，一般都将爆燃传感器安装在发动机缸体侧面。

爆燃传感器按检测方式不同，可分为共振型与非共振型；按结构不同，可分为压电式和磁致伸缩式。

共振型爆燃传感器的共振频率与发动机爆燃的固有频率相匹配，因此其内部设有共振体，并且要使共振体的共振频率与爆燃频率协调一致。其输出电压高，不需要滤波器，信号处理比较方便。由于机械共振体的频率特性尖且频带窄，只适用于特定的发动机，不能与其他发动机互换使用，美国通用汽车采用了共振型爆燃传感器。

非共振型爆燃传感器适用于所有的发动机，但其输出电压较低，频率特性平坦且频带较宽，需要配用带通滤波器，信号处理比较复杂。欧洲、日本和中国汽车大都采用非共振型爆燃传感器。

1) 压电式爆燃传感器

压电式爆燃传感器主要由套筒、压电元件、惯性配重、塑料壳体和接线插座等组成，如图 2.81 所示。桑塔纳 2000GLi 型乘用车采用了一个爆燃传感器，安装在缸体右侧(车前视)2、3 缸之间；桑塔纳 2000GSi、捷达 AT、GTX 型乘用车采用了两个爆燃传感器，安装在发动机进气道一侧缸体上 1、2 缸之间和 3、4 缸之间，分别检测 1、2 缸和 3、4 缸爆燃信号。

压电元件制作成垫圈形状，在其两个侧面上安放金属垫圈作为电极，并用导线引到接线插座上。惯性配重与压电元件及压电元件与传感器套筒之间装有绝缘垫圈，套筒中心制有螺孔，传感器用螺栓固定在发动机缸体上，调整螺栓的拧紧力矩便可调整传感器输出的信号电压。传感器的输出特性出厂时已经调好，使用中不得随意调整。

惯性配重用来传递发动机振动产生的惯性力，惯性配重与塑料壳体之间安装有盘形弹簧，借弹簧张力将惯性配重、压电元件和垫圈等部件压紧在一起。传感器插座上有 3 根引线，其中 2 根为信号线，1 根为屏蔽线。

发动机电子控制系统 第2章

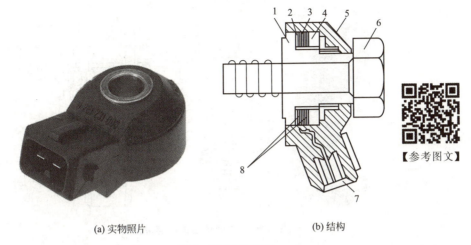

(a) 实物照片　　　　　　　　(b) 结构

图 2.81　压电式爆燃传感器

1—套筒底座；2—绝缘垫圈；3—压电元件；4—惯性配重；
5—塑料壳体；6—固定螺栓；7—接线插座；8—电极

当发动机缸体产生振动时，传感器套筒底座及惯性配重随之产生振动，套筒底座和配重的振动作用在压电元件上，由压电效应可知，压电元件的信号输出端就会输出与振动频率和振动强度有关的交变电压信号，如图 2.82 所示。

发动机爆燃频率为 6～9kHz 时振动强度较大，其信号电压较高。发动机转速越高，信号电压幅值越大。因为发动机爆燃是在活塞运行到压缩上止点前后产生，此时缸体振动强度最大，所以爆燃传感器在活塞运行到压缩上止点前后产生的输出电压较高，爆燃传感器输出信号与曲轴转角的对应关系如图 2.83 所示。

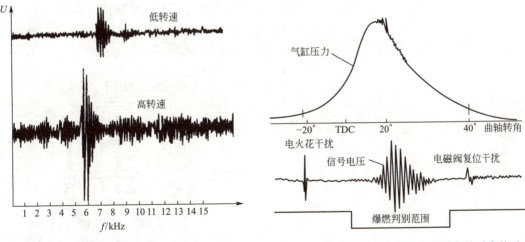

图 2.82　不同转速时爆燃传感器输出波形　　图 2.83　传感器输出信号与曲轴转角的对应关系

2）磁致伸缩式爆燃传感器

磁致伸缩式爆燃传感器主要由感应线圈、伸缩杆、永久磁铁和外壳组成，如图 2.84 所示。

伸缩杆一端设置有永久磁铁，另一端安放在弹性元件上。感应线圈绕制在伸缩杆的周

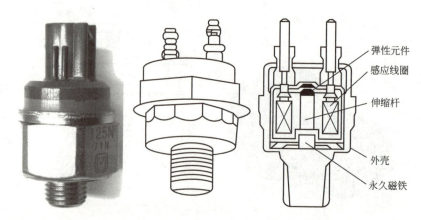

图2.84 磁致伸缩式爆燃传感器

围,线圈两端引出电极与控制线路连接。

当发动机缸体产生振动时,传感器的伸缩杆随之振动,感应线圈中的磁通量发生变化。根据电磁感应原理,线圈中感应出交变电动势,即传感器有电压输出,输出电压高低取决于发动机的振动强度和振动频率。

当发动机缸体振动频率达到6~9kHz时,传感器产生共振,振动强度最大,线圈中产生的电压最高,如图2.85所示。

3)燃烧压力检测式爆燃传感器

直接检测燃烧压力法的测量精度最高,但传感器安装困难且耐久性较差,通常采用间接检测燃烧压力法。其传感器又称为垫圈式爆燃传感器或压力检测式爆燃传感器,是一种非共振型压电效应式传感器,结构原理与前述压电式爆燃传感器相同。

如图2.86所示,燃烧压力检测式爆燃传感器安装在火花塞垫圈与发动机气缸盖之间。燃烧压力作用到火花塞上,经过火花塞垫圈再传递给传感器,作用力变化时,传感器信号电压随之变化,从而即可间接地测量燃烧压力。奥迪乘用车采用了这种传感器。

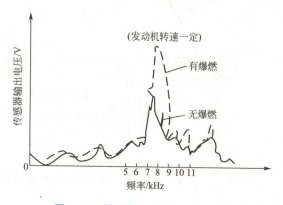

图2.85 爆燃传感器输出信号波形

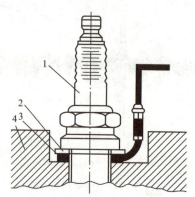

图2.86 燃烧压力检测式爆燃传感器的安装位置
1—火花塞;2—垫圈;
3—爆燃传感器;4—气缸盖

燃烧压力检测式爆燃传感器的额定工作温度为180℃,允许短时高温为200℃;拧紧力矩为20～30N·m，最大拧紧力矩为40N·m；静电电容量为1000pF。

2. 点火控制组件

下面以桑塔纳2000GSi型乘用车的电控电子点火系统（图2.87）采用的点火控制组件（N152）为例进行介绍。

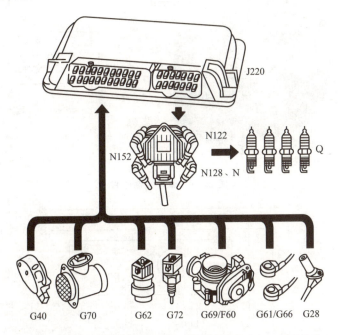

图2.87　电控电子点火系统的组成（桑塔纳2000GSi型乘用车）

G40—凸轮轴位置（上止点位置）传感器；G70—空气流量传感器；G62—冷却液温度传感器；
G72—进气温度传感器；G69—节气门位置传感器；F60—怠速触点开关；
G61、G66—爆燃传感器；G28—曲轴位置（曲轴转速与转角）传感器；
J220—电子控制单元；N152—点火控制组件；N122—点火控制器；
N128、N—点火线圈；Q—火花塞

1) 结构特点

桑塔纳2000GSi型乘用车采用直接点火系统，每两个气缸共用一个闭磁路式点火线圈，四个气缸共用两个点火线圈。两个点火线圈与点火控制器组装成一体，称为点火控制组件或功率输出驱动级，固定在发动机缸体上，其结构如图2.88所示。

在点火控制组件（N152）壳体上标注有各缸高压插孔标记A、B、C、D，分别对应于1、2、3、4缸高压插孔。点火控制组件（N152）的内部电路如图2.89所示，两个线圈初级电路的接通与切断由点火控制器（N122）根据ECU发出的指令进行控制。

1、4缸共用一个点火线圈（N128），初级电流由ECU的端子78发出的信号进行控制；2、3缸共用一个点火线圈（N），初级电流由ECU的端子71发出的信号进行控制。当每个点火线圈次级线圈的电流切断时，初级线圈中产生的高压电同时分配到两个气缸的火花塞跳火。

2) 工作原理

接通点火开关，15号电源线及点火控组件端子2电源接通。当ECU根据曲轴位置传感器、凸轮轴位置传感器、节气门位置传感器及温度传感器等信号确定1、4气缸需要点

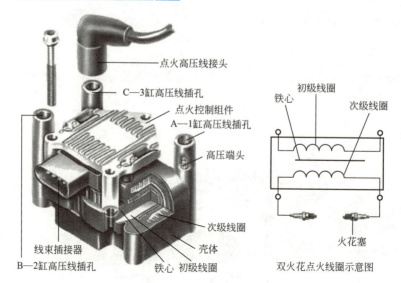

图 2.88 点火控制组件

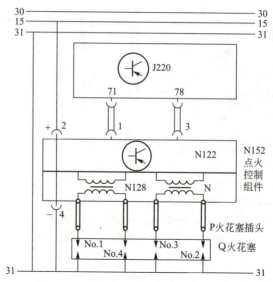

图 2.89 点火控制组件(N152)内部电路

J220—ECU；71—2、3缸点火控制端子；78—1、4缸点火控制端子；
N—2、3缸点火线圈；N122—点火控制器；N128—1、4缸点火线圈

火时，立即从控制端子78发出控制脉冲，使点火控制器(N122)中控制点火线圈(N128)的功率晶体管截止，点火线圈(N128)的初级电流切断，其次级线圈则产生高压电并加到1、4气缸火花塞上同时跳火。

当2、3气缸需要点火时，ECU从控制端子71发出控制脉冲，使点火控制器(N122)中控制点火线圈(N)的晶体管截止，点火线圈(N)的初级电流切断，次级线圈产生高压电并加到2、3气缸火花塞上同时跳火。

3. 点火线圈

带分电器的电子控制点火系统其点火线圈的结构与非电子控制点火系统的点火线圈并

无什么差别,而无分电器电子控制点火系统的点火线圈则有多种结构形式。

1) 适用于二极管分配的点火线圈

适用于二极管分配同时点火方式的点火线圈具有两个初级线圈,一个次级线圈。高压二极管有直接安装在点火线圈内部和连接在点火线圈外部两种结构形式,如图 2.90 和图 2.91 所示。

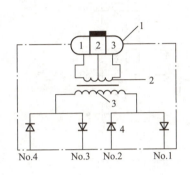

(a) 点火线圈内部电路　　　　　　　(b) 点火线圈实物

图 2.90　二极管分配同时点火方式的点火线圈(内装式)
1—低压插接器端子;2—初级线圈;3—次级线圈;4—高压二极管;5—高压接线柱

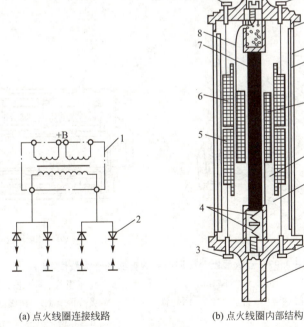

(a) 点火线圈连接线路　　　　　　　(b) 点火线圈内部结构

图 2.91　二极管分配同时点火方式的点火线圈(外接式)
1—点火线圈;2—高压二极管;3、11—接电子点火模块;4—弹簧;5—初级线圈Ⅰ;6—初级线圈Ⅱ;
7—铁心;8、16—高压导电片;9、18—电源接线柱;10、19—高压线插座;12—外壳;
13—导磁板;14—衬纸;15—次级线圈;17—变压器油

2)适用于点火线圈分配的点火线圈

适用于点火线圈分配的点火线圈每个都有一个初级线圈和一个次级线圈,两个或三个点火线圈多采用组合安装的形式。适用于六缸发动机的组合式点火线圈(Ⅰ)如图2.92所示。

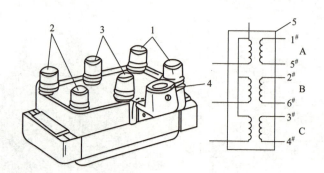

图2.92 点火线圈分配同时点火方式的点火线圈(Ⅰ)

1—点火线圈A高压线插座;2—点火线圈B高压线插座;3—点火线圈C高压线插座;
4—点火线圈低导线插座;5—点火线圈内部电路

图2.93所示的点火线圈分配式点火线圈内部也装有高压二极管,其作用是防止误点火。点火线圈分配方式由于点火线圈与火花塞直接通过导线相连,点火线圈初级通路瞬间在次级所产生的电压(约1000V)直接加在火花塞电极两端,如果该火花塞所在的气缸是处于进气终了或压缩行程开始等气缸压力较低且又有可燃混合气的行程,就可能会误点火。

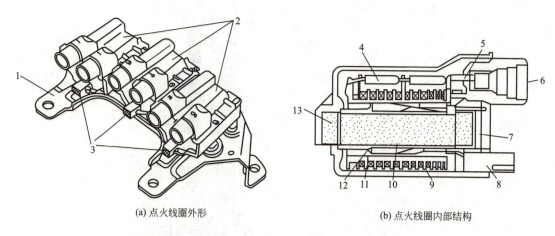

(a) 点火线圈外形　　　　　　　　(b) 点火线圈内部结构

图2.93 点火线圈分配同时点火方式的点火线圈(Ⅱ)

1—支架;2—点火线圈;3—低压插座;4—高压二极管;5—高压引线;6—盖;7—填充材料;
8—低压接线柱;9—外壳;10、13—铁心;11—次级线圈;12—初级线圈

在高压回路中串联一个高压二极管(图2.94),利用其单向导电性,使初级线圈通路的瞬间次级产生的电压不能加在火花塞电极上,从而消除了误点火的可能。

在一些无分电器电子控制点火系统中,点火线圈与火花塞的连接电路中,有一个3~4mm的间隙,其目的也是为了防止点火线圈初级通路瞬间的误点火。

3) 单独点火方式的点火线圈

单独点火方式的点火线圈通常是将点火线圈直接安装在火花塞上端，如图 2.95 所示。这种点火线圈可省去高压导线，使点火能量的损失和点火系统的故障率进一步降低。

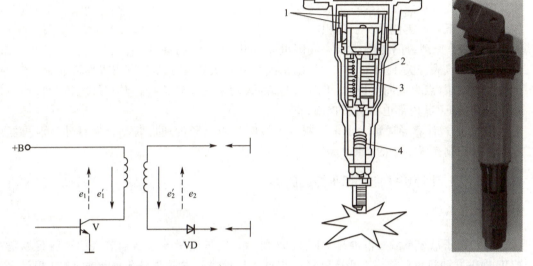

图 2.94　点火线圈分配同时点火高压回路二极管的作用

图 2.95　单独点火方式的点火线圈
1—接 ECU；2—初级线圈；
3—次级线圈；4—火花塞

e_1、e_2—初级通路瞬间初、次级线圈的感应电动势
e_1'、e_2'—初级断路瞬间初、次级线圈的感应电动势

4) 桑塔纳 GLi、2000GLi 乘用车闭磁路式点火线圈

现代汽车电控电子点火系统普遍采用闭磁路式点火线圈，如丰田乘用车、桑塔纳 GLi、2000GLi、2000GSi 型乘用车及捷达、红旗等乘用车电控电子点火系统均采用闭磁路式点火线圈。

（1）结构特点。桑塔纳 GLi、2000GLi 乘用车闭磁路式点火线圈主要由铁心、初级线圈和次级线圈构成，如图 2.96 所示。

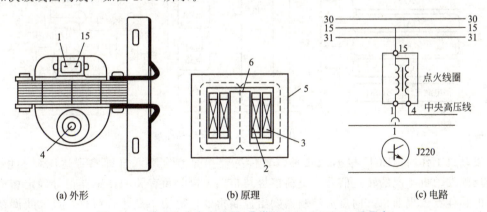

图 2.96　闭磁路式点火线圈（桑塔纳 GLi、2000GLi 乘用车）
1—点火线圈负极；2—次级线圈；3—初级线圈；4—高压插孔；
5—铁心；6—气隙；15—点火线圈正极；J220—ECU

铁心由浸有绝缘漆的片状"山"字形硅钢片叠合成"日"字形。铁心内绕次级线圈，初级线圈绕在次级线圈的外面，以利于散热。

为了减小磁滞现象，铁心设有一个微小的气隙。由于铁心构成的磁路几乎是闭合回路，因此称为闭磁路式点火线圈。

闭磁路式点火线圈的优点是漏磁少、磁阻小、能量损失小，因此在产生的感应电动势相同的情况下，所需匝数少、体积小。

（2）工作原理。闭磁路式点火线圈电路连接如图 2.96(c) 所示。当点火开关接通时，低压电源经点火开关 15 端子和 15 号电源线加到点火线圈 15 端子（点火线圈正极）上。点火线圈 1 端子（点火线圈负极）与 ECU 内部的大功率晶体管连接，其初级电流的接通与切断由发动机 ECU 内部电路进行控制。

ECU 通过计算导通角大小来控制点火线圈初级线圈的通电时刻，通过计算点火提前角大小来控制初级电流的切断时刻。

2.6.3　电控电子点火系统控制原理

1. 基本控制原理

电控电子点火系统控制原理如图 2.97 所示，空气流量传感器和节气门位置传感器向 ECU 提供发动机负荷信号，用于计算确定点火提前角；曲轴位置传感器向 ECU 提供发动机转速、曲轴转角信号，转速信号用于计算确定点火提前角，转角信号用于控制点火时刻（点火提前角）；凸轮轴位置传感器用于检测活塞上止点位置，识别缸序；冷却液温度传感器信号、进气温度传感器信号、车速传感器信号、空调开关信号及爆燃传感器信号等，用于修正点火提前角。

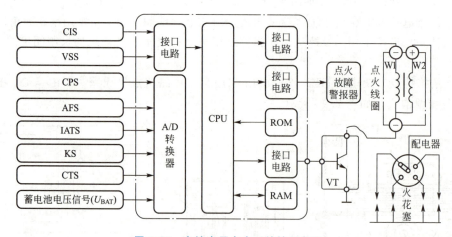

图 2.97　电控电子点火系统控制原理

发动机工作时，ECU 根据凸轮轴位置传感器信号判定哪一缸即将到达压缩上止点，根据反映发动机工况的转速信号、负荷信号及与点火提前角有关的传感器信号确定相应工况下的最佳点火提前角，向点火控制器发出控制指令，使功率晶体管截止，点火线圈初级电流切断，次级线圈产生高压电，并按发动机点火顺序分配到各缸火花塞跳火点燃混合气。

上述控制过程是指发动机在正常状态下点火时刻的控制过程。当发动机起动、怠速或汽车滑行时,设有专门的控制程序和控制方式进行控制。

2. 点火提前角的确定

发动机发出最大功率和最小油耗的点火提前角为最佳点火提前角,该点不在压缩行程上止点处,应适当提前。

理论和实践证明,发动机的最佳点火提前角应能够使发动机的燃烧临近爆燃而又不发生爆燃,发动机的最佳点火提前角随发动机转速和负荷的变化实际上是非线性的,如图 2.98 所示。

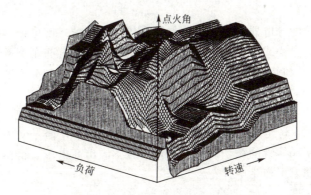

图 2.98 最佳点火提前角曲面

点火提前角由初始点火提前角、基本点火提前角和修正点火提前角 3 部分组成。

1)**初始点火提前角**

初始点火提前角又称为固定点火提前角,其值大小取决于发动机型号,并由曲轴位置传感器的初始位置决定,一般为上止点前 6°～12°。在下列情况时,实际点火提前角等于初始点火提前角。

(1)发动机起动时。

(2)发动机转速低于 400r/min 时。

(3)检查初始点火提前角时。此时诊断插座测试端子短路,怠速触点 IDL 闭合,车速低于 2km/h。

2)**基本点火提前角**

基本点火提前角是发动机最主要的点火提前角,是设计电控电子点火系统时确定的点火提前角。由于发动机本身的结构复杂,影响点火的因素较多,理论推导基本点火提前角的数学模型比较困难,而且很难适应发动机的运行状态,因此国内外普遍采用台架试验方法,利用发动机最佳运行状态下的试验数据来确定基本点火提前角。

3)**修正点火提前角**

为使实际点火提前角适应发动机的运转状况,以便得到良好的动力性、经济性和排放性能,必须根据相关因素(如冷却液温度、进气温度、开关信号等)适当增大或减小点火提前角,即对点火提前角进行必要的修正。修正点火提前角的方法有多种,主要有暖机修正和怠速修正。

发动机的实际点火提前角是上述 3 个点火提前角之和。发动机曲轴每转一圈,ECU

计算处理后就输出一个点火提前角信号,因此当传感器检测到发动机转速、负荷、冷却液温度发生变化时,ECU 自动调整点火提前角。

当 ECU 确定的点火提前角超过允许的最大点火提前角或小于允许的最小点火提前角时,发动机很难正常运转,此时 ECU 将以最大或最小点火提前角允许值进行控制。

3. 电控电子点火系统的配电方式

电控电子点火系统高压配电方式分为机械配电和电子配电。

1) 机械配电(有分电器电控电子点火系统)

机械配电是由分电头将高压电分配至分电器盖旁电极,再通过高压线输送到各缸火花塞上的传统配电方式。

在这种点火系统的分电器中,有的除保留了传统的机械式配电结构外,不再有传统的分电器中的断电器、离心式和真空式点火提前角调节器。在有些车型的分电器中装有曲轴位置传感器(Ne 信号)和凸轮轴位置传感器(G 信号)。丰田 CAMRY 乘用车的 3S、5S 发动机、红旗 CA7220E 型乘用车都采用了该配电方式。

图 2.99 所示为有分电器电控点火系统电路。ECU 根据各输入信号,确定点火时间,并将点火正时信号 IG_t 送至点火控制器(简称点火器)。当 IG_t 信号变为低电平时,点火线圈初级电路由于功率晶体管的截止而被切断,次级感应出高电压,再由分电器按发火顺序送至相应气缸的火花塞上产生电火花。

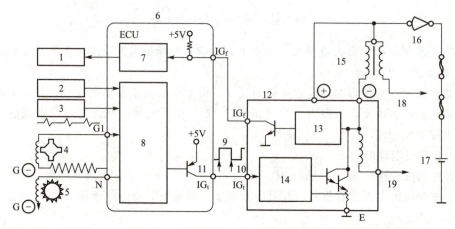

图 2.99 有分电器的电控点火系统电路

1—主继电器;2—压力传感器;3—温度传感器;4—基准位置传感器;5—转速传感器;6—ECU;
7—EFI 控制;8—ESA 控制;9—点火指令信号;10—电子点火器的 IG_t 接线端子;
11—ECU 的 IG_t 接线端子;12—电子点火器;13—点火监视回路;14—闭合角控制;
15—点火线圈;16—点火开关;17—蓄电池;18—至分电器;19—至发动机转速表

为了产生稳定的次级电压和保证系统的可靠工作,在点火器中设有闭合角控制回路和点火确认信号(IG_f)发生电路。

闭合角控制回路的作用是根据发动机转速和蓄电池电压(电源电压)的变化调节闭合角,保证闭合时间(初级线圈通电时间)稳定,以保证足够的点火能量和次级电压。在发动机转速上升和蓄电池电压下降时,闭合角控制电路使闭合角增大,延长初级线圈的通电时间,防止初级储能下降,确保点火能量。

点火确认信号发生电路的作用是在点火线圈初级电流切断，初级线圈产生自感电动势时，输出点火确认信号 IG_f 给 ECU，以监视点火控制电路是否工作正常。

当点火器中的功率晶体管不能正常导通和截止时，ECU 就接收不到由点火器反馈回来的点火确认信号 IG_f，表明点火系统发生故障，ECU 将切断燃油喷射脉冲信号，使电磁喷油器停止喷油。

如果由于某种原因，偶尔出现一次不正常信号，ECU 并不会判定为故障，一般需点火器 6～8 次没有点火确认信号（IG_f）反馈给 ECU，ECU 才判定为点火系统故障，停止喷油。

机械配电存在以下缺点。

（1）分火头与分电器盖旁电极之间必须保留一定间隙，以实现高压电分配，因此必然损失一部分火花能量，还会产生无线电干扰源。

（2）曲轴位置传感器转子由分电器轴驱动，旋转机构的机械磨损会影响点火时刻的控制精度。

（3）为了抑制无线电的干扰信号，高压线采用了高阻抗电缆，也要消耗能量。

（4）分火头、分电器盖或高压导线漏电时，会导致高压电火花减弱、缺火或断火。

（5）分电器的布置影响发动机的结构布置和汽车的外形设计。

2）电子配电（无分电器电控电子点火系统）

电子配电由点火控制器控制，点火线圈的高压电按照一定的点火顺序，直接加到火花塞上，实现直接点火，也称为无分电器点火（Distributor-Less Ignition，DLI）系统。

目前，无分电器点火系统在汽车上应用广泛。常见的电子配电方式又分为双缸同时点火和各缸单独点火两种，如图 2.100 所示。

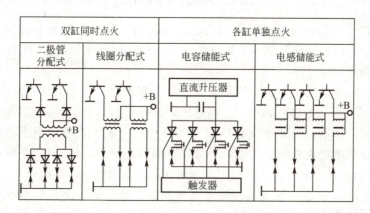

图 2.100　常见的电子配电方式

（1）**双缸同时点火控制**。双缸同时点火是指点火线圈每产生一次高压电，使两个气缸的火花塞同时跳火。次级线圈产生的高压电将直接加在两个气缸（四缸发动机的 1、4 缸，或 2、3 缸；六缸发动机的 1、6 缸，2、5 缸，或 3、4 缸）的火花塞电极上跳火。

双缸同时点火时，一个气缸处于压缩行程末期，是有效点火；另一个气缸处于排气行程末期，缸内温度较高而压力很低，火花塞电极间隙的击穿电压很低，对有效点火气缸火花塞的击穿电压和火花放电能量影响很小，是无效点火。

曲轴旋转一圈后，两缸所处行程恰好相反。双缸同时点火时，高压电的分配方式有二极管分配和点火线圈分配两种形式。

① **二极管分配式双缸同时点火**。利用二极管分配高压电的双缸同时点火电路,如图 2.101 所示。点火线圈由两个初级线圈和一个次级线圈构成,次级线圈的两端通过 4 只高压二极管与火花塞构成回路。4 只二极管有内装式(安装在点火线圈内部)和外装式两种。

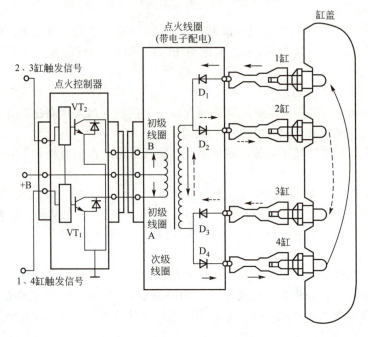

图 2.101　二极管分配高压电的双缸同时点火电路

对于点火顺序为 1→3→4→2 的发动机,1、4 缸为一组,2、3 缸为另一组。点火控制器中的两只功率晶体管分别控制一个初级线圈,两只功率晶体管由 ECU 按点火顺序交替控制其导通与截止。

当 ECU 将 1、4 缸的点火触发信号输入点火控制器时,功率晶体管 VT_1 截止,初级线圈 A 中的电流切断,次级线圈中产生高电压,方向如图 2.101 中实线箭头所示。

在该电压的作用下,二极管 D_1、D_4 正向导通,1、4 缸火花塞电极上的电压迅速升高直至跳火,高压放电电流经图中实线箭头所指方向构成回路;D_2、D_3 反向截止,不能构成放电回路,因此 2、3 缸火花塞电极上无高压火花放电电流而不能跳火。

当 ECU 将 2、3 缸点火触发信号输入点火控制器时,晶体管 VT_2 截止,初级线圈 B 中的电流切断,次级线圈产生高压电动势,方向如图 2.101 中虚线箭头所示。

此时二极管 D_1、D_4 反向截止,D_2、D_3 正向导通,因此 2、3 缸火花塞电极上的电压迅速升高直至跳火,高压放电电流经图 2.101 中虚线箭头方向构成回路。

② **点火线圈分配式双缸同时点火**。点火线圈直接分配高压的同时点火电路如图 2.102 所示,桑塔纳 2000GSi、捷达 AT 和奥迪 200 乘用车的点火系统采用了这种配电方式。

点火线圈组件由两个(四缸发动机)或三个(六缸发动机)独立的点火线圈组成,每个点火线圈供给两个火花塞工作(四缸发动机的 1、4 缸和 2、3 缸分别共用一个点火线圈;六缸发动机 1、6 缸,2、5 缸,3、4 缸分别共用一个点火线圈)。点火控制组件中设置有与点火线圈数量相等的功率晶体管,分别控制一个点火线圈工作。点火控制器根据 ECU 输

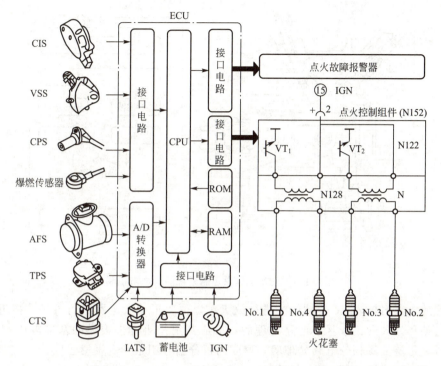

图 2.102　点火线圈直接分配高压的同时点火电路

出的点火控制信号，按点火顺序轮流触发功率晶体管导通与截止，从而控制每个点火线圈轮流产生高压电，再通过高压线直接输送到成对的两缸火花塞电极间隙上跳火点燃混合气。

③ **高压二极管的作用**。在部分点火线圈分配高压的同时点火系统中，点火线圈次级回路中连接有一只高压二极管，用于防止次级线圈在初级电流接通时产生的电压（约为 1000V）加到火花塞电极上而导致误跳火。

(2) **各缸单独点火控制**。点火系统采用单独点火方式时，每一个气缸都配有一个点火线圈，并安装在火花塞上方。在点火控制器中，设置有与点火线圈数目相同的大功率晶体管，分别控制每个线圈次级线圈电流的接通与切断，其工作原理与同时点火方式相同。

单独点火省去了高压线，点火能量耗损少，所有高压部件安装在气缸盖上的金属屏蔽罩内，对无线电的干扰降低。

4. 发动机爆燃的控制原理

发动机发生严重爆燃时，其动力性和经济性严重下降；当发动机工作在爆燃临界点或有轻微爆燃时，其动力性和经济性最好。利用点火提前角闭环控制系统能有效地控制点火提前角，使发动机工作在爆燃的临界状态。

1) 发动机爆燃控制系统的组成

发动机爆燃控制系统由传感器、带通滤波电路、信号放大电路、整形滤波电路、比较基准电压形成电路、积分电路、点火提前角控制电路和点火控制器等组成，如图 2.103 所示。

爆燃传感器用于检测发动机是否发生爆燃，每台发动机一般安装 1～2 个。带通滤波器只允许发动机爆燃信号（频率为 6～9kHz 的信号）或接近爆燃的信号输入 ECU 进行处理，其他频率的信号则被衰减。

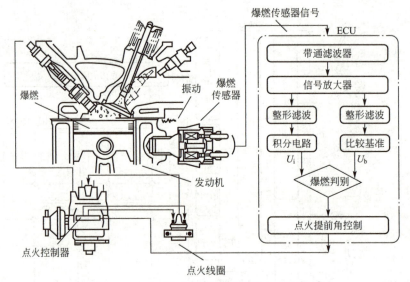

图 2.103　发动机爆燃控制系统的组成与控制

信号放大器对输入 ECU 的信号进行放大,以便整形滤波电路进行处理。接近爆燃的信号经过整形滤波和比较基准电路处理后,形成判定是否发生爆燃的基准电压 U_b。爆燃信号经过整形滤波和积分电路处理后,形成的积分信号用于判定爆燃强度。

2) 爆燃的判别与控制

发动机爆燃一般发生在大负荷、中低转速(小于 3000r/min)时,由于爆燃传感器输出电压的振幅随发动机转速高低不同而变化很大,因此不能根据爆燃传感器输出电压的绝对值判别发动机是否发生爆燃,通常将发动机无爆燃时的传感器输出电压与产生爆燃时的输出电压进行比较,从而作出判别。

(1) 基准电压的确定。利用发动机即将爆燃时,爆燃传感器输出信号电压作为判定爆燃的基准电压,如图 2.104 所示。

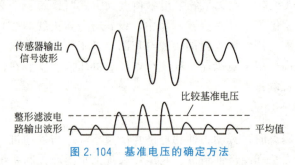

图 2.104　基准电压的确定方法

首先对传感器输出信号进行滤波和半波整流,利用平均电路求得信号电压的平均值,然后乘以常数倍即可形成基准电压 U_b,平均值的倍数由设计制造时试验确定。因为发动机转速升高时,爆燃传感器输出电压的幅值增大,所以基准电压不是一个固定值,其值将随发动机转速升高而增大。

(2) 爆燃强度的判别。发动机的爆燃强度取决于爆燃传感器输出信号电压的振幅和持续时间。爆燃信号电压值超过基准电压值的次数越多,爆燃强度越大;反之,超过基准电压值的次数越少,说明爆燃强度越小。

确定爆燃强度常用的方法如图 2.105 所示,首先利用基准电压值对传感器输出信号进行整形处理,然后对整形后的波形进行积分,求得积分值 U_i。爆燃强度越大,积分值 U_i 越大;反之,爆燃强度越小,积分值 U_i 越小。当积分值 U_i 超过基准电压值 U_b 时,ECU 将判定发动机发生爆燃。

(3) 发动机爆燃的控制。发动机工作时,缸体振动频繁、剧烈,为使监测得到的爆燃信号准确无误,在监测爆燃过程中,并非随时都在进行,而是在发出点火信号后的一定范围内进行,因为发动机产生爆燃的最大可能性是在点火后的一段时间内。

爆燃控制系统是一个闭环控制系统,发动机工作时,ECU 根据各传感器输入的信号,从存储器中查寻出相应的点火提前角控制点火时刻,控制结果由爆燃传感器反馈到 ECU 输入端,ECU 再对点火提前角进行修正。

爆燃传感器的信号输入 ECU 后,ECU 将积分值 U_i 与基准电压 U_b 进行比较。当积分值 U_i 高于基准电压 U_b 时,ECU 立即发出指令,控制点火时刻推迟,一般每次推迟 $0.5°\sim1.5°$ 曲轴转角,直到爆燃消除。爆燃强度越大,点火时间推迟越多;爆燃强度越小,点火时间推迟越少。当积分值 U_i 低于基准电压 U_b 时,说明爆燃已经消除,ECU 又递增一定量的点火提前角控制点火,直到再次产生爆燃为止。爆燃控制系统控制的点火提前角曲线如图 2.106 所示。

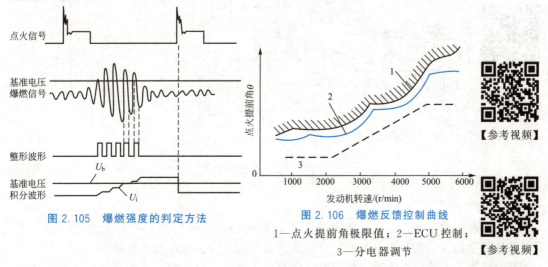

图 2.105 爆燃强度的判定方法

图 2.106 爆燃反馈控制曲线
1—点火提前角极限值;2—ECU 控制;
3—分电器调节

从图 2.106 不难看出,ECU 动态调节点火提前角,使点火提前角始终"游走"在发动机发生爆燃的边缘("总在河边走,就是不湿鞋"),以期获得最佳的动力性、经济性和排放性能。

2.7 汽油发动机辅助控制

2.7.1 怠速控制

1. 怠速控制的目的和策略

汽油机在正常运行工况下,是用由驾驶人通过加速踏板控制节气门开度,调节进气量的方法来控制发动机输出功率的。

燃油喷射发动机怠速时，节气门处于全关闭状态，空气通过节气门缝隙及旁通节气门的怠速调节通路进入发动机，由空气流量计（或进气歧管压力传感器）检测该进气量，并根据转速及其他修正信号控制喷油量，使输出转矩与发动机本身内部阻力矩相平衡，保证发动机在怠速下稳定运转。

当发动机的内部阻力矩发生变化时，怠速运转转速将会发生变化。发动机控制系统怠速控制装置的功能就是由 ECU 自动维持发动机怠速稳定运转，以降低怠速时的燃油消耗量，并满足排放法规的要求。

怠速控制（Idle Speed Control，ISC）是通过调节空气通路面积以控制空气流量的方法来实现的。

怠速时喷油量的控制由燃油喷射控制系统根据与空气量相匹配的原则进行增减，以达到目标空燃比。典型的怠速控制系统如图 2.107 所示。

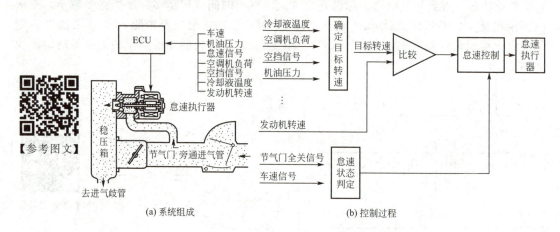

图 2.107　怠速控制系统

2. 怠速控制装置分类

怠速控制的内容包括起动后控制、暖机过程控制、负荷变化的控制和减速时的控制等。怠速控制的实质是通过调节空气通道的流通面积来控制怠速的进气量。

目前使用的怠速控制装置，按控制原理可分为节气门直动控制式和旁通空气控制式两类，如图 2.108 所示。

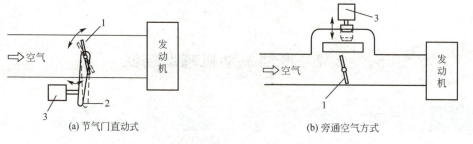

图 2.108　怠速控制执行机构的空气控制方式
1—节气门；2—节气门操纵臂；3—节气门控制装置（执行元件）

其中，旁通空气控制装置按其结构和控制方式，又可分为步进电动机调节机构、旋转电磁阀调节机构、占空比电磁阀控制机构和真空电磁阀控制机构等。

3. 节气门直动控制机构

节气门直动控制式是直接通过对节气门最小开度的控制来控制怠速，图 2.109 所示为节气门直动控制机构的结构。由 ECU 控制直流电动机的正反转和转动量。直流电动机驱动减速齿轮并通过螺旋传动将转动量转变成直线移动，从而控制节气门开度的大小，达到控制怠速进气量和怠速转速的目的。

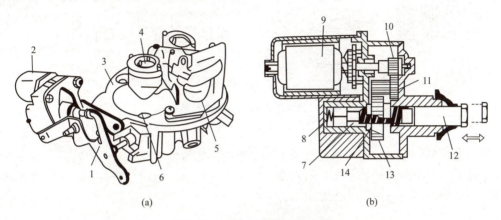

图 2.109 节气门直动控制装置

1—节气门操纵臂；2—怠速执行器；3、6—节气门；4—喷油器；5—调压器；7—防转孔；
8—弹簧；9—电动机；10、11、13—齿轮；12—传动轴；14—丝杠

这种控制形式的优点是结构简单、工作稳定性好，缺点是采用了齿轮减速机构后执行速度慢、动态响应性差。

4. 旁通空气控制机构

旁通空气控制机构是通过改变旁通道的流通面积来控制怠速进气量，以达到怠速控制的目的。在多点燃油喷射系统中多采用控制旁通空气通路的执行机构，其类型主要有以下几种。

1) 步进电动机式怠速控制机构

(1) 步进电动机式怠速控制机构的结构和工作原理。步进电动机与怠速控制阀做成一体，装在进气总管内，其结构如图 2.110 所示，电动机可顺时针或逆时针旋转，使阀沿轴向移动，改变阀与阀座之间的间隙，调节流过节气门旁通通道的空气量。该种怠速控制阀还可用来控制发动机的快怠速，而不需要辅助空气阀。

步进电动机的内部结构如图 2.111 所示，由定子和转子组成。转子上制有 8 对永磁磁极，其 N、S 极相间排列于转子圆周上，以构成该电动机的主磁场；定子由 A、B 两组构成，每一级均带有 16 个齿且有铁心，交错装配，每个铁心上绕有 2 个定子线圈，缠绕方向相反。

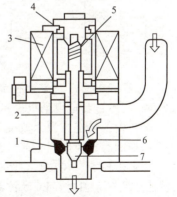

图 2.110 步进电动机怠速控制阀

1—阀座；2—阀轴；3—定子线圈；
4—轴承；5—进给丝杠机构；
6—旁通空气进口；7—阀

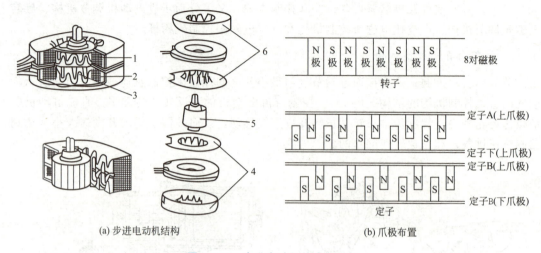

(a) 步进电动机结构　　　　　　　(b) 爪极布置

图 2.111　步进电动机的内部结构

1—线圈 A；2—线圈 B；3—爪极；4—定子；5—转子；6—定子 A

步进电动机的转动方向可通过改变 4 个定子线圈的通电顺序来实现。转子一周分为 32 个步级进行，每个步级转动一个爪的角度，即 11.25°（一般步进电动机为 2～125 个步级）。步进电动机的控制电路如图 2.112 所示。

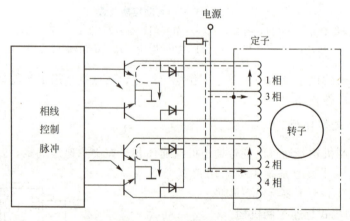

图 2.112　步进电动机的控制电路

（2）步进电动机式怠速控制阀的控制过程。步进电动机式怠速控制阀的控制原理如图 2.113 所示，步进电动机式怠速控制阀对怠速的控制主要有以下几种情况。

① 初始值设定。为了改变发动机再起动时的起动性能，在发动机点火开关关闭后，ECU 将控制怠速控制阀全部打开，为下次起动做好准备。

② 暖机控制。起动时，旁通阀设定在全开位置，便于发动机起动，起动后，当发动机转速达到一定值时，ECU 控制将怠速控制阀关小到当时冷却液温度相应的最佳怠速转速值。如果是冷机起动（70℃以下），起动后以较高的怠速（快怠速）运转，当冷却液温度达到 70℃时，暖机控制结束。

③ 反馈控制。在怠速运转过程中，如果此时由于某种原因使发动机转速与目标转速相差超过 20r/min，ECU 会对怠速控制阀相应增减旁通空气量，使发动机转速与目标转速

相同。

④急速转速变化预控制。在某些情况下，负荷的变化（自动变速器空挡开关、空调开关的通断）会引起发动机转速发生可以预见的较大幅度的变化。为了防止这种转速变化，ECU控制急速空气阀提前开大或关小一定的值。

⑤其他控制。由于负荷等引起电源电压降低时，ECU会自动控制提高发动机转速，保证系统正常供电。

随着机件的磨损等，ECU原来控制步进电动机的步进数已达不到原来的控制效果，此时发动机会通过发动机转速的反馈控制，使其达到原来的目标值，这种控制方式又称为急速控制的学习控制功能。

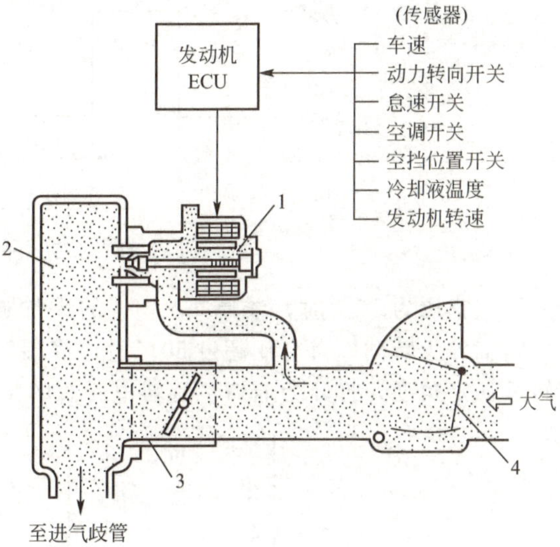

2）旋转电磁阀式急速控制机构

旋转电磁阀装在节气门体上，通过永久磁铁及周围的磁化线圈控制机构来控制阀门的旋转角度，从而改变急速空气通道的截面积。其结构如图2.114所示。

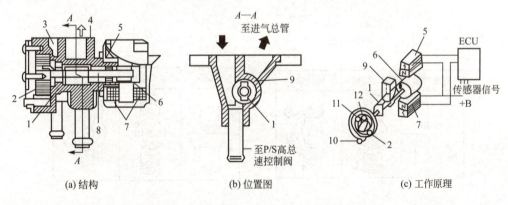

图 2.113 步进电动机式急速控制机构
1—急速控制阀；2—稳压箱；
3—节气门体；4—空气流量计

(a) 结构　(b) 位置图　(c) 工作原理

图 2.114 旋转电磁阀急速控制机构
1—阀；2—双金属带；3—冷却水腔；4—阀体；5—线圈 L_1；6—永久磁铁；
7—线圈 L_2；8—轴；9—旁通口；10—固定销；11—挡块；12—杆

从金属带一端连接着带有凹槽的挡块，一端固定，冷却液流过阀体，当冷却液温度发生变化时，双金属带产生变形带动挡块一端转动。挡块的凹槽限制阀门轴上方头的旋转，控制阀门的最大和最小开度。

ECU 控制脉冲信号的占空比大小，即控制线圈 L_1、L_2 中平均电流的大小，使电磁阀旋转一定的角度。占空比指 ECU 控制信号在一个周期内通电时间与通电周期之比，如图 2.115 所示。

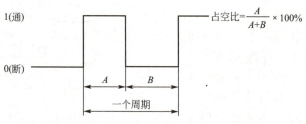

图2.115 占空比图

当占空比为50%时，线圈L_1、L_2的平均通电时间相等，产生的磁场作用力相互抵消，阀轴停止转动。占空比超过50%时，线圈L_2的磁场强度大于线圈L_1的磁场强度，阀门转过一定角度，打开旁通口。旋转电磁阀的工作原理如图2.116所示。

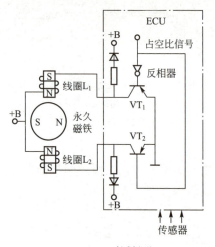

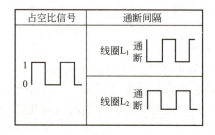

(a) 控制电路　　　　　　(b) 占空比信号

(c) 占空比为50%时，　　(d) 占空比超过50%时，
　　电磁阀不动　　　　　　　电磁阀转过一定角度

图2.116 旋转电磁阀工作原理

ECU对旋转电磁阀的控制有起动、暖机、稳定怠速、预测转速变化控制及学习控制功能。

3) 占空比型电磁阀怠速控制机构

占空比控制型电磁阀工作时，由ECU确定控制脉冲信号的占空比，磁化线圈中平均电流的大小取决于占空比。

占空比越大，磁化线圈中平均电流越大，磁场强度越大，阀门升程越大，旁通道开度越大。占空比型电磁阀怠速控制机构的结构及控制原理如图2.117所示。

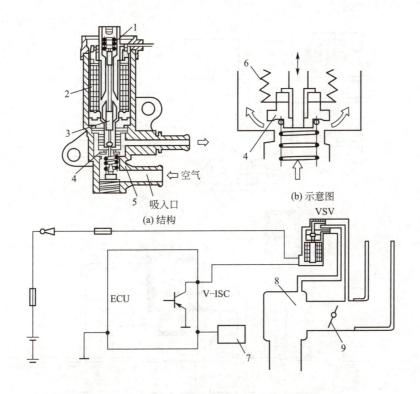

图 2.117　占空比型电磁阀怠速控制机构的结构及控制原理
1—弹簧；2—磁化线圈；3—轴；4—阀；5—壳体；
6—波纹管；7—传感器；8—进气总管；9—节气门

ECU 对占空比控制也有起动、暖机、稳定怠速、预测转速变化控制及自适应功能。

上述 3 种形式的区别：ECU 控制步进电动机的数据是步进电动机的步数，而后两种形式的数据是控制脉冲的占空比。

4）真空电磁阀怠速控制机构

真空电磁阀怠速控制机构如图 2.118 所示。

ECU 根据各种传感器的输入信号控制 VSV 阀打开和关闭，控制旁通空气量，使发动机保持稳定怠速运转。控制信号只存在开、关两种状态。怠速时，ECU 发出指令打开此阀，升高到某预定值时，切断电源，阀门关闭。

真空电磁阀怠速控制机构，由 ECU 根据发动机的工作状况进行接通和断开的控制，在满足以下 4 种条件之一时，接通电磁阀开关；其他工况下，电磁阀均关断。

(1) 发动机起动工作时或刚刚起动后。

(2) 怠速触点 IDL 闭合，并且发动机转速下降到规定转速以下。

(3) 怠速触点 IDL 闭合，并且变挡位从空挡 "N" 换到其他行驶挡位后的几秒钟内。

(4) 怠速触点 IDL 闭合，灯开关接通或后窗去雾器开关接通。

对于占空比控制型和开关控制型怠速控制装置，由于控制的旁通空气量少，因而仍需辅助空气阀控制快怠速。

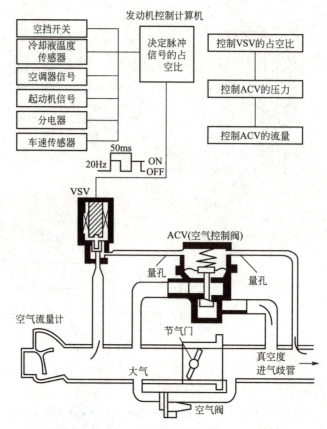

图 2.118　真空电磁阀怠速控制机构

2.7.2　进气控制

1. 动力阀控制系统

某些发动机上采用动力阀控制系统，它根据发动机的不同负荷改变进气量，从而改变发动机的动力性能。

真空控制的动力阀装在进气管上，用于控制进气管空气通道的大小，如图 2.119 所示。

当发动机小负荷运转时，ECU 控制真空电磁阀关闭，动力阀也关闭，进气通道变小，发动机输出较小功率；当发动机负荷增大，ECU 根据转速、温度、空气量等信号接通真空电磁阀，真空管内的真空度提高而将动力阀打开，进气通道变大，发动机输出较大功率。

2. 进气惯性增压控制系统

进气惯性增压控制系统（Acoustic Control Induction System，ACIS），也称谐波增压进气控制系统，是一种利用进气流惯性产生的压力波提高进气效率的进气控制系统。

1) 压力波的产生

当气体高速流向进气门时，如果进气门突然关闭，进气门附近气体流动突然停止，但

发动机电子控制系统 第2章

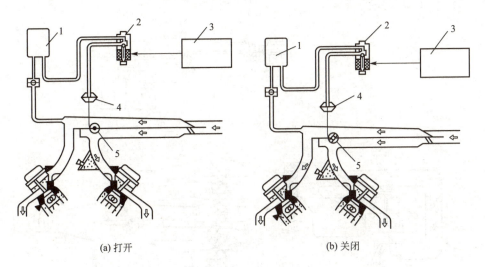

(a) 打开　　　　　　　　　　　(b) 关闭

图 2.119　动力阀控制系统
1—真空室；2—真空电磁阀；3—ECU(ECCS)；4—单向阀；5—动力阀

是由于惯性，进气管仍在进气，于是进气门附近的气体被压缩，压力上升。当气体的惯性消失后，被压缩的气体开始膨胀，向与进气流相反的方向流动，压力下降。膨胀产生的波传到进气管口时又被反压回来，形成压力波。

2) 压力波的利用方法

如果上述进气压力脉动波与进气门开闭配合好，使反向的压力波集中到要打开的进气门旁，在进气门打开时就会形成增压进气的效果。

一般进气管长度长时，压力波波长长，可使发动机中、低速区功率增大；进气管长管短时，压力波波长短，可使发动机高速区功率增大。

如果进气管长度可改变，则可兼顾增大功率和增大转矩，但一般进气管长度是不可能改变的，因此利用惯性增压一般都按最大转矩所对应的转速区域利用。

3) 长度可变的进气惯性增压系统

图 2.120 所示为进气惯性增压系统原理图。当空气室出口的控制阀关闭时，进气管内的脉动压力波传递长度为空气滤清器到进气门的距离，这一距离较长，适应发动机中、低速工况达到气体动力增压效果。

当控制阀打开时，接通真空罐，打开进气增压控制阀。由于大容量空气室的参与，在进气道控制阀处形成气帘，使进气脉动压力只能在空气室出口和进气门之间传播，缩短了压力波的传播距离，以满足发动机高速工况下的气体动力增压要求。

3. 废气涡轮增压控制

图 2.121 为废气涡轮增压控制系统工作原理图。控制废气流动路线的切换阀驱动气室的控制。在涡轮增压器出口与驱动气室之间的管路上装有 ECU 控制的释压电磁阀，释压电磁阀控制进入驱动气室的气体压力。

当 ECU 检测到的进气压力在 0.098MPa 以下时，受 ECU 控制的释压电磁阀的搭铁回路断开，释压电磁阀关闭，此时由涡轮增压器出口引入的压力空气，经释压阀进入驱动气室，克服气室弹簧的压力推动切换阀将废气进入涡轮室的通道打开，同时将旁路通

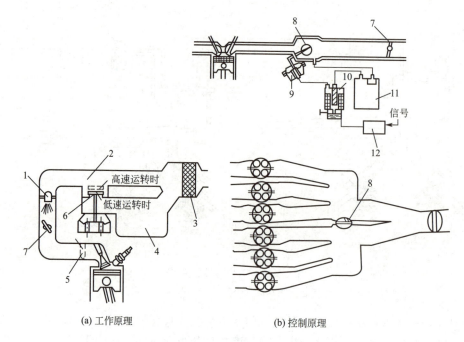

(a) 工作原理　　　　　　　　　(b) 控制原理

图 2.120　进气惯性增压系统原理

1—喷油器；2—进气道；3—空气滤清器；4—空气室；5—涡流控制气门；6—控制阀；7—节气门；8—进气增压控制阀；9—真空马达；10—真空电磁阀；11—真空罐；12—ECU

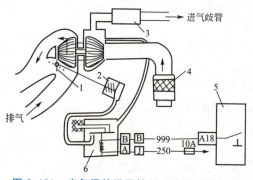

图 2.121　废气涡轮增压控制系统工作原理图

1—切换阀；2—动作器；3—空气冷却器；4—空气滤清器；5—ECU；6—释压电磁阀

道关闭，此时废气流经涡轮室使进气增压。

当进气压力高于 0.098MPa 时，ECU 将释压电磁阀搭铁回路接通，释压电磁阀打开，通往驱动气室的压力空气被切断，在气室弹簧力的作用下，驱动切换阀，关闭进入涡轮室的通道；同时将排气旁通口打开，废气不经涡轮室直接排出，增压器停止工作，进气压力将下降，直至进气压力降到规定的压力时，ECU 又将释压阀关闭，切换阀又将进入涡轮室的通道口打开，增压器又开始工作。

2.7.3　配气相位和气门升程控制

【参考图文】【参考图文】

汽油发动机要达到良好的动力性、燃油经济性和排放性能，汽油与空气的混合气的控制要达到准确，以满足各种工况对混合气的要求，但是一般在没有采取可变气门正时的发动机上，其配气相位和气门升程均是固定不变的，这就使发动机的进气量相对是固定的，因此发动机的性能的潜力不能得到良好的发挥。

随着汽油发动机的高速化和汽车排放要求的日趋严格，传统发动机的配气机构和气门升程已不能满足发展的需要，因此配气相位和气门升程控制技术得到迅速的发展。

1. 丰田车系可变气门正时控制系统

丰田汽车公司将其可变气门正时技术称为智能可变气门正时（Variable Valve Timing-intelligent，VVT-i）控制系统。发动机根据转速的变化要求气门正时随之变化，传统的发动机不具备这个功能，只有安装有 VVT-i 控制系统，才能达到这一要求。

丰田可变气门正时控制系统是一种控制进气凸轮轴气门正时的机构，在进气凸轮轴与传动链轮之间装有油压离合装置，使进气门凸轮轴与链轮之间转动的相位差可以改变，通过调整凸轮轴转角对气门正时进行优化，从而提高发动机在所有转速范围内的动力性、燃油经济性，并降低尾气的排放。

现以丰田花冠 3ZZ-FE 发动机为例，介绍 VVT-i 控制系统的结构原理。

1) VVT-i 控制系统的结构组成

VVT-i 控制系统的结构组成如图 2.122 所示。它由 VVT-i 控制器、凸轮轴正时机油控制阀和传感器 3 部分组成，其中传感器有曲轴位置传感器、凸轮轴位置传感器和 VVT 传感器 3 种。

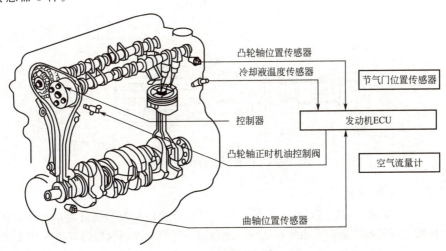

图 2.122 VVT-i 控制系统的结构组成

2) VVT-i 控制系统的控制器

VVT-i 控制器由固定在进气凸轮轴上的叶片、与从动正时链轮一体的壳体及锁销组成，其结构如图 2.123 所示。

控制器有气门正时提前室和气门正时滞后室这两个液压室，通过凸轮轴正时机油控制阀的控制，可在进气凸轮轴上的提前或滞后油路中传送压力机油，使控制器叶片沿圆周方向旋转，调整连续改变进气门正时，以获得最佳的配气相位。

3) VVT-i 控制系统的凸轮轴正时机油控制阀

凸轮轴正时机油控制阀由用来转换机油通道的滑阀、用来控制移动滑阀的线圈、柱塞及回位弹簧组成，其结构如图 2.124 所示。

工作时，发动机 ECU 接收各传感器传来的信号，经分析、计算后发出控制指令给凸轮轴正时机油控制阀，凸轮轴正时机油控制阀以此控制滑阀的位置控制机油液压，使 VVT-i 控制器处于提前、滞后或保持位置。当发动机停机时，凸轮轴正时机油控制阀多处在滞后状态，以确保起动性能。

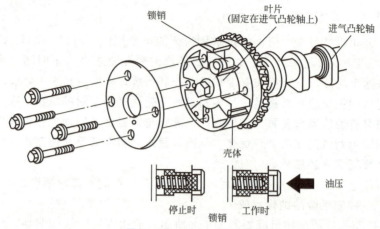

图 2.123　VVT-i 控制器

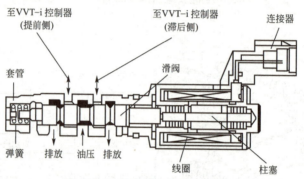

图 2.124　凸轮轴正时机油控制阀

4）VVT-i 控制系统控制过程

发动机 ECU 根据发动机转速、进气量、节气门位置和冷却液温度计算出一个最优气门正时，向凸轮轴正时机油控制阀发出控制指令。凸轮轴正时机油控制阀根据发动机 ECU 的控制指令选择至 VVT-i 控制器的不同油路，使之处于提前、滞后或保持这三个不同的工作状态。

此外，发动机 ECU 根据来自凸轮轴位置传感器和曲轴位置传感器的信号检测实际的气门正时，从而尽可能地进行反馈控制，以获得预定的气门正时。

VVT-i 系统控制原理如图 2.125 所示，凸轮轴正时机油控制阀提前、滞后和保持这三种工作状态的具体情况见表 2-2。

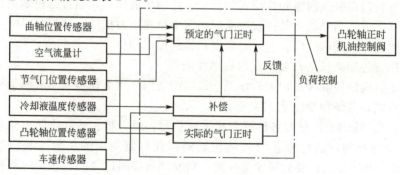

图 2.125　VVT-i 系统控制原理

表 2-2 凸轮轴正时机油控制阀的 3 种工作状态

状态	说明	控制器工作情况	控制阀工作情况
提前	根据来自发动机 ECU 的提前信号，总油压通过提前油路作用到气门正时提前室，使叶片与凸轮轴一起向正时提前方向转动，气门正时被提前		
滞后	根据来自发动机 ECU 的滞后信号，总油压通过滞后油路作用到气门正时滞后室，使叶片与凸轮轴一起向正时滞后方向转动，气门正时被滞后		
保持	预定的气门正时被设置后，发动机 ECU 使凸轮轴正时机油控制阀处于空挡位置（提前与滞后的中间位置），由此保持预定的气门正时		

2. 本田车系可变气门配气相位和气门升程电控系统

本田发动机可变气门配气相位和气门升程电控（VTEC）系统（Variable Valve Timing and Valve Life Electronic Control System）由发动机 ECU 控制，ECU 接收发动机传感器（包括转速、进气压力、车速、冷却液温度）的数据、参数并进行处理，输出相应的控制信号，通过电磁阀调节摇臂活塞液压系统，从而使发动机在不同的转速工况下由不同的凸轮控制，影响进气门的开度和时间。

一般情况下，汽车发动机每缸气门组只由一组凸轮驱动，而 VTEC 系统的发动机却有中低速用和高速用两组不同的气门驱动凸轮，并可通过电控系统的智能控制，进行自动转换。VTEC 系统保证了发动机中低速与高速不同的配气相位及进气量的要求，使发动机不论在高低转速情况下运转均能达到动力性、经济性与低排放性的统一和极佳状态。

1）VTEC 系统的组成

同一缸有主进气门和次进气门，主摇臂驱动主进气门，次摇臂驱动次进气门，中间摇臂在主、次进气门之间，不与任何气门直接接触。

如图 2.126 所示，主凸轮配气相位适应低速工况的需要，中间凸轮配气相位适应高速工况的要求，升程最大，次凸轮的升程很小，只能微微推开气门。

VTEC 系统配气机构与普通配气机构相比较，主要区别是凸轮轴上的凸轮较多，并且升程不等，结构复杂。以雅阁 F22B1 发动机进气凸轮轴（图 2.127）为例，除了原有控制两个气

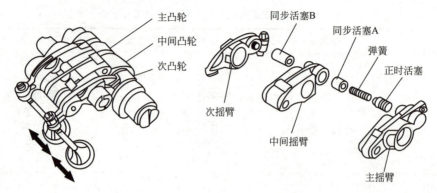

图 2.126　VTEC 系统气门与摇臂机构图

门的一对凸轮(主凸轮 a 和次凸轮 b)和一对摇臂(主摇臂 A 和次摇臂 B)外,还增加了一个较高的中间凸轮 c 和相应的摇臂(中间摇臂 C),三根摇臂内部装有由液压控制移动的小活塞。

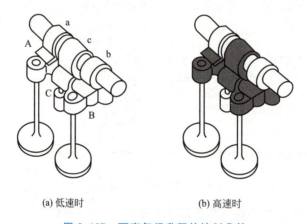

(a) 低速时　　　　　(b) 高速时

图 2.127　可变气门升程的控制凸轮

a—主凸轮;b—次凸轮;A—主摇臂;B—次摇臂;C—中间摇臂

2) VTEC 系统的工作原理

当发动机低速转动时,小活塞在原位置上,三根摇臂分离,主凸轮 a 和次凸轮 b 分别推动主摇臂 A 和次摇臂 B,控制两个进气门的开闭,气门升量较少,工作情形类似普通的发动机,如图 2.127(a)所示。

虽然中间凸轮 c 也推动中间摇臂 C,但由于摇臂之间分离,其他两根摇臂不受中间凸轮的控制,中间凸轮驱动中间摇臂空摆(不起作用),所以不会影响气门的开闭状态。次凸轮升程非常小,通过次摇臂驱动次进气门微量开闭,以防止进气门附近积聚燃油。进气量主要由主凸轮驱动主摇臂,推动主气门来决定。

发动机达到某一个设定的高转速(3500r/min)时,即会指令电磁阀起动液压系统,推动摇臂内的正时活塞和同步活塞,使三根摇臂锁成一体,成为同步工作的组合摇臂,如图 2.127(b)所示。

因为中间凸轮比其他凸轮都高,升程大,所以组合摇臂由中间凸轮 c 驱动,两个气门的配气相位由中间凸轮 c 控制,两个进气门开闭时间适应高速的需要,升程也增大,充气量也相应增加。

当发动机转速降低到某一个设定的低转速时,摇臂内的液压也随之降低,活塞在回位弹簧的作用下退回原位,三根摇臂分开。

3) VTEC 系统的控制电路

发动机 ECU 控制 VTEC 系统的工作,如图 2.128 所示,ECU 接收发动机传感器(包括转速、进气压力、车速、冷却液温度等)的参数并进行处理,输出相应的控制信号,通过电磁阀调节摇臂活塞液压系统,从而使发动机在不同的转速工况下由不同的凸轮控制,影响进气门的开度和作用时间。VTEC 系统整体结构如图 2.129 所示。

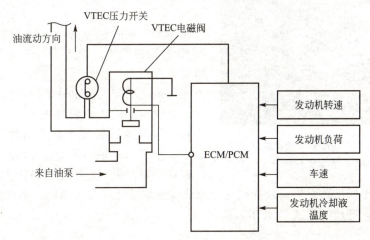

图 2.128 VTEC 系统控制电路

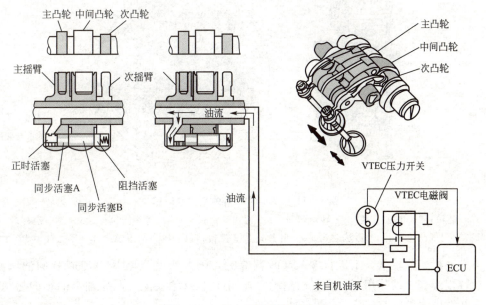

图 2.129 VTEC 系统整体结构图

3. 宝马车系的可变配气凸轮轴相位和气门升程电控系统

1) 宝马车系可变配气凸轮轴相位控制技术

宝马公司的可变配气凸轮轴相位控制技术称为 VANOS(Variable Camshaft Control)。

这项技术通过调整进气、排气凸轮轴相对于曲轴的位置,来实现进气、排气阀门开启时间的改变。这种改变是持续进行的,并且是基于加速踏板位置和当前发动机转速来自动调节的。

起初,这项技术仅可以调节进气凸轮轴。双可变气门正时控制系统(Double VANOS)既可以控制进气凸轮轴,还可以控制排气凸轮轴,同时这种持续的调整会贯穿发动机的全部速度区间。

图 2.130 所示为宝马 N42 发动机的双 VANOS 的实物照片。图 2.131 为 VANOS 机构的结构原理图。

与传统的配气凸轮轴结构不同,VANOS 配气凸轮轴与驱动凸轮轴的链轮不是刚性连接的,而是由转矩弹簧和液压油共同作用而连接在一起的,配气凸轮轴与驱动凸轮轴的链轮之间可以根据需要产生一定角度的偏转。

图 2.130 宝马 N42 发动机的双 VANOS 的实物照片

如图 2.131 所示,链轮内部和配气凸轮轴端部均设计有液压油腔,由叶片 9 将液压油腔分成两部分,即压力油道 A 和压力油道 B。

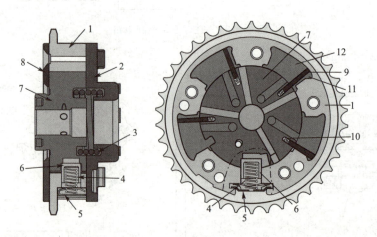

图 2.131 VANOS 机构的结构原理图

1—链轮;2—前法兰盘;3—转矩弹簧;4—锁止弹簧;5—锁止弹簧限位板;6—锁止销钉;
7—配气凸轮轴;8—后法兰盘;9—叶片;10—弹簧;11—压力油道 A;12—压力油道 B

当发动机转速较低,不进行 VANOS 调节时,压力油道 A 和压力油道 B 的油压相平衡,在转矩弹簧 3 的作用下,配气凸轮轴 7 连同叶片 9(插在配气凸轮轴 7 的径向槽里)紧紧地靠在链轮内腔的突起处。

与此同时,锁止销钉 6 在锁止弹簧 4 的推力作用下,落入配气凸轮轴的锁止孔中,使配气凸轮轴与驱动凸轮轴的链轮刚性连接在一起。此时,配气凸轮轴与驱动凸轮轴的链轮同步转动,两者之间没有相位变化。

当发动机转速较高,需要进行 VANOS 调节时,来自压力油道 A 的压力油首先对锁止销钉6产生挤压作用,该压力迫使锁止弹簧4压缩变形,锁止销钉6由配气凸轮轴的锁止孔中退出,使配气凸轮轴与驱动凸轮轴的链轮之间不再保持刚性连接,为下一步两者之间的相位变化做好准备。

锁止销钉6退出锁止孔之后,压力油道A的压力会在电磁阀的调节下持续升高。当压力油道A的压力比压力油道B的压力高,并且其压力差达到一定数值时,其压力差就会克服转矩弹簧3的作用,推动叶片9连同配气凸轮轴7离开链轮内腔的突起处,超前于链轮转过一个角度,从而使两者之间发生相位变化。发动机转速越高,两个油道的压力差就越大,配气凸轮轴超前于链轮的角度也就越大。

应该指出,压力油道A和压力油道B的液压油是由发动机机油泵提供的,经由两个油压调节电磁阀调节各自压力的高低,而这两个油压调节电磁阀又都受发动机ECU的控制。

2) 宝马车系气门升程控制技术

采用气门升程控制技术(VALVETRONIC)后,发动机进、排气门的升程大小不再单纯取决于驱动气门的配气凸轮的轮廓形状,而是与发动机负荷大小密切相关。

下面以宝马车系第二代气门升程控制技术(VALVETRONIC Ⅱ)为例,介绍气门升程控制技术的原理。

(1) 工作原理。VALVETRONIC Ⅱ气门升程控制技术应用在宝马N52发动机上。其实物图如图2.132所示,具体结构如图2.133所示。

图2.132 宝马N52发动机的 VALVETRONIC装置实物图

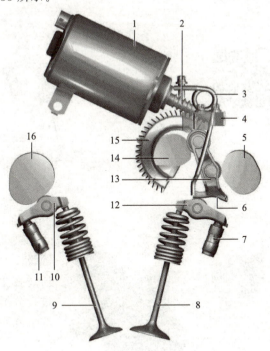

图2.133 VALVETRONIC Ⅱ的结构

1—伺服电动机;2—蜗杆轴;3—回位弹簧;4—槽板;
5—进气凸轮轴;6—调节板;7—进气HVA;
8—进气门;9—排气门;10—排气滚子式气门摇臂;
11—排气HVA;12—进气滚子式气门摇臂;
13—中间推杆;14—偏心轴;15—蜗轮;16—排气凸轮轴

VALVETRONIC Ⅱ由全可变气门行程控制装置和可变凸轮轴控制装置（双 VANOS）构成。通过下列方式实现无需节气门参与的发动机负荷控制：进气门的可变气门行程，进气门的可变气门开启时间，进气和排气凸轮轴的可变凸轮轴交错角度。

全可变气门行程控制通过伺服电动机 1、偏心轴 14、中间推杆 13、回位弹簧 3、进气凸轮轴 5 和进气滚子式气门摇臂 12 实现。

伺服电动机安装在凸轮轴上方的气缸盖内，用于调节偏心轴。电动机的蜗杆轴嵌入安装在偏心轴上的蜗轮内。进行调节后无需特别锁止偏心轴，因为蜗杆传动机构具有足够的自锁能力。偏心轴调节进气侧的气门行程。

中间推杆改变凸轮轴与进气滚子式气门摇臂之间的传动比。在全负荷位置时气门行程（9.9mm）和开启时间达到最大值。在怠速位置时气门行程（0.18mm）和开启时间达到最小值，如图 2.134 所示。

【参考视频】

【参考视频】

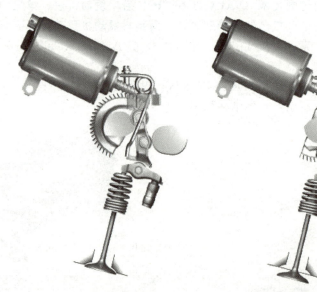

(a) 最小行程　　　　(b) 最大行程

图 2.134　气门的极限行程

进气滚子式气门摇臂和相关中间推杆分为 4 个等级。部件上冲压有相关参数。每对的等级都相同。通过在生产厂处对进气滚子式气门摇臂和中间推杆进行分类，可确保即使在最小行程为 0.18mm 时气缸也能均匀进气。

(2) 偏心轴位置传感器。如图 2.135 所示，为了检测偏心轴的偏转角度，设有偏心轴位置传感器。

偏心轴位置传感器将偏心轴位置信息发送到发动机 ECU。

该传感器按照磁阻效应原理工作：当附近磁场发生变化时，铁磁导体就会改变自己的电阻。为此在偏心轴上装有一个带有永久磁铁的磁轮。偏心轴

图 2.135　偏心轴上的偏心轴位置传感器和磁轮

1—磁轮；2—非磁性固定螺栓；
3—偏心轴位置传感器

旋转时，该磁铁的磁力线就会穿过传感器内的导磁材料。由此产生的电阻变化值用作发动机控制单元信号的调节参数。

必须用非磁性螺栓将磁轮固定在偏心轴上，否则传感器将无法正常工作。

2.7.4 排放净化系统

为了减少汽车排放污染，现代汽车采用了由ECU控制的多种排气净化装置，如三元催化转化、废气再循环、活性炭罐蒸发控制系统等。

【参考图文】

1. 汽车尾气的三元催化转化

1）三元催化转化与空燃比控制

三元催化转化器（Three – Way Catalytic Converter，TWC），如图2.136所示**安装在排气管中，其作用是通过三元催化剂与HC、CO和NO_x发生反应，把废气中的有害气体转化成无害气体。催化剂常用的是铂（或钯）和铑的混合物。**

图2.137所示为三元催化转化器转化效率与空燃比的关系曲线。由图可见，只有发动机在理论空燃比14.7∶1附近运行时，三元催化转化器的转化效率最佳。为此，必须对发动机的空燃比进行精确控制，即把空燃比保持在理论空燃比附近很窄的范围内。

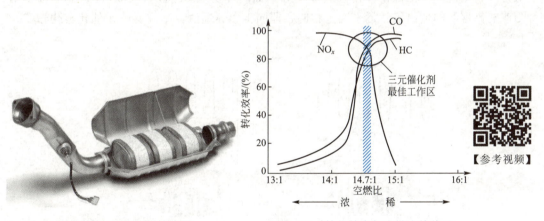

图2.136 三元催化转化器　　　图2.137 转化效率与空燃比的关系

【参考视频】

发动机在开环控制过程中，ECU根据转速、进气量、冷却液温度和进气温度等确定喷油量，这种控制方式不可能很精确，也就很难将空燃比控制在14.7∶1附近很窄的范围内。因此，在发动机控制系统中普遍采用由氧传感器组成的空燃比反馈控制方式，即闭环控制。在三元催化转化器前的排气歧管或排气管内装有氧传感器，其功能是用来检测排气中氧的含量，以确定实际空燃比是比理论空燃比大还是小，并向ECU反馈相应的电压信号，ECU根据此信号，控制喷油量的增加或减少。

氧传感器的结构和工作原理在前面相应章节已详述。根据氧传感器的输出特性可知，其输出电压在理论空燃比处有一个突变。ECU有效地利用这一空燃比反馈信号，将其与基准电压比较，判断混合气的浓稀，以便进行控制，控制喷油量的增加或减少。

采用闭环控制的实质是保持空燃比在14.7∶1左右，因而非理论空燃比运行工况只能采用开环控制。发动机进入开环或闭环控制，均由ECU根据有关输入信号确定。下列工况应采用开环控制：①怠速运转；②节气门全开，大负荷；③减速断油；④发动机起动；⑤发动机冷却液温度低或氧传感器温度未达到工作温度；⑥氧传感器失效或其线路出现故障。

2) 三元催化转化器的监控

随着汽车排放法规的加强，在具有排放监控功能的OBD-Ⅱ车载自诊断系统中，普遍安装两个氧传感器，在三元催化转化器前、后各安装一个氧传感器（图2.138）。

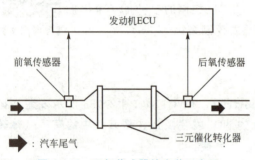

图2.138 双氧传感器的安装示意图

前氧传感器的作用是检测发动机不同工况的空燃比，同时ECU根据该信号调整喷油量和计算点火时间；后氧传感器的作用是检测三元催化转化器的工作好坏，即催化转化器尾气转化率的高低。通过与前氧传感器的数据作比较来监控三元催化转化器的工作是否良好。

如图2.139(a)所示，后氧传感器B的输出信号与前氧传感器A的输出信号同步但幅值低得多，则说明三元催化转化器工作良好；如图2.139(b)所示，后氧传感器的输出信号与前氧传感器的输出信号近乎完全相同，即同步、等幅值，则说明三元催化转化器工作不良。

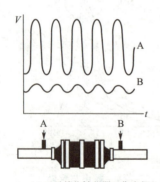 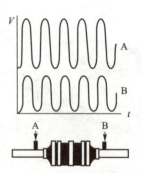

(a) 三元催化转化器工作良好　　(b) 三元催化转化器工作不良

图2.139 后氧传感器与前氧传感器输出信号的比较
A—前氧传感器；B—后氧传感器

2. 废气再循环

废气再循环(Exhaust Gas Recirculation，EGR)是指发动机工作过程中，将一部分废气引入新鲜空气(或混合气)中重返气缸进行再循环。废气在燃烧过程中吸收热量，降低了最高燃烧温度。由于废气再循环过度会影响发动机怠速、低转速小负荷、暖机工况的性能，因而废气再循环率(参与废气再循环的比例)必须适量控制。

1) 废气再循环阀

废气再循环阀通过特殊通道使排气歧管连通，其进气管上方的真空度由废气再循环装置系统的真空电磁阀控制。ECU根据转速、空气流量、进气压力及温度信号，控制真空电磁阀的占空比，从而控制废气再循环的开度来改变废气再循环率。废气再循环阀结构如图2.140所示。

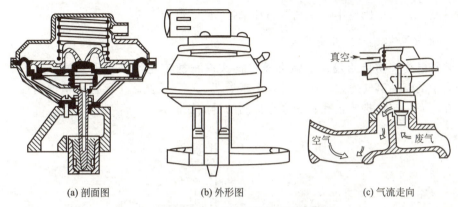

(a) 剖面图　　　　　(b) 外形图　　　　　(c) 气流走向

图 2.140　废气再循环阀结构

2) 可变废气再循环率控制系统

可变废气再循环率控制系统工作时，ECU 根据传感器的输入信号确定发动机工况，然后进行查阅和计算修正，发出适当指令，控制电磁阀开度，以调节废气再循环率。有关数据由发动机台架试验确定废气再循环率与转速、进气量的对应关系，然后存入存储器中。

图 2.141 所示为可变废气再循环率控制系统。真空控制电磁阀（VCM）由废气再循环电磁控制阀和怠速调节电磁阀组成。

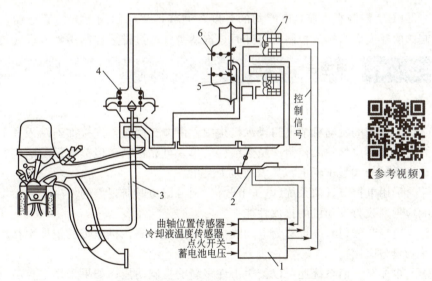

图 2.141　可变废气再循环率控制系统

1—ECU；2—节气门开关；3—废气再循环管路；4—废气再循环阀；
5—定压阀；6—真空控制电磁阀；7—电磁阀

ECU 根据传感器输入信号、点火开关和电源电压等，给废气再循环控制阀提供不同占空比的控制脉冲信号，调节真空调节阀真空管进入的空气量，控制废气再循环阀的真空度，从而改变废气再循环率。

占空比越大，电磁控制阀打开时间越长，进入真空调节阀的空气量越多，真空度越小，废气再循环阀开度越小，废气再循环率越小，直至达到某值时，废气再循环阀关闭停止工作；反之，占空比越小，废气再循环率越大。

3. 活性炭罐蒸发污染控制装置

此装置是为了防止油箱内的汽油蒸气向大气排放产生污染而设置的。如图 2.142 所示，油箱中的汽油蒸气通过单向阀进入炭罐上部，空气从炭罐下部进入清洗活性炭。在炭罐右上方，有一定量排放小孔及受真空控制的排放控制阀。

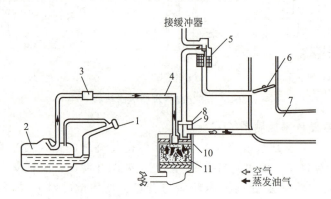

图 2.142 活性炭罐蒸发污染控制装置

1—油箱盖及真空泄放阀；2—油箱；3—单向阀；4—蒸气通气管路；5—废气再循环及炭罐控制电磁阀；6—节气门；7—进气歧管；8—真空室；9—排放控制阀；10—定量排放小孔；11—活性炭罐

ECU 控制炭罐控制电磁阀的开度，调节排放控制阀上方的真空度，从而控制排放控制阀的开度。当排放控制阀打开时，汽油蒸气通过排放控制阀吸入进气歧管。

2.7.5 电控节气门系统

1. 电控节气门系统概述

在传统的发动机节气门操纵机构中，由节气门拉索连接加速踏板和节气门轴，节气门开度的大小由驾驶人控制。虽然结构简单、可靠性高，但节气门的响应性差，特别是在发动机后置的大型车辆上，其表现尤为突出。

采用电控节气门系统（电子节气门）则可避免时滞现象的发生，大大提高节气门的操纵响应性，改善发动机的排放性能。

电控节气门系统也称为电动线控驾驶系统，是飞机电传线控技术在汽车发动机控制领域的典型应用。

电控节气门系统还可以衍生出许多新的控制功能。如果采用电控节气门系统，则只需使用较少的开关、传感器和软件，就能实现汽车的多项功能，如汽车的巡航速度控制、怠速空转控制及牵引力控制和行驶稳定性控制等。

一旦电控节气门系统的执行机构步进电动机对节气门的开度实施了控制，在动力控制模块（PCM）的控制下，步进电动机能够为发动机提供怠速控制和加速控制等功能，这样就可以省去怠速控制（IAC）电动机和巡航控制伺服系统。

同时，利用汽车防抱死制动系统（ABS）的车轮转速传感器得到的数据来监测汽车的牵引力大小，当汽车牵引力方面出现问题时，无论驾驶人此时的意图怎样，动力控制模块都会对节气门的开度进行自动调节。

电控节气门系统的结构如图2.143所示。

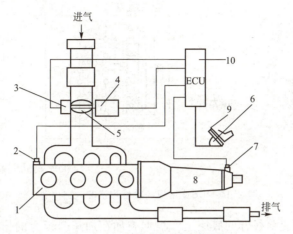

图 2.143　电控节气门系统结构

1—发动机；2—曲轴转速传感器；3—节气门位置传感器节气门控制杆；4—节气门控制电动机；
5—节气门；6—加速踏板位置传感器；7—车速传感器；8—变速器；
9—加速踏板；10—发动机ECU

2. 电控节气门系统的控制原理和部件结构

在电控节气门系统中，取消了节气门拉索，一般都是通过加速踏板总成（TPA）来识别驾驶人的意图，并通过传感器将驾驶人的意图传递给控制计算机。节气门的开度由节气门控制ECU驱动的直流电动机控制。电控节气门系统主要由加速踏板模块、电控模块（ECM）和节气门总成组成，如图2.144所示。

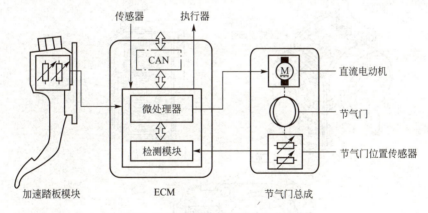

图 2.144　电控节气门系统工作原理

发动机ECU根据各传感器输入信号确定最佳的节气门开度，并通过对控制电动机和电磁离合器的控制改变节气门开度。

加速踏板模块中集成了两个相同的无触点型踏板位置传感器，如图2.145所示，加速踏板位置传感器使用安装在加速踏板臂上的霍尔IC，一个用于主信号，一个用于副信号。加速踏板位置传感器将加速踏板位置（角度）转化为具有不同特性的电信号，并将其输出至发动机ECU，作为控制节气门开度的基础。

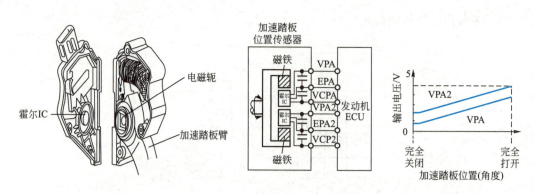

(a) 结构　　　　　　　　　(b) 加速踏板位置传感器电路

图 2.145　加速踏板模块结构及其内部电路

电磁轭安装在加速踏板臂的底座上,根据施加在加速踏板上的作用力绕着霍尔 IC 旋转,霍尔 IC 将磁通量变化转化为电信号,并将其输出至发动机 ECU。

采用加速踏板总成的设计,当其中的某个传感器出现故障时,另外一个传感器仍然可以将驾驶人的意图传递给控制计算机,而且让驾驶人仍然能够体验到传统的机械式钢索和弹簧所产生的"脚感"。

节气门总成中集合了直流电动机、减速传动机构、节气门机构和节气门位置传感器,如图 2.146 所示。直流电动机响应 ECM 的信号,通过减速机构来驱动节气门。节气门阀片的位置由一个电动机调节控制,该电动机采用具有优异响应性能和最小功率消耗的直流电动机。

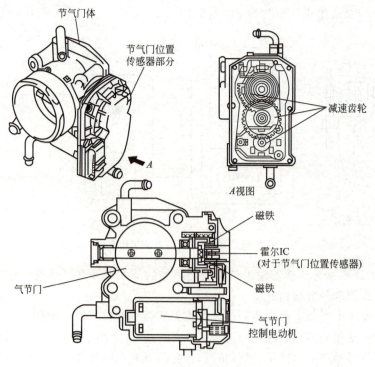

图 2.146　节气门总成结构

发动机 ECU 根据占空比的控制和流经节气门控制电动机电流,调整节气门角度。它能够让节气门阀片在 1°~80°的范围内转动,以得到期望的节气门开度。对于节气门阀片的大部分转动位置,其定位精度一般都在±0.5°。当发动机怠速运转时,阀片的转角精确度甚至能控制在±0.1°。

电动机内部有两个方向相反的磁场,采用脉宽调制技术控制其中一个磁场相对于另一个磁场的大小。通过增大脉冲持续时间的百分比来增加调节电动机的转动角度,也就是说,脉冲持续的时间越长,调节电动机使节气门阀片转动的角度就越大。

作为一种安全保险措施,节气门阀片采用弹簧装置支撑,这样在电控节气门系统出现故障时,节气门阀片能够在弹簧的作用下回到怠速运转时的位置。

此外,这种调节电动机自身配备两个位置传感器,能够将节气门的位置信息反馈给发动机 ECU,形成闭环控制。这样,当发动机 ECU 把指令传给调节电动机后,电动机就能够根据传感器反馈的信息正确地让节气门阀片转动,从而精确地定位。

节气门位置传感器集成在节气门总成中,采用的是无触点型霍尔工作原理,可以准确地反映节气门的打开位置。霍尔 IC 被电磁轭环绕,电磁轭随着节气门轴的转动将当时的磁通量变化转化为电信号,并将其输出至发动机 ECU。

节气门位置传感器电路及其工作特性如图 2.147 所示。

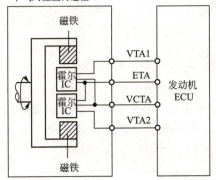
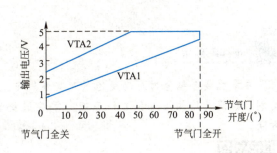

图 2.147　节气门位置传感器电路及其工作特性

1. 简述电控燃油喷射系统的工作原理及类别。
2. 简述电控燃油喷射系统的怠速控制方法。
3. 简述电控电子点火系统的工作原理。
4. 常见的电控发动机辅助控制项目有哪些?

第 3 章 电子控制自动变速器

汽车自动变速器有行星齿轮式电控液力自动变速器、机械式自动变速器和金属带式无级自动变速器 3 种类型，目前应用最多的是行星齿轮式电控液力自动变速器。

本章主要介绍电控自动变速器及其在汽车上的应用情况。要求学生了解自动变速器的类别，熟悉其结构组成和工作原理，掌握行星齿轮式电控液力自动变速器的使用和检验方法。

【参考图文】

3.1 自动变速器概述

3.1.1 自动变速器的定义

与手动变速器（Manual Transmission，MT）不同，自动变速器（Automatic Transmission，AT）是指汽车驾驶中离合器和变速器的操纵都实现了自动化，即可以实现自动换挡的变速器。自动变速器的自动换挡过程是由自动变速器的电子控制单元控制的，因此自动变速器又可简称为 EAT、ECT、ECAT 等。

3.1.2 自动变速器的优点

相比于传统的机械式手动变速器，自动变速器具有如下优点。
（1）汽车起步平稳，能吸收、衰减振动与冲击；提高乘坐舒适性。
（2）自动适应行驶阻力和发动机工况的变化，实现自动换挡，有利于提高汽车的动力性和平均车速。

(3) 液力变矩器使传动系统的动载荷减小,提高了汽车的使用寿命。

(4) 驾驶操纵简单,实现换挡自动化,有利于行车安全。

(5) 能以较低的车速稳定行驶,提高车辆在坏路上的通过性。

(6) 降低了尾气污染,提高了排放性能。

自动变速器的主要缺点是结构复杂、成本高,传动效率相对偏低,导致油耗要高于机械式变速器。但是,现代汽车普遍采用的电子控制自动变速器,可按照最佳油耗规律控制换挡过程,加之采用了超速挡和变矩器闭锁控制等技术措施,从而使装备自动变速器的汽车油耗有了明显的下降。

3.1.3 自动变速器的发展趋势

1. 向多挡位方向发展

早期的自动变速器多为三挡,如日本 AISIN 公司给丰田汽车提供的 A40 自动变速器。20 世纪 70 年代中期开始生产四挡自动变速器,如丰田汽车公司的 A40D、A140E 自动变速器、通用汽车公司的 4T60E/4T65E 自动变速器、福特汽车公司的 AXOD-E 自动变速器等。

五挡电控自动变速器较早由德国的 ZF 公司生产,用于 1991 年左右生产的宝马汽车上。随后五挡电控自动变速器成为高档汽车的标志,宝马公司绝大多数乘用车都使用五挡电控自动变速器,如 5HP18、5HP30 自动变速器等。

2002 年宝马和 ZF 公司合作开发了六挡自动变速器,型号为 6HP19、6HP26,主要用于宝马 745i 等乘用车。2016 年,奔驰汽车公司在 C300 敞篷车上使用了型号为 9G-TRONIC 的九挡自动变速器,这是目前乘用车上装备的挡位最多的自动变速器。

多挡位自动变速器的主要优点是变速器的换挡品质、加速性能及经济性都较好,因此多挡位自动变速器成为自动变速器的发展趋势。

2. 向手动/自动一体化方向发展

自动变速器可以实现自动换挡,减少了驾驶人的疲劳,但部分驾驶人认为自动变速器车辆没有手动挡操纵的驾驶乐趣,因此 20 世纪 90 年代末开始在中高档乘用车上采用手动/自动一体化变速器,可兼顾自动挡的便利和手动挡的操

【参考图文】

纵乐趣。如大众奥迪 A6、帕萨特 1.8T 乘用车的 Tiptronic 手动/自动一体化变速器,奥迪 A6、A4 乘用车的 Multitronic 手动/自动一体化无级变速器,马自达 M6 乘用车的 Activematic 手动/自动一体化变速器,现代索纳塔 2.7L 乘用车的 H-Matic 手动/自动一体化变速器,宝马 325i 乘用车的 Steptronic 手动/自动一体化变速器,等等。

3. 向高智能、模糊逻辑控制方向发展

智能型的电子控制自动变速器可以在汽车行驶过程中,对汽车的运行参数进行控制,合理地选择换挡点,而且在换挡过程中能对劣化的参数进行自动修正,如摩擦片的摩擦系数、自动变速器油(Automatic Transmission Fluid,ATF)的黏度、车辆的负荷变化等。而且还能利用模糊控制(Fuzzy Control),使自动变速器的电子控制单元自我学习、模拟驾驶人的驾驶习惯,如上坡逻辑控制,能根据加速踏板位置信号、车速信号、制动信号,判

断驾驶人的性格特点以进行换挡的修正,达到性能化、舒适化、个性化的要求。

4. 向无级变速方向发展

传统的自动变速器采用液力传动,因此传动效率低于机械式变速器,并且只能实现部分的无级变速,因此液力自动变速器在经济性、动力性及行驶平顺性上都略显不足。

无级变速器(CVT)的传动比可以在一定范围内连续变化,从而得到传动系统与发动机工况的最佳匹配,最大限度地利用发动机的特性,提高汽车的动力性和经济性,目前在汽车上的应用越来越多。

3.1.4 自动变速器类型

在自动变速器的发展过程中出现了多种结构形式。自动变速器的驱动方式、挡位数、变速齿轮的结构形式、变矩器的结构类型及换挡控制形式等都有不同之处。下面从不同角度对自动变速器进行分类。

1. 按汽车驱动方式分类

自动变速器按照汽车驱动方式的不同,可分为前轮驱动自动变速器(图3.1)和后轮驱动自变速器(图3.2)两种。后轮驱动自动变速器的变矩器和行星齿轮机构的输入轴及输出轴在同一轴线上,因此轴向尺寸较大,阀体总成则布置在行星齿轮机构下方的油底壳内。

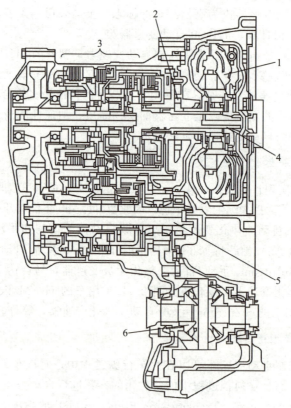

图 3.1 前轮驱动自动变速器
1—液力变矩器;2—油泵;3—行星齿轮机构;
4—输入轴;5—输出轴;6—差速器

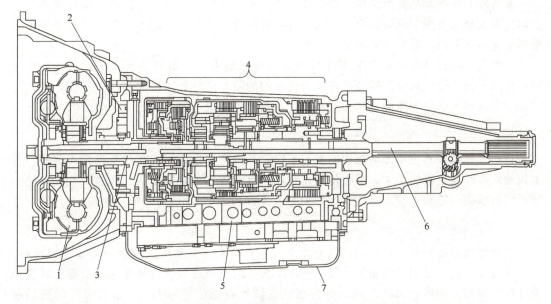

图 3.2 后轮驱动自动变速器
1—液力变矩器；2—油泵；3—输入轴；4—行星齿轮机构；
5—阀体总成；6—输出轴；7—油底壳

前轮驱动自动变速器(又叫自动变速驱动桥，Automatic Transaxle)除了具有与后轮驱动自动变速器相同的组成外，在自动变速器的壳体内还装有差速器和主减速器。

前轮驱动汽车的发动机有纵置和横置两种。纵置发动机的前轮驱动自动变速器的结构和布置与后轮驱动自动变速器汽车基本相同，只是在后端增加了一个差速器。

横置发动机的前轮驱动自动变速器由于汽车横向尺寸的限制，要求有较小的轴向尺寸，因此通常将输入轴和输出轴设计成两个轴线的方式。变矩器和行星齿轮机构输入轴布置在上方，输出轴则布置在下方。这样的布置减少了变速器总体的轴向尺寸，但增加了变速器的高度，因此可将阀体总成布置在变速器的侧面或上方，以保证汽车有足够的最小离地间隙。

2. 按自动变速器前进挡位数分类

自动变速器按前进挡的挡数的不同，可分为2(前进)挡自动变速器、3挡自动变速器、4挡自动变速器等。早期的自动变速器通常为2个前进挡或3个前进挡，这两种自动变速器都没有超速挡，其最高挡为直接挡。

现代乘用车装用的自动变速器基本上都是4个前进挡，即设有超速挡。这种设计虽然使自动变速器的构造更加复杂，但由于设有超速挡，大大改善了汽车的燃油经济性。在商用车上，大多采用5挡和6挡自动变速器，一些新型乘用车上也开始采用5挡和6挡自动变速器。

3. 按变矩器的类型分类

按液力变矩器的类型不同，自动变速器大致可分为普通液力变矩器式、综合液力变矩器式和带闭锁离合器的液力变矩器式自动变速器3种。

普通液力变矩器是指由泵轮、涡轮和导轮3个元件组成的液力变矩器。综合式液力变矩器是指在导轮与固定导轮的套管之间装有单向离合器的液力变矩器,它可以自动进行变矩器工况与液力耦合器工况的转换。

新型轿车的自动变速器普遍采用带闭锁离合器的液力变矩器。当汽车达到一定车速时,控制系统使闭锁离合器接合,将液力变矩器的输入部分和输出部分连成一体,使发动机动力直接传入齿轮变速器,从而提高了传动效率,降低了油耗。

4. 按齿轮传动机构的类型分类

自动变速器按其齿轮传动机构的类型不同,可分为普通齿轮式和行星齿轮式两种。普通齿轮式自动变速器体积大,最大传动比小,只有少数几种车型使用。行星齿轮式自动变速器结构紧凑,能获得较大的传动比,为绝大多数乘用车采用。

5. 按控制方式分类

自动变速器按控制方式不同,可分为全液压自动变速器和电子控制自动变速器两种。全液压自动变速器是通过机械的手段,将汽车行驶的车速及节气门开度这两个参数转变为液压控制信号;阀体中的各个控制阀根据这些液压控制信号的大小,按照设定的换挡规律,通过控制换挡执行机构的动作,实现自动换挡,如图3.3所示。

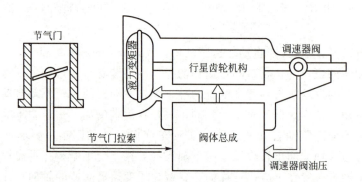

图 3.3 液力控制自动变速器控制过程原理图

电子控制自动变速器是通过各种传感器,将发动机转速、节气门开度、车速、发动机冷却液温度、自动变速器油温度等参数转变为电信号,并输入计算机;计算机根据这些信号,按照设定的换挡规律,向换挡电磁阀、油压电磁阀等发出电子控制信号,换挡电磁阀和油压电磁阀再将计算机的电子控制信号转变为液压控制信号,阀体中的各个控制阀根据这些液压控制信号,控制换挡执行机构的动作,从而实现自动换挡,如图3.4所示。

6. 按工作原理分类

按工作原理不同,自动变速器可分为液力自动变速器(AT)、机械自动变速器(Automatic Mechanical Transmission,AMT)和无级自动变速器(CVT)3种。

液力自动变速器通常指含有液力变矩器的自动变速器;机械自动变速器在普通手动机械变速器(MT)的基础上增加了一套自动换挡控制系统;无级自动变速器指无级控制速比变化的变速器,它的种类很多,有机械式、流体式和电动式等,目前应用最多的是金属带式机械无级变速器。

电子控制自动变速器 第3章

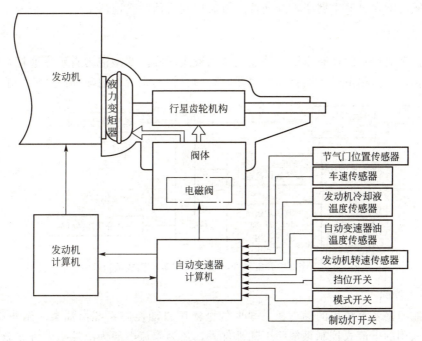

图 3.4　电子控制自动变速器控制过程原理图

3.1.5　电子控制自动变速器的组成

电子控制自动变速器主要由液力变矩器、辅助变速器、电液控制系统等几个部分组成。

1. 液力变矩器

液力变矩器位于自动变速器的最前端,安装在发动机的飞轮上。它通过工作轮叶片的相互作用,引起机械能与液体能的相互转换来传递动力;通过液体动量矩的变化来改变转矩的传动元件,具有无级连续改变速度与转矩的能力;对外部负载有良好的自动调节和适应性能,从根本上简化了操作;能使车辆平稳起步、加速迅速、均匀、柔和;由于用液体来传递动力进一步降低了尖峰载荷和扭转振动,延长了动力传动系统的使用寿命,提高了乘坐舒适性和车辆平均行驶速度及安全性和通过性。

2. 辅助变速器

液力变矩器的无级变速性能虽然很好,但从经济性考虑它不能完全满足车辆改变速度和变化动力两方面的要求,故需与齿轮传动串联或并联,以扩大其传动比与高效率工作范围。齿轮传动有行星齿轮式与定轴式两种。

定轴式机械变速器虽然工艺性好、成本低,但由于行星齿轮传动易于实现自动化、结构紧凑、质量轻,特别是其具有与液力变矩器可实现功率分流的长处,故目前液力自动变速器中多为此型。

行星齿轮变速器包括行星齿轮组和换挡执行机构。换挡执行机构可以使星齿轮组处于不同的啮合状态,以实现不同的传动比。大部分行星齿轮变速器有3~4个前进挡和1个倒挡。机械传动在 AT 中属于辅助地位，故又称其为辅助变速器。

3. 控制系统

液力自动变速器的控制系统有液压式和电液式两种。新型液力自动变速器均采用了电液式控制系统，简称电子控制自动变速器（ECT）。控制系统的组成如图 3.5 所示。

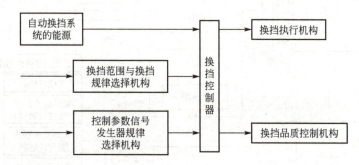

图 3.5　自动换挡变速控制系统构成图

1）系统能源

系统能源是各个机构的动力源，早期的全液压自动控制系统由油泵、调压阀等组成；目前广泛采用的电液式控制系统除上述部件外，还需直流电源为电控提供所需能源。

2）控制参数信号发生器

自动换挡根据汽车行驶中选定的控制参数的变化来确定是否需要进行换挡。目前主要是采用二参数控制（车辆速度与发动机节气门开度），但这仅是原始信号，还必须加以调制，才能被液压和电控系统所接受，即所选参数不仅应能按比例精确地变换成控制信号，而且要求反应迅速、便于实现、工作可靠。

全液压系统采用的是速度调压阀和节气门开度调压阀；但在电液系统中它们均已被结构简单的磁感应式、霍尔式、光电式、激光式等车速传感器及节气门电位器等所取代。

3）换挡控制器

换挡控制器实质上是向换挡执行机构发出换挡指令的发生器。它接收来自车速、节气门开度（及节气门的加速度）及换挡选择机构所传来的信号，进行比较、处理，并按预定的规律选择挡位和换挡时刻，及时发出相应的换挡指令至换挡执行机构；全液压系统由换挡阀完成；而电液式则由 ECU 与其控制的电磁阀、换挡阀完成。

4）换挡执行机构

换挡执行机构的功能是接收控制指令去具体完成挡位变换。一般均是通过液压缸充、卸压力油使离合器、制动器或单向离合器分离或接合，实现换挡。

5）换挡品质控制机构

换挡品质控制机构的作用是控制换挡过程平稳、无冲击，从而使驾乘人员舒适，动力传动系统动载荷降低。一般换挡品质控制机构是在通向液压缸的油路上增加蓄能器、缓冲阀、定时阀、执行压力调节阀、协调阀和单向离合器等，以改善换挡品质。

近年来，电子控制软件的作用发挥出明显优势，它已不仅可取代原单向离合器的功能，简化了结构，而且逐步向智能化发展。

此外，在自动变速器的外部还设有一个自动变速器油散热器，用于散发自动变速器油在工作过程中产生的热量。

电子控制系统可存储与处理多种换挡规律，可一机多能，实现更复杂、更合理的控制；自控系统改变规律或参数时，仅调整局部电路，即适应性能好，开发周期短；无惯量、控制精度高、反应快、动作准确；结构紧凑，质量轻；与整车动力传动系统控制如 EFI、巡航、牵引力控制、四轮驱动控制等兼容性好。因此，电控所获得的优良换挡平顺性和操纵方便性及与汽车上其他电子控制装置之间的兼容性，使其取代液压控制已是大势所趋。

3.2 行星齿轮式电控自动变速器

行星齿轮式电控自动变速器由液力变矩器、辅助变速器与电液换挡控制系统三大部分组成。液力变矩器多采用带闭锁（锁止）离合器的三元件综合式结构，可以自动调节传递转矩的大小。

辅助变速器采用行星齿轮传动，用来扩大液力变矩器的传动范围并实现倒挡传动。

电液换挡控制系统是电控自动变速器的核心，电子控制装置通过传感器采集变速器及整车的相关信息，通过电磁阀来控制液压执行机构，使整个自动变速器协调工作。

3.2.1 液力传动装置

1. 液力耦合器

液力耦合器主要由泵轮、涡轮和壳体组成，如图 3.6 所示。其中，泵轮是主动元件，与输入轴相连；涡轮是从动件，与输出轴相连。

泵轮和涡轮装在同一壳体内，上面均有许多径向叶片。泵轮起着离心式水泵的作用，涡轮起着水轮机的作用。工作液受离心力作用，不仅随着工作轮做圆周运动——传递转矩，而且在压力差的作用下沿循环圆流动，因此液体质点的流线形成一个首尾相连的环形螺旋线。

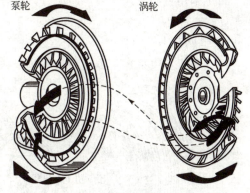

图 3.6 液力耦合器的结构和液流的流动

液力耦合器具有如下传动特点。

（1）泵轮的输入转矩（M_b）等于涡轮的输出转矩（M_w），即

$$M_b = M_w \tag{3-1}$$

（2）传动比 i 为

$$i = \frac{n_w}{n_b} \tag{3-2}$$

式中，n_w 为输出轴转速；n_b 为输入轴转速。

（3）传动效率 η 为

$$\eta = \frac{M_w n_w}{M_b n_b} = i \tag{3-3}$$

液力耦合器的效率特性曲线如图 3.7 所示。

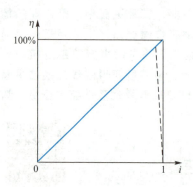

图 3.7　液力耦合器的效率特性曲线

① i 越大，η 越高，即涡轮转速提高，液力耦合器的效率增大。

② 理论上，当 $i=1$ 时，$\eta=100\%$。

③ 实际上，当 $i=0.985\sim0.99$ 时，效率达到最大值。当 $i>0.99$ 时，摩擦损失转矩比例增加，效率急剧下降。

2. 液力变矩器

1）功用

液力变矩器（Hydraulic Torque Converter，HTC）位于发动机和机械变速器之间，是一种液力传动装置，以自动变速器油为工作介质，主要完成以下功用。

（1）传递转矩。发动机的转矩通过液力变矩器的主动元件，再通过自动变速器油传给液力变矩器从动元件，最后传给变速器。

（2）无级变速。根据工况的不同，液力变矩器可以在一定范围内实现转速和转矩的无级变化。

（3）自动离合。液力变矩器由于采用自动变速器油传递动力，当踩下制动踏板时，发动机也不会熄火，此时相当于离合器分离；当抬起制动踏板时，汽车可以起步，此时相当于离合器接合。

（4）驱动油泵。自动变速器油在工作时需要油泵提供一定的压力，而油泵是由液力变矩器壳体驱动的。

由于采用自动变速器油传递动力，液力变矩器的动力传递柔和，并且能防止传动系统过载。

2）组成和工作原理

液力变矩器由泵轮、涡轮和导轮 3 个基本元件组成，如图 3.8 所示。

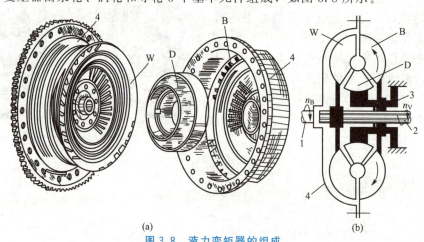

图 3.8　液力变矩器的组成

B—泵轮；W—涡轮；D—导轮；
1—输入轴；2—输出轴；3—导轮轴；4—变矩器壳

泵轮为主动元件，与变矩器壳连成一体并用螺栓固定在发动机曲轴后端的凸缘上，它将发动机输出的机械能转换为自动变速器油的动能;涡轮为从动件,通过输出轴与变速器相连,它将液体的动能又还原为机械能输出。

液力变矩器总成封在一个钢制壳体(变矩器壳体)中,内部充满自动变速器油。液力变矩器工作时,发动机带动壳体旋转,壳体带动泵轮旋转,泵轮的叶片将自动变速器油带动起来,并冲击到泵轮的叶片;如果作用在涡轮叶片上的冲击力大于作用在涡轮上的阻力,涡轮将开始转动,并带动变速器的输入轴一起转动。由涡轮叶片流出的自动变速器油经过导轮后再流回泵轮,形成如图 3.9 所示的循环流动。

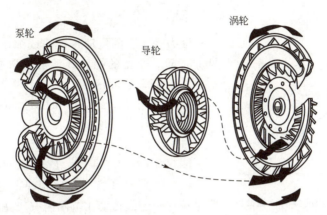

图 3.9　自动变速器油在液力变矩器中的循环流动

依靠自动变速器油在三元件之间的循环流动,液力变矩器不仅能传递转矩,而且能在泵轮转矩不变的情况下,随涡轮转速的不同自动地改变涡轮轴上输出转矩的值。可见液力变矩器的工作原理与液力耦合器相同,都是借助液体的运动把转矩从泵轮传给涡轮。两者之间的区别如下。

(1) 液力耦合器:只能将转矩大小不变地由泵轮传给涡轮,起离合器的作用。

(2) 液力变矩器:不仅能传递转矩,而且能在泵轮转矩不变的情况下,随涡轮转速的不同自动地改变涡轮轴上输出转矩并兼起离合器和变速器的作用。

液力变矩器的工作过程如下。

(1) 汽车起步时:涡轮转速 $n_w=0$,导轮固定不动。涡轮转矩 M_w 等于泵轮转矩 M_b 和导轮转矩 M_d 之和,即 $M_w=M_b+M_d$,此时变矩器起增矩(增大转矩)作用。

(2) 汽车起步后加速时:涡轮转速提高,n_w 从 0 逐渐增加,导轮所受转矩不断减小,当涡轮转速增大到某值(此时液流经导轮后方向不改变)时,$M_d=0$,有 $M_w=M_b$。此时变矩器相当于耦合器,为耦合器工况。

(3) 转速继续增大:液流冲击在导轮叶片的背面,此时导轮与泵轮转矩方向相反,于是 $M_w=M_b-M_d$,可见涡轮转矩小于泵轮转矩。

(4) 当 $n_w=n_b$ 时,工作液循环流动停止,不再传递动力。

可见,随着涡轮转速的升高,涡轮的输出转矩减小。当阻力增大时,涡轮转速降低,输出转矩增大,从而获得较大的驱动转矩;当阻力减小时,涡轮转速增加,则输出转矩减小,驱动轮转速升高,所以变矩器可随汽车行驶阻力不同而自动改变转矩。

3) 液力变矩器的传动特性

(1) 转矩随 n_w 的变化,M_w 相对于固定的 M_b 也相应变化。因此,有变矩系数 K 为

$$K=\frac{M_\text{w}}{M_\text{b}}=\frac{M_\text{b}\pm M_\text{d}}{M_\text{b}} \quad (3-4)$$

（2）传动比 i 为

$$i=\frac{n_\text{w}}{n_\text{b}}\leqslant 1 \quad (3-5)$$

（3）传动效率为

$$\eta=\frac{M_\text{w}n_\text{w}}{M_\text{b}n_\text{b}}=Ki \quad (3-6)$$

液力变矩器的传动特性曲线如图 3-10 所示，可见 η 是随 i 变化的抛物线，形状取决于 K 曲线的形状，其变化关系如下。

（1）i 较小时，$K>1$，即 $M_\text{d}>M_\text{b}$。

（2）随着 i 的增加，K 下降，当 $K=1$ 时，即 $M_\text{d}=M_\text{b}$。

（3）当 i 接近于 1 时，$K<1$，$M_\text{d}<M_\text{b}$。

（4）在 $K<1$ 时，η 下降很快，也就是说液力变矩器只是在一定的传动比范围内有较高的效率。

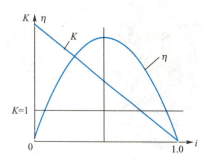

图 3.10　液力变矩器的传动特性曲线

3. 综合式液力变矩器

液力耦合器与液力变矩器的效率特性比较如图 3.11 所示。

（1）在 $K\geqslant 1$ 的传动比范围内，液力变矩器的传动效率高于液力耦合器。

（2）在 $K<1$ 的传动比范围内，液力耦合器的传动效率继续增加，而液力变矩器的传动效率却迅速下降。

为了扩大液力变矩器的高效率范围，改善变矩器的使用性能，实际使用的变矩器都通过加装单向自由轮（也叫单向离合器）或锁止离合器，成为综合式液力变矩器，其传动特性如图 3.12 中的实线所示。

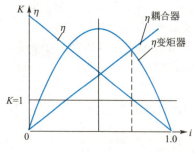

图 3.11　液力变矩器和液力耦合器的传动特性比较

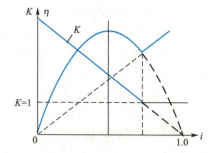

图 3.12　综合式液力变矩器的传动特性

单向自由轮的作用：在高速区使导轮顺泵轮旋转方向自由转动，减小导轮背面对液流的有害反作用力，实现"自动变矩"和"自动耦合"的相互转换，提高液力变矩器在高速区的传动效率（可达 95%）。

1) 单向自由轮

常用的单向自由轮有楔块式和滚柱斜槽式两种,图 3.13 所示为楔块式单向自由轮的结构。其结构特点是内圈固定,外圈可转动。

楔块式单向自由轮的工作原理:外环顺时针方向旋转时,楔块在摩擦力的作用下立起,因自锁作用而卡死在内、外环之间,使内环和外环无法相对滑转,离合器锁止;外环逆时针方向旋转时,楔块在摩擦力的作用下倾斜,此时离合器处于自由状态。

当涡轮转速较低时,从涡轮流出的液体冲击导轮叶片的凹面,导轮和单向离合器外座圈一起卡死在内座圈上不动,此时液力变矩器起增矩作用。当涡轮转速增大到一定程度,液流对导轮的冲击力反向,于是导轮自由地相对于内座圈与涡轮同向转动。这时,变矩器转入耦合器工况。所以,在高转速时效率高,并且输出转矩等于输入转矩。

2) 锁止离合器

因变矩器涡轮与泵轮之间存在转速差和液力损失,装液力变矩器的变速器效率小于机械变速器,故正常行驶时,采用液力变矩器的汽车燃油经济性较差。为提高变矩器高传动比工况下的效率,可采用带锁止离合器(图 3.14)的液力变矩器。

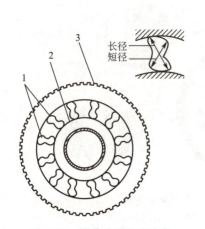

图 3.13 楔块式单向自由轮
1—楔块;2—内圈(轮毂);
3—外圈(鼓轮)

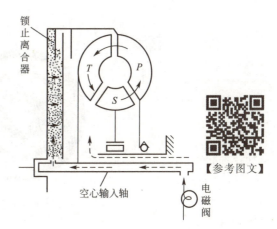

图 3.14 锁止离合器

锁止离合器的作用是在高速区时,将泵轮与涡轮锁在一起,变为刚性连接,将发动机的机械能 100% 地传给涡轮。

为提高高传动比下的效率,通常锁止离合器在 $K=1$ 的耦合器工况点接合,等同于由发动机直接驱动。同时,单向自由轮脱开,导轮自由旋转,液力损失减少,汽车行驶速度和燃油经济性提高。这虽然可提高效率,但是切换前、后速度冲击较大,故不能自适应行驶阻力的变化。

3.2.2　行星齿轮变速机构

虽然液力变矩器能在一定范围内自动、无级地改变转矩比,以适应汽车行驶阻力的变化。然而,由于它的变矩能力与传动效率之间存在矛盾,而且变矩系数一般为 1~3,难以满足汽车实际使用的需要,故在汽车上液力变矩器仍需与机械变速系统配合使用。

自动变速器的机械变速机构一般采用内啮合的行星齿轮机构。与普通手动变速器相比，在传递同样功率的条件下，内啮合行星齿轮机构可以大大减小变速机构的尺寸和质量，并可以实现同向、同轴减速传动。此外，变速过程中动力不间断，加速性好，工作可靠。

1. 基本结构和工作原理

行星齿轮机构按照齿轮排数不同，可以分为单排和多排行星齿轮机构。多排行星齿轮机构一般由几个单排行星齿轮机构组成。在自动变速器中一般应用2～3个单排行星齿轮机构组成一个多排行星齿轮机构，单排行星齿轮机构是多排行星齿轮机构的基础，下面先介绍单排行星齿轮机构及其传动原理。

图3.15所示为一个单排行星齿轮机构的基本结构。从图中可以看出，一个单排行星齿轮机构由太阳轮1、行星齿轮和行星架2及内齿圈3组成。太阳轮位于机构的中心，行星齿轮与之外啮合，同时，行星齿轮又与齿圈内啮合。通常行星齿轮有3～6个，通过滚针轴承安装在行星齿轮轴上，行星齿轮轴对称、均匀地安装在行星架上。

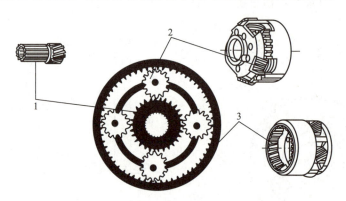

图3.15 单排行星齿轮机构的基本结构

1—太阳轮；2—行星齿轮和行星架；3—内齿圈

行星齿轮机构工作时，行星齿轮除了绕自身轴线自转外，同时还绕着太阳轮公转。行星齿轮绕太阳轮公转时，行星架也绕太阳轮旋转。由于太阳轮与行星齿轮外啮合，所以两者的旋转方向是相反的；而行星齿轮与齿圈内啮合，这两者的旋转方向是相同的。

单排行星机构是个二自由度的机构，其传动比只与齿圈齿数 Z_q、太阳轮齿数 Z_t 有关，而与行星齿轮齿数 Z_x 无关。行星齿轮机构的转速特性方程为

$$N_t + KN_q = (1+K)N_j \tag{3-7}$$

式中，N_t 为太阳轮转速；N_j 为行星架转速；N_q 为齿圈的转速；K 为行星齿轮机构参数，$K = Z_q/Z_t$。

由于一个方程有3个变量，如果将太阳轮、齿圈和行星架中某个元件作为主动(输入)部分，让另一个元件作为从动(输出)部分，则由于第三个元件不受任何约束和限制，所以从动部分的运动是不确定的。

因此，为了得到确定的运动必须对太阳轮、齿圈和行星架三者中的某个元件的运动进行约束和限制。例如，若一个元件固定，另一个驱动，则第三个元件就可变速转动输出动力。

为了便于计算行星齿轮机构的传动比，假设行星架有齿数 Z_j，则根据转速特性方程，

太阳轮、齿圈和行星架三者的齿数关系为

$$Z_j = Z_t + Z_q = Z_t + KZ_t \qquad (3-8)$$

可见，$Z_j > Z_q > Z_t$。

因此，将行星齿轮机构简化为图 3.16 所示的传动关系，以计算传动比。计算传动比时，元件固定者去掉其圆，剩下的按定轴轮系计算传动比。内啮合传动比为正（前进挡），外啮合传动比为负（倒挡）。

通过将不同的元件进行约束和限制，就可以得到不同的传动方式，见表 3-1。可见，单排行星机构有 4 个前进挡，但不能满足汽车变速器各挡的速比要求。因此，自动变速器常用两排或更多排的行星齿轮机构组成变速机构。

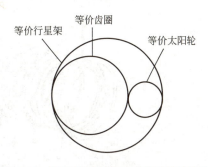

图 3.16 行星齿轮机构三元件间的传动关系

表 3-1 行星齿轮机构的传动方式

传动方式	主动件	从动件	锁定件	传动比	备注
1	太阳轮	行星架	齿圈	$1+K$	减速增矩
2	齿圈	行星架	太阳轮	$(1+K)/K$	
3	太阳轮	齿圈	行星架	$-K$	
4	行星架	齿圈	太阳轮	$K/(1+K)$	增速减矩
5	行星架	太阳轮	齿圈	$1/(1+K)$	
6	齿圈	太阳轮	行星架	$-1/K$	
7	任两个连成一体			1	直接传动
8	既无任一元件制动，又无任两元件连成一体			三元件自由转动	不传递动力

2. 换挡执行机构

将行星齿轮机构改组换挡的执行机构有离合器、制动器和单向离合器 3 种。

1) 离合器

离合器是换挡执行机构中进行连接的主要组件。离合器连接输入轴与行星齿轮机构，把液力变矩器输出的动力传递给行星齿轮机构或把行星排的某两个组件连接在一起，使之成为一个整体。

（1）结构。自动变速器中换挡离合器为多片湿式离合器。它由离合器鼓、花键毂、主动摩擦片、从动钢片和回位弹簧等构成，如图 3.17 所示。

离合器鼓是一个液压缸，鼓内有内花键齿圈，内圆轴颈上有进油孔与控制油路相通。离合器活塞为环状，内、外圆上有密封圈，安装在离合器鼓内。从动钢片和主动摩擦片交错排列，两者统称为离合器片，均用钢料制成，但摩擦片的两面烧结有硼基粉末冶金摩擦材料。

为保证离合器接合柔和及散热，离合器片浸在自动变速器油中工作，因而称为湿式离合器。钢片带有外花键齿，与离合器鼓的内花键齿圈连接，并可轴向移动，摩擦片则以内花键齿与花键毂的外花键槽配合，也可做轴向移动。

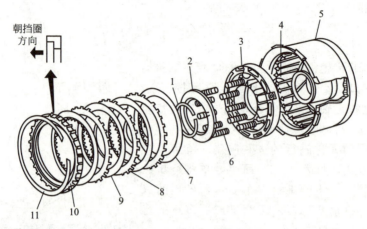

图 3.17 离合器的结构分解

1、11—卡环；2—弹簧座；3—活塞；4—O形圈；5—离合器鼓；6—回位弹簧；7—碟形弹簧；8—从动钢片；9—主动摩擦片；10—压盘

花键毂和离合器鼓分别以一定的方式与变速器输入轴或行星齿轮机构的元件相连接。碟形弹簧的作用是使离合器接合柔和，防止换挡冲击。可以通过调整卡环或压盘的厚度调整离合器的间隙。

（2）工作原理。离合器的工作原理如图3.18所示。

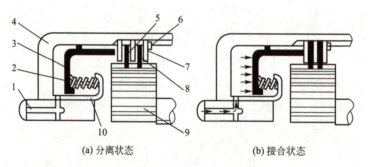

(a) 分离状态　　(b) 接合状态

图 3.18 离合器的工作原理

1—控制油道；2—回位弹簧；3—活塞；4—离合器鼓；5—主动片；
6—卡环；7—压盘；8—从动片；9—花键毂；10—弹簧座

当一定压力的自动变速器油经控制油道进入活塞左面的液压缸时，液压作用力便克服弹簧力使活塞右移，将所有离合器片压紧，即离合器接合，与离合器主、从动部分相连的元件也被连接在一起，以相同的速度旋转。

当控制阀将作用在离合器液压缸的油压撤除后，离合器活塞在回位弹簧的作用下回复原位，并将缸内的自动变速器油从进油孔排出，使离合器分离，离合器主、从动部分可以不同的转速旋转。

2）制动器

自动变速器中的制动器用于固定行星排中的元件。通过制动器的接合，把行星排中的某个元件和变速器壳体连接起来，使之不能转动。自动变速器中的制动器有两种：一种是片式制动器；另一种是带式制动器。

片式制动器与多片湿式离合器的结构和原理相同,不同之处是离合器是起连接作用而传递动力,而片式制动器是通过连接而起制动作用。带式制动器又称制动带,下面介绍其结构和原理。

(1) 结构。带式制动器由制动带和控制油缸组成,如图 3.19 所示。制动带是内表面带有镀层的开口式环形钢带。制动带的一端支承在与变速器壳体固连的支座上,另一端与控制油缸的活塞杆相连。

(2) 工作原理。制动器的工作原理如图 3.20 所示,制动带开口处的一端通过支柱支承于固定在变速器壳体的调整螺钉上,另一端支承于油缸活塞杆端部,活塞在回位弹簧和左腔油压作用下位于右极限位置,此时,制动带和制动鼓之间存在一定间隙。

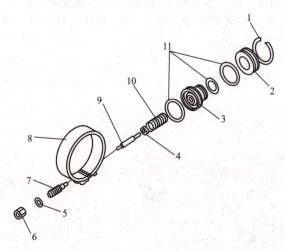

图 3.19 带式制动器的结构

1—卡环;2—活塞定位架;3—活塞;4—止推垫圈;
5—垫圈;6—锁紧螺母;7—调整螺钉;8—制动带;
9—活塞杆;10—回位弹簧;11—O 形圈

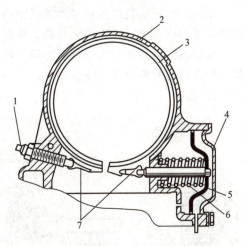

图 3.20 带式制动器的结构

1—调整螺钉;2—壳体;3—制动带;
4—油缸;5—活塞;6—回位弹簧;7—推杆

制动时,压力油进入活塞右腔,克服左腔油压和回位弹簧的作用力推动活塞左移,制动带以固定支座为支点收紧。在制动力矩的作用下,制动鼓停止旋转,行星齿轮机构某元件被锁止。随着油压撤除,活塞逐渐回位,制动解除。

3) 单向离合器

单向离合器又称自由轮离合器,在液力变矩器和行星排中均有应用。

在行星排中,它用来锁止某个元件的某种转向。它同时还具有固定作用,当与之相连元件的受力方向与锁止方向相同时,该元件立即被固定;当受力方向与锁止方向相反时,该元件即被释放。

单向离合器的锁止和释放完全由与之相连元件的受力方向来控制。常见的单向离合器有滚柱式(图 3.21)和楔块式(图 3.13)两种。

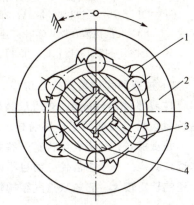

图 3.21 滚柱式单向离合器

1—叠片弹簧;2—外座圈;
3—滚柱;4—内座圈

3. 复合式行星齿轮机构的结构和工作原理

由于单排行星齿轮机构不能满足汽车行驶中变速变矩的需要。为了增加传动比的数目，可以通过增加行星齿轮机构来实现。在自动变速器中，两排或多排行星齿轮机构组合在一起，用以满足汽车行驶需要的多种传动比。

复合式行星齿轮机构有辛普森式行星齿轮机构、拉威那式行星齿轮机构和在辛普森式行星齿轮机构的基础上再加上一套单排行星齿轮机构3种。

1) 辛普森式行星齿轮机构

辛普森(Simpson)式行星齿轮机构是由公用一个太阳轮的两组行星齿轮、两个齿圈和两个行星架组成的，其两组单排行星齿轮机构分别称为前行星齿轮机构和后行星齿轮机构。

辛普森式行星齿轮机构可以提供空挡、第一降速挡、第二降速挡、直接挡和倒挡。辛普森变速器驱动太阳轮需要大轮毂，体积较大。

改进后的四挡辛普森式行星齿轮机构(图3.22)对行星双排齿轮机构进行了改进，并增加了换挡执行元件，使变速机构增加了一个超速挡，形成了包括超速挡在内的4挡行星齿轮变速器。

【参考图文】

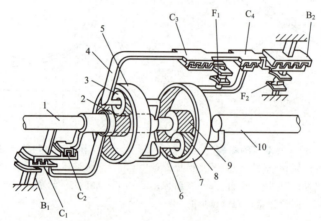

图 3.22 辛普森式行星齿轮结构

1—输入轴；2—前太阳轮；3—前行星齿轮；4—前行星架；5—前齿圈；
6—后行星架；7—后齿圈；8—后行星齿轮；9—后太阳轮；10—输出轴；
C_1—倒挡离合器；C_2—高速挡离合器；C_3—前进离合器；C_4—前进强制离合器；
B_1—2挡、4挡制动器；B_2—低挡、倒挡制动器；F_1—前进单向离合器；F_2—低挡单向离合器

2) 拉威那式行星齿轮结构

拉威那(Ravigneaux)式行星齿轮机构由一小一大两个太阳轮、3个长行星齿轮和3个短行星齿轮组成的两组行星齿轮，一个共用行星架和一个共用齿圈组成，如图3.23所示。

拉威那式行星齿轮结构有一些胜过辛普森式行星齿轮结构的优点，主要是结构紧凑，比辛普森机构少一个内齿轮，而且不需要太阳轮轮毂，此外，由于相互啮合的齿数较多，因此传递的转矩较大。它的缺点是结构较复杂，行星齿轮数目多，工作原理理解起来较为困难。

4. 四挡辛普森行星齿轮变速器

图3.24所示为四挡辛普森行星齿轮变速器的结构，其元件位置如图3.25所示。

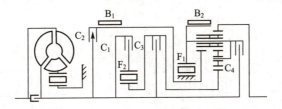

(a) 示意图

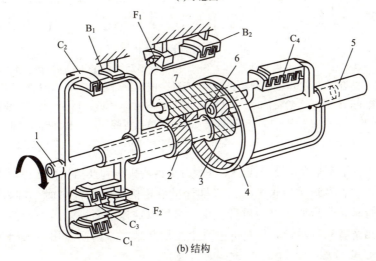

(b) 结构

图 3.23 拉威那式行星齿轮结构

1—输入轴；2—大太阳轮；3—小太阳轮；4—齿圈；5—输出轴；
6—短行星齿轮；7—长行星齿轮；C_1—前进离合器；C_2—倒挡离合器；
C_3—前进强制离合器；C_4—高速挡离合器；B_1—2挡、4挡制动器；
B_2—低挡、倒挡制动器；F_1—低挡单向离合器；
F_2—前进单向离合器

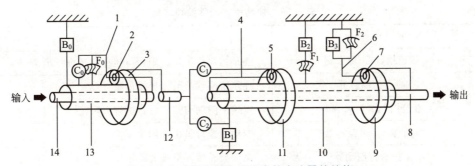

图 3.24 四挡辛普森行星齿轮变速器的结构

1—超速(OD)行星排行星架；2—超速(OD)行星排行星轮；3—超速(OD)行星排齿圈；
4—前行星排行星架；5—前行星排行星齿轮；6—后行星排行星架；7—后行星排行星齿轮；
8—输出轴；9—后行星排齿圈；10—前后行星排太阳轮；11—前行星排齿圈；
12—中间轴；13—超速(OD)行星排太阳轮；14—输入轴；C_0—超速(OD)
挡离合器；C_1—前进挡离合器；C_2—直接挡、倒挡离合器；B_0—超速
(OD)挡制动器；B_1—2挡滑行制动器；B_2—2挡制动器；B_3—低、
倒挡制动器；F_0—超速(OD)挡单向离合器；F_1—2挡(1号)
单向离合器；F_2—低挡(2号)单向离合器

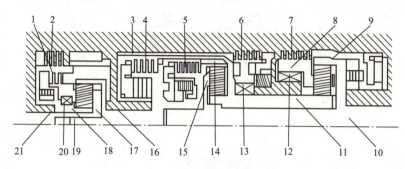

图 3.25 换挡执行机构

1—超速挡离合器 C_0；2—超速挡制动器 B_0；3—2挡滑行制动器 B_1；4—直接挡、倒挡离合器 C_2；5—前进挡离合器 C_1；6—2挡制动器 B_2；7—低、倒挡制动器 B_3；8—后行星架；9—后齿圈；10—输出轴；11—太阳轮；12—低挡（二号）单向离合器 F_2；13—2挡（一号）单向离合器 F_1；14—前齿圈；15—前行星架；16—超速挡齿圈；17—超速挡行星架；18—超速挡太阳轮；19—输入轴；20—超速挡单向离合器 F_0；21—超速挡

四挡辛普森行星齿轮变速器由四挡辛普森行星齿轮机构和换挡执行元件两大部分组成。

其中，四挡辛普森行星齿轮机构由三排行星齿轮机构组成，前面一排为超速行星排，中间一排为前行星排，后面一排为后行星排。之所以这样命名，是因为四挡辛普森行星齿轮机构是在三挡辛普森行星齿轮机构的基础上发展起来的，因而沿用了三挡辛普森行星齿轮机构的命名方式。

输入轴与超速行星排的行星架相连，超速行星排的齿圈与中间轴相连，中间轴通过前进挡离合器或直接挡、倒挡离合器与前、后行星排相连。前、后行星排的结构特点是共用一个太阳轮，前行星排的行星架与后行星排的齿圈相连，并与输出轴相连。

换挡执行机构包括3个离合器、4个制动器和3个单向离合器共10个元件，具体功用见表3-2。

表 3-2 换挡执行元件的功能

换挡执行元件	换挡执行元件	功能
C_0	超速挡（OD）离合器	连接超速行星排太阳轮与超速行星排行星架
C_1	前进挡离合器	连接中间轴与前行星排齿圈
C_2	直接挡、倒挡离合器	连接中间轴与前、后行星排太阳轮
B_0	超速挡（OD）制动器	制动超速行星排太阳轮
B_1	2挡滑行制动器	制动前、后行星排太阳轮
B_2	2挡制动器	制动 F_1 外座圈，当 F_1 也起作用时，可以防止前、后行星排太阳轮逆时针转动
B_3	低、倒挡制动器	制动后行星排行星架
F_0	超速挡（OD）单向离合器	连接超速行星排太阳轮与超速行星排行星架
F_1	2挡（一号）单向离合器	当 B_2 工作时，防止前、后行星排太阳轮逆时针转动
F_2	低挡（二号）单向离合器	防止后行星排行星架逆时针转动

变速器在各挡位时，换挡执行元件的动作情况见表3-3。

表3-3　各挡位时换挡执行元件的动作

变速杆位置	挡位	换挡执行元件										发动机制动
		C_0	C_1	C_2	B_0	B_1	B_2	B_3	F_0	F_1	F_2	
P	驻车挡	○										
R	倒挡	○		○				○	○			
N	空挡	○										
D	1挡	○	○						○		○	
	2挡	○	○				○		○	○		
	3挡	○	○	○			○		○			
	4挡(OD挡)		○	○	○		○					
2	1挡	○	○						○		○	
	2挡	○	○			○	○		○	○		○
	3挡											
L	1挡	○	○					○	○			○
	2挡	○	○			○	○		○			○

注：○表示执行元件起作用。

5. 五挡辛普森行星齿轮变速器

图3.26所示为五挡辛普森行星齿轮变速器。下面介绍其结构特点和工作原理。

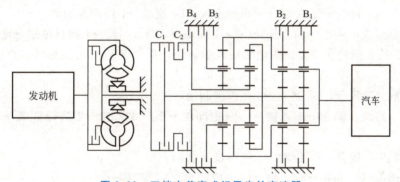

图3.26　五挡辛普森式行星齿轮变速器

1) 结构特点

五挡辛普森式行星齿轮变速器由4排行星齿轮、3根轴、2个离合器和4个制动器构成5挡变速机构。

(1) 1、2挡太阳轮和3挡齿圈与中间轴作成一体。

(2) 3、4挡太阳轮为一体并空套在中间轴上。

(3) 3挡行星齿轮架与1、2挡行星齿轮架和4挡齿圈为一体。

(4) 2挡行星齿轮架和1挡行星齿轮架接输出轴。

2) 执行元件

(1) C_1——前进挡离合器：连接输入轴和中间轴。

(2) C_2——直接挡(5挡)离合器：连接输入轴和3、4挡太阳轮。

(3) B_1——1挡制动器：制动第1(挡)排齿圈。

(4) B_2——2挡制动器：制动第2(挡)排齿圈。

(5) B_3——3挡制动器：制动第4(挡)排行星齿轮架。

(6) B_4——4挡制动器：制动第3、4(挡)排太阳轮。

3) 挡位分析

五挡辛普森式行星齿轮变速器执行元件工作情况见表3-4。

表3-4 五挡辛普森式行星齿轮变速器执行元件工作情况

挡位	执行元件						传动比 i
	C_1	C_2	B_1	B_2	B_3	B_4	
N				○			
1	○		○				5.183
2	○			○			3.190
3	○				○		2.067
4	○					○	1.400
5	○	○					1.000
R		○		○			-4.476

注：○表示执行元件起作用。

(1) 空挡：B_2制动→2挡齿圈制动。

(2) 1挡：C_1接合→输入轴与中间轴连接。B_1制动→1挡齿圈制动。

动力传递路线：涡轮→输入轴→C_1→中间轴→1挡太阳轮→1挡行星架→输出轴。

此外，2挡太阳轮和3挡齿圈也随输入轴转动，但因其他两元件都可以自由转动，故不传递动力。

(3) 2挡：C_1接合，B_2制动→2挡齿圈制动。

动力传递路线：涡轮→输入轴→C_1→中间轴→2挡太阳轮→2挡行星架→1挡行星架→输出轴。

(4) 3挡：C_1接合，B_3制动→4挡行星架制动。

动力传递路线：涡轮→输入轴→C_1→中间轴→3挡齿圈→

$\begin{cases} 3挡行星架 \\ 3挡太阳轮→4挡太阳轮→4挡齿圈 \end{cases}$→1挡行星架→输出轴。

(5) 4挡：C_1接合，B_4制动→3、4挡太阳轮制动。

动力传递路线：涡轮→输入轴→C_1→中间轴→3挡齿圈→3挡行星架→1挡行星架→输出轴。

(6) 5挡(直接挡)：C_1接合，C_2接合→3、4挡太阳轮与输入轴连接。3、4挡行星排抱成一体转动，传动比为1。

(7) 倒挡：C_2接合，B_2制动。

动力传递路线：涡轮→输入轴→C_2→3、4挡太阳轮→2、3挡行星架→1挡行星架→输出轴。

3.2.3 液压控制系统

无论在全液压式自动变速器还是在电控式自动变速器中，液压控制系统均占有相当重要的地位。

液压控制系统主要由以下几部分组成。

(1) 动力源——油泵，其作用是向执行机构、控制机构提供液压油；向液力变矩器提供工作油液；向行星齿轮变速机构提供润滑油。

(2) 执行机构——油缸，包括换挡离合器油缸和制动器油缸。

(3) 液压控制机构——若干控制阀和阀体。

(4) 辅助装置——油箱、滤清器、冷却器等。

在液压控制系统中，油泵在发动机的驱动下将压力油输送到控制阀体，阀体内的控制阀起油路"开关"的作用。根据汽车的工况，系统可开通或切断某些执行机构油缸的油路，从而使离合器接合或分离，制动器制动或释放，达到换挡变速的目的。

1. 油泵

液压系统的动力源主要是油泵。在自动变速器的液压控制系统中使用的油泵大致有3种类型：齿轮泵、转子泵和叶片泵。

1) 齿轮泵的结构和原理

在自动变速器中，所用的齿轮泵一般是内啮合齿轮泵，如图3.27所示。内啮合齿轮泵主要由泵体、从动轮（齿圈）、主动轮组成。由于从动轮是一个齿圈且较大，而主动轮是一个较小的外齿轮，所以在主、从动齿轮之间的空隙用一个月牙形隔板把这个容腔分为两部分，其中一腔是进油腔（或称吸油腔），另一腔是压油腔（或称排油腔）。

2) 转子泵的结构和原理

转子泵主要由一对内啮合的转子组成。内转子为外齿轮，是主动件；外转子为内齿轮，是从动件。内转子一般比外转子少一个齿。内、外转子之间偏心安装。内转子的齿廓和外转子的齿廓由一对共轭曲线组成，因此内转子上的齿廓和外转子上的齿廓相啮合，就形成了若干密封腔，如图3.28所示。

【参考图文】

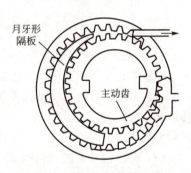

图3.27 内啮合齿轮泵的结构

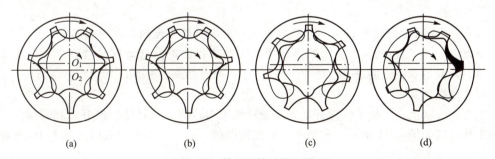

(a)   (b)   (c)   (d)

图3.28 转子泵的结构和原理

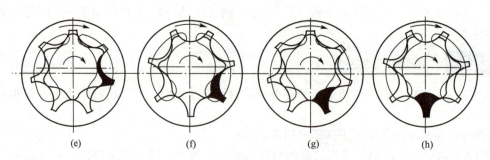

图 3.28　转子泵的结构和原理(续)

3) 叶片泵的结构和原理

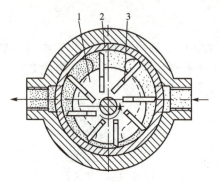

图 3.29　叶片泵的结构

1—转子；2—定子；3—叶片

叶片泵由转子、定子和叶片及端盖等组成，如图 3.29 所示。

定子具有圆柱形内表面，定子和转子之间有偏心距 e。叶片装在转子槽中，并可在槽中滑动。当转子回转时，由于离心力的作用，使叶片紧贴在定子内壁上，在定子、转子、叶片和端盖间就形成了若干个密封空间。

2. 液压控制机构

对于全液式和电控式自动变速器来说，液压控制系统不同的主要是液压控制机构部分，下面分别进行介绍。

1) 全液式自动变速器的液压控制系统

全液式自动变速器的液压控制系统如图 3.30 所示，其液压控制机构可分为以下几部分。

(1) 主油路系统。主油路系统包括油泵和主油路调压阀。主油路调压阀可根据发动机转速和负荷来调节主油路系统的油压，使系统在各种工况下都保持最佳油压 P_H，以满足载荷和驾驶条件两个因素对变速器的要求。

(2) 换挡信号系统。换挡信号系统包括节气门阀和调速阀。节气门阀将节气门的开度转换成与其成一定比例关系的油压信号(开度大、油压高)，供液压系统使用。调速阀将车速转换成与其成一定比例关系的油压信号，并传送给换挡阀，以便控制变速器的升挡和降挡。

(3) 换挡阀系统。换挡阀系统包括换挡阀、手控制阀、强制低挡阀，其中手控制阀由换挡手柄操纵。

(4) 缓冲安全系统。缓冲安全系统包括缓冲阀、低挡限流阀、单向阀等。

下面以 1-2 挡换挡阀为例简单介绍换挡阀的工作原理。自动变速器都有一个或多个换挡阀，其数量取决于前进挡位(2 挡的，只有 1 个换挡阀；3 挡的，有 2 个换挡阀；4 挡的，有 3 个换挡阀)。

换挡阀的功能是根据节气门开度和车速这两个参数的变化自动控制升挡和降挡。换挡阀的工作原理如图 3.31 所示。它是一个液控换向阀，一端为节气门阀输出压力 P_Z 和弹簧力 F，另一端为调速阀输出压力 P_V。

电子控制自动变速器 第3章

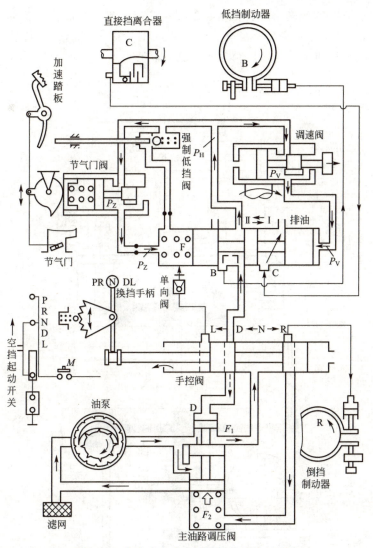

图 3.30 全液式自动变速器的液压控制系统

当 $P_Z+F>P_V$ 时，滑阀右移［图 3.31(a)］，离合器 C 油缸的排油口打开，油缸排油，离合器 C 分离。同时主油路与制动器 B 油缸的进油口连通，油缸充油，制动器 B 起制动作用，此时变速器为 1 挡。

当 $P_Z+F<P_V$ 时，滑阀左移［图 3.31(b)］，制动器 B 油缸的排油口打开，油缸排油，制动器 B 不起作用。同时主油路与离合器 C 油缸的进油口连通，油缸充油，离合器 C 接合，变速器换入 2 挡。

2）电控自动变速器的液压控制系统

电控自动变速器是在液压控制系统的

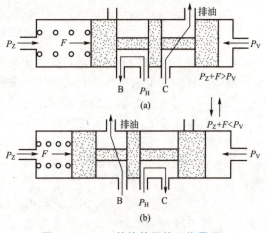

图 3.31 1－2 挡换挡阀的工作原理

基础上增加了电子控制系统，能够更精确地控制换挡时机和提高换挡品质。因而其液压控制系统(图3.32)与全液式自动变速器的主要区别是用节气门位置传感器和车速传感器取代了节气门阀和调速阀，换挡阀为电磁换挡阀。

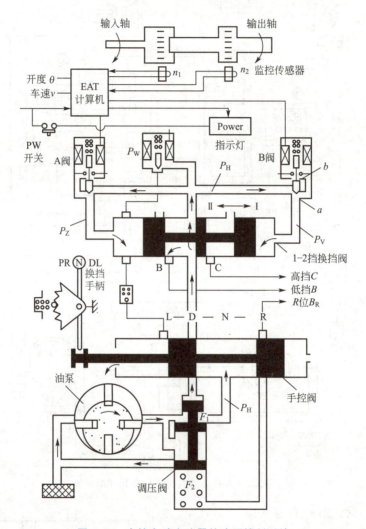

图 3.32　电控自动变速器的液压控制系统

电子控制单元(ECU)根据两传感器输出的电信号确定节气门开度和车速，并控制电磁阀的开闭，从而调节换挡阀两端的油压来实现换挡。

电控式自动变速器与液控式自动变速器相比较，其区别如图3.33所示。

(1) 主油路系统：主油路压力调节阀相同。

(2) 换挡信号系统：节气门阀和调速阀为电子式。

(3) 换挡阀系统：换挡阀为电液结合式；手控制阀相同或为电子式；强制低挡阀为电磁式。

(4) 缓冲安全系统：缓冲阀、低挡限流阀、单向阀相同。

(5) 滤清冷却系统：冷却器、滤清器相同。

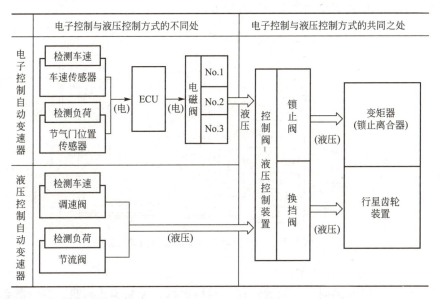

图 3.33 电控式自动变速器与液控式自动变速器的比较

3.2.4 电子控制系统

1. 电子控制系统的结构组成

1) 电子控制系统的结构

电控自动变速器在液压控制系统的基础上增加了电子控制系统。图 3.34 为发动机前置前驱动汽车的电控自动变速器结构。

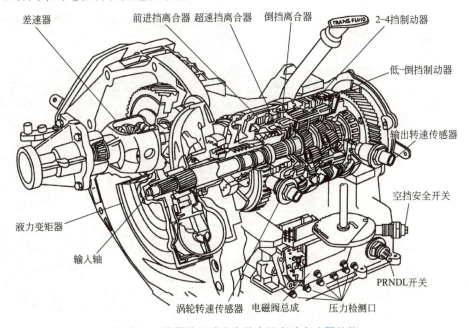

图 3.34 前置前驱动汽车的电控自动变速器结构

图 3.35 所示为电控自动变速器的控制原理。

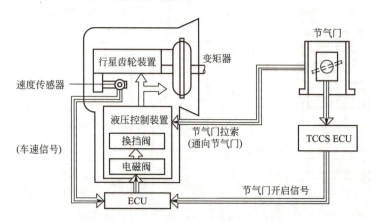

图 3.35　电控自动变速器的控制原理

2) 电控系统的基本工作原理

电控变速器的 ECU 具有如下功能：控制换挡时机、控制锁止时机、自诊断和失效保护等。

（1）**换挡时机控制**。电控变速器的 ECU 将换挡操纵手柄在各个位置（D 位、2 位或 L 位）及每个行驶模式（常规或动力）下的最佳换挡模式编程存入存储器中。

ECU 根据适当的换挡模式及来自车速传感器的车速信号和来自节气门位置传感器的节气门开度信号打开或关闭换挡电磁阀，如图 3.36 所示。这样，ECU 通过操纵各电磁阀可以打开或关闭通往离合器及制动器的液压通道，使变速器得以换高挡或换低挡。

（2）**锁止离合器的控制**。ECU 将各种行驶模式（常规或动力）下锁止离合器的工作方式编程存入存储器中。根据该锁止方式，ECU 按照车速信号及节气门开度信号打开或关闭锁止电磁阀。根据锁止电磁阀是打开或关闭，锁止控制阀改变作用于变矩器的液压通道，以接合或分离锁止离合器。

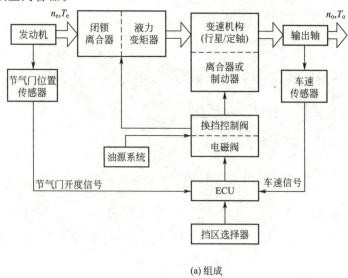

(a) 组成

图 3.36　电控自动变速器的组成与原理

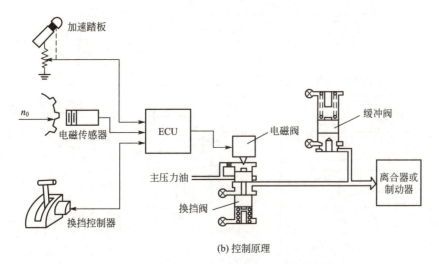

(b) 控制原理

图 3.36　电控自动变速器的组成与原理(续)

(3) **巡航控制计算机信号**。如果实际车速降至设定的巡航控制速度以下(约为10km/h)，则巡航控制 ECU 传送一个信号至自动变速器 ECU，命令锁止离合器分离，同时不能换入超速挡。

3）电控系统的部件

电控自动变速器的电子控制系统由传感器、电子控制单元(ECU)及执行器组成，如图 3.37所示，其控制电路如图 3.38 所示。

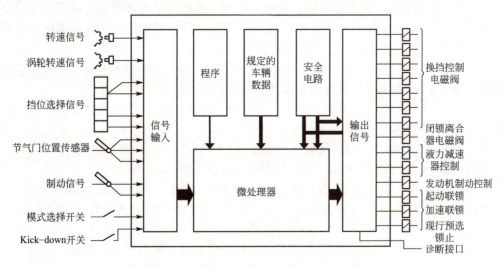

图 3.37　电控自动变速器的电控系统

自动变速器输入端的信号通常有以下几种。

(1) **车速信号(转速信号)**。该信号由变速器输出轴上的转速传感器产生，多用电磁型转速传感器，用来检测输出轴的转速。

计算机根据车速传感器的信号计算出车速，并根据车速信号控制换挡。如果该传感器发生故障，则变速系统将保持在发生故障之前的挡位。

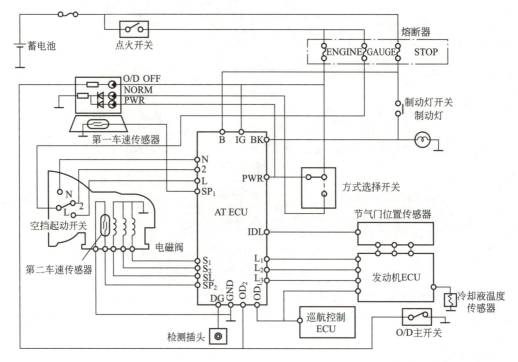

图 3.38　自动变速器的电子控制电路

（2）**涡轮转速信号**。该信号反映液力变矩器涡轮转速的大小，也由电磁型转速传感器产生。

（3）**挡位选择信号**。该信号由选挡控制器产生，通过传感器将驾驶人选择的变速杆位置以电信号的形式传给 ECU，在发动机起动时只能选择在空挡位置。由前进挡转换到倒挡，或由倒挡转换到前进挡时，首先必须经过空挡位置。

此外，若发动机转速高于怠速转速（如 900r/min），或是加速踏板被踩下，或是发动机点火开关处于 OFF 位置时，变速器不能从空挡位置换入其他挡位。

在 ECU 中具有这种选择挡位的联锁，因而加速踏板必须处于怠速位置且发动机转速低于设定的怠速转速时，才能选择挡位。

（4）**节气门位置信号**。有时也称为加速踏板位置信号，由节气门位置传感器产生，反映发动机供油节气门开度的大小，该信号影响换挡点的位置。

节气门位置传感器安装在节气门体上，随着节气门开度的变化和节气门轴的转动，带动该传感器内的电刷滑动或导向凸轮转动，将节气门打开的角度信号转换成电信号送到 ECU。

节气门开度传感器一方面用来检测节气门打开的角度，作为发动机负荷大小的参考信号；另一方面反映节气门开度的变化速度，以便反映驾驶人的操作意图。

（5）**制动信号**。由制动踏板产生，当有该信号输入时，不能进行升挡操作。

（6）**行驶模式选择开关信号**。行驶模式选择开关一般位于变速器操纵手柄上或其附近，如图 3.39 所示，由驾驶人操作，是驾驶人用来选择所需行驶模式的开关。

所谓行驶模式，就是自动变速器 ECU 内存储的换挡控制程序。按照存储的换挡控制程序所追求的目标不同，电控自动变速器有多种行驶模式可供驾驶人选择。

如果换挡控制程序是以追求最佳动力性为目标编制的，则称其为**最佳动力性行驶模**

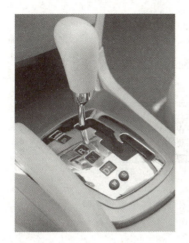 

图 3.39 行驶模式选择开关(图中的 W、S、E 按钮)

式,也称最佳动力性换挡控制程序,用 POWER 表示(略作 P)。

如果换挡控制程序是以追求最佳经济性为目标编制的,则称其为**最佳经济性行驶模式,也称最佳经济性换挡控制程序,用 ECONOMY 表示(略作 E)**。

如果换挡控制程序是以追求动力性和经济性的平衡(即兼顾动力性和经济性)为目标编制的,则称其为**常规行驶模式,也称常规换挡控制程序,用 NORMAL 表示**。

如果换挡控制程序是以追求最佳驾驶动感为目标编制的,则称其为**运动型行驶模式,也称运动型换挡控制程序,用 SPORT 表示**。

如果换挡控制程序是以追求在冰雪路面上行驶稳定性为目标编制的,则称其为**冰雪路面行驶模式,也称冰雪路面换挡控制程序,用 SNOW 或 WINTER 表示**,如图 3.40 所示。

驾驶人只需通过行驶模式选择开关调用不同的行驶模式,电控自动变速器就能有不同的换挡规律和驾驶特性,实现一机多能,这在传统的液压控制自动变速上是难以实现的。

(7) **Kick-down(强制降挡开关)**信号。它也称为超车开关信号,强制降挡开关用来检测加速踏板打开的程度。当加速踏板超过节气门全开位置时,强制降挡开关接通,并向 ECU 输送信号,这时 ECU 按其内存设置的程序控制换挡,并使变速器降一个挡位,以提高汽车的加速性能。

图 3.40 行驶模式选择开关
(SPORT 和 SNOW)

该开关安装在加速踏板的下方(图 3.41),当加速踏板踩到底时被触发,ECU 发送信号,变速器首先自动降挡后,再沿最大的发动机动力特性曲线进行升挡,从而产生尽可能大的功率进行加速。因此,超车时猛踩加速踏板到底,压下该开关后即可达到加速超车的目的。

(8) **发动机冷却液温度信号**。用发动机冷却液温度传感器检测发动机的冷却液温度。当冷却液低于预定温度时,如果变速器换入超速挡,发动机性能及车辆乘坐舒适性会受到影响。为了防止这种情况发生,在冷却液达到预定温度以前,信号便输入 ECU,以防止

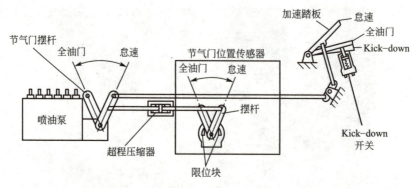

图 3.41　油门踏板和节气门位置传感器

换入超速挡。

（9）空挡起动开关(也称挡位传感器)。空挡起动开关用来判断换挡操纵手柄所处的位置，防止发动机在变速器处于前进挡或倒挡时起动，保证汽车安全起步。

另外，ECU 从位于空挡起动开关中的挡位传感器获得变速器所在挡位的信息，然后确定适当的换挡方式。

（10）超速挡(O/D)主开关。超速挡主开关一般位于变速器操纵手柄上，如图 3.42 所示，由驾驶人操作。

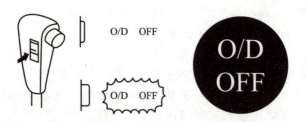

图 3.42　超速挡(O/D)主开关和 O/D OFF 指示灯

当该开关处于接通(ON)状态时，如果各种条件满足时，ECU 允许变速器换入超速挡。当该开关处于断开(OFF)状态时，则 ECU 不允许变速器换入超速挡。同时，仪表板上的 O/D OFF 指示灯点亮，以提示驾驶人。

（11）制动灯开关。制动灯开关用以判断制动踏板是否被踩下。当制动踏板被踩下时，制动灯开关输送信号给 ECU，ECU 便取消锁止离合器的锁止，确保车辆无冲击地平稳减速。

4）电磁阀

自动变速器电控系统的执行器主要是各种电磁阀。以下对常用的两种电磁阀进行介绍。

（1）换挡电磁阀。换挡电磁阀(简称电磁阀)是将电子控制信号转换为液压控制信号的元件，安装在控制变速的液压系统集成阀块上，实际上是一种电控液压换向阀。它接收换挡电子控制单元发来的电控指令信号，通过其电磁铁的"开"（通电）与"关"（断电），驱动液压换向阀，实现液压油路的"通"与"断"，从而控制自动变速器中换挡离合器或制动器的接合或分离，完成升挡或降挡操作。

常用的汽车换挡控制电磁阀有两种类型。

① 二位二通电磁阀。二位二通电磁阀的结构如图3.43所示，工作原理如图3.44所示。

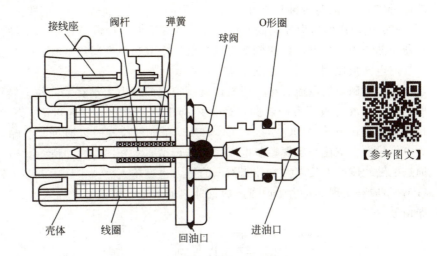

图 3.43　二位二通电磁阀结构

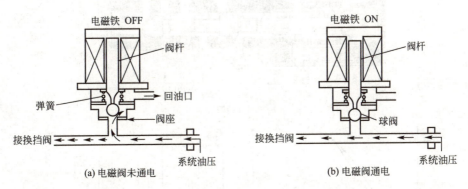

图 3.44　二位二通电磁阀工作原理

在电磁铁未通电时，如图3.44(a)所示，其阀芯在弹簧力的作用下，将进油口（压力油口）打开，系统油压不能输入到换挡阀；当向电磁铁通电后，如图3.44(b)所示，弹簧在电磁力的作用下压缩，将进油口关闭，系统油压输入到换挡阀实现换挡操作。一般进油口的油压为主压力油压，因而需要和节流孔一起使用，以保证主压力油压不会降低。

② 二位三通电磁阀。二位三通电磁阀的结构如图3.45所示，其工作原理类似于二位二通电磁阀。

当未向电磁阀通电时，其阀芯在弹簧力的作用下，将压力油口堵住，使控制油口与回油口连通；当向电磁阀通电后，在电磁力的作用下压缩弹簧，将控制油口与回油路切断，与进油口的通路打开，实现换挡操作。

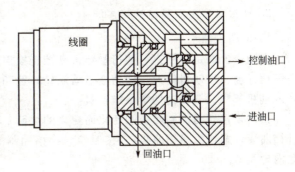

图 3.45　二位三通电磁阀

这类换挡用电磁阀响应时间要求较低，一般为 50～70ms；供电电压主要有 DC 12V 和 DC 24V 两种，所需驱动功率一般只有 1～3W，最高控制压力一般不超过 3MPa，控制的流量较小（一般每分钟只有几升）。

（2）电液比例压力控制阀。图 3.46(a) 所示为一种电液比例压力控制阀，用于换挡离合器充油压力的控制，由比例电磁铁控制一个双边节流阀组成。其输出的控制压力与输入的控制电流成比例关系，如图 3.46(b) 所示。

控制电磁铁的电流大小一般与该阀所控制的压力大小有关，作为换挡离合器压力控制所采用的电液比例压力控制阀，最大控制压力通常在 3MPa 以下，所需的控制电流小于 100mA，控制电压为 DC 24V 或 DC 12V。在进行控制时，通过改变输入到比例电磁铁开关电信号的占空比来实现控制电流大小的调节，如图 3.46(c) 所示。占空比越大，相应于通过电磁线圈的电流越大，控制输出的压力也就越大。占空比的调整方法是采用脉宽调制（PWM）原理实现的。为了改善响应性能，通常在控制信号中加入 100～200Hz 小幅值的颤振信号。

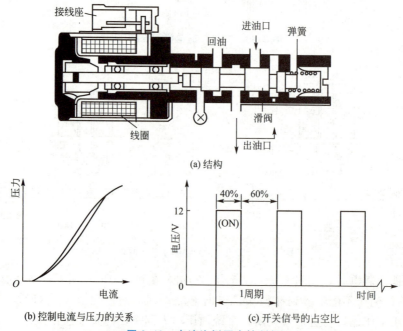

图 3.46　电液比例压力控制阀

2. 电控自动变速器的换挡方法

1) 换挡规律

自动变速器是根据汽车的行驶参数来控制换挡动作的。这些参数主要有车速、发动机节气门开度、发动机转速、液力变矩器涡轮转速和汽车加速度等，目前应用最多的是车速和发动机节气门开度这两个参数信号。

自动换挡点随控制参数的变化而变化的规律，称为换挡规律，如图 3.47 所示（实线为升挡曲线，虚线为降挡曲线）。按照参与换挡控制的参数划分，目前主要有单参数和双参数两种类型。

（1）**单参数换挡规律**。单参数换挡规律是通过一个控制参数进行换挡控制的。当控制

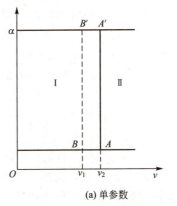 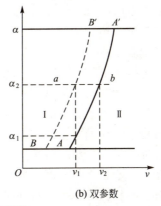

(a) 单参数　　　　　　　　　(b) 双参数

图 3.47　换挡规律

参数达到预定值时,电子控制单元自动发出换挡控制指令,接合合适的挡位。作为控制参数,可选择节气门开度、发动机转速或车速等。

这种单参数控制方法,系统结构最为简单,但动力性和经济性的要求难以兼顾。为保证良好的动力性能,升挡点多设计在发动机最高转速点。

(2) **双参数换挡规律**。双参数换挡规律是目前应用最多的形式。采用这种换挡控制,当两个控制参数(具有一定的比例关系)达到一定值时就自动发出换挡指令,接合合适的挡位。作为控制参数,最常用的是车速(v)和发动机节气门开度(α)。实际操作中,驾驶人可以通过控制节气门开度干预换挡,例如,快速松开加速踏板时可以提前换入高挡,而猛踩加速踏板时则可以强制换入低挡。

这种控制方法相对复杂,但可以选择最优的动力性或经济性进行换挡,或两者兼顾。

在图 3.47 所示的换挡规律中,自动变速的降挡点(图中的虚线)比升挡点(图中的实线)晚,称为换挡延迟(也称降挡速差),其主要作用如下。

(1) 保证换挡控制的相对稳定性。当自动换入新的挡位后,不会因为加速踏板振动或者是车速稍有升降而重新换入原来的挡位。

(2) 有利于减少循环换挡(一会儿降到低挡,一会儿又升入高挡),避免对汽车行驶性能的不利影响。

(3) 驾驶人可以干预换挡,即可以通过控制加速踏板而改变换挡点,进行提前升挡或提前降挡。

(4) 通过改变换挡延迟可以改变换挡点,以适应动力性、经济性等方面的不同需要。

按照换挡延迟的变化不同,换挡规律又可分为等延迟型、收敛型、发散型、组合型等几种,如图 3.48 所示,它们对动力性能和经济性能各有侧重。

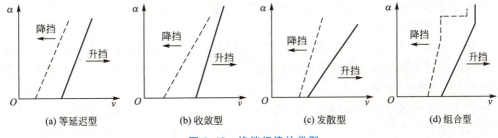

(a) 等延迟型　　　(b) 收敛型　　　(c) 发散型　　　(d) 组合型

图 3.48　换挡规律的类型

(1) 等延迟型换挡规律。等延迟型换挡规律如图 3.48(a)所示,换挡延迟与节气门开度信号无关,不管节气门开度信号的大小如何,换挡延迟都相等。在单参数换挡规律中常采用该方法,其优点是换挡次数最少,主要用于城市公共交通车辆。

(2) 收敛型换挡规律。收敛型换挡规律如图 3.48(b)所示,换挡延迟随着节气门开度信号的增加而减小。大节气门开度时换挡延迟小,因而有利于提前换入高挡,动力性好;小节气门开度时换挡延迟大,有利于减少换挡次数,可改善经济性。这种换挡规律用于经常在大节气门开度下工作的重型汽车上。

(3) 发散型换挡规律。发散型换挡规律如图 3.48(c)所示,换挡延迟随着节气门开度信号的增大而增大。小节气门开度时换挡延迟小,因而有利于提前换入高挡,燃油经济性好;大节气门开度时换挡延迟大,有利于减少换挡次数。这种换挡规律适用于行驶阻力变化不大、经常在小节气门开度下工作的轻型汽车。

(4) 组合型换挡规律。组合型换挡规律如图 3.48(d)所示,是由两种以上换挡规律组合而成的,它可以在不同的节气门开度下得到不同的换挡规律。一般是在小节气门开度时以减少油耗和污染、提高舒适性为主;大节气门开度时则以提高动力性能为主。汽车实际上采用的都是组合型换挡规律。

图 3.49 所示为某汽车 3 挡自动变速器所采用的组合型换挡规律曲线,实线为升挡点曲线,虚线为降挡点曲线。换挡控制器上共有两种选择,即"D"和"L"(选择"D"时,从 1 挡到 3 挡范围内自动换挡,选择"L"时在 1 挡与 2 挡之间自动换挡)。

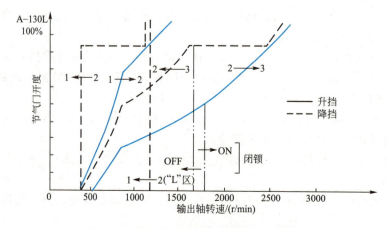

图 3.49 3 挡自动变速器的换挡规律曲线

图 3.49 中的双点画线为液力变矩器的闭锁与解锁控制规律,采用的是单参数等延迟型换挡规律,闭锁与解锁点只与车速(变速器的输出轴转速)有关。

动力传动系统和汽车类型不同,换挡规律也不同。换挡规律的确定,一般需经过理论设计、台架与道路试验来完成。

此外,增加电子控制后,按照自动变速系统可实现汽车行驶的最佳动力或经济性指标,上述换挡规律还分为动力型换挡规律和经济型换挡规律(在液压自动变速器中只能兼顾动力性与经济性的要求)。

所谓动力型换挡规律(一般标记为 P 或 S),是以汽车在行驶中的动力性能(指最大车速、爬坡性能、加速性能等)最优为目标而设计的换挡规律,设计原则主要是充分发挥发动机的功率潜力，提高汽车平均行驶速度；所谓经济型换挡规律（一般标记为 E），是以汽车发动机的燃油消耗最低为目标而设计的换挡规律。通常在换挡控制器上有这两种控制模式的选择开关。

2）换挡方法

下面以电液变速器的换挡过程为例，说明自动变速器的换挡方法。

电液换挡控制通过电磁阀控制液压油来驱动换挡阀，实现升挡或降挡操作。图 3.50 给出了采用二位二通电磁阀控制一个二位三通换挡阀的换挡控制原理，它可以用于控制两个离合器的接合或分离。

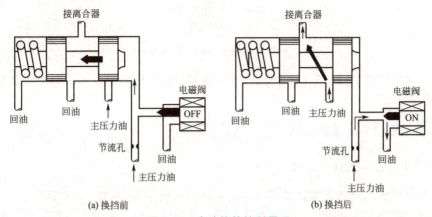

图 3.50 电液换挡控制原理

当未向电磁阀发出换挡控制信号时，阀芯将换挡阀左端与液压系统回油通路关闭，压力油推动换挡阀芯保持在左端位置，离合器油缸进油通路与回油通路相通，使离合器处于分离状态，如图 3.50(a)所示。

当向电磁阀发出换挡指令后，阀芯将换挡阀左端与回油通路打开，压力油经过节流孔后流向回油通路，换挡阀芯保持在右端位置，离合器油缸进油通路与供油通路相通，使离合器处于接合状态。在如图 3.50 所示的结构中，由于电磁阀控制油路中有节流孔，因而主压力油的压力不会降低。

图 3.51 所示为一种由二位三通电磁阀控制换挡阀同时控制两个离合器的原理。图 3.51(a)表示电磁阀接受换挡控制信号之前，离合器 C_1 接合，C_2 分离；图 3.51(b) 表示电磁阀接受换挡控制信号之后，离合器 C_2 接合，C_1 分离。

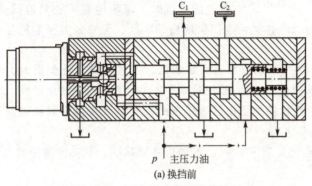

图 3.51 两个离合器的换挡控制

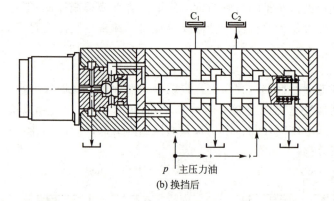

(b) 换挡后

图 3.51 两个离合器的换挡控制(续)

如果要求控制多个挡位的多个不同离合器或制动器,则需要有多个电磁阀和换挡阀来组成换挡控制系统。

3.2.5 自动变速器的使用

1. 自动变速器变速杆的使用

乘用车自动变速器的变速杆通常有 6 个位置,如图 3.52 所示。其功能如下。

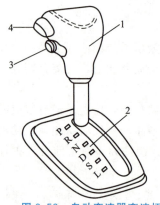

图 3.52 自动变速器变速杆
1—变速杆;2—挡位;3—超速挡开关或保持开关;4—锁止按钮

(1) **P** 位:驻车挡。选挡杆置于此位置时,驻车锁止机构将自动变速器输出轴锁止。

(2) **R** 位:倒挡。变速杆置于此位置时,液压系统倒挡油路被接通,驱动轮反转,实现倒向行驶。

(3) **N** 位:空挡。变速杆置于此位置时,所有行星齿轮机构都空转,不能输出动力。

(4) **D** 位:前进挡。变速杆置于此位置时,液压系统控制装置根据节气门开度信号和车速信号自动接通相应的前进挡油路,行星齿轮变速器在换挡执行元件的控制下得到相应的传动比。随着行驶条件的变化,在前进挡中自动升降挡,实现自动变速功能。

(5) **S** 位(也称为 **2** 位):高速发动机制动挡。变速杆置于此位置时,液压控制系统只能接通前进挡中的 1、2 挡油路,自动变速器只能在这两个挡位间自动换挡,无法升入更高的挡位,从而使汽车获得发动机制动效果。

(6) **L** 位(也称 **1** 位):低速发动机制动挡。变速杆置于此位置时,汽车被锁定在前进挡的 1 挡,只能在该挡位行驶而无法升入高挡,发动机制动效果更强。

S 和 **L** 位这两个挡位多用于山区等路况的行驶,可避免频繁换挡从而提高变速器的使用寿命。

只有在变速杆置于 **N** 或 **P** 位时,发动机才能起动,此功能靠空挡起动开关来实现。

2. 自动变速器控制开关的使用

电控自动变速器除了可用操纵手柄进行换挡控制外,还可以通过操纵手柄上或汽车仪表板上的一些控制开关来进行一些其他的控制。不同车型的自动变速器,控制开关的数量和名称不尽相同,常见的有以下几种。

1) **超速挡开关(O/D 开关)**

这一开关用来控制自动变速器的超速挡。当 O/D 开关接通时,自动变速器在 D 位下最高可升至 4 挡(超速挡);当 O/D 开关断开后,仪表板上的 O/D OFF 指示灯亮起,自动变速器最高只能升至 3 挡(直接挡),不能升入超速挡。

2) **模式开关**

大部分电子控制自动变速器都有一个模式开关,用来选择自动变速器的控制模式,即指自动变速器不同的换挡规律,以适应不同路况的使用要求。常见的控制模式有以下几种。

(1) **经济模式**。在该模式下,自动变速器的换挡规律将尽可能使发动机经常处于经济转速范围内,从而提高了燃油经济性。

(2) **动力模式**。在该模式下,自动变速器的换挡规律能使发动机经常处于大功率范围内,从而提高了汽车的动力性和爬坡能力。

(3) **标准模式**。在该模式下,自动变速器的换挡规律使汽车既保证一定的动力性,又有较佳的燃油经济性。

3) **保持开关**

保持开关也称为挡位锁定开关。按下这个开关后,自动变速器的自动换挡作用消失,只能通过手动换挡。保持开关通常设置在操纵手柄上,如图 3.52 所示。也有一些自动变速器将此开关设置在操纵手柄处的地板上,并在开关两端标有"A"和"M"。A 表示自动换挡,M 表示手动换挡。

3.2.6 自动变速器的检验

1. 基础检查

1) **发动机怠速检查**

发动机怠速检查的目的就是确定当自动变速器操纵手柄置于 P 位或 N 位时,汽车发动机的怠速转速是否在规定的范围内。

发动机怠速检查的条件:发动机达到正常工作温度,已安装空气滤清器,进气系统所有的管路和软管均已接好,所有附件(包括空调在内的用电器)均已关掉,所有的真空管路,包括废气再循环装置在内,均已正确连接,电子控制燃油喷射系统的配线连接器已完全插好,点火正时已正确设定,同时自动变速器位于空挡。

满足上述条件后,可将转速表接至发动机并开始怠速检查。检查时,最好先将发动机以 2500r/min 的转速高速空转 1.5s,然后检查怠速转速的高低。通常装有自动变速器的汽车发动机怠速为 750r/min,若怠速不符合规定,则应检查怠速控制阀和进气装置,予以调整。

2) **自动变速器油液位检查**

自动变速器油液位检查主要检查自动变速器油位是否在规定范围内,同时一并检查油液的品质。在发动机怠速期间将操纵手柄从 P 位转换为 L 位,再回到 P 位,然后检查液位是否在规定范围内。

检查液位时要注意以下几点。

(1) 必须在自动变速器(不是发动机)升温后(70～80℃)检查液位。

(2) 在检查液位期间不要将发动机停车。

(3) 如果必须在自动变速器油温度较低时检查液位(如在更换自动变速器油期间),将液位调整在热与冷范围之间,然后起动发动机,挂上挡,热机后在热范围内再检验。

若自动变速器油虽然近期内未曾更换,但却能保持正常的品质,而且汽车能正常行驶,说明自动变速器工作基本正常,不必拆修。若自动变速器油只有轻微变质或有轻微焦味,说明自动变速器内的摩擦片有少量磨损,可换油后再做进一步检查。

如换油后自动变速器能正常工作,无明显故障,则此自动变速器可继续使用,不必拆修。若自动变速器油有明显的变质或有严重焦味,则可进一步拆检油底壳。若油底壳内有大量摩擦材料粉末沉淀,说明自动变速器磨损严重,应立即拆修。

3) 节气门全开检验

节气门全开检验的目的是检查在加速踏板踩到底,发动机的节气门应全开时,发动机的输出功率是否在规定的范围内。

如经检验发现节气门开度不合要求,应对发动机节气门操纵系统进行必要的检查和调整。

4) 空挡起动开关检验

空挡起动开关检验的目的是检查汽车发动机是否仅在自动变速器操纵手柄处于 N 位或 P 位时方可起动,以及倒车灯开关是否仅在操纵手柄置于 R 位时才接通,从而使倒车灯点亮。检查时,若发现发动机在操纵手柄被置于除 N 位和 P 位以外的其他位置(如 D 位、2 位、1 位等)时也能起动,则应进行调整。

5) 超速挡控制开关检验

超速挡控制开关检验用于确认自动变速器的超速挡电控系统是否工作正常。检查时自动变速器油温应处于正常状态(70～80℃),然后将发动机熄火,点火开关置于 ON 位置,按下超速挡控制开关,查听位于变速器内的相应电磁阀有无动作时发出的咔嗒声,如有咔嗒声,则说明被检自动变速器的超速挡电控系统工作正常。若要确认自动变速器是否有超速挡,则必须进行道路试验。

2. 失速试验

在前进挡或倒挡中,踩住制动踏板并完全踩下加速踏板时,发动机处于最大转矩工况,而此时自动变速器的输出轴及输入轴均静止不动,变矩器的涡轮不动,只有变矩器壳及泵轮随发动机一同转动,此工况称为失速工况,此时发动机的转速称为失速转速。

1) 失速试验的目的

失速试验的目的是检查发动机输出功率、变矩器及自动变速器中制动器和离合器等换挡执行元件的工作是否正常。

2) 准备工作

(1) 使汽车行驶至发动机和自动变速器均达到正常工作温度。

(2) 检查汽车的行车制动和驻车制动,确认其性能良好。

(3) 检查自动变速器油液面高度，液面应正常。

3) 试验步骤

失速试验的试验步骤如图 3.53 所示。

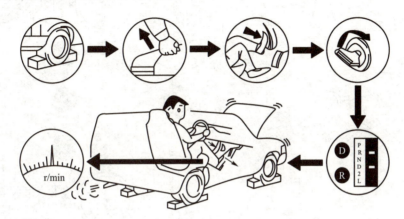

图 3.53　失速试验

(1) 将汽车停放在宽阔的水平路面上，前后车轮用三角木塞住。

(2) 拉紧驻车制动，左脚用力踩住制动踏板。

(3) 起动发动机。

(4) 将操纵手柄拨入 D 位。

(5) 在左脚踩紧制动踏板的同时，用右脚将加速踏板踩到底不再升高时，迅速读取此时发动机的转速。

(6) 读取发动机转速后，立即松开加速踏板。

(7) 将操纵手柄拨入 P 位或 N 位，使发动机怠速运转 1min，以防止油液因温度过高而变质。

(8) 将操纵手柄拨入其他挡位(R 位、L 位或 2 位、1 位)，进行同样的试验。

在失速工况下，发动机的动力全部消耗在变矩器内油液的内部摩擦损失上，油液的温度急剧上升，因此在失速试验中，从加速踏板踩下到松开的整个过程的时间不得超过 5s，否则会使油液温度过高而变质，甚至损坏密封圈等零件。

不同车型的自动变速器都有其失速转速标准。大部分自动变速器的失速转速标准为 2300r/min 左右。若失速转速与标准值相符，说明自动变速器的油泵、主油路油压及各个换挡执行元件工作基本正常；若失速转速高于标准值，说明主油路油压过低或换挡执行元件打滑；若失速转速低于标准值，则可能是发动机动力不足或液力变矩器有故障。

3. 时滞试验

在发动机怠速运转时将操纵手柄从空挡拨至前进挡或倒挡后，需要有短时间的迟滞或延时才能使自动变速器完成换挡工作，这一时间称为自动变速器换挡迟滞时间。

1) 试验目的

测出迟滞时间的长短来判断主油路油压及换挡执行元件的工作是否正常。

2) 试验步骤

时滞试验的试验步骤如图 3.54 所示。

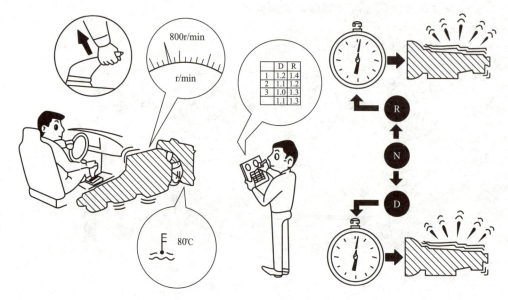

图 3.54 时滞试验

(1) 驾驶汽车,使发动机和自动变速器达到正常工作温度。
(2) 将汽车停放在水平地面上,拉紧驻车制动。
(3) 检查发动机怠速。如不正常,应按标准予以调整。
(4) 将自动变速器操纵手柄从空挡位置拨至前进挡位置,用秒表测量从拨动操纵手柄开始到感觉到汽车振动为止所需的时间,该时间称为 N—D 时滞时间。
(5) 将操纵手柄拨至 N 位,使发动机怠速运转 1min 后,再做一次同样的试验。
(6) 上述试验进行 3 次,取其平均值。
(7) 按上述方法,将操纵手柄由 N 位拨至 R 位,测量 N—R 时滞时间。

3) 时滞试验的参考值

从 N 位至 D 位历时约 1.2s 或更少;从 N 位至 R 位历时约 1.5s 或更少。

如果在本试验中测得的时间在规定范围内,说明变速器部件正常。若 N—D 时滞时间过长,说明主油路油压过低、前进挡离合器摩擦片磨损过多或前进挡单向离合器工作不良;若 N—R 时滞时间过长,说明倒挡主油路油压过低、倒挡离合器或倒挡制动器磨损过大或工作不良。

4. 油压试验

自动变速器控制油压正常与否,对自动变速器的工作影响很大。油压过高,会造成自动变速器换挡时冲击过大,液压系统也容易损坏;油压过低,会使离合器、制动器等换挡执行元件打滑,影响自动变速器的正常工作,而且加速了离合器和制动器摩擦片的磨损,严重时会导致摩擦片烧坏。

因此,油压试验是自动变速器检修中一项重要的检验内容。

1) 试验目的

测量液压控制系统管路中的油压,用以判断油泵、阀、离合器和制动器工作性能的好坏。

2）准备工作

（1）驾驶汽车，使发动机及自动变速器达到正常工作温度。

（2）将车辆停放在水平路面上，检查发动机怠速和自动变速器油的油面高度。如不正常，应进行调整。

（3）准备一个量程为 2MPa 的压力表。

（4）找出自动变速器各个油路测压孔的位置。通常在自动变速器外壳上有几个用方头螺塞堵住的用于测量不同油路油压的测压孔。

3）试验步骤

测试主油路油压时，应分别测出前进挡和倒挡的主油路油压。

油压试验的试验步骤如图 3.55 所示。

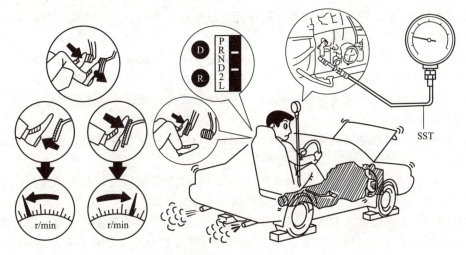

图 3.55 油压试验

（1）前进挡主油路油压的测试。拆下变速器壳体上主油路测压孔或前进挡油路测压孔螺塞，接上油压表。起动发动机，将操纵手柄拨至前进挡位置，读出发动机怠速运转时的油压。该油压即为怠速工况下的前进挡主油路油压。

用左脚踩紧制动踏板，同时用右脚将加速踏板完全踩下，在失速工况下读取油压。该油压即为失速工况下的前进挡主油路油压。

将操纵手柄拨至空挡或驻车挡，让发动机怠速运转 1min 以上。将操纵手柄拨至各个前进低挡位置，重复上述步骤，读出各个前进低挡在怠速工况下和失速工况下的主油路油压。

（2）倒挡主油路油压的测试。拆下自动变速器壳体上的主油路测压孔或倒挡油路测压孔螺塞，接上油压表。起动发动机，将操纵手柄拨至倒挡位置。在发动机怠速运转工况下读取油压值，即怠速工况下的倒挡主油路油压。

用左脚踩紧制动踏板，同时用右脚将加速踏板完全踩下，在发动机失速工况下读取油压，即失速工况下的倒挡主油路油压。

将操纵手柄拨至空挡位置，让发动机怠速运转 1min 以上，将测得的主油路油压与标准值进行比较。不同车型自动变速器的主油路油压不完全相同，若主油路油压不正常，说明油泵或控制系统有故障。

5. 道路试验

由于自动变速器最终是以其在车辆行驶状态下所表现出来的使用性能和换挡性能的优劣来加以评价的，因此道路试验是重要的，而且也是必需的试验。

1) 试验目的

道路试验是进一步检查和分析自动变速器的故障原因及检验修复后的自动变速器的功能是否正常的最有效的手段之一。

2) 试验内容

道路试验是对自动变速器性能的最终检验，检验内容侧重于换挡点、换挡冲击、振动、噪声和打滑等方面。

3) 准备工作

(1) 道路试验前，汽车的发动机、底盘等各总成或系统的技术状态应完好，自动变速器应已经通过各种检查和试验。

(2) 进行道路试验时，自动变速器中的油液温度应处于正常状态，即70~80℃。

(3) 将超速挡开关置于ON位置，并将模式开关置于标准模式或经济模式位置。

(4) 设法找到被试车型自动变速器的换挡规律图或换挡点表，以便对照检查。

4) 试验方法

(1) D位的升挡和降挡试验。将操纵手柄置于D位，踩下加速踏板，使节气门保持在1/2开度，使汽车加速行驶。检查内容如下。

① 自动变速器是否自动地按1→2挡、2→3挡、3→超速挡的规律自动升挡。若自动变速器不能升入高挡，说明控制系统或换挡执行元件有故障。

当察觉到自动变速器升挡时，记下升挡车速。一般4挡自动变速器在节气门开度保持在1/2时，由1挡升至2挡的车速为25~35km/h，由2挡升至3挡的车速为55~70km/h，由3挡升至4挡的车速为90~120km/h。

由于升挡车速和节气门开度有很大的关系，即节气门开度不同时，升挡车速也不同，而且不同车型的自动变速器各挡位传动比的大小都不同，其升挡车速也不完全一样，因此，只要升挡车速基本保持在上述范围内，而且汽车行驶中加速良好，无明显的换挡冲击，都可认为升挡车速基本正常。

若汽车行驶中加速无力，升挡车速明显低于上述范围，说明升挡车速过低(即升挡过早)；若汽车行驶中有明显的换挡冲击，升挡车速明显高于上述范围，说明升挡车速过高(即升挡太迟)。

升挡车速太低一般是控制系统的故障所致；换挡车速太高则可能是控制系统的故障所致，也可能是换挡执行元件发生故障。

② 升挡时有无出现换挡冲击、打滑及振动等现象。如果有明显的换挡冲击，可能是主油路的油压过高，蓄能器或单向阀不良。

③ 闭锁离合器的工作状况的检查。使自动变速器升至超速挡，当车辆以80km/h的车速稳定行驶时，再踩下加速踏板，发动机转速应无明显变化，否则说明闭锁离合器没起作用，通常是闭锁离合器控制系统有故障。

④ 自动变速器降挡检查。汽车从超速挡→3挡、3→2挡、2→1挡降挡时车速是否符合标准值。

⑤ 降挡时有无异常的振动和噪声。

（2）在 S 位（或 2 位）下的试验。将自动变速器操纵手柄置于 S 位（或 2 位），使节气门保持一定的开度，检查内容如下。

① 自动变速器是否自动地从 1 挡升至 2 挡，换挡车速与标准值是否相符。

② 自动变速器在 2 挡下行驶时，松开加速踏板，看有无发动机制动效果。如果无发动机制动，则说明 2 挡制动器有故障。

③ 在升挡和降挡时，有无异常噪声和冲击。

（3）在 L 位（或 1 位）下的试验。在 L 位行驶时，加速或减速时有无异常噪声。当突然松开加速踏板时，检查有无发动机制动作用。如果无发动机制动作用，则说明控制系统或前进强制离合器有故障。

（4）强制降挡试验。使汽车在 D 位下中速行驶，保持节气门开度为 1/3 左右，迅速将加速踏板踩到底，检查自动变速器是否被强制降低一个挡位（应有明显的增矩效果）。松开加速踏板，自动变速器又回到高挡位。

若踩下加速踏板后没有出现强制降挡，说明强制降挡功能失效。如果有强制降挡作用，但在降挡时发动机的转速异常高（高于 5000r/min），并在松开加速踏板升挡过程中出现冲击，则说明换挡执行元件磨损严重而打滑，应拆修自动变速器。

（5）R 位试验。停车后将自动变速器操纵手柄置于 R 位，应能够迅速倒车，并无打滑现象。

（6）P 位试验。在坡度大于 9% 的坡道上停车，换入 P 位，松开驻车制动和制动踏板后应不溜车。

6. 手动换挡试验

1) 试验目的

本试验用于确定电控自动变速器故障出在电子控制系统还是其他部位。

2) 试验方法

将自动变速器换挡电磁阀线束接线器脱开，使自动变速器 ECU 失去自动控制换挡作用，然后通过手动换挡，看自动变速器是否能正常工作，即观察发动机转速和车速的对应关系，以判断自动变速器所处的挡位。

不同车型的电子控制自动变速器在脱开换挡电磁阀后，操纵手柄的挡位与变速器实际工作挡位的对应关系不尽相同，大多数型号的对应关系见表 3.5。

表 3-5 挡位和操纵手柄的对应关系

操纵手柄位置	挡位	操纵手柄位置	挡位
P	驻车挡	D	超速挡
R	倒挡	S	3 挡
N	空挡	L	1 挡

若操纵手柄位的位置与自动变速器所处的挡位相对应，则说明电控自动变速器的阀体及换挡执行元件工作正常。

电子控制自动变速器工作不良的故障原因可能是出自电子控制系统。如果手动换挡试验出现异常，则说明自动变速器的液压控制系统或换挡执行元件有故障，应通过其他试验方法来确定故障范围。

试验结束后接上电磁阀线束接线器，同时清除计算机中的故障码，防止因脱开电磁阀线束接线器而产生的故障码保存在计算机中，影响自动变速器的故障自诊断工作。

3.3 机械式自动变速器

3.3.1 机械式自动变速器概述

1. 机械式自动变速器的组成

机械式自动变速器（Automatic Mechanical Transmission，AMT）是在传统的平行轴（固定轴）式齿轮变速器的基础上，增加了一套汽车起步、换挡自动控制机构而成的。用电子技术改造传统的手动机械式变速器使其自动化，不仅保留原齿轮变速器效率高、成本低等长处，而且具有自动换挡带来的优点。

机械式自动变速器是在传统的手动机械变速器和干式（或湿式）离合器的基础上增加电控系统而产生的。将原来的手动变速操纵机构和离合器踏板式控制机构由液压执行机构代替，并依据变速器ECU内部预存的控制程序，对离合器的接合与分离、变速器挡位的变换进行自动化控制，即变成机械式自动变速器。

2. 机械式自动变速器的工作原理

机械式自动变速器的工作原理如图3.56所示。驾驶人通过加速踏板和选挡手柄的操纵，选定变速器功能和节气门状态，传感器监测汽车的各工作参数，计算机根据存储器中存储的程序（最佳换挡规律、离合器最佳接合规律、发动机节气门调节规律等）对离合器接合、节气门开度及换挡进行控制，以实现最佳匹配，从而获得良好的行驶性能、平稳的起步性能和迅速的换挡能力。

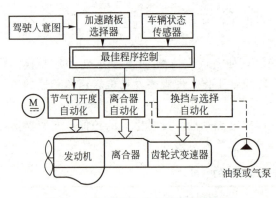

图3.56 机械式自动变速器原理框图

3. 机械式自动变速器的分类

目前，在乘用车领域使用的机械式自动变速器主要有平行轴式自动变速器和双离合器式自动变速器两大类。平行轴式自动变速器只有日本本田汽车公司采用，而双离合器式自动变速器的应用非常广泛，其中以德国大众汽车公司的直接换挡变速器（DSG）最具代表性。

3.3.2 平行轴式电控自动变速器

1. 平行轴式电控自动变速器的结构

本田乘用车采用平行轴式自动变速器，其变速机构的工作原理与手动变速器基本相同，不同点只在于它由液压离合器来控制不同挡位齿轮的啮合。倒挡是靠多啮合一个中间齿轮实现的，倒挡控制机构通过拨动啮合套，使倒挡齿轮与输出轴啮合。

在本田平行轴式自动变速器中，只有离合器，没有制动器。也有些型号的平行轴式自动变速器内部还有一个单向离合器，以实现 1 挡时的滑行。本田自动变速器可分为两轴式、两轴＋辅助轴式和三轴式等几种形式。

常见的三平行轴式自动变速器的结构及动力传动路线如图 3.57 所示。

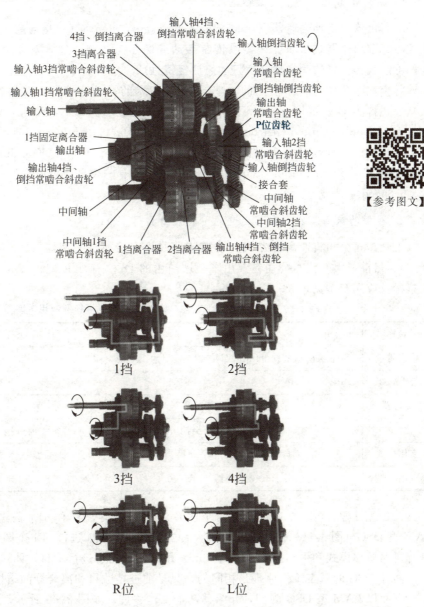

图 3.57　三平行轴式自动变速器的结构及动力传动路线

2. 平行轴式电控自动变速器的特点

平行轴式电控自动变速器具有良好的动力性和经济性，传动机构、液压控制机构（油路、电磁阀）相对简单，制造和维护成本均较低。但是，由于受平行轴式自动变速器变速原理的限制，其体积较大，而且难以实现更多的挡位。因此，近年来，本田开始逐步以无级自动变速器取代平行轴式电控自动变速器。

3.3.3 双离合器式电控自动变速器

1. 双离合器式自动变速器概述

双离合器式自动变速器（Dual Clutch Transmission，DCT）是当前发展最迅速的新型变速器。双离合器式自动变速器以传统手动变速器为基础，加入双离合器和电控组件而成，可以获得优异的动力性和良好的燃油经济性。

各个汽车公司对自己使用的、基于 DCT 技术的自动变速器，其品牌命名也有区别：大众公司称为 DSG（Direct Shift Gearbox），奥迪公司称为 S Tronic，宝马公司称为 M DKG（M Double Clutch Gearbox）或 M-DCT（Dual Clutch Transmission），福特、沃尔沃公司称为 Power Shift，保时捷公司称为 PDK（Porsche Doppel Kupplung），三菱公司称为 TC-SST（Twin Clutch-Super Sport Transmission），日产公司称为 GR6（Rear Gearbox 6 Speed），等等。

2. 典型的双离合器式自动变速器——大众公司 DSG

大众汽车公司将双离合器式自动变速器称为直接换挡变速器（Direct Shift Gearbox，DSG）。目前，大众汽车公司在乘用车领域使用的 DSG 有 02E 型、0AM 型等几种，其性能指标及应用车型见表 3-6。

表 3-6　02E 型 DSG 和 0AM 型 DSG 的性能指标及应用车型

名称	DSG 02E	DSG 0AM
总成质量	前轮驱动车型约 94kg；四轮驱动车型约 109kg	约 70 kg
最大转矩	350 N·m	250 N·m
离合器	两个多片湿式离合器	两个干式离合器
挡位	6 个前进挡，1 个倒挡	7 个前进挡，1 个倒挡
工作模式	自动换挡模式和手动换挡模式（Tiptronic），即手自一体式操作	
应用车型	高尔夫 R32、帕萨特 3.0L V6 等	朗逸 1.4TSI、迈腾 1.8T、波罗 GTI 等

02E 型 DSG（图 3.58）采用两个多片湿式离合器，具有 6 个前进挡和 1 个倒挡；0AM 型 DSG（图 3.59）采用两个干式离合器，具有 7 个前进挡和 1 个倒挡。两种 DSG 均具有自动换挡模式和手动换挡（Tiptronic）模式，即均可进行手自一体式操作。

两种 DSG 的基本工作原理是相同的，只是前进挡数目和离合器的结构形式不同。

下面以 0AM 型 DSG 为例，介绍其基本工作原理。如图 3.60 所示，DSG 由两个相互独立的子变速器组合而成，每个子变速器的功能、结构都与传统的手动变速器相同。每个子变速器都有一个干式离合器，离合器的接合、分离及该子变速器各个挡位齿轮副的啮合都受机械电子单元的控制。

子变速器 1 由离合器 K_1、输入轴 1、输出轴 1 及 1、3、5、7 挡齿轮副组成；子变速

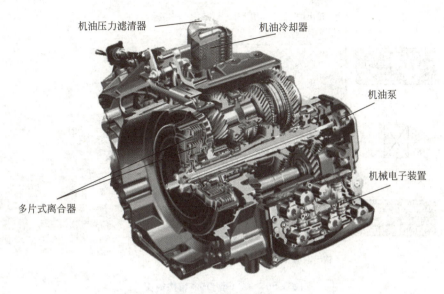

图 3.58　02E 型 DSG

图 3.59　0AM 型 DSG 变速器

器 2 由离合器 K_2、输入轴 2、输出轴 2、输出轴 3 及 2、4、6 挡和倒挡齿轮副组成。

两个子变速器交替工作,即两个子变速器不同时工作。当离合器 K_1 处于接合状态时,子变速器 1 工作,此时,机械电子单元通过控制换挡执行机构,可以形成 1、3、5、7 挡;当离合器 K_2 处于接合状态时,子变速器 2 工作,此时,机械电子单元通过控制换挡执行

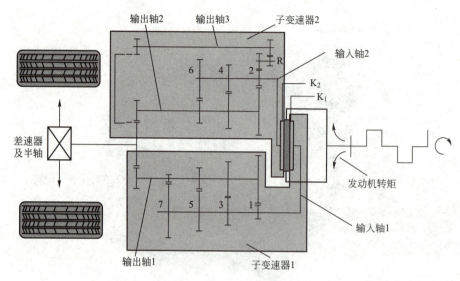

图 3.60 0AM 型 DSG 结构简图

机构，可以形成 2、4、6 挡及倒挡。

3. 双离合器式自动变速器的特点

(1) 换挡迅速，操控性和舒适性好。双离合器式自动变速器的换挡时间非常短（约 200ms），比传统手动变速器的换挡速度还要快。特别是当高挡齿轮副已处于预备状态时，变速器的升挡速度极快，甚至可达到惊人的 8ms，具有优异的操控性能，这也是双离合器式自动变速器得以在赛车上大量应用的原因之一。

(2) 换挡过程中几乎没有转矩损失，经济性好。双离合器式自动变速器在换挡过程中消除了转矩的中断（发动机空转时间仅以毫秒计），来自发动机的动力可以得到持续利用。因此，双离合器式自动变速器相比行星齿轮式自动变速器更利于提升燃油经济性，油耗大约降低 15%，具有良好的经济性。

(3) 换挡过程无顿挫感，舒适性好。由于双离合器式自动变速器换挡历时短、换挡平顺，车身的顿挫感已经小到了人体难以察觉的程度，因此具有良好的舒适性。

【参考图文】

3.4 无级自动变速器

3.4.1 无级变速器概述

无级变速器(Continuously Variable Transmission，CVT)是传动比可以在一定范围内连续变化的变速器。它采用传动带和工作直径可变的主、从动轮相配合来传递动力，可以实现传动比的连续改变，从而得到传动系统与发动机工况的最佳匹配，最大限度地利用发动机的特性，提高汽车的动力性和燃油经济性，目前在汽车上的应用越来越多。目前常见的无级变速器是金属带式无级变速器。

图 3.61 所示为金属带式无级变速器的变速原理。变速部分由主动带轮(也称初级轮)、

金属带和从动带轮组成。每个带轮都由两个带有斜面的半带轮组成一体，其中一个半轮是固定的，另一个半轮可以通过液压控制系统控制其轴向移动，两个带轮之间的中心距是固定的。由于两个带轮的直径可以连续无级变化，所以形成的传动比也是连续无级变化的。

目前，国内常见的采用了无级变速器的有奥迪 A6 的 Multitronic 手动/自动一体无级变速器、派力奥 Speedgear 手动/自动一体式无级变速器、飞度的 CVT 无级变速器、旗云的 VT1F 无级变速器、天籁的 X-TRONIC 无级变速器等。

3.4.2 无级变速器的基本组成和工作原理

无级变速器主要由无级变速传动机构和液压及电子控制系统两部分组成。

1. 无级变速传动机构

一般无级变速机构所形成的传动比为 0.44～4.69，在其后需要增加主减速器，在其前一般还配有电磁离合器或带有锁止离合器的液力变矩器。

图 3.62 所示为带液力变矩器的无级变速器结构示意图，图 3.63 为带液力变矩器的无级变速器实物图。

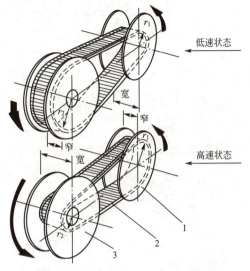

图 3.61 金属带式无级变速器的变速原理
1—主动带轮；2—金属传动带；3—从动带轮

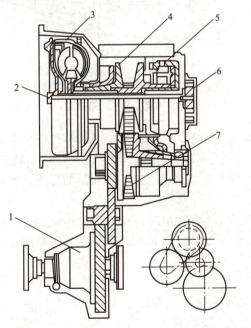

图 3.62 带液力变矩器的无级变速器结构示意图
1—差速器；2—输入轴；3—液力变矩器；
4—主动带轮；5—换挡机构；
6—液压泵；7—从动带

图 3.63 带液力变矩器的无级变速器实物图

图 3.64 所示为无级变速器的关键部件金属带。它是由一层层带有 V 形斜面的金属片通过柔性的钢带组成的，靠 V 形金属片传递动力，而柔性钢带则只起支撑与保持作用。与普通的带传动不一样，这种带在工作时相当于由主动轮通过钢带推着从动轮旋转来传递动力。一般钢带总长约 600mm，由 300 块金属片组成，每片厚约 2mm，宽约 25mm，高约 12mm。每条带包含柔性的钢带 2～11 条，每条厚约 0.18mm。生产出能够传递高转矩和高转速的 V 形钢带，是当前研究无级变速传动的核心问题之一。

2. 无级变速传动的电子控制系统

1）控制系统的组成

图 3.65 所示为一种电液控制的无级变速传动的控制系统。

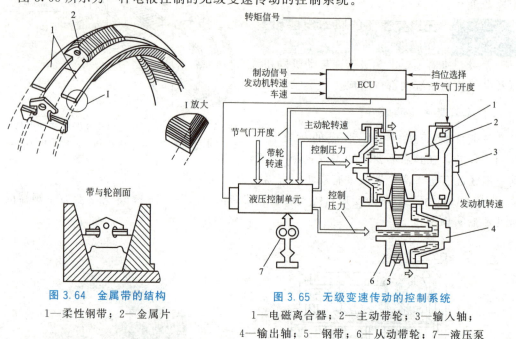

图 3.64 金属带的结构
1—柔性钢带；2—金属片

图 3.65 无级变速传动的控制系统
1—电磁离合器；2—主动带轮；3—输入轴；
4—输出轴；5—钢带；6—从动带轮；7—液压泵

系统中包括电磁离合器的控制和金属带变速控制。变速比由发动机节气门信号和主动带轮转速决定，ECU 根据发动机的转速、车速、节气门位置、换挡控制器（一般仅有 P、R、N、D 位供选择）信号控制电磁离合器，以及控制带轮上液压伺服缸的压力，实现无级变速。

一般在最高传动比（低挡）时控制压力最大，约 2.2MPa；在最低传动比（高挡）时的控制压力最小，约 0.8MPa。由于传动比的改变仅受节气门和主动带轮转速的控制，因而控制的灵活性相对受到了限制。

2）控制方法

将发动机转速作为反馈信号，以节气门开度等作为控制输入信号，来控制带轮的压力、调节传动比的闭环电控无级变速传动控制系统如图 3.66 所示。

这是一个全部输入和输出转速都能检测的闭环电子控制系统。驾驶人的意图通过节气门开度及换挡控制器，输入到电子控制系统。根据发动机的转速和转矩，确定施加到主、从动带轮上的压力，并由发动机转速（对应于主动带轮转速）构成转速反馈闭环控制，根据

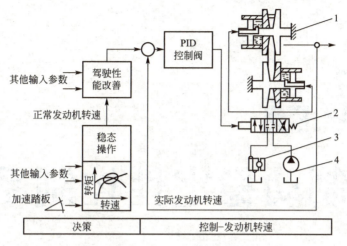

图 3.66 无级变速闭环控制原理

1—输入轴；2—控制阀；3—转矩传感器；4—液压泵

转速的偏差信号决定升挡或降挡变速，并输出控制信号到电液比例控制阀，控制作用在两个运转带轮上的液压伺服缸的压力。

1. 简述汽车用电控自动变速器的类别。
2. 简述行星齿轮式电控自动变速器的结构组成和工作原理。
3. 简述大众 DSG 的结构组成和工作原理。
4. 简述金属带式无级自动变速器的结构组成和工作原理。

第 4 章
汽车制动稳定性控制系统

教学提示

防抱死制动系统和牵引力控制系统能很好地提高汽车制动性能,已逐渐成为汽车的标准配置。融合 ABS、TRC 和 EBD 技术于一身的电子稳定程序——ESP 技术的应用日益广泛。

教学要求

本章主要介绍以 ABS、TRC、ESP 为代表的汽车制动稳定性控制系统。要求学生了解汽车制动稳定性控制系统在汽车上的应用情况和发展趋势,熟悉其基本组成和工作原理。

【参考图文】

4.1 汽车防抱死制动系统

在车辆制动时如果车轮抱死滑移,则车轮与路面间的侧向附着能力将完全丧失。防抱死制动系统(Anti-lock Braking System,ABS)的设计目的,就是在汽车制动过程中,不论道路情况如何,始终将车轮滑移率控制在 20% 左右,从而保证车辆能获得最佳的制动性能和转向操纵性能。

4.1.1 防抱死制动系统的功能和分类

1. 汽车制动时的车轮运动分析

汽车在制动过程中,当制动器制动力大于轮胎-道路附着力时,车轮就会抱死滑移。只有汽车具有足够的制动器制动力,同时地面又能提供较大的附着力时,汽车才能获得良好的制动效果。

在汽车制动时,除车轮旋转平面的纵向附着力外,还有垂直于车轮旋转平面的侧向附

着力。在汽车制动过程中，纵向附着力决定汽车的纵向运动，影响汽车的制动距离；侧向附着力决定汽车的侧向运动，影响汽车的方向稳定性和转向操纵能力。

当汽车匀速行驶时，实际车速 v（即车轮中心的纵向速度）与车轮速度 v_w（即车轮滚动的圆周速度）相等，车轮在路面上的运动为纯滚动运动。然而，在汽车实际运行过程中，当驾驶人踩下制动踏板后，在制动器摩擦力矩的作用下，车轮的角速度减小，实际车速与车轮速度之间就会产生一个速度差，轮胎与地面之间就会产生相对滑移。

轮胎滑移的程度用滑移率 S 来表示。车轮滑移率是指实际车速 v 与车轮速度 v_w 之差同实际车速 v 的比值，其表达式为

$$S = \frac{v - v_w}{v} \times 100\% = \left(1 - \frac{v_w}{v}\right) \times 100\% = \left(1 - \frac{r\omega}{v}\right) \times 100\% \tag{4-1}$$

式中，S 为车轮滑移率；v 为车速（车轮中心纵向速度，m/s）；v_w 为车轮速度（车轮瞬时圆周速度，$v_w = r\omega$，m/s）；r 为车轮半径（m）；ω 为车轮转动角速度（rad/s）。

当 $v = v_w$ 时，滑移率 $S = 0$，车轮自由滚动；当 $v_w = 0$ 时，滑移率 $S = 100\%$，车轮完全抱死滑移；当 $v > v_w$ 时，滑移率 $0 < S < 100\%$，车轮既滚动又滑移。滑移率越大，车轮滑移程度越大。

汽车纵向附着系数和侧向附着系数对滑移率有很大影响。试验证明，在地面附着条件差（如在冰雪路面上制动）的情况下，由于道路附着力很小，使可以得到的最大地面制动力减小，因此，在制动踏板力（或制动分泵压力）很小时，地面制动力就会达到最大附着力，车轮就会抱死滑移。

附着系数与滑移率之间的关系如图 4.1 所示，由图可见如下规律。

(1) 附着系数取决于路面性质。一般干燥路面附着系数大，潮湿路面附着系数小，冰雪路面附着系数更小。

(2) 在各种路面上，附着系数都随滑移率的变化而变化。

(3) **在各种路面上，当滑移率为 20%左右时，纵向附着系数最大，制动效果最好。**

纵向附着系数最大时的滑移率称为理想滑移率或最佳滑移率。当滑移率超过理想滑移率时，纵向附着系数减小，产生的地面制动力随之下降，制动距离将增长。滑移率大于理想滑移率后的区域称为非稳定制动区域或非稳定区，如图 4.2 所示。

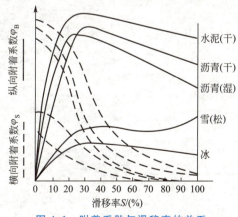

图 4.1 附着系数与滑移率的关系
（虚线与实线标注的上下顺序一一对应）

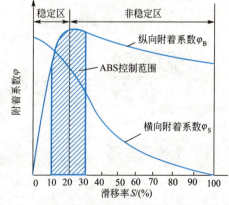

图 4.2 干燥硬实路面上附着系数与滑移率的关系

横向附着系数是研究汽车行驶稳定性的重要指标之一。横向附着系数越大,汽车制动时的方向稳定性和保持转向控制的能力越强。当滑移率为零时,横向附着系数最大;随着滑移率的增加,横向附着系数逐渐减小。当车轮抱死时,横向附着系数接近于零,汽车将失去方向稳定性和转向控制能力,其危害极大。

如果前轮抱死,虽然汽车能沿直线向前行驶,但是失去转向控制能力。由于前轮维持转弯运动能力的横向附着力丧失,因此,汽车仍将按原行驶方向滑行,可能冲入其他车道与车辆相撞或冲出路面与障碍物相撞而发生恶性交通事故,如图4.3(a)所示。

如果后轮抱死,汽车的制动稳定性就会变差,抵抗横向外力的能力很弱,后轮稍有外力(如侧向风力或地面障碍物阻力)作用就会发生侧滑(甩尾),甚至出现调头(即突然出现180°转弯)等危险现象,如图4.3(b)所示。

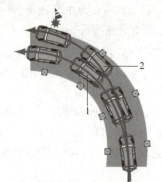
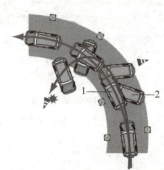

(a) 前轮抱死(未装备ABS的车辆丧失转向能力)　　(b) 后轮抱死(未装备ABS的车辆发生侧滑,甚至调头)

图4.3　前轮和后轮分别抱死的行车状态

1—装备有 ABS 的车辆;2—未装备 ABS 的车辆

综上所述,为了获得最佳制动效能和制动时的方向稳定性,应将车轮滑移率控制在最佳滑移率范围(20%左右)内。通过采用 ABS,使汽车在制动过程中自动调节车轮的制动力,防止车轮抱死滑移,从而缩短制动距离,提高方向稳定性,增强转向控制能力,减少交通事故的发生。

2. ABS 的作用

如图4.4所示,ABS 能防止汽车在常规制动过程中由于车轮完全抱死而出现的后轴侧

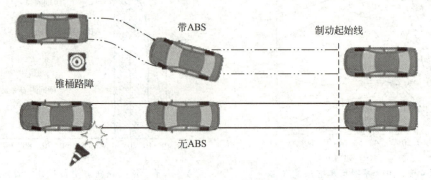

图4.4　ABS 的作用

滑、前轮丧失转向能力等现象，从而充分发挥轮胎与路面间的潜在附着力，最大限度地改善汽车的制动性能，以提高汽车在制动过程中的方向稳定性和转向操纵能力，从而满足行车安全的需要。

目前欧、美、日、韩等国家和地区的汽车使用最多的 ABS 的品牌有德国的博世(Bosch)、德国戴维斯公司的坦孚(Teves)，另外还有美国德尔科公司(Delco)、美国本迪克斯公司(Bendix)等。

3. ABS 的控制方式分类

在 **ABS** 中，能够独立进行制动压力调节的制动管路称为控制通道。如果对某车轮的制动压力可以进行单独调节，则称这种控制方式为独立控制；如果对两个(或两个以上)车轮的制动压力一同进行调节，则称这种控制方式为一同控制。

在对两个车轮的制动压力进行一同控制时，如果以保证附着力较大的车轮不发生制动抱死为原则进行制动压力调节，则称这种控制方式为高选原则；如果以保证附着力较小的车轮不发生制动抱死为原则进行制动压力调节，则称这种控制方式为低选原则。

按照控制通道数目的不同，ABS 分为四通道、三通道、双通道和单通道 4 种形式。

1) 四通道控制方式

为了对 4 个车轮的制动压力进行独立控制，在每个车轮上各安装一个转速传感器，并在通往各制动轮缸的制动管路中各设置一个制动压力调节分装置(通道)。

对应于双制动管路的 H 型(前后)或 X 型(对角)两种布置形式，四通道 ABS 也有两种布置形式，如图 4.5 所示。使用四通道控制方式的常见车型有奥迪(前轮驱动)、红旗、广州本田(X 型)。

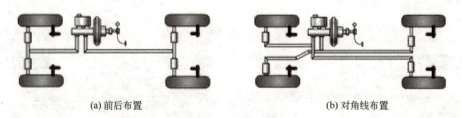

(a) 前后布置　　　　　　　　　　　　(b) 对角线布置

图 4.5　四通道控制方式

前后布置方式的系统是通过各车轮转速传感器的信号分别对各车轮制动压力进行独立控制，其制动距离和操纵性最好，但在附着系数不对称路面上制动时的方向稳定性较差，其原因是此时同一轴上左右车轮的制动力不同，从而使汽车产生较大的偏转力矩并产生制动跑偏。

对角线布置方式适用于 X 型制动管路系统，由于 4 个车轮不共用一条制动管路，故对它们实施一同控制(一般为低选控制)。由于 4 个车轮不是同一制动管路，因此需要两个通道。此种控制方式的操纵性和稳定性较好，但制动效能稍差。

2) 三通道控制方式

四轮 ABS 大多为三通道系统，而三通道系统都是对两前轮的制动压力进行单独控制，对两后轮的制动压力按低选原则一同控制，其布置形式如图 4.6 所示。使用三通道控制方式的常见车型有桑塔纳 2000GSi、北京切诺基等。

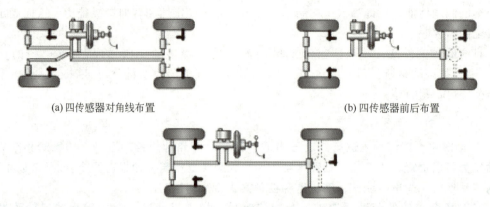

图 4.6　三通道控制方式

在图 4.6(a)所示的按对角线布置的双管路制动系统中，虽然在通往 4 个制动轮缸的制动管路中各设置一个制动压力调节分装置，但两个后制动压力调节分装置却是由电子控制装置一同控制的，实际上仍是三通道 ABS。由于三通道 ABS 对两后轮进行一同控制，对于后轮驱动的汽车可以在变速器或主减速器中只设置一个转速传感器来检测两后轮的平均转速。

汽车紧急制动时，会发生很大的轴荷转移(前轴荷增加，后轴荷减小)，使得前轮的附着力比后轮的附着力大很多(前置前驱动汽车的前轮附着力占汽车总附着力的 70%～80%)。对前轮制动压力进行独立控制，可充分利用两前轮的附着力对汽车进行制动，有利于缩短制动距离，并且汽车的方向稳定性也得到很大改善。

3) 双通道控制方式

双通道控制方式通常有以下两种，如图 4.7 所示。

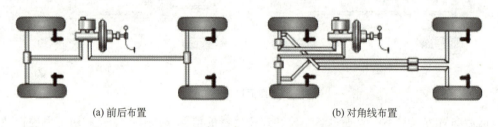

图 4.7　双通道控制方式

如图 4.7(a)所示的双通道 ABS 在按前后布置的双管路制动系统的前后制动管路中各设置一个制动压力调节装置，分别对两前轮和两后轮进行一同控制。两前轮可以根据附着条件进行高选和低选转换，两后轮则按低选原则一同控制。

如图 4.7(b)所示的双通道 ABS 多用于制动管路按对角线布置的汽车上，两前轮独立控制，制动液通过比例阀按一定比例减压后传给对角后轮。

由于双通道 ABS 难以在方向稳定性、转向操纵能力和制动距离等方面得到兼顾，所以目前很少采用。

4）单通道控制方式

所有单通道 ABS 都是在前后布置的双管路制动系统的后制动管路中设置一个制动压力调节装置，对于后轮驱动的汽车只需在传动系中安装一个转速传感器，如图 4.8 所示。

单通道 ABS 一般对两后轮按低选原则一同控制，其主要作用是提高汽车制动时的方向稳定性。单通道 ABS 具有结构简单、成本低的优点，因此在轻型货车上得到广泛应用。

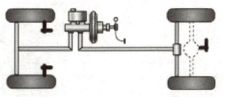

图 4.8 单通道控制方式

4.1.2 防抱死制动系统的组成

通常情况下，**ABS** 是在普通制动系统的基础上加装车轮速度传感器、**ABS ECU**、制动压力调节器及制动控制电路等组成的，如图 4.9 所示。

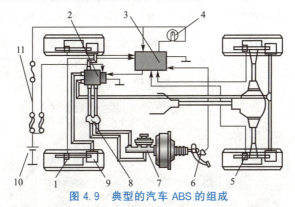

图 4.9 典型的汽车 ABS 的组成

1—前轮转速传感器；2—制动压力调节器；3—ABS ECU；4—ABS 警告灯；5—后轮转速传感器；6—制动灯开关；7—制动主缸；8—比例分配阀；9—制动轮缸；10—蓄电池；11—点火开关

1．车轮转速传感器

车轮转速传感器又称为轮速传感器、车轮速度传感器，其作用是检测汽车车轮的转速，目前用于汽车 ABS 的主要有电磁式和霍尔式两种类型。

1）电磁式车轮转速传感器

目前大多数车轮转速传感器都采用电磁式转速传感器。车轮转速传感器由电磁感应传感头和信号转子两部分组成，其外形如图 4.10 所示。

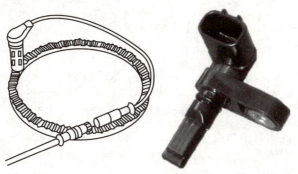

图 4.10 电磁式车轮转速传感器外形图

电磁感应传感头用来产生感应电压,通常由永久磁铁、电磁线圈和极轴等构成,根据极轴的结构不同,又可分为凿式极轴传感头、柱式极轴传感头两种,如图 4.11 所示。

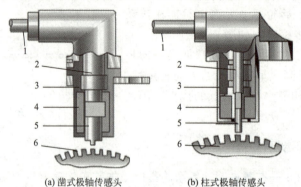

(a) 凿式极轴传感头　　(b) 柱式极轴传感头

图 4.11　电磁式车轮转速传感器结构图

1—电缆;2—永久磁铁;3—外壳;4—感应线圈;5—极轴;6—信号转子(齿圈)

车轮转速传感器的传感头一般安装在车轮附近上,如制动底板、转向节、半轴套管等处,如图 4.12 所示。信号转子是一个齿圈,齿数多少与车型、ABS ECU 有关,一般安装在随车轮一起转动的部件上,如轮毂、半轴、制动盘等处。

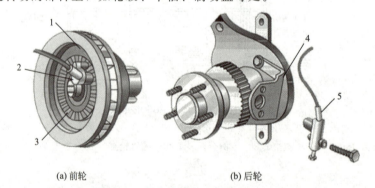

(a) 前轮　　(b) 后轮

图 4.12　车轮转速传感器的安装位置

1—制动盘;2、5—传感器;3—齿圈;4—传感器安装支架

车轮转速传感器产生的信号如图 4.13 所示。当车轮转速较高时,感应电压的频率和波幅均较大;反之,感应电压的频率和波幅均较小。

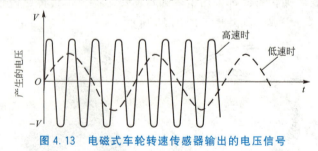

图 4.13　电磁式车轮转速传感器输出的电压信号

电磁式车轮转速传感器结构简单,成本低,但存在以下缺点:当车速很低时,传感器输出的电压信号较弱,传感器频率响应较低,当车速过高时,传感器的频率响应跟不上,容易产生错误信号;传感器的抗电磁干扰能力较差。

2) 霍尔式车轮转速传感器

霍尔式车轮转速传感器根据霍尔效应原理产生与车轮转速相对应的电压脉冲信号。霍尔车轮转速传感器也是由传感头和齿圈组成的。传感头由永久磁体、霍尔元件和电子电路等组成，如图 4.14 所示。

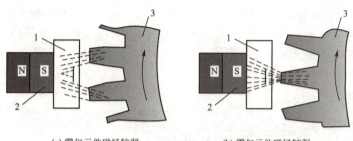

(a) 霍尔元件磁场较弱　　　　(b) 霍尔元件磁场较强

图 4.14　霍尔式车轮转速传感器

1—霍尔元件；2—永久磁铁；3—齿圈

当齿轮位于如图 4.14(a)所示位置时，穿过霍尔元件的磁力线分散，磁场相对较弱；而当齿轮位于如图 4.14(b)所示位置时，穿过霍尔元件的磁力线集中，磁场相对较强。齿轮转动时，使得穿过霍尔元件的磁力线密度发生变化，因而引起霍尔电压的变化，霍尔元件将输出一个毫伏级的准正弦波电压，通过电子电路转换成标准的脉冲电压输出信号，电压幅值为 7～14V，如图 4.15 所示。

霍尔车轮转速传感器具有以下优点：输出信号电压幅值不受转速的影响；频率响应高，其响应频率高达 20kHz，相当于车速为 1000km/h 时所检测的信号频率；抗电磁干扰能力强。

2. 制动压力调节器

制动压力调节器又称为 ABS 压力控制器，是 ABS 的执行机构，其功用是接收 ECU 的指令，通过电磁阀的动作控制车轮制动轮缸的制动压力，通常主要由电动液压泵、液压控制单元(包括蓄能器和电磁阀)等构成，如图 4.16 所示。

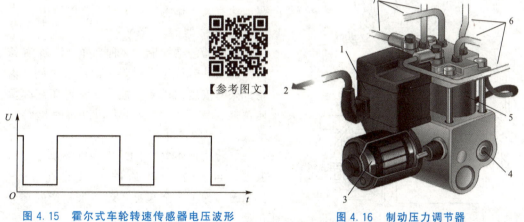

图 4.15　霍尔式车轮转速传感器电压波形

图 4.16　制动压力调节器

1—继电器盒；2—接 ABS ECU；3—液压泵电动机；4—液压泵总成；5—液压控制单元(包括蓄能器和电磁阀)；6、7—制动液油管

制动压力调节器串接在制动主缸与轮缸之间,通过电磁阀直接或间接地控制轮缸的制动压力。通常把电磁阀直接控制轮缸制动压力的制动压力调节器称为循环式调节器,把间接控制制动压力的制动压力调节器称为可变容积式调节器。

1) 电动液压泵

在 ABS 运行时,电动液压泵根据 ECU 的信号确定是否工作,从而起到循环控制制动液压力或迅速建立制动液压力的作用。它可在汽车起动 1min 内将制动液压力提高到 14~22MPa。

ABS 所用的电动液压泵多为柱塞式液压泵,由直流电动机、活塞式油泵、进出油阀等组成,其结构如图 4.17 所示。

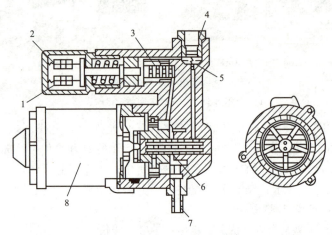

图 4.17　柱塞式电动液压泵

1—控制开关；2—警告开关；3—限压阀；4—出油口；
5—单向阀；6—滤芯；7—进油口；8—电动机

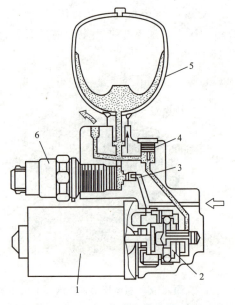

图 4.18　气囊式蓄能器

1—电动泵；2—回转球阀式活塞泵；3—单向阀；
4—限压阀；5—蓄能器；6—压力开关

电动机由压力控制开关控制,当柱塞出油口的压力低于设定的控制压力时,压力控制开关闭合,接通电动机电路,于是电动机驱动柱塞泵工作将制动液泵入蓄能器中。

2) 蓄能器(蓄压器)

蓄能器的结构形式多种多样。活塞-弹簧式蓄能器一般位于电磁阀与回油泵之间,由轮缸来的液压油进入蓄能器,进而压缩弹簧使蓄能器液压腔容积变大,以暂时储存制动液。

气囊式蓄能器(图 4.18)内则充满了高压氮气,可使制动液的压力保持在 14~18MPa。为了安全起见,近年来生产的部分车型中,已经取消了蓄能器。

3) 电磁阀

ABS 中通常有 4~8 个电磁阀,分别对应控制前后轮的制动。常用的电磁阀有三位三通电磁阀和二位二通电磁阀等多种形式。

电磁阀由阀体、固定铁心和可动铁心组成。通过改变电磁阀的电流改变磁场力,可以改变柱塞的位置,从而控制液体通道的开闭。

图4.19所示为博世(Bosch)公司ABS三位三通电磁阀,根据电流的大小,可将柱塞控制在3个位置,改变3个阀口之间的液体(制动液)通路。

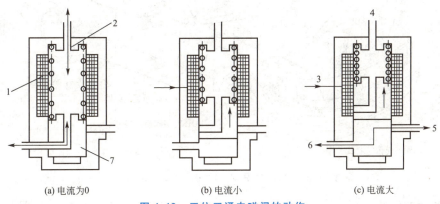

(a) 电流为0　　　　　(b) 电流小　　　　　(c) 电流大

图4.19　三位三通电磁阀的动作

1—线圈;2—固定铁心;3—电流;4—通主缸;5—通蓄能器;6—通轮缸;7—衔铁

3. ABS ECU

根据来自轮速传感器的信号,ABS ECU测量车轮转速和车速,发出相应的控制指令。早期生产的ABS,其ABS ECU与制动压力调节器多采用分体式安装,但接线较多。

得益于ABS ECU体积的日益小型化,并且出于散热和减少接线的考虑,现在生产的ABS,其ABS ECU与制动压力调节器多采用整体式安装,即ABS ECU与制动压力调节器直接安装到一起,成为一个总成,如图4.20所示。图4.20中,带有接线槽口的黑色部分即为ABS ECU。

在制动过程中,虽然车轮转速下降,但减速幅度会视制动中的车速和路面状况(如干沥青路面、湿路面或结冰路面等)而异。ABS ECU根据制动中车轮转速的变化,判断车轮与路面之间的滑移情况,控制ABS执行器,将最佳制动液压力传送至制动分泵(制动轮缸),以获得对车轮转速的最佳控制。

图4.20　ABS ECU

4.1.3　丰田循环式防抱死制动系统

按照制动压力的调节方式不同,ABS可分为可变容积式ABS(如本田车系)、循环式ABS(如大众车系、丰田车系)等几种。下面以丰田循环式ABS为例进行介绍。

1. 丰田循环式ABS的部件

图4.21所示为雷克萨斯LS400乘用车无牵引力控制装置的ABS部件配置图。

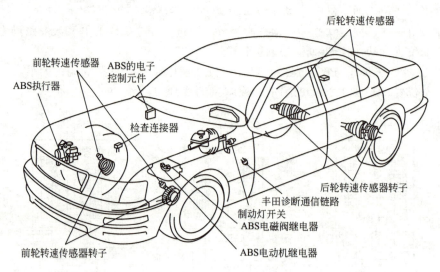

图 4.21 雷克萨斯 LS400 乘用车的 ABS 部件

1) 轮速传感器

前轮和后轮转速传感器为磁电式，由永久磁铁、线圈和传感器转子组成。前轮转速传感器安装在转向节上，后轮转速传感器安装在后桥壳上。锯齿形转子安装在驱动轴或轮毂上，作为一个整体转动。

2) ABS 执行器

丰田汽车 ABS 执行器因车型不同，其安装位置和制动管路的布置等均有所不同，但其本身的构造和工作原理则基本相同，均由电磁阀、储液室和泵等构成，如图 4.22 所示。

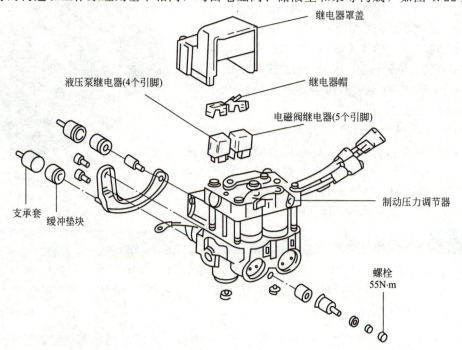

图 4.22　LS400 乘用车的 ABS 执行器

3) ABS 管路系统

ABS 执行器有 4 个三位三通电磁阀。用于前轮的，分别控制左、右轮；而用于后轮的，则同时控制左、右轮，如图 4.23 所示，因此这个系统称为三通道系统。

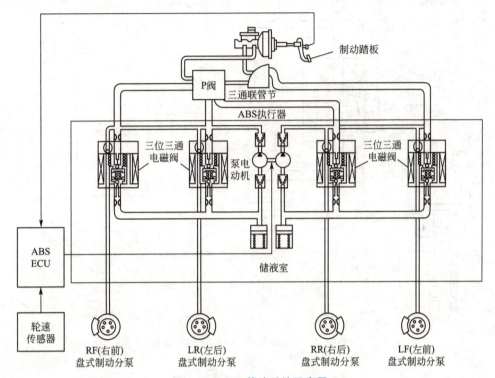

图 4.23 ABS 管路系统示意图

2. 丰田循环式 ABS 的工作过程

下面以前轮为例，说明 **ABS 的工作过程**。

1) 常规制动（ABS 不工作）

如图 4.24 所示，在正常制动中，ABS 不工作，ABS ECU 没有电流送至电磁线圈。此时，回位弹簧将三位三通电磁阀推下，"A" 孔保持打开，"B" 孔保持关闭。

当踩下制动踏板时，制动总泵液压上升，制动液从三位三通电磁阀内的 "A" 孔流至 "C" 孔，送至盘式制动分泵。位于泵油路中的 1 号单向阀阻止制动液流进泵内。

当松开制动踏板时，制动液从盘式制动分泵，经三位三通电磁阀内的 "C" 孔流至 "A" 孔和 3 号单向阀，流回制动总泵。

在正常制动中，ABS 不工作，其制动过程和没有 ABS 的制动过程是一样的。

2) 紧急制动（ABS 工作）

在紧急制动中，当任何一个车轮被抱死时，ABS 执行器根据来自 ECU 的信号，控制作用在车轮上的制动液压力，阻止车轮抱死。ABS 会按以下 3 种模式工作。

(1) "压力降低" 模式。ABS "压力降低" 模式如图 4.25 所示。

当车轮将要抱死时，ECU 将 5A 电流送至电磁线圈，产生强大的磁力。三位三通电磁阀向上移动，"A" 孔随 "B" 孔的打开而关闭。制动液从盘式制动分泵流经三位三通电磁阀内的 "C" 孔至 "B" 孔，流入储液室。

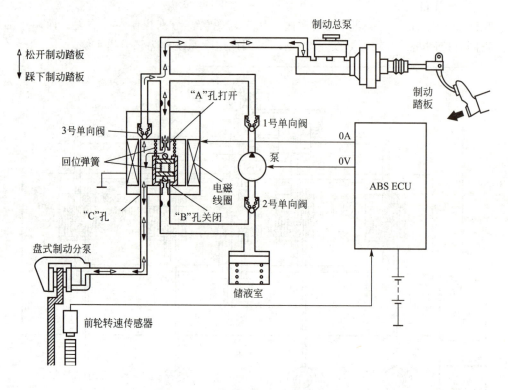

图 4.24 正常制动时(ABS 不工作)油路

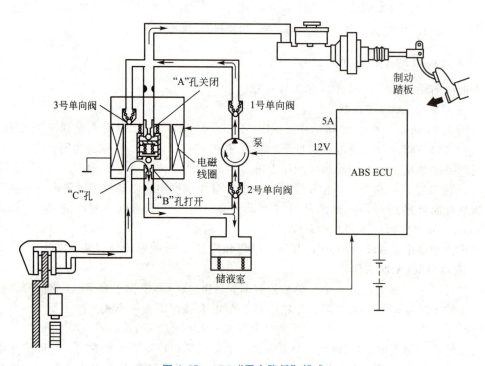

图 4.25 ABS "压力降低" 模式

同时，执行器泵的电动机由来自 ECU 的信号接通，制动液从储液室送回至总泵。由于"A"孔（此时关闭）及 1 号和 3 号单向阀阻止来自总泵的制动液流入三位三通电磁阀，结果盘式制动分泵内的液压降低，阻止车轮被抱死。液压降低速率通过"压力降低"和"保持"模式的反复交替进行调节。

（2）**"保持"模式**。随着盘式制动分泵内压力的降低或提高，轮速传感器传送一个信号，表示转速达到目标值，于是 ECU 供应 2A 电流至电磁线圈，将盘式制动分泵内的压力保持在该值。

如图 4.26 所示，当提供给电磁线圈的电流从 5A（在"压力降低"模式）降至 2A（在"保持"模式）时，在电磁线圈内产生的磁力也减小，于是回位弹簧的弹力将三位三通电磁阀向下推至中间位置，将"B"孔关闭。

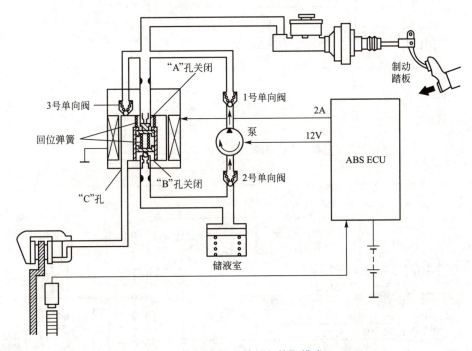

图 4.26　ABS 系统"保持"模式

（3）**"压力提高"模式**。当盘式制动分泵内的压力需要提高，以施加更大的制动力时，ECU 停止传送电流至电磁线圈，如图 4.27 所示。

三位三通电磁阀的"A"孔打开，"B"孔关闭，从而使总泵内的制动液经三位三通电磁阀内的"C"孔流至盘式制动分泵。液压提高速率通过"压力提高"和"保持"模式的反复交替进行控制。

3. 丰田循环式 ABS ECU 的功能

ABS ECU 控制电路图如图 4.28 所示。它具有轮速控制功能、继电器控制功能、初始检查功能、诊断功能、传感器检查功能和失效保护功能。

1）车轮转速控制功能

ECU 不断地收到来自 4 个转速传感器的车轮转速信号，通过对每个车轮转速和减速度进行运算，以估算车速。当踩下制动踏板时，各个盘式制动分泵内的液压开始升高，车

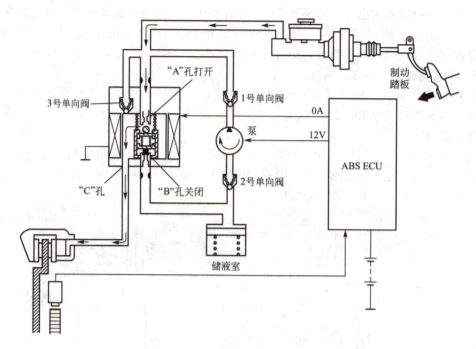

图 4.27　ABS "压力提高" 模式

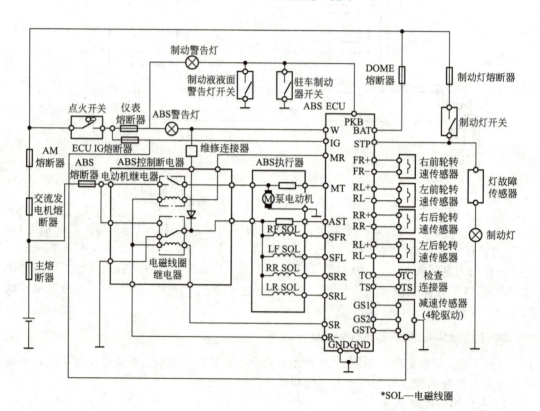

图 4.28　ABS ECU 控制电路图

轮转速开始降低。如果有任何一个车轮将要抱死,ECU 就降低这个车轮盘式制动分泵内的液压。

2)继电器控制功能

电磁线圈继电器控制功能。当满足下列条件时,ECU 接通电磁线圈继电器。

(1)点火开关接通。

(2)初始检查功能完成,这一功能在点火开关接通后立即执行。

(3)诊断中未发现故障(故障码 37 除外)。

如果上述条件中有任何一项不满足,ECU 就断开电磁线圈继电器。

执行器泵电动机继电器控制功能。当满足下列条件时,ECU 接通电动机继电器。

(1)在 ABS 运作中或初始检查中。

(2)当电磁线圈继电器接通时。

如果上述条件中有任何一项不满足,ECU 就断开电动机继电器。

3)初始检查功能

ABS ECU 依次操纵三位三通电磁阀和执行器泵的电动机,分别检查每个电器系统的工作情况,如图 4.29 所示。

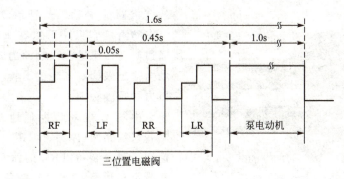

图 4.29　ECU 初始检查过程

当断开制动灯开关,车辆以大于 6km/h 的车速行驶时,执行初始检查功能。这一功能仅在每次点火开关接通时执行一次。

4)诊断功能

任何一个信号系统发生故障,组合仪表内的 ABS 警告灯(图 4.30)都会点亮,警告驾驶人 ABS 有故障发生。ABS ECU 也会将这一故障的代码存储起来。

5)传感器检查功能

有些车型上的 ABS ECU 还具有传感器检查功能,检查传感器的运行特性。轮速传感器检查功能是检查所有传感器输出电压的高低和检查所有传感器输出电压的波动。

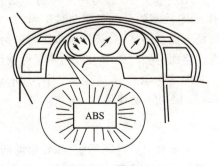

图 4.30　警告灯

传感器检查功能是专为汽车维修技术人员使用的,要用专门程序设置其运作条件,以诊断每个传感器的运行特性。

6）失效保护功能

如果检测到 ABS 电子控制系统发生故障，ABS ECU 会发出指令，停止 ABS 的工作，恢复到常规制动系统状态，即如车辆未安装防抱死制动系统一样。

4.2 汽车牵引力控制系统

4.2.1 牵引力控制系统概述

1. 汽车牵引力控制系统的作用

汽车牵引力控制系统(Traction Force Control System，TRC，也可略作 TCS)是继防抱死制动系统之后应用于车轮防滑的电子控制系统，其功用是防止汽车在起步、加速时和在滑溜路面行驶时驱动轮滑转，故有些汽车公司也将该技术称为驱动防滑系统(Acceleration Slip Regulation System，ASR)。

当车轮转动而车身不动或是汽车的速度低于转动车轮的轮缘速度时，轮胎与地面之间就有相对的滑动，这种滑动称为"滑转"。汽车防滑控制系统可以在车轮出现滑转时，通过对滑转车轮施以制动力或控制发动机的动力输出来抑制车轮的滑转，以避免汽车牵引力和行驶稳定性下降。

由图 4.31 可以明显地看出，车辆在低附着系数路面(冰雪、湿滑、泥泞路面)上加速起步时，装备 TRC 的汽车可以很好地沿着既定车道行驶，而未装备 TRC 的汽车则很容易出现甩尾、侧滑等现象。

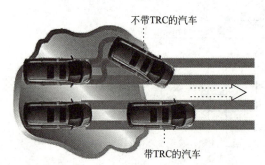

图 4.31 TRC 的作用

2. TRC 与 ABS 的比较

ABS 和 TRC 都是用来控制车轮相对地面的滑动，以提高车轮与地面之间的附着力。但 ABS 控制的是汽车制动时车轮的"滑移"，主要用来提高汽车的制动效能和制动时的方向稳定性；而 TRC 是控制汽车行驶时的驱动车轮"滑转"，用于提高汽车起步、加速及在滑溜路面行驶时的牵引力和确保行驶稳定性。

ABS 一般在车速很低(小于 8km/h)时不起作用，而 TRC 一般在车速很高(大于 80km/h)时不起作用。

3. TRC 的控制方式

汽车牵引力控制系统(或称驱动防滑控制系统)对驱动轮的控制方式有发动机输出转矩控制、制动力控制、差速器锁止控制等控制方式。

1) 发动机输出转矩控制

发动机输出转矩控制是通过限制发动机的转矩输出，以达到抑制驱动轮滑转的目的。

当两侧驱动轮在附着条件相同的光滑路面上行驶，滑转率已达到其受控的限值时，ECU 即开始进行发动机的转矩控制，降低发动机的输出功率、转速，直至驱动轮的平均转速略超过非驱动轮的平均转速。

通常采用3种控制方法进行发动机转矩控制：一是调节节气门开度，即在发动机原节气门的基础上，串联一个副节气门，或者直接安装电子节气门，由 ASR 或发动机控制系统控制其开度；二是减少或切断喷油量；三是减小点火提前角。

发动机输出转矩控制如图 4.32 所示。

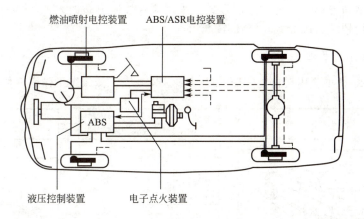

图 4.32　发动机输出转矩控制

2）对驱动轮进行制动控制

通过对单边滑转的驱动车轮施加适当的制动力，使两侧驱动轮同步转动并限制其滑转率。

如在单侧驱动轮打滑时，ASR 电子控制器将发出控制指令，通过制动系统的压力调节器，对产生滑转的车轮施加制动，其滑转率会逐渐下降。

当两侧驱动轮均出现滑转，但滑转率不同时，可以通过对两边驱动轮施加不同的制动力，分别抑制它们的滑转，从而提高汽车在湿滑路面上的起步、加速能力和行驶的方向稳定性。

3）差速器锁止控制

对差速器进行锁止时，可以使左右驱动轮的输入转矩不同，差速器锁止控制即基于这一原理，如图 4.33 所示，根据路面情况和锁止比将滑移率控制在某一范围内。

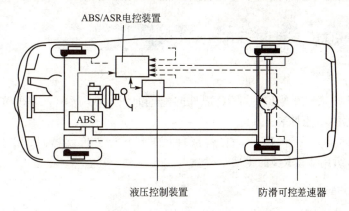

图 4.33　差速器锁止控制

例如，当路面两侧的附着系数不同时，附着系数低的一侧驱动轮打滑，电子控制器通过传感器获得这一信号后，控制器驱动锁止阀，对差速器进行一定程度锁止，使附着系数高的一侧获得驱动力，从而提高行驶稳定性和行驶车速。这种控制操纵稳定性较好，牵引性较好，但舒适性较差。

以上控制方式各有优缺点，因此驱动防滑控制常采用组合方式，如发动机节气门开度调节和驱动轮制动力调节组合的控制方式。采用这种控制方式时，汽车的舒适性、操纵稳定性和牵引性均较好，因此被广泛应用。

4. TRC 的工作原理

丰田的 TRC 最早应用在雷克萨斯 LS400 和 SC400 上，该系统工作原理如图 4.34 所示。

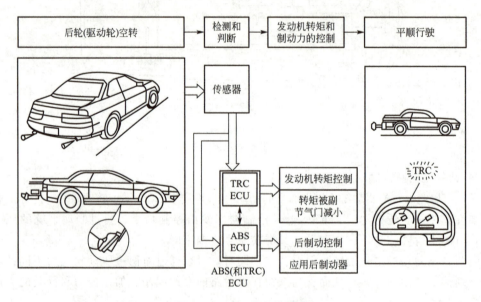

图 4.34　TRC 的工作原理

当车轮开始空转时，TRC 一方面制动驱动轮，另一方面调小节气门开度，降低发动机的输出转矩，使传递到路面的转矩减至一个适当值，使车辆获得稳定而迅速的起步和加速。

4.2.2　牵引力控制系统的结构组成

1. TRC 部件的组成

丰田雷克萨斯 LS400 使用的 TRC 部件的配置如图 4.35 所示，TRC 的构成如图 4.36 所示，TRC 部件的功能见表 4-1。

TRC 和 ABS 共用一个 ECU，有些部件（如 4 个轮速传感器）既用于 ABS，又用于 TRC。下面仅介绍用于 TRC 的主要部件。

2. 副节气门执行器

副节气门执行器（图 4.37）安装在节气门体上，根据来自 ABS 和 TRC ECU 的信号控制副节气门开度，从而控制发动机输出功率。

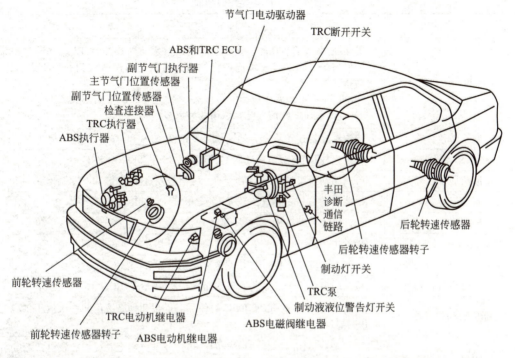

图 4.35 TRC 部件配置图

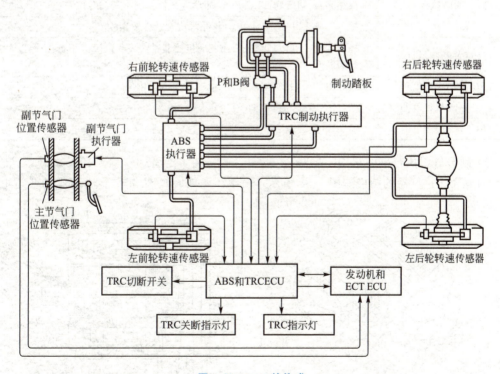

图 4.36 TRC 的构成

表 4-1 TRC 部件的功能

部件名称	功能
ABS 和 TRC ECU	① 根据来自前、后轮转速传感器及来自发动机和 ECT ECU 的节气门位置传感器信号判断行驶情况，将控制信号发送至副节气门执行器和 TRC 制动执行器 ② 如 TRC 系统发生故障，将接通 TRC 指示灯以警告驾驶人 ③ 当设置在诊断模式时，利用故障码显示每个故障
前、后轮转速传感器	检测车轮转速，将车轮转速信号发送至 ABS 和 TRC ECU
空挡起动开关	将换挡杆位置信号(P 或 N 位)输入 ABS 和 TRC ECU
制动液液面警告开关	检测制动总泵储液室内的液面，将信号发送至 ABS 和 TRC ECU
制动灯开关	检测制动信号，将这一数据发送至 ABS 和 TRC ECU
TRC 切断开关	允许驾驶人使 TRC 系统不运作
发动机和 ECT ECU	接收主、副节气门位置传感器信号，将其发送至 ABS 和 TRC ECU
主节气门位置传感器	检测主节气门开度，将其发送至发动机和 ECT ECU
副节气门位置传感器	检测副节气门开度，将其发送至发动机和 ECT ECU
TRC 制动执行器	根据来自 ABS 和 TRC ECU 的信号，产生和提高液压并将该液压供应至 ABS 执行器
ABS 执行器	根据来自 ABS 和 TRC ECU 的信号，分别控制至左、右后轮盘式制动分泵的液压
副节气门执行器	根据来自 ABS 和 TRC ECU 的信号，控制副节气门开度
TRC 警告灯	提示驾驶人 TRC 在工作，警告驾驶人系统发生故障
TRC 关断指示灯	提示驾驶人 TRC 因 ABS 或发动机控制系统发生故障而不工作或 TRC 切断开关断开
TRC 制动主继电器	向 TRC 制动执行器和 TRC 电动机继电器供电
TRC 电动机继电器	向 TRC 泵电动机供电
TRC 节气门继电器	经 ABS 和 TRC ECU 向副节气门执行器供电

1）副节气门执行器的结构

副节气门执行器的结构如图 4.38 所示，由永久磁铁、线圈和转子轴组成的步进电动

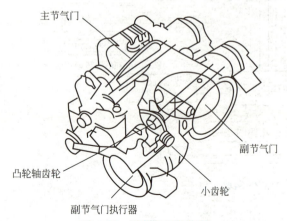

图 4.37 副节气门执行器

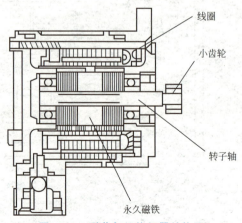

图 4.38 副节气门执行器结构图

机，驱动副节气门轴末端的凸轮轴齿轮转动，从而控制副节气门的开度。

2) 副节气门执行器的工作过程

副节气门的工作状态如图 4.39 所示。当 TRC 不工作时，副节气门完全打开，对发动机的工作没有影响；当 TRC 部分工作时，副节气门打开一定角度；当 TRC 完全工作时，副节气门完全关闭。

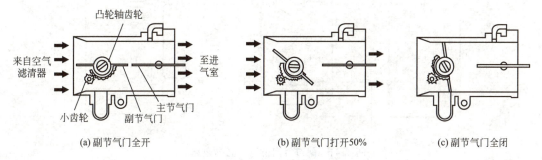

图 4.39　副节气门的工作状态

3. 副节气门位置传感器

副节气门位置传感器安装在副节气门轴上，如图 4.40 所示，将副节气门开度转换为电压信号，并将这一信号经发动机和 ECT ECU 发送至 ABS 和 TRC ECU，其电路如图 4.41 所示。

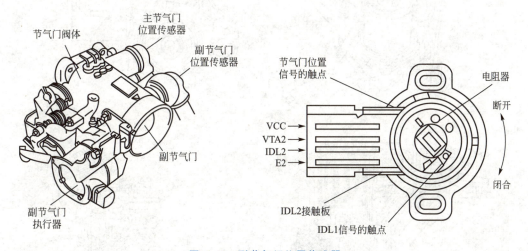

图 4.40　副节气门位置传感器

4. TRC 制动执行器

TRC 制动执行器由泵总成和制动执行器组成，如图 4.42 所示。泵将制动液从总泵储液室泵出，提高其压力，然后传送至蓄能器。蓄能器中充有高压氮气，以缓和制动液容积的变化。

制动执行器和 ABS 执行器共用，ABS 和 TRC ECU 控制 ABS 执行器，分别控制左、右后轮盘式制动分泵中的液压。

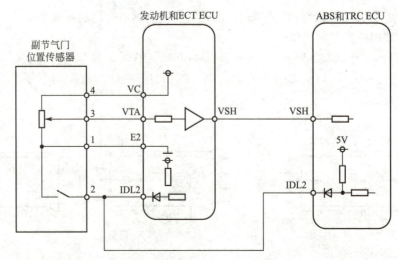

图 4.41　副节气门位置传感器电路图

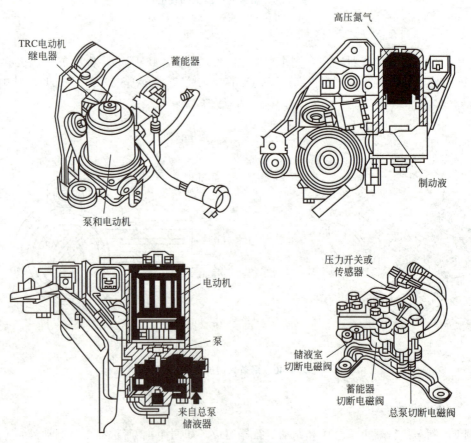

图 4.42　TRC 制动执行器的结构图

5. 压力传感开关

压力传感开关属于接触型压力传感开关，监测蓄能器中的压力，其安装位置如图 4.43

所示。ABS 和 TRC ECU 根据压力信号接通和关断 TRC 泵。

压力传感开关工作过程和电路如图 4.44 所示。

4.2.3　TRC 执行器的工作过程

LS400 TRC 液压控制系统如图 4.45 所示。TRC 液压控制系统中蓄能器切断电磁阀的作用是在 TRC 工作时，将来自蓄能器的液压传送至盘式制动分泵；总泵切断电磁阀当蓄能器中的液压被传送至盘式制动分泵时，阻止制动液流回到总泵；储液室切断电磁阀在 TRC 工作时，使制动液从盘式制动分泵流回至总泵储液室。

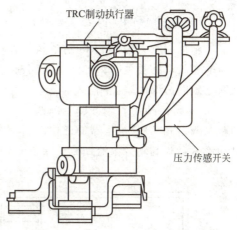

图 4.43　压力传感开关的安装位置

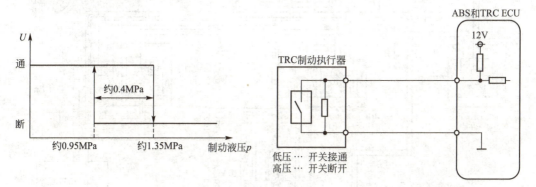

图 4.44　压力传感开关工作过程和电路图

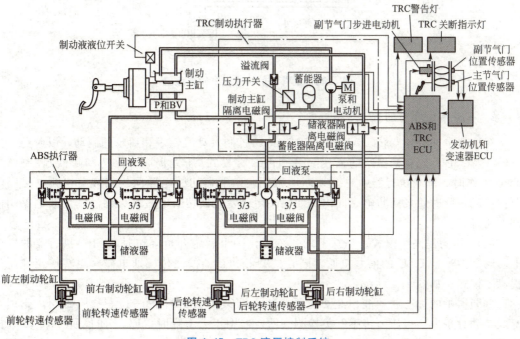

图 4.45　TRC 液压控制系统

1. 在正常制动中(TRC 未启动)

当施加制动力时，TRC 制动执行器中总泵切断电磁阀、蓄能器切断电磁阀、储液室切断电磁阀电路被关断，此时总泵切断电磁阀内部油路打开，蓄能器切断电磁阀、储液室切断电磁阀内部油路关闭。

如图 4.46 所示，当 TRC 在此状态下，将制动踏板踩下时，总泵内产生的液压经总泵切断电磁阀和 ABS 执行器的三位三通电磁阀作用在盘式制动分泵上。当松开制动踏板时，制动液从盘式制动分泵流回到总泵。

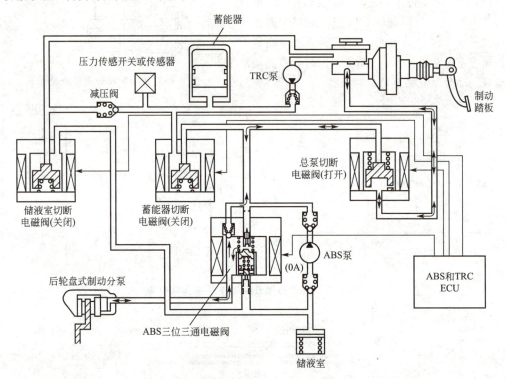

图 4.46 正常制动时液压工作流程图

2. 在车辆加速中(TRC 启动)

在加速中如后轮空转，ABS 和 TRC ECU 控制发动机转矩和后轮的制动，以避免发生空转。左、右后轮制动器中的液压，分别由 3 种模式(压力提高、保持和降低)控制，当 TRC 工作时，制动执行器中总泵切断电磁阀、蓄能器切断电磁阀、储液室切断电磁阀电路被接通，此时总泵切断电磁阀内部油路关闭，蓄能器切断电磁阀、储液室切断电磁阀内部油路打开。

(1)"压力提高"模式。当踩下加速踏板，一个后轮开始空转时，TRC 执行器的所有电磁阀都由来自 ECU 的信号接通，同时，ABS 执行器的三位三通电磁阀也转接至"压力提高"模式，如图 4.47 所示。

蓄能器中的加压制动液，经蓄能器切断电磁阀和 ABS 中的三位三通电磁阀，作用在盘式制动分泵上。当压力传感开关检测到蓄能器中压力下降时，ECU 便接通 TRC 泵以提高液压。

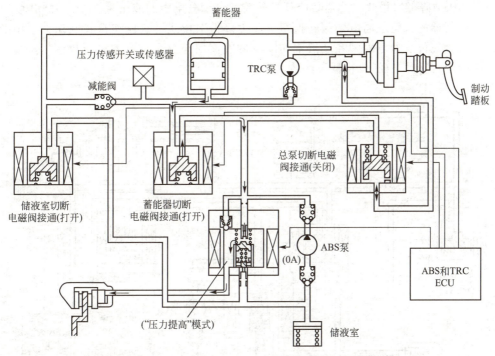

图 4.47 "压力提高"模式液压工作流程图

(2)"压力保持"模式。如图 4.48 所示,当后轮盘式制动分泵中的液压提高或降低到所需要的压力时,系统就切换至"压力保持"模式。模式转换是由 ABS 执行器的三位三通电磁阀的切换完成的。其结果是阻止蓄能器中的压力降低,保持盘式制动分泵中的液压。

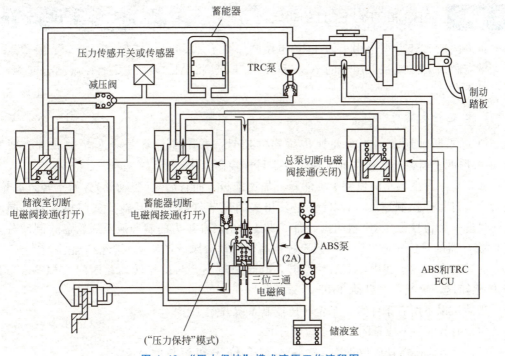

图 4.48 "压力保持"模式液压工作流程图

(3)"压力降低"模式。当需要降低后轮盘式制动分泵中的液压时,ABS 和 TRC ECU 将 ABS 执行器的三位三通电磁阀转换至"压力降低"模式。这就使盘式制动分泵中的制动液经 ABS 三位三通电磁阀和储液室切断电磁阀流回至总泵储液室,导致液压降低,如图 4.49 所示。这时 ABS 执行器泵保持不工作。

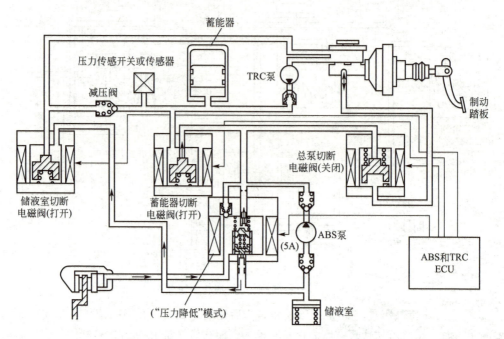

图 4.49 "压力降低"模式液压工作流程图

4.2.4 ABS 和 TRC ECU 的功能

雷克萨斯 LS400 型乘用车的 TRC 电路图如图 4.50 所示。

雷克萨斯 LS400 型乘用车的 ABS 和 TRC ECU 将 ABS 和 TRC 的控制结合起来,主要有以下功能。

1. 车轮转速控制

ECU 不断收到来自 4 个轮速传感器的信号,并不断计算每个车轮的转速。同时,ECU 根据两个前轮的转速估计车速,设定目标控制速度。

如果在摩擦系数小的道路上突然踩下加速踏板,而且后轮(驱动轮)开始空转,后轮转速就会超过目标控制速度。ECU 于是发出关闭副节气门信号至副节气门执行器。同时,它还发送一个信号至 TRC 制动执行器,使其输出较高压力的制动液至后轮盘式制动分泵。ABS 执行器的三位三通电磁阀转换至控制后轮制动分泵液压,从而阻止车轮空转。

在起动和突然加速中,若后轮空转,其转速就不会与前轮转速相匹配。ABS 和 TRC ECU 感知这一情况,便启动 TRC。

当满足以下所有条件时,车轮转速控制系统开始工作。

(1) 主节气门不应全闭(IDL1 应断开)。

(2) 变速器换挡杆应位于 L、2、D 位或 R 位(P 和 N 位信号应关断)。

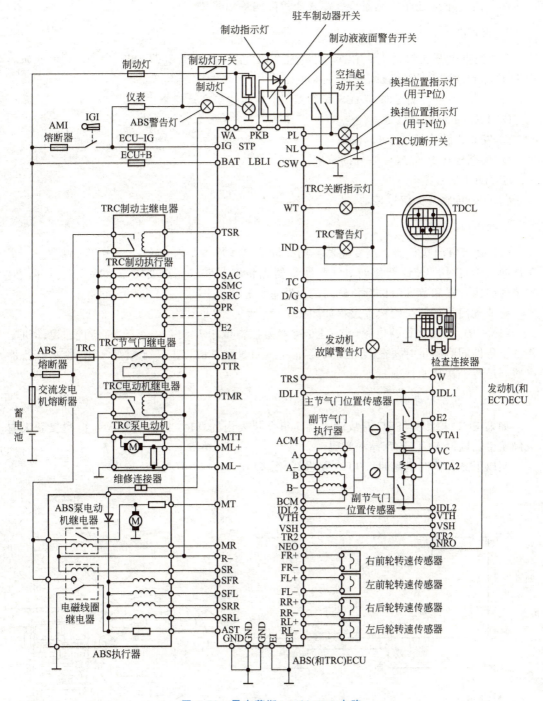

图 4.50 雷克萨斯 LS400 TRC 电路

(3) 车辆应以大于 9km/h 的速度行驶,制动灯开关应断开(若车速低于 9km/h 时,可以接通)。

(4) TRC 切断开关应断开。

(5) ABS 不应工作。

(6) TRC 不应处在传感器检查模式或故障码输出模式。

2. 继电器的控制

(1) 当点火开关接通时,ECU 就接通 TRC 制动器主继电器和节气门继电器。如果 ECU 检测到故障,ECU 就断开这些继电器。

(2) 当以下条件满足时,ABS 和 TRC ECU 接通泵电动机继电器。

① TRC 主继电器接通。

② 发动机转速超过 500r/min。

③ 换挡杆在 P 或 N 位以外的位置。

④ IDL1 信号断开。

⑤ 压力传感开关信号接通。

3. 初始检查

(1) 副节气门执行器。当变速器换挡杆位于 P 或 N 位、主节气门全闭、车辆停止 3 个条件同时满足时,ECU 就使副节气门执行器先将副节气门完全关闭,然后完全打开,对副节气门执行器和节气门位置传感器的电路进行检查。

副节气门执行器初始检查过程如图 4.51 所示。

(2) TRC 制动执行器电磁阀。当变速器换挡杆位于 P 或 N 位、车辆停止、发动机工作 3 个条件同时满足时,在点火开关接通后,ABS 和 TRC ECU 才操纵 TRC 制动执行器电磁阀进行一次初始检查。

4. 故障警告和存储

如果 ECU 检测到 TRC 有故障,就使组合仪表内的 TRC 警告灯点亮,提醒驾驶人有故障发生,同时 ECU 还存储故障码。

当以下条件同时满足时,TRC 警告灯(图 4.52)闪烁,并显示故障码。

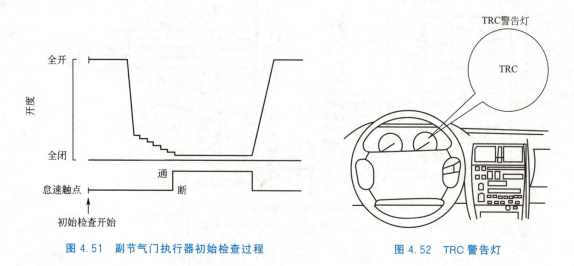

图 4.51 副节气门执行器初始检查过程

图 4.52 TRC 警告灯

(1) 点火开关接通。

(2) TDCL 或检查连接器的 TC 和 E1 端子连接(仅在有安全气囊的车辆上检查连接器才有 TC 端子)。

(3) 车辆停止。

5. 失效保护

当 TRC 系统不工作，ABS 和 TRC ECU 检测到故障时，ECU 立即关断 TRC 节气门继电器、TRC 电动机继电器和 TRC 制动执行器主继电器，从而使 TRC 系统不能工作。

如果在 TRC 工作中，ECU 检测到故障，ECU 就停止控制，关断 TRC 电动机继电器和 TRC 制动执行器主继电器。当 ECU 使 TRC 系统不能工作时，发动机和制动系统的工作方式与无 TRC 的车型一样。

4.3 电子制动力分配与辅助制动系统

4.3.1 电子制动力分配系统

电子制动力分配（Electric Brake-force Distribution，EBD）系统能够根据车辆载荷（空载、满载）、道路附着条件和制动强度等因素的变化情况，自动调节前、后轴的制动力分配比例，提高制动效能（在一定程度上可以缩短制动距离），并配合 ABS 提高制动稳定性。

EBD 系统对车轮制动力的调节如图 4.53 和图 4.54 所示。

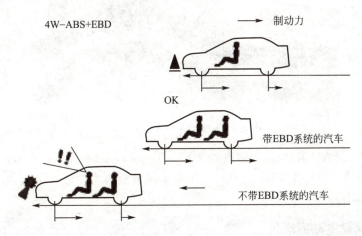

图 4.53 EBD 系统对前、后车轮制动力的动态调节

汽车制动时，如果 4 个轮胎附着地面的条件不同，例如，左侧轮附着在湿滑路面，而右侧轮附着于干燥路面，4 个车轮与地面的摩擦力不同，在制动时（4 个车轮的制动力相同）就容易产生打滑、倾斜和侧翻等现象。

EBD 系统的功能就是在汽车制动的瞬间，高速计算出 4 个轮胎由于附着不同而导致的摩擦力数值，然后调整制动装量，使其按照设定的程序在运动中高速调整，达到制动力与摩擦力（牵引力）的匹配，以保证车辆的平稳和安全。

在紧急制动车轮抱死的情况下，EBD 系统在 ABS 动作之前就已经平衡了每一个轮子的有效地面附着力（抓地力），可以防止出现甩尾和侧移现象，并缩短汽车制动距离。

EBD 系统实际上是 ABS 的辅助功能，它可以提高 ABS 的功效，所以在安全指标上，

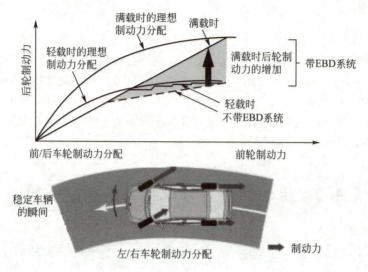

图 4.54　EBD 系统对前/后/左/右 4 个车轮制动力的动态调节

汽车的性能又多了"ABS+EBD"。由图 4.55 可以直观地看出"ABS+EBD"的功效。

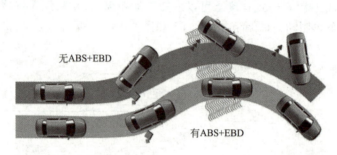

图 4.55　"ABS+EBD"的功效

在德国车系(如 AUDI)中，习惯以德文 Electronische Bremsenkraft Verteiler 来表述电子制动力分配系统，并略作 EBV。因此，在汽车技术资料中，经常会出现 EBD 和 EBV，其实两者并无差别。

4.3.2　辅助制动系统

辅助制动系统(Brake Assistant System，BAS 或 BA)，也称电控辅助制动系统(Electronic Brake Assist System，EBA)。

辅助制动系统是针对在紧急情况下，驾驶人踩制动踏板时缺乏果断或踏板力不足而设计的。BAS 可以从驾驶人踩制动踏板的速度中检测到行车状况，当驾驶人在紧急情况下迅速踩下制动踏板，但踏板力又不足时，BAS 便会在不到 1s 的时间内把制动力增至最大，缩短紧急情况下的制动距离，以策安全。

BAS 与 ABS 配合工作，可以大大提高制动效能。BAS 靠时基监控制动踏板的运动。一旦监测到踩踏制动踏板的速度陡增，而且驾驶人继续大力踩踏制动踏板，该系统就会释放出储存的液压施加最大的制动力。驾驶人一旦释放制动踏板，BAS 就转入待机模式。由于更早地施加了最大的制动力，紧急制动辅助装置可显著缩短制动距离。

简而言之，BAS 相当于一个驾驶教练，在万分紧急的情况下，可以帮助驾驶人迅速、果断地采取强有力的制动措施，确保行车安全。图 4.56 为 BAS 的功用示意图。

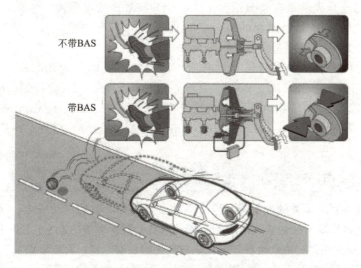

图 4.56 BAS 的功用示意图

BAS 可显著缩短紧急制动距离并有助于防止在停停走走的城市交通中发生追尾事故。

4.4 汽车电子稳定程序

4.4.1 汽车电子稳定程序的作用

电子稳定程序（Electronic Stability Program，ESP）集成了 ABS、TRC 等系统的功能，在各种情况下都能提高汽车行驶的稳定性，属于汽车主动安全系统。

ABS 一般是在车辆制动时发挥作用，TRC 只是在车辆起步和加速行驶时发挥作用，而 ESP 系统则在整个行驶过程中始终处于工作状态，不停地监控车辆的行驶状态和观察驾驶人的操作意图，从而决定什么时候通过车辆控制系统主动地修正汽车的行驶方向，把汽车从危险的边缘拉回到安全的境地，如图 4.57 所示。

图 4.57 ABS、TRC(TCS)、ESP 功用示意图

ESP 系统能视需要自动地向一个或多个车轮施加制动力,在某些情况下可以进行频率高达 150Hz 的制动,以确保汽车行驶在选定的车道内。

ESP 系统为汽车提供了在紧急情况下的、十分有效的安全保障,大大降低了汽车在各种道路状况下及转弯时发生侧翻的可能性,提高了汽车行驶稳定性。从这个意义上说,ESP 系统又称为行驶动力控制系统。

车型不同,ESP 技术的缩写形式也有所不同。沃尔沃称其为动态稳定牵引控制(Dynamic Stability Tracing Control,DSTC)系统,宝马称其为动态稳定控制(Dynamic Stability Control,DSC)系统,丰田称其为车辆稳定控制(Vehicle Stability Control,VSC)系统,三菱称其为主动稳定控制(Active Stability Control,ASC)系统,但其工作原理和作用基本相同。

4.4.2 汽车电子稳定程序的工作原理

汽车安全性方面最重要的就是避免发生事故,也就是所谓的主动安全。汽车规避事故的功能是汽车重要而又基本的性能,它可帮助避免或自动避免事故的发生。ESP 系统的作用主要是在汽车将要出现失控时,主动地参与避免事故发生的控制过程,有效地增加汽车稳定性。

不带 ESP 系统的汽车在高速行驶急转弯时会出现两种危险状况:一种是不足转向(有冲出弯道的倾向),如图 4.58(a)所示;另一种是过度转向(有甩尾的倾向),如图 4.59(a)所示。两者相比,过度转向是一种危险的不稳定状况,它可导致车辆急速旋转甚至翻车。

而带有 ESP 系统的汽车,则可以在车辆出现不足转向和过度转向的情况下,依然能够安全、高速地通过弯道,如图 4.58(b)和图 4.59(b)所示。

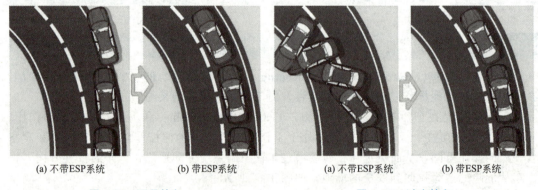

(a) 不带ESP系统　　(b) 带ESP系统　　　　(a) 不带ESP系统　　(b) 带ESP系统

图 4.58　不足转向　　　　　　　　　　图 4.59　过度转向

ESP 系统的工作原理是传感器实时地检测驾驶人的行驶意图和车辆的实际行驶情况,其中转向角传感器用来收集驾驶人的转向意图;车轮转速传感器(每个车轮上都装有一个)、偏转率传感器、纵向/横向加速度传感器等用来监测车辆运动状况。ECU 根据各传感器的信号计算出车辆的实际运动轨迹,如果实际运动轨迹与理论运动轨迹(驾驶人意图)有偏差,或者检测出某个车轮打滑(丧失抓地能力),ECU 就会首先通知副节气门控制机构(或电子节气门)减小开度(收油),然后通知制动系统对某个车轮进行制动,来修正运动轨迹。当实际运动轨迹与理论运动轨迹相一致时,ESP 自动解除控制。

当车辆转向不足时,ESP 系统会通过发动机和变速器控制系统主动地对位于弯道内侧的后轮实施瞬间制动,防止车辆驶出弯道;当车辆转向过度时,ESP 系统会通过发动机和变速器控制系统主动地对位于弯道外侧的前轮实施瞬间制动,防止产生过大的离心力。

如图 4.60 所示,在十字路口,装备 ESP 系统的汽车(绿车 A)可以高速避让由支路出现的汽车(蓝车 B),而未装备 ESP 系统的汽车(红车 C)则可能因车辆失控而滑出车道,甚至翻车。

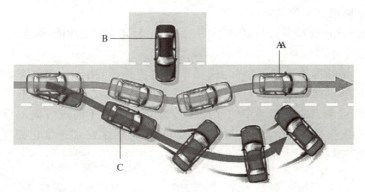

图 4.60　ESP 系统在高速紧急避让过程中的表现

由于 ESP 系统在高速过弯、高速避让、稳定性控制等方面的突出表现,使得该系统的装车率逐渐提高。

4.4.3　汽车电子稳定程序的组成

ESP 系统是在 ABS/TRC 系统的基础上发展起来的,故大部分元件与 ABS/TRC 系统共用,也是由传感器、ECU 及执行器 3 部分组成的。

Bosch ESP 系统组成如图 4.61 所示。

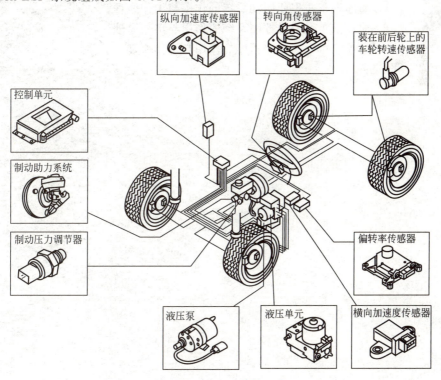

图 4.61　ESP 系统的组成

1) 传感器

ESP 系统作为保证行车安全的一个重要电控系统，其各个传感器的正常工作是进行有效控制的基础。Bosch ESP 系统在 ABS/ASR 基础上增加了转向角传感器、偏转率传感器、纵向及横向加速度传感器等。

转向角传感器用于检测转向盘的转角信号(包括转角的大小和转动速率)，这一信号反映了驾驶人的操作意图。

【参考视频】

偏转率传感器(也称为横摆角速度传感器)用于检测汽车翻转的信号。这种传感器像一个罗盘，时刻监测汽车的运动姿态，并记录下汽车每个可能的翻转运动。ESP 系统中的加速度传感器有沿汽车前进方向的纵向加速度传感器(用于 4 轮驱动车辆)和垂直于前进方向的横向加速度传感器两种，其基本原理相同，只是成 90°夹角安装。

2) ECU

【参考视频】

ESP 系统一般与 ABS 共用 ECU，将 ABS/ASR 系统 ECU 的功能进行扩展后再进行 ABS/ESP 控制。ESP 系统包括输入信号放大电路、运算电路、执行器控制电路、稳压电源电路、电磁屏蔽电路等。

3) 执行器

在 ABS/ASR 系统执行器的基础上，改进了通往各车轮的液压通道，增加了 ESP 警告灯和 ESP 蜂鸣器等。

【参考视频】

1. 简述汽车防抱死制动系统的作用与工作原理。
2. 简述汽车牵引力控制系统的作用与工作原理。
3. 简述汽车电子稳定程序的作用与工作原理。

第 5 章 电子控制悬架系统

教学提示

汽车悬架的性能直接影响车辆的操纵稳定性和乘坐舒适性。采用电子控制主动悬架是汽车悬架系统的发展趋势。

教学要求

本章主要介绍电子控制悬架系统在汽车上的应用概况、基本组成及控制方法。要求学生了解电子控制悬架系统的应用概况和发展趋势,熟悉汽车电子控制悬架系统的组成和功能。

5.1 汽车悬架概述

5.1.1 汽车悬架的作用

汽车悬架(图 5.1)是指连接车架(或承载式车身)与车桥(或车轮)的一系列传力装置。

汽车悬架的作用如下。

(1) 承受载荷,即承受汽车各方向的载荷,这些载荷包括垂直方向、纵向和侧向的各种力。

(2) 传递动力,即将车轮与路面间产生的驱动力和制动力传递给车身,使汽车

图 5.1 汽车悬架

向前行驶、减速或停车。

(3) 缓和冲击，即缓和汽车、路面状况等引起的各种振动和冲击，以提高乘坐舒适性。

除此之外，汽车的悬架对汽车车轮的定位有较大的影响，进而影响汽车行驶性能、操纵性能及乘坐的舒适性。

5.1.2 汽车悬架的分类

1. 按照结构形式分

1) 非独立悬架

非独立悬架（Dependent Suspension）是指左右两个车轮通过一根刚性车桥（车轴）连接，不能单独地上下跳动。非独立悬架结构简单、成本低，但舒适性差，多用于载重汽车。

2) 独立悬架

独立悬架（Independent Suspension）是指前、后、左、右4个车轮单独通过独立的悬架装置与车身相连，也就意味着各自可以独立地上下跳动，舒适性好。

现在的乘用车前悬架一般都是独立悬架，一些低端车型使用的后悬架是非独立悬架，中高档乘用车使用的都是独立悬架。

2. 按照控制方式分

按照控制方式不同，汽车悬架系统通常分为传统被动式悬架（Passive Suspension）、半主动式悬架（Semiactive Suspension）和主动式悬架（Active Suspension）三类。其中半主动式又分为有级半主动式（阻尼力有级可调）和无级半主动式（阻尼力连续可调）两种。主动式悬架根据频带和能量消耗的不同，分为全主动式（频带宽大于15Hz）和慢全主动式（频带宽3~6Hz）；而根据驱动机构和介质的不同，可分为由电磁阀驱动的油气主动式悬架和由步进电动机驱动的空气主动式悬架。

无级半主动式悬架可以根据路面的行驶状态和车身的响应对悬架阻尼力进行控制，并在几毫秒内由最小变到最大，使车身上的振动响应始终被控制在某个范围内。但在转向、起步、制动等工况时不能对阻尼力实施有效的控制。

主动式悬架是一种带有动力源的悬架，在悬架系统中附加一个可控制作用力的装置。主动式悬架可根据汽车载荷、路面状况、行驶速度、起步、制动、转向等状况的变化，自动调整悬架的刚度、阻尼力及车身高度。

通常把用于提高平顺性的控制称为路面感应控制，而把用于增加稳定性的控制称为车身姿势控制。另外，车身高度控制是主动式悬架系统的重要控制项目之一。

5.2 汽车电控悬架

传统的汽车悬架主要由弹簧、减振器、稳定杆和弹性轮胎等组成（图5.2），悬架的高度和弹性是不可调整的，在行车中车身高度的变化取决于弹簧的变形，其优点是结构简单、实用,但因其弹性和阻尼不能随外部工况变化,驾驶及乘坐舒适性较差。

电子控制悬架系统的优点是能使悬架随着不同的路况和行驶状态做出相应的调整,既可以使汽车的乘坐舒适性达到令人满意的水平,又能使汽车的稳定性要求得到满足。

5.2.1　电控悬架系统的组成和控制形式

电子控制汽车悬架系统主要由(车高、转向角、加速度、路况预测)传感器、ECU、悬架控制执行器等组成。

电控悬架按其控制形式主要有 3 种,即空气式可调悬架、液压式可调悬架和电磁式可调悬架。

1. 空气式可调悬架

空气式可调悬架(图 5.3)**是指利用空气压缩机形成压缩空气,并通过压缩空气来调节汽车底盘离地间隙的一种悬架。**

图 5.2　常见悬架结构(麦弗逊式前悬架)　　图 5.3　保时捷帕那梅拉空气式可调悬架　【参考图文】

一般装备空气式可调悬架的车型在前轮和后轮的附近都设有离地距离传感器,按离地距离传感器的输出信号,行车计算机判断出车身高度的变化,再控制空气压缩机和排气阀门,使弹簧自动压缩或伸长,从而起到减振的效果。

空气式可调悬架中的空气弹簧的软硬能根据需要自动调节。当在高速行驶时,空气悬架可以自动变硬来提高车身的稳定性,而长时间在低速不平的路面行驶时,行车计算机则会使悬架变软来提高车辆的舒适性。

采用空气式可调悬架的代表车型有奥迪 A8、奔驰 S350、保时捷卡宴(Porsche Cayenne)、保时捷帕那梅拉(Porsche Panamera)等。

2. 液压式可调悬架

液压式可调悬架(图 5.4)**是指根据车速和路况,通过增减液压油的方式调整汽车底盘的离地间隙来实现车身高度升降变化的一种悬架。**

内置式电子液压集成模块是液压式可调悬架的核心,可根据车速、减振器伸缩频率和伸缩程度的数据信息,在汽车重心附近安装有纵向、横向加速度传感器和横摆陀螺仪传感器,用来采集车身振动、车轮跳动、车身高度和倾斜状态等信号,这些信号被传送给行车计算机，行车计算机再根据输入信号和预先设定的程序操纵前后 4 个执行油缸工作。

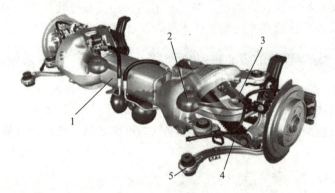

图 5.4　雪铁龙 C5 液压式可调悬架结构示意图
1—纵向横梁；2—球体；3—上三角叉臂；4—支杆；5—长纵臂

通过增减液压油的方式实现车身高度的升降，也就是根据车速和路况自动调整离地间隙，从而提高汽车的平顺性和操纵稳定性。采用液压式可调悬架的代表车型有雪铁龙 C5（图 5.5）、雪铁龙 C6、宝马 7 系乘用车等。

3. 电磁式可调悬架

电磁式可调悬架(图 5.6)是利用电磁反应来实现汽车底盘的高度升降变化的一种悬架。它可以针对路面情况，在 **1ms** 时间内做出反应，抑制振动，保持车身稳定，特别是在车速很高又突遇障碍时更能显出它的优势。电磁式可调悬架的反应速度比传统的悬架快 **5 倍**，即使是在最颠簸的路面，也能保证车辆平稳行驶。

电磁悬架系统由行车计算机、车轮位移传感器、电磁液压杆和直筒减振器组成。在每个车轮和车身连接处都有一个车轮位移传感器，传感器与行车计算机相连，行车计算机又与电磁液压杆和直筒减振器相连。

图 5.5　雪铁龙 C5 液压式可调悬架在车上的布置　　图 5.6　凯迪拉克 SLS 赛威的电磁悬架系统结构图

直筒减振器有别于传统的液压减振器，没有细小的阀门结构，不是通过液体的流动阻力达到减振的目的。电磁减振器中也有减振液，但它是一种被称为电磁液的特殊液体（Magneto‐rheological Fluid），是由合成的碳氢化合物和微小的铁粒组成的。

平时，磁性金属粒子杂乱无章地分布在液体里，不起什么作用。如果有磁场作用，它们就会排列成一定结构，减振液就会变成近似塑料的状态。减振液的密度可以通过控制电流流量来精确控制，并且是实时连续的控制。

电磁式可调悬架的工作过程：当路面不平引起车轮跳动时，传感器迅速将信号传至控制系统，控制系统发出指令，将电信号发送到各个减振器的电磁线圈，电流的运动产生磁场，在磁场的作用下，减振器中的电磁液的密度迅速发生变化（变化频率高达 1000Hz），进而控制悬架的刚度和阻尼力，达到减振的目的。

电磁式可调悬架可以快速有效地弥补轮胎的跳动，并扩大悬架的活动范围，降低噪声，提高车辆的操控准确性和乘坐舒适性。采用电磁式可调悬架的代表车型有凯迪拉克 SLS 赛威（Seville Luxury Sedan，赛威豪华乘用车）、凯迪拉克 CTS、奥迪 TT 等。

5.2.2 电控悬架系统的功能

电子控制汽车悬架系统的控制功能通常有以下 3 个。

1. 车身高度调整

当汽车在起伏不平的路面行驶时，可以使车身抬高，以便于通过；在良好路面高速行驶时，可以降低车身，以减少空气阻力，提高操纵稳定性。

2. 阻尼力控制

用来提高汽车的操纵稳定性，在急转弯、急加速和紧急制动的情况下，可以抑制车身姿态的变化。

3. 弹簧刚度控制

动态改变弹簧刚度，使悬架满足运动或舒适的要求。

采用主动式悬架后，汽车对侧倾、俯仰、横摆跳动和车身的控制都能更加迅速、精确，汽车高速行驶和转弯的稳定性提高，车身侧倾减小。制动时车身前俯小，起动和急加速可减少后仰。即使在坏路面，车身的跳动也较小，轮胎对地面的附着力提高。

5.3 丰田 LS400 乘用车电控空气悬架系统

5.3.1 丰田车系电控空气悬架

丰田乘用车的空气悬架系统在车上的总体布置如图 5.7 所示。

电子调整空气悬架中储有起弹簧作用的压缩空气，弹簧刚度和汽车高度控制可根据驾驶条件自动控制。减振器的阻尼力也由电子控制，以抑制车辆侧倾、制动时前部点头和高速行驶后部下坐时汽车姿势发生变化，因此能明显保持乘坐的舒适性和操纵性。

空气悬架的弹性元件不再是传统的钢板弹簧或螺旋弹簧，而是充入了压缩气体的空气弹簧，减振效果大大优于传统的悬架，多用于高档乘用车或高档客车上。

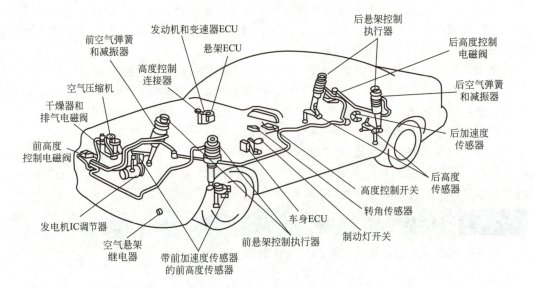

图 5.7 丰田乘用车的空气悬架系统在车上的总体布置

5.3.2 丰田 LS400 乘用车电控空气悬架系统的组成和基本原理

电控空气悬架系统根据行车条件自动调整车辆高度，通过控制阻尼力的强弱来消除车辆行驶中的不平衡，可以使车辆在颠簸路面上保持平稳姿态，并自动调整车辆在紧急制动时的前倾和急加速时的后仰，以保证乘坐的舒适性。

LS400 乘用车电控空气悬架系统由压缩空气系统和电子控制系统两部分组成，通过 ECU 自动控制及手动开关可改变悬架弹簧的弹性系数和减振器的阻尼力。

1. 压缩空气系统的组成

压缩空气系统由下列部件组成：4 组气动减振器（气压缸）、供应系统压缩空气的空气压缩机、压缩空气干燥器、高度电磁阀、压缩空气排气阀、压缩空气管路等。

图 5.8 所示为丰田 LS400 乘用车空气悬架压缩空气系统示意图。

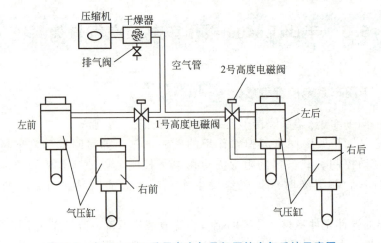

图 5.8 丰田 LS400 乘用车空气悬架压缩空气系统示意图

2. 电子控制系统的组成

丰田 LS400 乘用车空气悬架电子控制系统如图 5.9 所示。

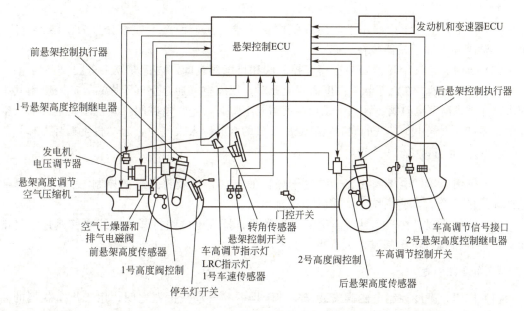

图 5.9　丰田 LS400 乘用车空气悬架电子控制系统

电子控制系统由下列部件组成：车辆高度控制阀、悬架高度传感器、汽车转角传感器、压缩空气排气阀、悬架 ECU、悬架控制执行器、各种手动控制开关和汽车仪表板上的各种显示仪表、指示灯等。

悬架系统弹簧的弹性系数、减振器的阻尼力、汽车悬架的高度等都可以根据开关上的条件来确定。悬架的状态显示在汽车的仪表板上。

3. 电控空气悬架系统的基本原理

（1）车高调整。空气悬架 ECU 利用空气压缩机形成压缩空气，并将压缩空气送入弹簧和减振器的空气室中，以此来改变车辆的高度。车高的控制分为标准、升高和只升高后轮 3 种工作状态。

（2）阻尼力控制。在减振器上设有电动机，电动机受 ECU 的信号控制。利用电动机可以改变通油孔的大小，从而改变阻尼力的大小。减振器的阻尼力控制分为低、中、高 3 挡。

（3）弹性系数的控制（弹簧刚度控制）。在悬架空气弹簧上设有电动机，利用电动机可以改变通气孔的大小，从而改变弹性系数的大小。空气弹簧的弹性系数分为软、硬两挡。

5.3.3　丰田 LS400 乘用车电控悬架压缩空气系统的组成部件

1. 空气压缩机

（1）作用。空气压缩机为升高汽车悬架高度提供所需的压缩空气。

（2）组成。空气压缩机由直流永磁电动机驱动，具有大转矩和快速起动等特点。

（3）工作原理。空气压缩机由 ECU 直接控制，需提高车身高度时，ECU 驱动压缩机电动机工作,压缩机向外排出空气,使车身升高。当车身升高至目标高度时,ECU停止压缩机电动机的驱动工作,高度调节自动停止。

2. 空气干燥器

(1)作用。空气干燥器用于去除系统内由于空气压缩而产生的水分。为使结构紧凑,排气电磁阀和空气干燥器装在一起。

(2)结构。空气干燥器安装在高度控制阀和排气阀之间,内部充满了硅胶。

(3)工作原理。在汽车悬架高度需要上升时,压缩空气通过空气干燥器,硅胶吸附其中的水分并排入高度电磁阀。在汽车悬架高度需要下降时,排气电磁阀打开,压缩空气通过空气干燥器排入大气中。排气的同时将硅胶所吸收的水分排入大气中,起"再生循环"作用。

3. 排气电磁阀

(1)作用。排气电磁阀安装于空气干燥器的末端,当接收到悬架控制ECU发出降低悬架高度的指令时,将系统中的压缩空气排出。

(2)工作原理。在汽车悬架高度需要下降时,排气电磁阀打开,压缩空气通过空气干燥器,再经过排气电磁阀排入大气中。

4. 高度控制电磁阀

(1)作用。高度控制电磁阀安装于空气干燥器和气动减振器之间,用于汽车悬架的高度调节。

(2)组成及结构。高度控制电磁阀由电磁阀、阀体等组成。高度控制电磁阀的内部结构如图5.10所示。

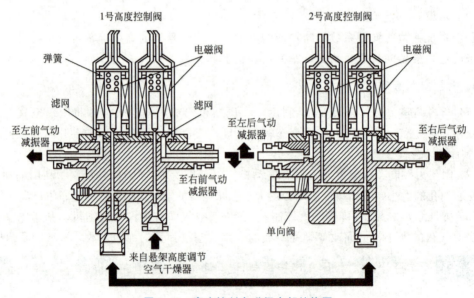

图5.10 高度控制电磁阀内部结构图

在前轮和后轮的附近设有高度传感器,ECU根据传感器信号判断出车辆高度,控制压缩机和排气阀,使弹簧压缩或伸长,从而控制车辆高度。

高度控制阀可根据悬架ECU的指令控制压缩空气充入或排出气动减振器。1号高度控制阀控制前悬架，由一组电路通过两个电磁阀来分别控制和调节左右侧气动减振器。2号高度控制阀控制后悬架，由两组电路各控制相应的电磁阀来调节左右侧气动减振器。2号高度控制阀空气管路中装有一只单向阀来避免由于阀的开闭形成的空气不正常波动。

(3) 工作原理。当汽车悬架高度需要上升时，高度控制电磁阀接通，排气电磁阀关闭，向气动减振器充入压缩空气，使汽车悬架升高。当汽车悬架高度需要下降时，高度控制电磁阀接通，排气电磁阀打开，压缩空气通过空气干燥器排入大气中。

5. 空气管

空气悬架系统一般采用钢管和尼龙软管作为空气管。钢管用于固定在车身上的前、后高度控制阀之间的固定管道；尼龙软管用于诸如空气弹簧与高度控制阀之间的有相对运动的管道。尼龙软管采用单触式接头，以方便维修和具有良好的密封性。

空气管结构及在车上的分布情况如图5.11所示。

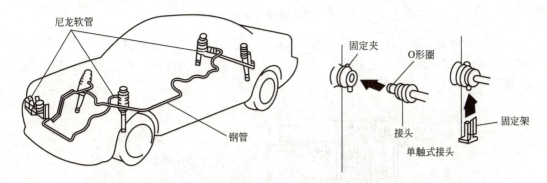

图 5.11　空气管结构及在车上的分布

6. 气动减振器

空气悬架系统有4个气动减振器，每个气动减振器都包括一个可变阻尼力的减振器和可变弹性系数的空气弹簧，气动减振器的总体结构如图5.12所示。

1) 空气弹簧

(1) 空气弹簧的安装位置。空气弹簧安装于气动减振器的上端，与可变阻尼力的减振器一起构成悬架支柱，上端与车架相连，下端安装在悬架摆臂上。空气悬架的空气弹簧由空气室和空气阀两部分组成，空气室分为主气室和副气室。

(2) 空气弹簧的变刚度原理。悬架空气弹簧刚度的改变是根据压缩空气通过空气阀由主气室进入副气室空气量的改变来调节的，空气弹簧的弹性系数(刚度)可分为两个阶段来调节。

当空气阀转到如图5.13所示的位置时，主、副气室的气体通道被打开，主气室的气体经空气

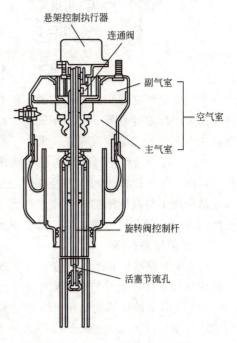

图 5.12　气动减振器的总体结构

阀的中间孔与副气室的气体相通,相当于空气弹簧的工作容积增大,空气弹簧的刚度为"软"。

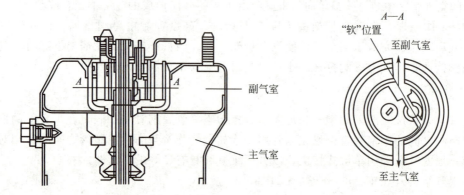

图 5.13 空气弹簧的刚度为"软"

当空气阀转到如图 5.14 所示的位置时,主、副气室的气体通道被关闭,主、副气室之间的气体不能相互流动,此时的空气弹簧只有主气室的气体参加工作,空气弹簧的刚度为"硬"。

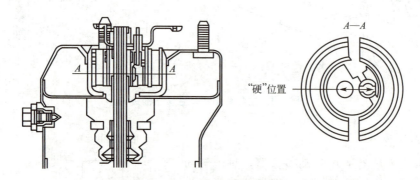

图 5.14 空气弹簧的刚度为"硬"

主气室是可变容积的,在它的下部有一个可伸展的隔膜,压缩空气进入主气室可升高悬架高度,反之使悬架下降。车辆高度则由 1 号和 2 号高度控制电磁阀及排气电磁阀通过增减主气室内的压缩空气量来调节。

(3) 空气弹簧对车身高度的控制原理。空气弹簧还可以控制车身高度。当需要升高车身时,由空气压缩机来的空气经高度控制电磁阀向空气弹簧的主气室充气,使空气弹簧伸张,从而使车身高度增加;当需要降低车身高度时,空气弹簧主气室的空气经排气电磁阀排出到大气,使空气弹簧收缩,降低车身高度,如图 5.15 所示。

2) 变阻尼减振器

(1) 变阻尼减振器的安装位置。变阻尼减振器安装于空气弹簧的下端,与空气弹簧一起构成悬架支柱,上端与车架相连,下端安装在悬架摆臂上。

(2) 变阻尼减振器的结构。变阻尼减振器主要由缸筒、活塞及阻尼调节杆、回转阀等构成,其结构如图 5.16 所示。

阻尼调节杆的上端与执行器相连,下端装有回转阀,回转阀上 A、B、C 截面各有一

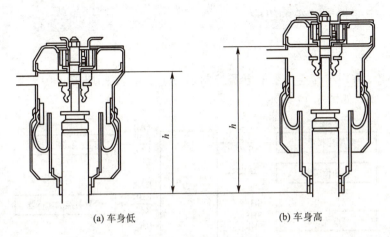

(a) 车身低　　　　(b) 车身高

图 5.15　车身高度控制

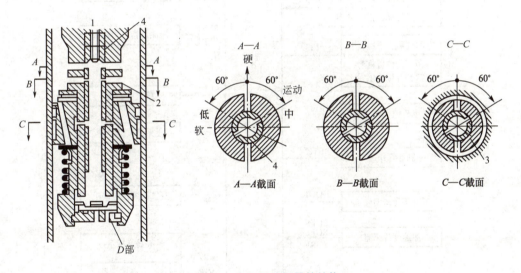

图 5.16　变阻尼减振器的结构

1—回转阀控制杆；2—阻尼孔；3—活塞杆；4—回转阀

个阻尼孔，活塞杆上有两个阻尼孔。缸筒中的油液一部分经活塞上的阻尼孔在缸筒的上下两腔流动；一部分经回转阀与活塞杆上的阻尼孔在缸筒的上下两腔间流动。

(3) 变阻尼减振器的工作原理。执行器通过调节杆带动回转阀相对于活塞杆转动，使得回转阀与活塞杆上的阻尼孔连通或切断，于是增加或减少了油液的流通面积，使油液的流动阻力改变，从而改变悬架阻尼的大小，达到调节减振器阻尼力的目的。

当回转阀上的 A、B、C 3 个截面的阻尼孔全部被回转阀封住时，只有减振器下面的主阻尼孔在工作，此时阻尼为最大，减振器被调节到"硬"状态。

当回转阀从"硬"状态位置顺时针转动 60°时，B 截面的阻尼孔打开，A、C 两截面的阻尼孔仍关闭，减振器处于"运动"状态，也称为中间状态。

当回转阀从"硬"状态位置逆时针转动 60°时，A、B、C 3 个截面的阻尼孔全部打开，此时减振器的阻尼最小，减振器处于"软"状态。

5.3.4 电子控制系统的组成

1. 空气悬架系统的组成

丰田 LS400 乘用车的空气悬架电子控制系统主要由悬架 ECU、传感器、悬架控制执行器等元件组成，如图 5.17 所示。

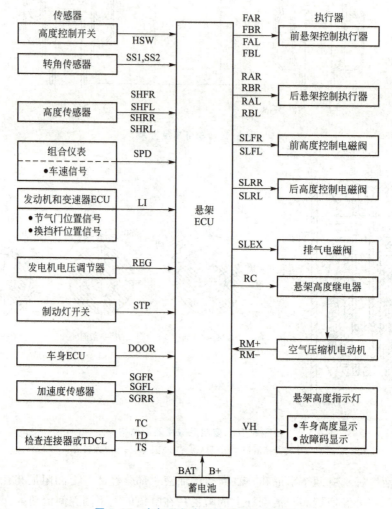

图 5.17 空气悬架电子控制系统示意图

2. 电子控制系统元器件的作用

空气悬架电子控制系统元器件的作用见表 5-1。

表 5-1 空气悬架电子控制系统元器件的作用

序号	电控元件	作用
1	悬架调节执行器	改变空气悬架弹性系数和减振器阻尼力
2	1号悬架高度控制继电器	接通空气压缩机工作电路

(续)

序号	电控元件	作用
3	发电机 IC 调节器	检测发动机是否在运行
4	空气压缩机	为升高汽车悬架高度提供所需的压缩空气
5	空气干燥器	干燥系统内部的压缩空气
6	排气电磁阀	把动力主缸中的压缩空气排入大气，降低汽车悬架高度
7	高度传感器	检测汽车悬架高度和不平路面造成的空气悬架高度变化
8	1号和2号高度控制电磁阀	调节前后左右 4 个气动减振器内的压缩空气量，按要求充气或排气
9	制动灯开关	测量制动踏板是否处于制动状态
10	悬架高度指示灯	给驾驶人显示当时的设定悬架高度，并且在悬架控制系统发生故障时点亮，以提示发生故障
11	平顺性指示灯	LRC 开关控制点亮时说明系统的空气弹簧弹性系数和减振阻尼力为 SPORT AUTO 模式
12	1号车速传感器	测量车辆的行驶速度
13	悬架控制开关	由 LRC 开关、高度调节控制开关和空气弹簧弹性系数及车辆悬架高度、调节模式等选择开关组成
14	转角传感器	检测转向轮的转向角度
15	门控开关	检测车门的开关状态
16	高度控制开关	允许或禁止悬架高度调节
17	2号悬架高度控制继电器	接通悬架高度传感器工作电路
18	悬架高度调节信号接口	通过连接端子可直接调节悬架高度
19	发动机和变速器 ECU	将节气门开闭的角度信号转换为数字信号传送至悬架 ECU
20	悬架 ECU	根据驾车人设定的模式调节弹性系数、阻尼力和悬架高度；在悬架控制系统发生故障时，使指示灯闪烁

3. 电子控制系统电路

丰田 LS400 乘用车空气悬架电子控制系统电路如图 5.18 所示。空气悬架电子控制系统电路由电源供给电路、输入信号电路、控制器电路、执行器电路四部分组成。

5.3.5 电控悬架系统的输入信号

1. 悬架控制开关信号

悬架控制开关由水平调节控制(Level Regulation Control，LRC)开关和高度控制开关组成。

LRC 开关用于选择减振器和空气弹簧的工作模式(NORM 或 SPORT)；高度控制开关用于选择所希望的车身高度(NORM 或 HIGH)。

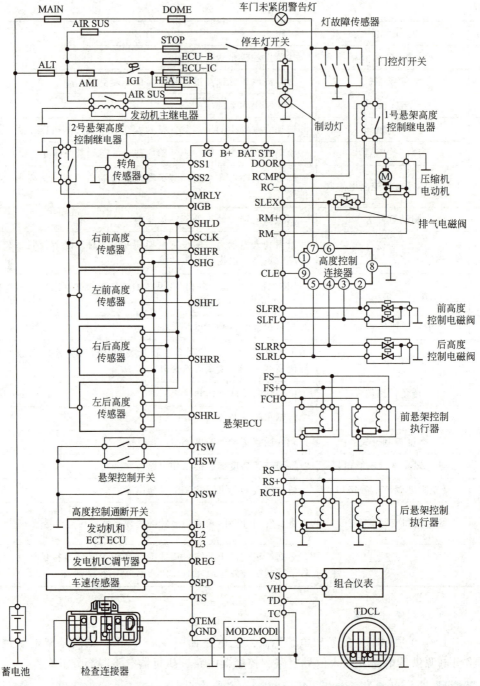

图 5.18　丰田 LS400 乘用车空气悬架电子控制系统电路图

当 LRC 开关设在 SPORT 位置时，组合仪表内的 LRC 指示灯亮；当高度控制开关设在 HIGH 位置时，组合仪表内的高度控制指示灯亮。

2. 高度控制通断开关信号

高度控制通断开关位于行李箱的工具储藏室内。将开关拨至 OFF 位置，悬架控制系统中止车辆高度控制。当车辆被举升、停在不平的路面或车辆被拖曳时,可避免空气弹簧中的压缩空气排出,从而可防止车身高度的下降。

当需要顶起车辆进行修理时,应关断高度控制开关,否则顶起车辆时悬架控制系统会控制压缩空气从空气弹簧中排出,当放下车辆时,车身可能会因过低而受损。

3. 制动灯开关信号

制动灯开关位于制动踏板支架上,当踩下制动踏板时,开关接通。悬架 ECU 利用这一信号判断汽车是否处于制动状态。制动灯开关如图 5.19 所示。

4. 门控灯开关信号

门控灯开关如图 5.20 所示。4 个车门各有一个门控灯开关,这些开关都位于门柱上。悬架 ECU 据此判断车门是打开还是关上。

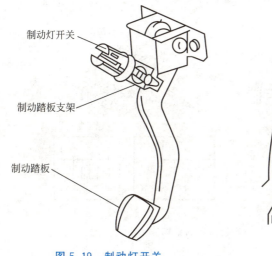

图 5.19 制动灯开关

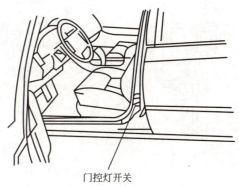

图 5.20 门控灯开关

5. 高度传感器信号

高度传感器的作用是检测车身高度及因路面不平引起的每个悬架的位移量,并将其转换成电信号输入悬架 ECU。

高度传感器采用光电式传感器,安装在车身上,传感器与控制杆相连。对于前悬架,控制杆的另一端与减振器下支承相连;对于后悬架,控制杆的另一端连接到悬架下摆臂,如图 5.21 所示。

传感器内部有一个有缝遮光盘和 4 对光敏管,遮光盘固定在传感器轴上,由导杆带动而转动,光敏管由发光二极管和光敏晶体管组成,在发光二极管和光敏晶体管之间隔着遮光盘,如图 5.22 所示。

当车身高度发生变化,或因路面不平造成各悬架的位移量发生变化时,信号盘在导杆的带动下转动,使发光二极管的光被遮挡或通过,从而使接收光线的光敏晶体管切断或导通。

这些通断信号送到悬架 ECU,悬架 ECU 检测出车身高度的变化,LS400 乘用车使用了 4 对光敏管,通过各遮光器通/断信号的组合,可把车身高度从低至高分为 16 级,以便对车身高度进行精确的控制。

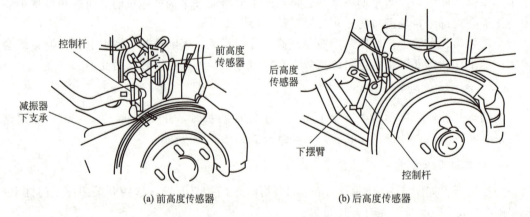

图 5.21 光电式高度传感器的安装位置

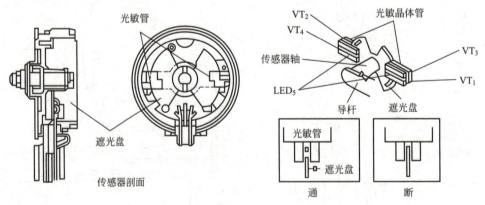

图 5.22 光电式高度传感器的结构

6. 加速度传感器信号

加速度传感器用于测量车身的垂直加速度。加速度传感器共有 3 个，两个前加速度传感器分别装在前左、前右高度传感器内，一个后加速度传感器装在行李箱右侧的下面，如图 5.23 所示。

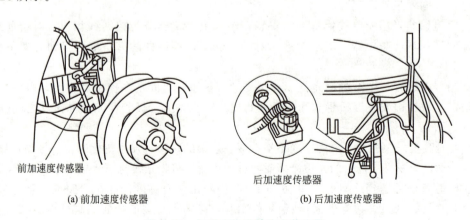

图 5.23 加速度传感器的安装位置

这 3 个加速度传感器分别检测车身的前左、前右和后右位置的垂直加速度。车身后左位置的垂直加速度则由悬架 ECU 从这 3 个加速度传感器所获得的数据推导出来。加速度传感器主要由压电陶瓷盘和膜片组成,其结构及工作原理如图 5.24 所示。

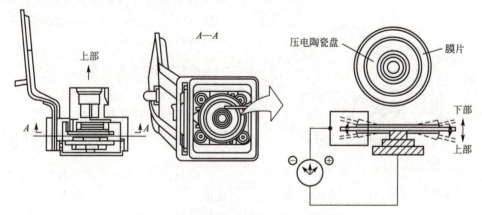

图 5.24　加速度传感器的结构及工作原理

两个压电陶瓷盘固定在膜片两侧,并支承在传感器中心。当加速度作用在整个传感器时,压电陶瓷盘在其自身重量作用下弯曲变形。根据压电陶瓷的特性,它们将产生与其弯曲率成正比变化的电荷,这些电荷由传感器内的电子电路转换成与加速度成正比变化的电压,输送到悬架 ECU。

悬架 ECU 根据从加速度传感器接收到的信号计算出 4 个车轮的簧载质量的垂直加速度。此外,悬架 ECU 还通过高度传感器计算出簧载质量和非簧载质量之间的相对速度。根据这些数据,悬架 ECU 把 4 个车轮的减振阻尼控制在最佳值,以获得稳定的汽车行驶状态,提高汽车驾驶的稳定性。

7. 车速传感器信号

车速传感器反映汽车行驶的速度。车速传感器位于变速器输出轴上,如图 5.25 所示,用来检测变速器输出轴的转速。

车速传感器采用磁阻式,输出轴每转一圈产生 20 个信号,此信号可直接驱动组合仪表内的车速表,之后经组合仪表内的脉冲转换电路转换为输出轴每转一圈产生 4 个信号,再传送到悬架 ECU。车速传感器电路如图 5.26 所示。

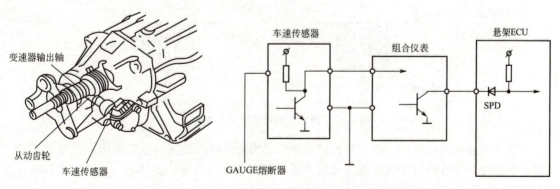

图 5.25　车速传感器　　　　　图 5.26　车速传感器电路

8. 节气门位置传感器信号

节气门位置传感器的结构如图 5.27 所示，节气门位置传感器安装在节气门体上，它用来检测节气门的开度。发动机和变速器 ECU 将这一代表节气门开度的信号 VTA 经过转换送到悬架 ECU。

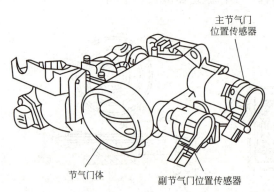

图 5.27　节气门位置传感器的结构

9. 转角传感器信号

转角传感器外形结构如图 5.28 所示，该传感器位于转向盘下面，装在组合开关总成内，用于检测汽车转弯的方向和角度。

转角传感器由一个遮光盘和两个光敏管组成。每个遮光器有一只发光二极管和一只光敏晶体管，两者相互对置，并固定在转向柱管上。信号盘沿圆周开有 20 条光缝，它被固定在转向盘主轴上，随主轴的转动而转动。

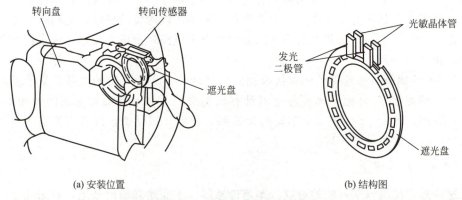

(a) 安装位置　　　　　　　　(b) 结构图

图 5.28　转角传感器外形结构

转角传感器的工作原理如图 5.29 所示。当汽车转弯时，转向盘转动，遮光盘也随之转动。ECU－IG 熔断器供给的电流使两只发光二极管发光。

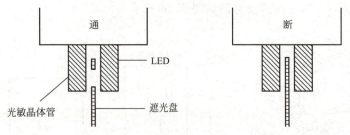

图 5.29　转角传感器的工作原理图

当遮光盘在两只发光二极管和光敏晶体管之间通过时，发光二极管发出的光线被交替切断和通过，光敏晶体管也就被这光线交替接通和切断。这样，晶体管 VT_1 和 VT_2（图中未示出）就按照来自光敏晶体管的信号而发出通断信号。

10. 发电机 IC 调节器信号

发电机 IC 调节器位于发动机的交流发电机内。IC 调节器的 L 端子直接与悬架 ECU 连接，悬架 ECU 据此判断发动机是否运转。悬架 ECU 利用这一信号，进行如转角、高度等传感器的检查和失效保护。

5.3.6 电控悬架系统的执行器

1. 悬架控制执行器

悬架控制执行器驱动气动减振器的旋转空气阀，以改变减振器的阻尼力和空气弹簧的刚度，每个气动减振器顶部均有一个悬架控制执行器。

悬架控制执行器的工作原理如图 5.30 所示，在收到悬架 ECU 的信号后，电动机得到电流，从而产生磁场使电动机转动，电动机带动控制杆来改变减振器内转阀的位置，从而改变减振器的阻尼力和空气弹簧的刚度。

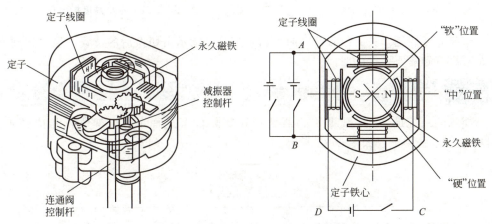

图 5.30 悬架控制执行器的工作原理图

悬架控制执行器分为前、后两组，前左、前右和后左、后右均同时动作。

2. 空气压缩机

空气压缩机用来产生供车身高度调节所需的压缩空气。空气压缩机采用单缸活塞连杆式结构，由直流电动机驱动。

悬架 ECU 根据车身高度信号，通过控制 1 号悬架高度控制继电器来控制空气压缩机工作。

3. 干燥器和排气电磁阀

干燥器的作用是去除压缩空气中的水分。排气电磁阀的作用是将空气弹簧内的压缩空气排出到大气中，同时将干燥器中的水分带走。对空气悬架系统进行维修时，若需拆卸干燥器，必须密封好空气管道接口，以延长硅胶的使用寿命。

4. 高度控制电磁阀

高度控制电磁阀的作用是根据悬架 ECU 的控制信号控制空气悬架的充气和排气。

5. LRC 指示灯

LRC 指示灯位于组合仪表上，如图 5.31 所示。当选择 SPORT（运动）模式时，指示灯亮；当选择 NORM（常规）模式时，指示灯灭。

6. 车身高度指示灯

车身高度指示灯位于组合仪表上，用来指示所选择的车身高度，如图 5.32 所示。

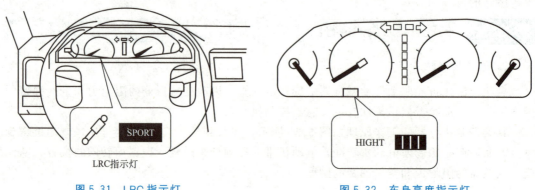

图 5.31　LRC 指示灯　　　　　　　　图 5.32　车身高度指示灯

当车身高度控制开关的位置改变时，指示灯马上指示出切换后的位置，但要达到所设定的车身高度则需要一定的时间。

5.3.7　电控悬架系统的控制方式

电控悬架系统的 ECU 根据传感器信号和实际行车过程，对悬架进行相应的控制。ECU 对悬架的控制项目如图 5.33 所示。

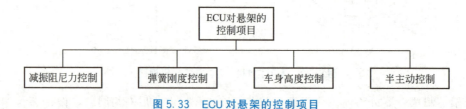

图 5.33　ECU 对悬架的控制项目

悬架 ECU 根据从各个传感器来的信号及悬架控制开关的选择模式独立地控制 4 个车轮上的减振阻尼力、悬架弹簧刚度和车辆高度。

悬架 ECU 还具有自我诊断功能，它可对悬架控制系统的故障进行诊断，把故障码存储在存储器中，并对驾驶人发出警示。悬架 ECU 具备失效保护功能，在系统出现故障时可禁止或继续支持悬架控制。

1. 减振阻尼力和弹簧刚度控制

减振阻尼力和弹簧刚度的控制是针对以下情况而实施的，具体包括防止前倾控制、防止侧倾控制、防止后仰控制、坏路控制、高车速控制等。

（1）防止前倾控制。该控制用于防止汽车在制动时过量的前倾。当车速、制动灯开关和汽车高度发生变化时，悬架 ECU 通过悬架执行器把减振阻尼力和弹簧刚度设置到"硬"状态。松开制动踏板约 1s 后，这一控制被取消，悬架执行器恢复至原来的减振阻尼力和弹簧刚度。

（2）防止侧倾控制。该控制可在转弯时或在 S 形弯路上抑制车辆的侧倾。悬架 ECU

根据车速和转弯角度信号,将悬架执行器设置在"硬"的位置。

转向盘恢复至正向前方位置约2s后,悬架ECU取消这一控制,使执行器恢复至原来的减振阻力和弹簧刚度。如果转向盘连续沿左右两个方向来回转动,或转动得比正常转弯大时,则这一控制的时间将延长。

(3)防止后仰控制。该控制可在汽车起步或突然加速时抑制汽车后仰。当悬架ECU从车速传感器和节气门位置传感器测知汽车在起步或突然加速时,悬架执行器把减振器阻尼力和弹簧刚度设置到"硬"状态。这一控制约在2s后或是车速达到预定值时取消,恢复至原来的减振器阻尼力和弹簧刚度。

(4)坏路控制。坏路控制可抑制汽车在坎坷不平的道路上行驶时发生的刮底、俯仰和跳振,以改善乘坐的舒适性。这一控制可根据汽车前、后高度的变化分别对前轮和后轮单独进行。但当车速低于10km/h时,不再进行坏路控制。

当左前或右前高度传感器检测到路面不平整时,悬架ECU将减振器阻尼力设置为"中",弹簧刚度设置为"硬";若检测到路面很不平整,悬架ECU将减振器阻尼力和弹簧刚度均设置为"硬"。后悬架的设置方式与前悬架一样,只是由左后或右后高度传感器来检测路面的平整程度。

(5)高车速控制。该控制可在汽车高速行驶时改善行驶的稳定性和可控制性。当车速较高时(140km/h以上),悬架ECU将减振器阻尼力和弹簧刚度分别设置到"中"和"硬"位置,以提高汽车的稳定性。当车速降至某一值(120km/h)以下时,悬架ECU使悬架执行器恢复至原来的设置。

2. 车身高度控制

汽车车身高度控制有自动高度控制、高车速控制和关闭点火开关控制3种。

(1)自动高度控制。不管车内乘员人数和装载质量如何变化,自动控制车身高度,避免汽车底盘与不平路面相刮碰,改善汽车乘坐的舒适性,还能使汽车前照灯光束射程保持恒定,提高汽车行驶的安全性,其工作原理如图5.34所示。

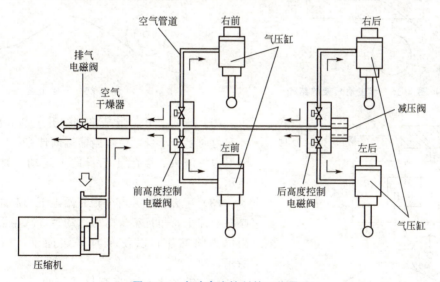

图 5.34 自动高度控制的工作原理

(2) 高车速控制。当汽车高速行驶时,高车速控制令车身自动降低高度,从而提高汽车高速行驶的稳定性,并减少空气阻力。当车速超过140km/h时,即使高度控制开关设置在HIGH位置,车身高度仍会降至NORM位置,并且仪表板上的NORM指示灯点亮。当车速降至120km/h以下时,高车速控制便自动取消,车身恢复至原来高度。

(3) 关闭点火开关控制。当汽车停下或乘员需要上、下车时,通过关闭点火开关,可自动降低车身高度,从而改善汽车驻车姿势,方便乘员出入汽车。

关闭点火开关控制在关闭点火开关约3min后才能使用。但如果有任一个车门打开,悬架ECU就判断有乘员在下车而中断关闭点火开关控制。在所有车门都关闭后,该控制又重新开始。在关闭点火开关约30min后,关闭点火开关控制被无条件取消。

3. 半主动控制

采用半主动控制技术的悬架可以独立地把4个车轮的悬架减振阻尼力精确地调节到最佳,以适应路面的变化。

这种悬架同样由弹簧和减振器组成,其结构如图5.35所示。

悬架ECU通过加速度传感器和高度传感器检测车身的垂直速度、减振器速度,然后输出控制信号到悬架控制执行器,以提供最佳的减振阻尼力。

下面以汽车走过一个凸起路面为例说明这一控制。其控制过程可分为以下4个步骤。

(1) 开始上坡 当车轮开始走向凸起面,使减振器受到压缩,而且车身向上移动时,减振器的减振阻尼力将减小,以使减振阻尼力不向上推车身,如图5.36所示。

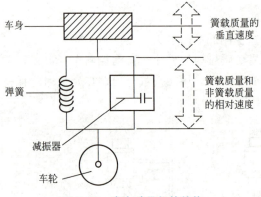

图5.35 半主动悬架的结构

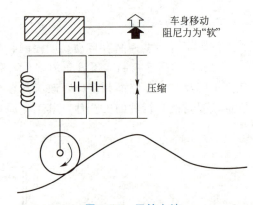

图5.36 开始上坡

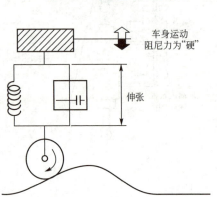

图5.37 继续上升

(2) 继续上升。当车轮继续升上凸起路面时,弹簧力向上推车身,使减振器逐渐伸张,因此减振阻尼力将增大,以阻止车身向上运动,如图5.37所示。

(3) 开始下坡。当车轮开始走下凸起路面,使减振器伸张,而且车身向下运动时,减振器的减振阻尼力将减小,以使车身平缓向下,如图5.38所示。

(4) 继续下行。当车轮进一步下行,使减振器逐渐受到压缩时,减振器的减振阻尼力将增大,以减缓车身向下运动，如图 5.39 所示。

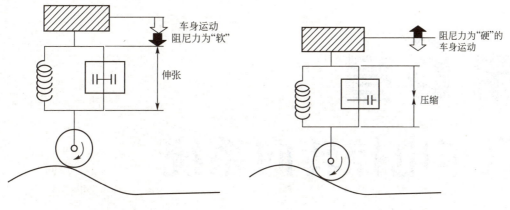

图 5.38　开始下坡　　　　　　　图 5.39　继续下行

因此，通过悬架 ECU 的指令，半主动控制功能会根据不同的情况调节减振器的减振阻尼力。

1. 按照控制方式的不同，汽车悬架系统通常分为哪几类？
2. 目前，电控悬架的控制形式主要有哪 3 种？
3. 电子控制汽车悬架系统的控制功能通常有哪 3 项？
4. 简述丰田 LS400 乘用车电控空气悬架系统的组成与工作原理。

【参考视频】

【参考视频】

第 6 章
汽车电控转向系统

操作轻便、路感清晰的电控转向系统极大地提高了汽车的操纵性能。四轮转向系统在提高车辆的弯道通过性能方面优势明显,应用日益广泛。

本章主要介绍汽车电控转向系统和四轮转向系统。要求学生了解电控转向系统在汽车上的应用概况,熟悉电控转向系统和四轮转向系统的基本组成。

6.1 汽车转向系统概述

6.1.1 转向系统的作用与相关要求

用来改变或保持汽车行驶或倒退方向的一系列装置称为汽车转向系统(Automobile Steering System),如图 6.1 所示。

汽车转向系统的功能就是按照驾驶人的意图控制汽车的行驶方向。汽车转向系统对汽车的行驶安全至关重要,因此汽车转向系统的零件都称为保安件。

为确保行车安全,对转向系统有如下要求。
(1) 转向系统应工作可靠,操纵轻便。
(2) 对轻微的路面冲击,转向系统应有自动回正能力。
(3) 转向机构应能减小地面传到转向盘上的冲击,并保持适当的路感。
(4) 当汽车发生碰撞时,转向装置应能减轻或避免对驾驶人的伤害。

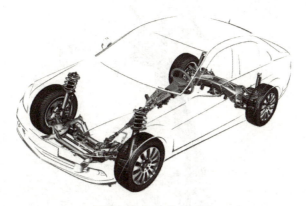

图 6.1　汽车转向系统

6.1.2　转向系统的分类

汽车转向系统可按转向能源的不同分为机械转向系统（Mechanical Steering System）和动力转向系统（Power Steering System）两类。

机械转向系统是依靠驾驶人操纵转向盘的转向力来实现车轮转向；动力转向系统则是在驾驶人的控制下，借助于汽车发动机产生的液体压力或电动机驱动力来实现车轮转向。

传统的动力转向系统具有转向操纵灵活、轻便等优点，但也有汽车以高速行驶时，转动转向盘的力显得太小，转向盘"发飘"，不利于高速行车的缺点。

随着电子控制技术在汽车动力转向系统中的应用，出现了电子控制动力转向系统。电控动力转向系统可以在低速时减轻转向操作力，以提高转向系统的操纵轻便性；在高速时则可适当加重转向力，以提高操纵稳定性。

四轮转向系统的应用，在提高汽车转向操纵稳定性的同时，能显著缩短转弯半径，提高车辆的弯道通过性能。

6.2　汽车电控动力转向系统

【参考图文】

6.2.1　动力转向系统

1. 动力转向系统的组成

为使汽车操纵轻便及行驶安全，目前乘用车、载重汽车、客车大多采用液压转向助力器，构成液压式动力转向系统（Hydraulic Power Steering System，HPS），如图 6.2 所示。

动力转向器由机械转向器和液压助力器组成；发动机动力驱动转向助力油泵，借助液力通过转向加力装置，来增大驾驶人操纵前轮转向的力量，使之操纵轻便、灵敏且安全可靠。

液压式动力转向系统的油路如图 6.3 所示。转向阀体在转向时改变油路，从而增加转向力，如图 6.4 所示。

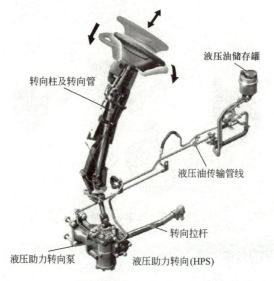

图 6.2 液压式动力转向系统结构示意图

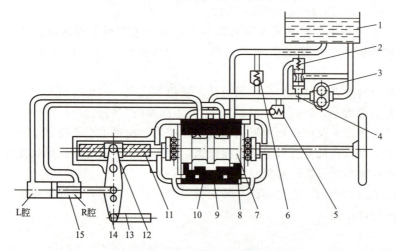

图 6.3 液压式动力转向系统的油路图

1—油箱；2—溢流阀；3—齿轮油泵；4—进油道量孔；5—单向阀；6—安全阀；
7—滑阀；8—反作用阀；9—阀体；10—回位弹簧；11—转向螺杆；
12—转向螺母；13—纵拉杆；14—转向垂臂；15—动力缸

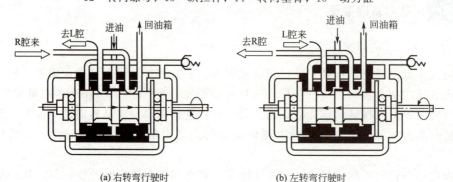

(a) 右转弯行驶时　　　　(b) 左转弯行驶时

图 6.4 转向控制阀在转向时改变油路

2. 动力转向系统的不足

传统的动力转向系统所设定的固定放大倍率具有以下缺点：如果设计固定放大倍率的动力转向系统是为了减小汽车在停车或低速行驶状态下转动转向盘的力，则当汽车以高速行驶时，这一固定放大倍率的动力转向系统会使转动转向盘的力显得太小，不利于对高速行驶的汽车进行方向控制；反之，如果设计固定放大倍率的动力转向系统是为了增加汽车在高速行驶时的转向力，则当汽车停驶或低速行驶时，转动转向盘就会显得非常吃力。

6.2.2　电控动力转向系统

1. 电控动力转向系统的组成

电子控制技术在汽车动力转向系统中的应用，提高了汽车的驾驶性能。**电子控制动力转向(Electronic Control Power Steering，EPS)系统在低速行驶时可使转向轻便、灵活；当汽车在中、高速区域转向时，又能保证提供最优的动力放大倍率和稳定的转向手感，从而提高了高速行驶的操纵稳定性。**

典型的电子控制动力转向系统如图 6.5 所示。

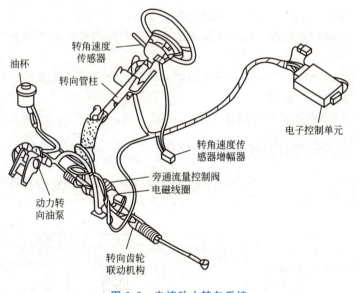

图 6.5　电控动力转向系统

2. 电控动力转向系统的分类

根据动力源的不同，电子控制动力转向系统可分为液压式电子控制动力转向系统(液压式 EPS 系统)和电动式电子控制动力转向系统(电动式 EPS 系统)。

液压式 EPS 系统在传统的液压动力转向系统的基础上增设了控制液体流量的电磁阀、车速传感器和 ECU 等，ECU 根据检测到的车速信号，控制电磁阀，使转向动力放大倍率实现连续可调，从而满足汽车在中、低速时的转向助力要求。

电动式 EPS 系统是利用直流电动机作为动力源，ECU 根据转向参数和车速等信号，控制电动机转矩的大小和方向。电动机的转矩由电磁离合器通过减速机构减速增加转矩后,加在汽车的转向机构上,使之得到一个与工况相适应的转向作用力。

3. 电控动力转向系统的特点

为满足现代汽车对转向系统的要求,电控动力转向系统具有以下特点。

(1) 良好的随动性:即转向盘与转向轮之间具有准确的一一对应关系,同时能保证转向轮可维持在任意转向角位置。

(2) 有高度的转向灵敏度:即转向轮对转向盘具有灵敏的响应。

(3) 良好的稳定性:即具有很好的直线行驶稳定性和转向自动回正能力。

(4) 助力效果能随车速变化和转向阻力的变化作相应的调整:低速时,有较大的助力效果,以克服路面的转向阻力;中、高速时,有适当的路感,以避免因转向过轻(转向盘"发飘")而发生事故。

6.3 液压式电控动力转向系统

电子控制动力转向系统可以在低速时减轻转向力以提高转向系统的操作轻便性;在高速时则可适当加重转向力,以提高操纵稳定性。

液压式电子控制动力转向系统是在传统的液压动力转向系统的基础上增设电子控制装置而构成的。

根据控制方式的不同,液压式电子控制动力转向系统又可分为流量控制式、反力控制式和阀灵敏度控制式3种形式。

下面以丰田汽车采用的流量控制式动力转向系统为例,来说明动力转向系统的工作过程。

6.3.1 流量控制式动力转向系统的组成

如图6.6所示,该动力转向系统主要由车速传感器、电磁阀、动力转向控制阀、动力转向油泵和ECU等组成。

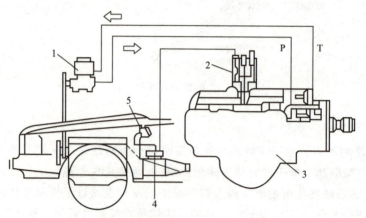

图6.6 流量控制式动力转向系统

1—动力转向油泵;2—电磁阀;3—动力转向控制阀;4—ECU;
5—车速传感器;P—压力油管;T—回油管

6.3.2 流量控制式动力转向系统的工作过程

电磁阀安装在通向转向动力缸活塞两侧油室的油道之间，当电磁阀的阀针完全开启时，两油道就被电磁阀接通了一个旁路，使动力缸活塞两侧压力差减小，助力减小；相反，则助力增大。

系统电磁阀的结构如图 6.7 所示。

流量控制式动力转向系统就是根据车速传感器的信号，控制电磁阀阀针的开启程度，从而控制转向动力缸活塞两侧油室的旁路液压油流量。

车速越高，流过电磁阀电磁线圈的平均电流值越大，电磁阀阀针的开启程度越大，旁路液压油流量越大，液压助力作用越小，使转动转向盘的力也随之增加；相反，车速较低时，助力作用加大，使转向轻便。这就是流量控制式动力转向系统的工作原理。

电磁阀的驱动信号如图 6.8 所示。驱动电磁阀电磁线圈的脉冲电流信号频率基本不变，但随着车速增大，脉冲电流信号的占空比将逐渐增大，使流过电磁线圈的平均电流值随车速的升高而增大。

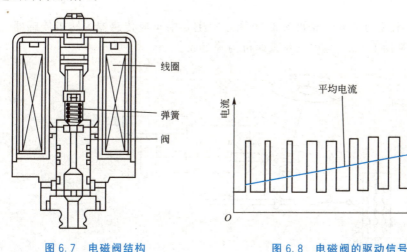

图 6.7 电磁阀结构　　图 6.8 电磁阀的驱动信号

6.3.3 流量控制式动力转向系统的工作电路

丰田流量控制式动力转向系统电路如图 6.9 所示。动力转向 ECU 是 EPS 系统的核心

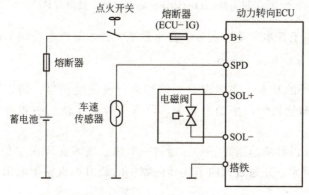

图 6.9 丰田流量控制式动力转向系统电路

控制部件。它根据车速传感器提供的车速信号，通过改变旁通电磁阀驱动信号占空比的方式调节转向力。

6.4 电动式电控动力转向系统

6.4.1 电动式电控动力转向系统概述

电子控制电动式动力转向系统（电动式EPS系统）用电动机代替了液压缸，电动机由汽车系统电源（蓄电池和发电机）供电。

当驾驶人转动转向盘时，电子控制电动式动力转向系统中的传感器检测其运动情况，使电动机产生足够的动力带动转向轮做适当的偏转。电子控制电动式动力转向系统中用电子开关代替了液压式动力转向系统中的液压分配阀。

1. 电动式EPS系统的组成

电动式EPS系统的基本组成如图6.10所示，主要由车速传感器、转矩传感器、转角传感器、电子控制器ECU、电动机及减速机构等组成。

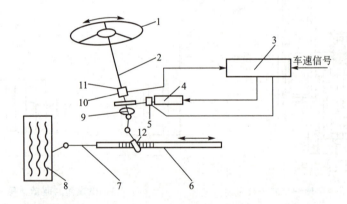

图6.10 电动式EPS系统的基本组成

1—转向盘；2—输入轴（转向轴）；3—ECU；4—电动机；5—电磁离合器；
6—转向齿条；7—横拉杆；8—转向车轮；9—输出轴；
10—扭力杆；11—转矩传感器；12—转向齿轮

该系统广泛应用于日本三菱、大发、富士重工、铃木等汽车公司的诸多车型上。

2. 电动式EPS系统的工作原理

电动式EPS系统的基本工作原理是根据汽车行驶速度信号、转矩及转向角信号，由ECU控制电动机及减速机构产生助力转矩，使汽车行驶在低、中和高速下都能获得最佳的转向效果。

电动机连同离合器和减速齿轮一起，通过一个橡胶底座安装在左车架上。电动机的输出转矩由减速齿轮增大，并通过万向节、转向器中的助力小齿轮把输出转矩送至齿条，向转向轮提供转矩。

当操纵转向盘时，装在转向盘轴上的转矩传感器不断地测出转向轴上的转矩信号，该信号与车速信号同时输入到ECU。ECU根据这些输入信号，确定助力转矩的大小和方向，即选定电动机的电流和转向，调整转向辅助动力的大小。

电动机的转矩由电磁离合器通过减速机构减速增加转矩后，加在汽车的转向机构上，使之得到一个与汽车工况相适应的转向作用力。

3. 电动式 EPS 系统的优点

电动式 EPS 系统有许多液压式 EPS 系统所不具备的优点。

（1）将电动机、离合器、减速装置、转向杆等各部件装配成一个整体，既无液压管路又无控制阀，使其结构紧凑、质量减轻。

（2）没有液压式 EPS 系统所必需的常态运转的转向油泵，电动机只是在需要转向时才接通电源，所以动力消耗和燃油消耗均可降到最低。

（3）省去了液压系统，所以不需要给转向油泵补充油，也不必担心漏油。

（4）可以比较容易地按照汽车性能的需要设置、修改转向助力特性。

电动式 EPS 系统还设有安全保护装置，由一个在主电源电路中能切断电动机电源的继电器和一个安装在电动机与减速齿轮之间并能把它们断开的电磁离合器组成。如果系统发生故障，安全保护装置就会开始工作，恢复到无助力的常规转向模式，确保行车安全。

6.4.2 三菱乘用车电动式电控动力转向系统

三菱米尼卡（Minica）乘用车所用电动式 EPS 系统的组成如图 6.11 所示。它主要由 ECU、直流电动机和离合器、车速传感器、转矩传感器和转向机总成等组成。

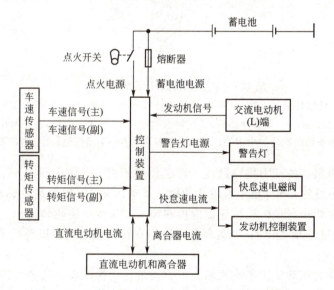

图 6.11 三菱米尼卡乘用车电动式 EPS 系统的组成

该系统工作时，ECU 根据车速等传感器信号，控制转向盘上的操纵力，驱动转向齿轮箱内的电动机，实现助力控制。当车速高于设定速度时，就变成了普通的转向系统。

当系统出现故障时，自我修正功能发挥作用，断开电动机的输出电流，恢复到普通的转向系统,同时组合仪表内的警告灯点亮,以通知驾驶人动力转向系统发生故障。

1. 三菱汽车电动式 EPS 系统的组成

三菱米尼卡乘用车的电动式 EPS 系统各组成部件及其功用如下。

1) 电动机和离合器

系统的 ECU 根据车速的快慢来控制电动机的电流,车辆在停驶和极低速状态下电动机电流最大,助力作用大。电动机产生的助力经离合器传动齿轮减速后,起到助力作用。

电动机是以行星齿轮机构来传递动力的,电动机的行星齿轮机构如图 6.12 所示。行星齿轮机构可以分为输入轴和小齿轮两部分,它们通过一个恒星齿轮啮合。

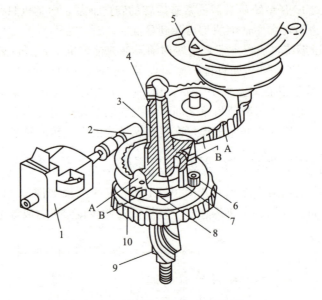

图 6.12 电动机的行星齿轮机构

1—转矩传感器;2—卷轴;3—转矩杆;4—输入轴;5—直流电动机和离合器;6—行星小齿轮;7—恒星齿轮;8—行星小齿轮;9—齿轮齿条转向机构的小齿轮;10—从动齿轮;A—主动齿轮;B—内齿圈

行星齿轮减速机构的动力传动路线:转向器转矩杆 3→输入轴 4→行星齿轮转速器的内齿圈 B→行星小齿轮 6→行星小齿轮 6 的轴→从动齿轮 10(恒星齿轮运动受约束)。驾驶人在转向盘上的转矩由行星齿轮减速器内齿圈输入,从行星齿轮轴输出。此种传动的传动比 i 大于 1,即作减速增矩转动,i 为驾驶人作用在转向盘上的转矩经行星齿轮减速机构后增大的倍数。

电动机电动助力的转矩由电动机轴上的驱动齿轮传给主动齿轮 A,再由主动齿轮 A 传给从动齿轮 10,使从动齿轮 10 的转矩增大。

驾驶人的转矩经行星齿轮减速器扩大后,作用在从动齿轮 10 上,而电动机助力转矩也作用在从动齿轮 10 上,最后共同作用在齿轮齿条转向机构的小齿轮 9 上。小齿轮 9 使齿条往复运动,使左右转向车轮克服地面转向阻力矩而偏转,实现汽车转向。

2）转矩传感器

转矩传感器的功能是将转动转向盘时转矩和转角变为转向信号，输送给ECU。一般转矩杆的扭转角度设定为4°左右，这是由于采用行星齿轮机构，使转矩传感器的检测精度提高所致。

3）车速传感器

车速传感器的结构如图6.13所示。车速传感器是一种电磁感应式传感器，安装在变速器上。该传感器的作用是根据车速的变化，把主、副系统的脉冲信号输送给ECU。车速传感器每转动一周产生8个脉冲信号，由于是主、副两个系统，故信号的可靠性更高。

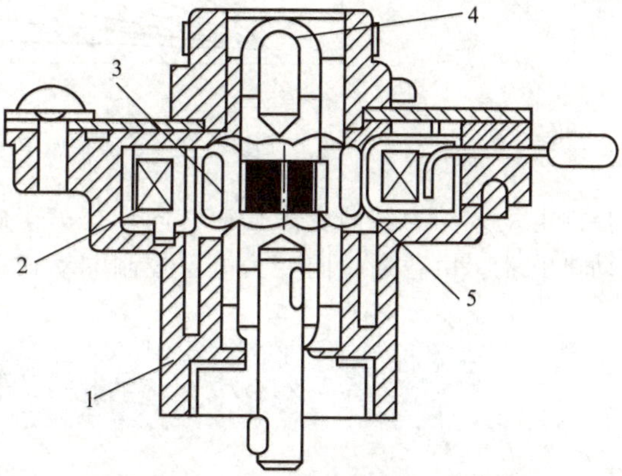

4）汽车交流发电机的L端子

利用交流发电机的L端子电压，可以判断出发电机是否运转，所以把交流发电机的L端子看成向ECU输送信号的一个传感器。

直流电动机的最大电流约为30A，在发动机不工作时，转向系统由蓄电池供电；发动机工作时，由发电机供电。

图6.13 车速传感器的结构
1—壳体；2—定子线圈；3—磁极；
4—下侧定子；5—定子

5）电子控制系统

电子控制系统由一个8位单片机MC6805及外围电路组成。电子控制电动式动力转向的工作过程如图6.14所示。

图6.14 电子控制电动式动力转向的工作过程

2. 三菱汽车电动式EPS系统的工作原理

（1）点火开关接通时，电源电压加到电动式EPS系统的控制部件上，电动式EPS系统开始工作。

（2）起动发动机时，交流发电机L端子的电压加到ECU上，检测到发动机处于工作状态时，电动式EPS系统转为工作状态。

（3）ECU输出电磁离合器信号后，通过电动机输出轴和行星齿轮减速机构，使行星齿轮轴处于可以助力的状态，并根据转矩信号向电动机输出电流。

行车时，按不同车速下的转矩控制电动机电流，并完成电子控制转向与普通转向的转换。6种车速下电动机的电流状态如图6.15所示。

当车速高于30km/h时，ECU没有离合器电流及电动机电流输出，离合器被分离，电

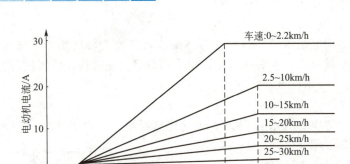

图 6.15　6 种车速下电动机的电流状态

子控制电动式动力转向变为普通转向；当车速低于 27km/h 时，ECU 又输出离合器电流和电动机电流，由普通转向变为电子控制电动式动力转向。

6.5　电控四轮转向系统

6.5.1　电控四轮转向系统概述

绝大多数汽车以两个前轮作为转向车轮，这样的转向系统称为两轮转向（Two-wheel Steering，2WS）系统。

为了使汽车具有更好的弯道通过性和操纵稳定性，一些汽车在后桥上也安装了转向系统，前后左右四个车轮均为转向车轮，这样的转向系统称为四轮转向（Four-wheel Steering 或 All-wheel Steering，4WS）系统。

汽车采用 4WS 系统的目的是在汽车低速行驶时，依靠逆向转向（前、后车轮的转角方向相反）获得较小的转向半径，改善汽车的操纵性；在汽车以中、高速行驶时，依靠同向转向（前、后车轮的转角方向相同）减小汽车的横摆运动，使汽车可以高速变换行进路线，提高转向时的操纵稳定性。

4WS 系统的一般布置形式如图 6.16 所示。

2WS 和 4WS 系统低速转向时的行驶轨迹如图 6.17 所示，中、高速转向时的操纵性比较如图 6.18 所示。

4WS 系统在不同车速下，前后轮转向比率及车轮偏转状态如图 6.19 所示。

根据控制方式的不同，4WS 系统可分为转向角比例控制式 4WS 系统与横摆角速度比例控制式 4WS 系统两种。

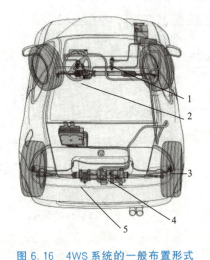

图 6.16　4WS 系统的一般布置形式
1—车速传感器；2—转向盘转角传感器；
3—车轮转速传感器；4—后轮转向
执行机构；5—后轮转角传感器

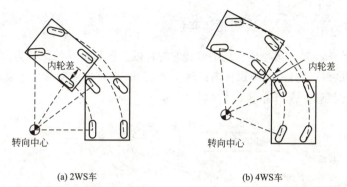

图 6.17　低速转向时的行驶轨迹

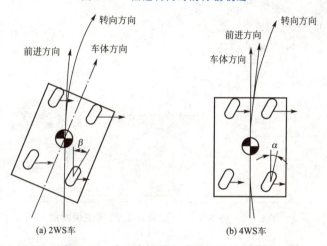

图 6.18　中、高速转向时的操纵性比较

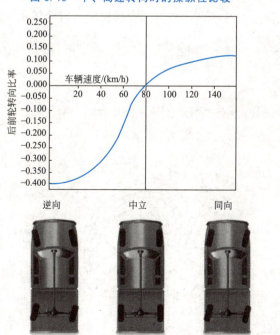

图 6.19　4WS 系统在不同车速下的前后轮转向比率及车轮偏转状态

6.5.2　转向角比例控制式四轮转向系统

所谓转向角比例控制，是指使后轮的偏转方向在低速区与前轮的偏转方向相反，在高速区与前轮的偏转方向相同，并同时根据转向盘转向角度和车速情况控制后轮与前轮偏转角度比例。

转向角比例控制式 4WS 系统的构成如图 6.20 所示。

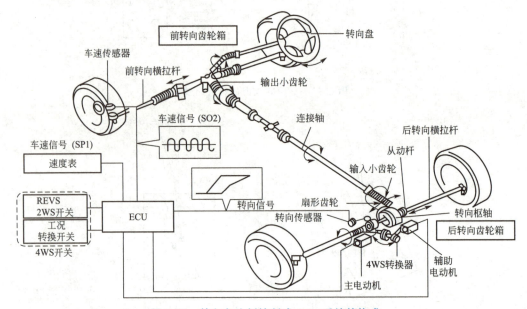

图 6.20　转向角比例控制式 4WS 系统的构成

前、后转向机构通过连接轴相连。转动转向盘转向时，齿条式转向器齿条在推动前转向横拉杆左右移动使前轮偏转转向的同时，带动输出小齿轮转动，通过连接轴传递到后转向控制机构带动后轮偏转。

1. 系统组成部件

1) 转向枢轴

后转向齿轮箱中的转向枢轴实际上是一个大轴承，如图 6.21 所示。

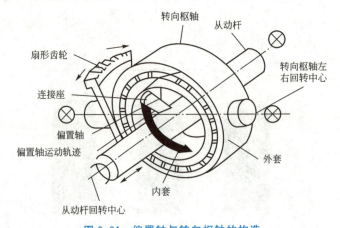

图 6.21　偏置轴与转向枢轴的构造

转向枢轴外套与扇形齿轮做成一体，可绕转向枢轴左右回转中心左右偏转；内套与一个突出在从动杆上的偏置轴相连。从动杆可在4WS转换器电动机的驱动下，以从动杆回转中心为轴正、反向运动，并可使偏置轴在转向枢轴内上、下旋转约55°。

与连接轴相连的输入小齿轮向左或向右转动时，旋转力就传到扇形齿轮上，扇形齿轮带动转向枢轴、偏置轴使从动杆左右摆动。从动杆的左右摆动又使后转向横拉杆移动，从而带动后转向节臂转动，使后轮转向。

从动杆可在电动机及传动装置的操纵下自转，使从动杆上的偏置轴相对于转向枢轴摆转轴线的角度发生变化，后轮的转向角比例和转向方向也随即发生相应变化。偏置轴与转向枢轴的工作原理如图6.22所示。

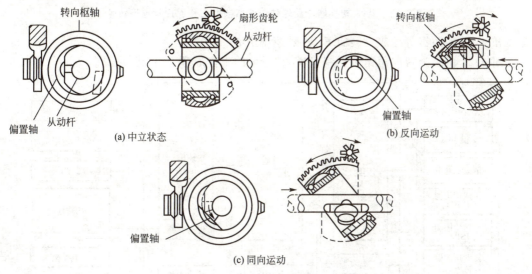

图6.22 偏置轴与转向枢轴的工作原理

当偏置轴的前端与转向枢轴左右旋转中心一致时，即使让转向枢轴左右倾转，从动杆也完全不动，此时后轮处于中间状态（中立状态），如图6.22（a）所示。当偏置轴的前端处于转向枢轴左右旋转中心的上方时，从动杆被带动向左移动，则后轮相对于前轮反向转动，如图6.22（b）所示；当偏量轴的前端处于转向枢轴左右旋转中心的下方时，从动杆被带动向右移动，则后轮相对于前轮同向转动，如图6.22(c)所示。

2）4WS转换器

4WS转换器的作用是驱动从动杆转动，实现2WS向4WS方式的转换和后轮转向方向与转向角比例控制。4WS转换器与后轮转向传感器的工作原理及电压特性如图6.23所示。

4WS转换器由主电动机、辅助电动机、行星齿轮减速机构和蜗轮蜗杆机构组成，主、辅电动机的工作受转向ECU控制。

正常情况下，作为备用的辅助电动机不工作，由主电动机带动转换器输出轴转动；当主电动机不能工作时，由辅助电动机带动转换器输出轴转动。

为检测转换器的工作状态，在从动杆涡轮的侧面设有滑动电阻式转向角比例检测传感器，随时向ECU反馈转向角比例控制状态，以便ECU随时进行控制和修正。

3）转向角比例控制系统

转向角比例控制系统主要由转向ECU、车速传感器、4WS转换开关、转向角比例传

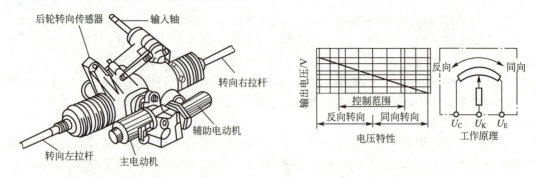

(a) 后轮执行结构（4WS 转换器）　　　　(b) 后轮转向传感器的工作原理与电压特性

图 6.23　4WS 转换器与后轮转向传感器的工作原理及电压特性

感器和 4WS 转换器等组成，转向 ECU 是控制中心。

图 6.24 所示为转向角比例控制式 4WS 系统的工作原理。

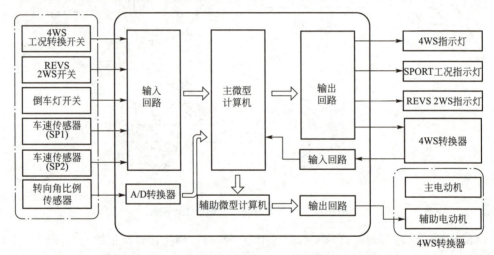

图 6.24　转向角比例控制式 4WS 系统的工作原理

2. 系统的主要控制功能

1）转向控制方式的选择

当通过 2WS 选择开关选择 2WS 方式时，ECU 控制 4WS 转换器使后轮在任何车速下的转向角为零，这是为习惯于前轮转向的驾驶人设置的；在 4WS 方式下，驾驶人可根据驾驶习惯和行驶情况通过 4WS 转换开关进行 NORM 工况与 SPORT 工况的转换，对后轮转向角比例控制特性进行选择。

2）转向角比例控制

当选定 4WS 方式时，ECU 根据车速信号和转向角比例传感器信号，计算车速与转向角的实际数值，控制 4WS 转换器电动机调节后轮转向角控制比例。

3）安全保障功能

当转向控制系统发生故障时，4WS 故障警告灯将点亮，并在 ECU 中记忆故障部位，同时，后备系统实施以下控制。

（1）当 4WS 转换器主电动机发生故障时，ECU 驱动辅助电动机工作，使后轮以

NORM 模式与前轮作同向转向运动，并根据车速进行转向角比例控制。

（2）当车速传感器发生故障时，ECU 以 SP1 和 SP2 两个车速传感器中输出车速信号高的为依据，控制 4WS 转换器主电动机仅进行同向转向的转向角比例控制。

（3）当转向角比例传感器发生故障时，ECU 驱动 4WS 转换器辅助电动机使后轮处于与前轮同向转向最大值，并终止转向角比例控制。如果辅助电动机发生故障，则通过驱动主电动机完成这一控制。

（4）当 ECU 出现异常时，4WS 辅助电动机驱动后轮至与前轮同向转向最大值位置，以避免后轮处于反向运动状态，并终止转向角比例控制。当后轮处于与前轮同向转向状态时，后轮的最大转向角很小，并且有利于确保高速转向时的方向稳定性。

6.5.3 横摆角速度比例控制式四轮转向系统

横摆角速度比例控制是一种能根据检测出的车身横摆角速度来控制后轮转向量的控制方法。它与转向角比例控制相比，具有两方面优点：一是它可以使汽车的车身方向从转向初期开始就与其行进方向保持高度一致；二是它可以通过检测车身横摆角速度感知车身的自转运动，因此，即使有外力(如横向风等)引起车身自转，也能马上感知，并可迅速通过对后轮的转向控制来抑制自转运动。

1. 系统组成

横摆角速度比例控制式 4WS 系统的组成如图 6.25 所示。

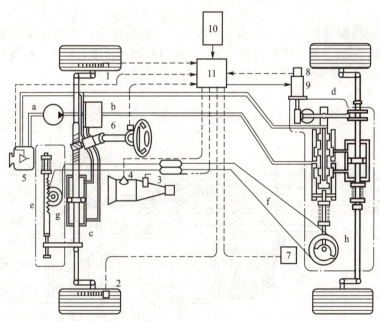

图 6.25 横摆角速度比例控制式 4WS 系统的组成

a—液压泵；b—分流器；c—前动力转向器；d—后转向助力器；e—带轮传动组件；
f—转角传动拉索；g—前带轮；h—后带轮；1、2—轮速传感器；3—车速传感器；
4—挡位开关；5—油面高度传感器；6—转角传感器；7—横摆角速度传感器；
8—电动机转角传感器；9—转向电动机；10—ABS ECU；11—4WS ECU

后轮转向机构通过转换控制阀油路可以实现后轮转向。后轮转向角由两部分合成：一部分是大转角控制产生的后轮转向角(最大角度为5°)，另一部分是小转角控制产生的后轮转向角(最大角度为1°)。大转角控制与前轮转向连动，通过传动拉索完成机械转向；小转角控制与前轮转向无关，通过脉动电动机完成电控转向。

1) 前轮转向机构

前轮转向机构如图 6.26 所示。转向盘 1 的转动可传到齿轮齿条副 2 上，随着齿条端部 4 的移动又使控制齿条 5 左右移动，并带动小齿轮转动。由于前带轮 6 与小齿轮做成一体，故前带轮也随着小齿轮一起进行正反方向地转动。

同时前带轮的转动又通过转角传动拉索 7 传递到后轮转向机构中的后带轮上。控制齿条存在一个不敏感行程，转向盘左右约 250°以内的转角正好处于此范围内。因此，在此范围内将不会产生与前轮连动的后轮转向，由于高速行驶时转向盘不可能产生这样大的转角，所以当汽车高速行驶时，后轮仅由脉动电动机控制转向。

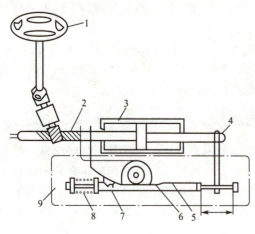

图 6.26 前轮转向机构

1—转向盘；2—齿轮齿条副；3—液压油缸；4—齿条端部；5—控制齿条；6—前带轮；7—转角传动拉索；8—弹簧；9—带轮传动组件

2) 后轮转向机构

后轮转向机构如图 6.27 所示。在机械转向时，转角传动拉索的行程变化传递到后带轮 1。由于控制凸轮 16 与后带轮制成一体，故此时控制凸轮随后带轮一同转动，拉动凸轮推杆 2 沿凸轮轮缘运动，使阀套筒 15 左右移动。

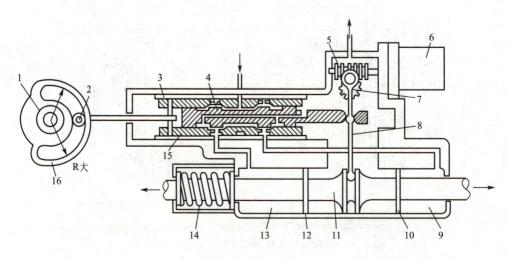

图 6.27 后轮转向机构

1—后带轮；2—凸轮推杆；3—衬套；4—滑阀；5—主动齿轮；6—脉动电动机；7—从动齿轮；8—驱动阀控制杆；9—液压缸右室；10、12—功率活塞；11—液压缸轴；13—液压缸左室；14—弹簧；15—阀套筒；16—控制凸轮

当转向盘向左转动时，后带轮 1 向右转动，此时控制凸轮轮缘向半径减小的方向转动，将凸轮推杆 2 拉出，使阀套筒 15 向左边移动。

当转向盘向右转动时，与上述相反，控制凸轮轮缘向半径增大的方向转动，把凸轮推杆 2 推向里面，使阀套筒 15 向右边移动。来自液压泵的压力油油路根据阀套筒 15 与滑阀 4 的相对位置进行切换。

当转向盘向左转动时，阀套筒 15 向左方移动，把来自液压泵的压力油输进液压缸的右室 9，驱动功率活塞 10 向左移动。此时，与功率活塞做成一体的液压缸轴 11 就被推向左方，带动后轮向右转向。

相反，当转向盘向左转动时，功率活塞 10 被推向右方，带动后轮向左转向。由此可见，在机械转向时，后轮都是反向转向。

在电动转向时，阀套筒 15 固定不动。此时，由脉动电动机 6 通过驱动阀控制杆 8 的左右摆动控制滑阀 4 左右移动，从而引起功率活塞 10 的左右运动，其动作原理与上述机械转向时相同。

由于脉冲电动机是根据 ECU 的指令进行正、反向转动的，所以它完成的后轮转向与前轮转向无关。

2. 控制原理

1) 后轮转角控制

转向盘转角与后轮转角的关系如图 6.28 所示。图中的后轮转角特性是由机械转向与电动转向特性合成后得到的。

从图 6.28 可以看出，转向盘转角在左、右约 250°以上的反向领域内，实际上表现的是汽车在低速时的大转角与停车时的转向切换操作，而在中、高速内的转向就变成了仅在电动转向范围内的后轮转向。

ECU 能随时读取来自车速传感器的信号，然后计算出与车辆状态相适应的后轮目标转向角，再驱动脉动电动机，完成后轮转向操作。

（1）大转角控制（机械式转向）。大转角控制原理如图 6.29 所示。当前轮转角处于不敏感范围内时，阀套筒 7 与滑阀 2 的相对位置处于中间状态。

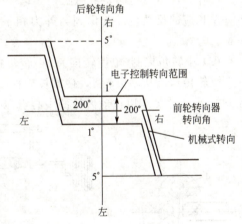

图 6.28 转向盘转角与后轮转角之间的关系

因此，从液压泵来的油液就流回蓄油器中。此时液压缸左、右室仅存较低油压，液压缸轴 5 就在回位弹簧的作用下，处于中间位置。

当前轮向左转向时，阀套筒 7 向左移动，它与滑阀 2 之间就产生了相对位移，使 a 部与 b 部的阻尼作用减小，使压力油进入到动力液压缸的右室，把功率活塞 6、液压缸轴 5 推向左侧，使后轮向右转向。由于液压缸轴 5 向左移动，脉动电动机还没有起动，故此时阀控制杆以支点 A 为中心向左转动，带动滑阀移动到比 B 点更左边的 B' 点。由于这个原因，已减小的 a 部与 b 部的阻尼作用又增大，使液压缸右室内的压力下降。其结果是当液压缸轴 5 移动到目标位置后，a 部与 b 部又会产生较大的阻尼作用，就正好达到与由车轮

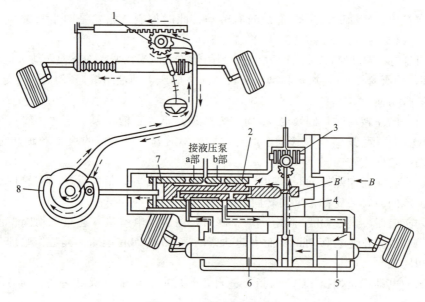

图 6.29 大转角控制原理

1—前带轮；2—滑阀；3—支点 A；4—阀控制杆；5—液压缸轴；
6—功率活塞；7—阀套筒；8—控制凸轮

产生的外力相平衡的位置，从而使后轮不产生过大的转向。

在外力产生变化时，液压缸轴 5 也产生微量的移动变化，引起阀控制杆 4 对滑阀 2 产生一个相应的反馈量，变化到与外力相平衡所需的活塞压力的阻尼作用，使其始终保持平衡。

(2) 小转角控制(电控转向)。小转角控制原理如图 6.30 所示。脉动电动机的旋转由一个蜗轮传送给从动齿轮 4，使阀控制杆 5 摆动。当脉动电动机驱动从动齿轮左转时，阀控制杆上端支点 A 以被动齿轮的中心点 O 为转动中心向 A' 点摆动。

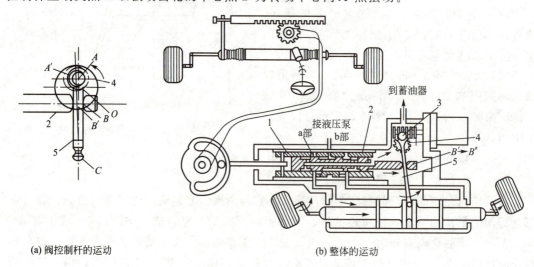

(a) 阀控制杆的运动   (b) 整体的运动

图 6.30 小转角控制原理

1—阀套筒；2—滑阀；3—支点 A；4—从动齿轮；5—阀控制杆

在脉动电动机起动的瞬间，后液压缸轴还没有移动，因此阀控制杆 5 就以 C 点为中心向左方摆动，使阀控制杆上的 B 点移动到 B' 点位置，带动滑阀 2 左移。由于转角传动拉索没有动作，故此时阀套筒 1 是固定不动的，因此滑阀 2 的移动就使滑阀、阀套筒之间产生相对位移，使 a 部与 b 部的阻尼作用减小，使液压泵的压力油作用到液压缸左室，使液压缸轴向右移动。

在液压缸轴向右移动的过程中，阀控制杆以支点 A' 为中心转动，带动滑阀向右移动到 B''，使 a 部和 b 部的阻尼作用增大，油压降低，从而达到与大转角控制转向时一样的力的平衡。

2) 使汽车滑移角为零的控制

使汽车滑移角为零的控制是抑制 4WS 汽车在转向初期过渡阶段出现的车身向转向内侧转动滞后的一种控制方法。这种控制方法可在转向开始的瞬间控制后轮反向转动，使车身产生自转运动，抑制公转运动，防止车身向转向外侧转动。

此时，横摆角速度传感器会检测出自转运动的增大，并反馈给控制系统，控制后轮产生一个同方向转动，取得自转与公转运动的平衡。这样就能保证从转向初期到转向结束汽车滑移角始终为零。

3) 受到横向风作用时的控制

在突然受到横向风作用，车辆将要偏向时，横摆角速度传感器会立即感知到这一偏转倾向，控制系统就会操纵后轮向消除将要发生的横摆运动的方向转动。

由于后轮的转动，在车身上会产生力矩，减少由横向风产生的自转运动，使车身的偏差减低到最小。

4) ABS 作用的控制

在一般情况下，由于比较重视中、低速域的转向响应性，因此其横摆角速度的增益会比高速域的横摆角速度增益有所降低，但在 ABS 作用时，更重视的是制动时车辆的稳定性。所以，会把 ABS 开始起作用时的横摆角速度增益一直保持到制动结束。

6.5.4 本田序曲汽车的电控四轮转向系统

1. 系统组成

本田序曲(Honda Prelude)汽车上采用的电动式电控 4WS 系统如图 6.31 所示。四轮

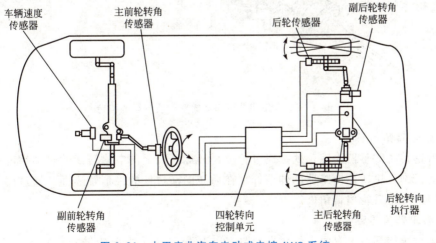

图 6.31 本田序曲汽车电动式电控 4WS 系统

转向 ECU 对输入的传感器信息进行分析处理，计算出所需的后轮转向角，并操纵后轮转向执行器电动机使后轮实现正确的转向。

在此转向系统中，前轮转向器和后轮转向执行器之间没有任何机械连接装置，四轮转向 ECU 利用转向盘转角、车速和前轮转向角传感信息控制后轮转向角。

当车速低于 29km/h 转向时，后轮向相反方向偏转，在车速为零时的最大转角为 6°，在 29km/h 时后轮转向角接近于零；当车速大于 29km/h 时，在转向盘 200°转角以内后轮的转向角与前轮一致，转向盘转角大于 200°时后轮开始向相反方向偏转。

当车速提高到 29km/h，并转动转向盘 100°时，后轮将向相同方向偏转大约 1°；转向盘转动 500°时，后轮将向相反方向偏转大约 1°。

1) 后轮转向执行器

后轮转向执行器的组成包括一个驱动循环球螺杆机构的电动机、后轮转角传感器、回位弹簧等。

执行器在结构上作为后轮转向横拉杆的一部分，两端的拉杆与后轮转向节臂相连。电动机受 ECU 控制转动时，可通过循环球螺杆产生轴向推力，克服回位弹簧的弹力带动后轮转向。

执行器内的回位弹簧在关闭点火开关或 4WS 系统失效时，使后轮推回到直线行驶位置。一个主后轮转角传感器和一个副后轮转角传感器安装在执行器的上部。

图 6.32 所示为本田序曲汽车后轮转向执行器的构造。

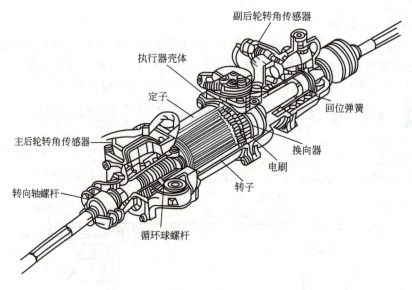

图 6.32　本田序曲汽车后轮转向执行器的构造

2) 后轮转角传感器

主后轮转角传感器为霍尔式，通过检测循环球螺母上的电磁转子的转动情况感知后轮偏转角度；副后轮转角传感器的伸缩杆顶在后转向横拉杆的锥形轴表面，通过感知锥形轴的移动即可测得后轮偏转角度。

3) 前轮转角传感器

前轮转角传感器也有两个。转向盘转角传感器又称为主前轮转角传感器，为霍尔式，装在组合开关下方的转向柱上；副前轮转角传感器安装在齿条式转向器上，结构与工作原理和副后轮转角传感器相同。

4）车速传感器

与 ABS 共用的两只电磁式后轮速传感器向 ECU 提供交变电压信号，供 ECU 判定车速。注意：为了防止来自其他电线的干扰，有的传感器带有附加的屏蔽罩，如果屏蔽罩损坏将严重影响 ECU 的工作。同时，严禁将电子传感器的导线位置移动到靠近其他电源电路附近。

2. 系统的失效保护功能

如果四轮转向 ECU 检测到系统出现故障，将使系统转换到失效保护状态。在这种状态下，ECU 存储故障码，并接通四轮转向指示灯发出警告。同时，ECU 切断后轮转向执行器电源，使后轮保持在直行位置，系统回归为 2WS 特性。

【参考视频】

为防止后轮转向执行器断电时回正过快而造成方向不稳，ECU 在使系统进入保护状态的同时，会施加阻尼力矩，使回位弹簧缓慢地将后转向横拉杆推回到中央位置。

【参考视频】

1. 简述电控动力转向系统的组成和类别。
2. 简述电控四轮转向系统的功能和转向原理。
3. 在不同车速下，装备四轮转向系统的汽车，其前后轮处于何种偏转状态？

第 7 章
汽车巡航控制系统

教学提示

巡航控制系统提高了车辆的驾驶舒适性，改善了汽车的燃油经济性和发动机的排放性能。采用自适应控制技术是巡航控制系统的发展趋势。

教学要求

本章主要介绍汽车巡航控制系统。要求学生了解自适应巡航控制系统在汽车上的应用概况，熟悉汽车巡航控制系统的基本组成和工作原理。

7.1 巡航控制系统概述

巡航(cruise)是航空领域的技术术语，在航空界，一般把适宜于持续进行的，接近于定常飞行的飞行状态称为巡航。在巡航状态下的参数称为巡航参数，如巡航高度、巡航推力、巡航速度等。飞行器以巡航状态飞行时，其燃油消耗量最低，经济性最好。

汽车巡航控制系统(Cruise Control System，CCS)又称为恒速行驶系统或巡行控制系统，是由飞机巡航控制系统引申而来的。

汽车 CCS 系统能自动调节节气门开度，使车辆按设定的速度行驶。汽车 CCS 能根据行车阻力的变化自动增减节气门开度，而驾驶人无需频繁踩加速踏板，即可保证汽车以设定车速行驶，从而大大减轻了驾驶人的劳动强度。由于加速踏板人为变动较少，进而改善了汽车的燃油经济性和发动机的排放性能。

汽车 CCS 控制原理如图 7.1 所示。驾驶人操作控制开关，ECU 接收驾驶人控制开关信息和各种传感器信号，通过比较电路，其输出信号经过补偿电路、执行部件、发动机和变速器后就可以变换驱动力。

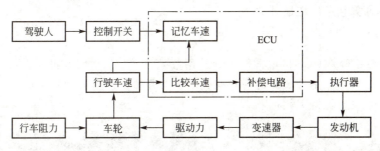

图 7.1 汽车 CCS 控制原理图

巡航 ECU 由专用的单片机和专用的 IC 模块等构成，单片机完成车速运算、记忆、比较、补偿、保持和故障诊断等信号的处理，专用的 IC 模块具有处理计算机的再起动、输入、输出与电源通断和自诊断等功能。

7.2 巡航控制系统的组成与工作原理

汽车 CCS 由信号输入装置、巡航 ECU 和执行器等组成，如图 7.2 所示。传感器和开关将信号送入巡航 ECU，ECU 由此计算节气门适当的开度，并控制执行器工作，自动调节节气门开度。

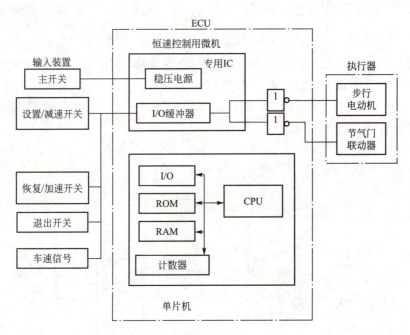

图 7.2 汽车 CCS 的组成

7.2.1 操作开关

操作开关用于设置巡航车速或将其重新设置为另一车速，以及取消巡航控制等，包括主开关、控制开关和退出巡航开关等。

1. 主开关

主开关(MAIN)是 CCS 的电源开关，采用按键方式，每次将其推入，系统电源接通或关闭，如图 7.3 所示。主开关接通时，如关闭点火开关，则主开关也关闭。即使点火开关再次接通，主开关仍保持关闭。

图 7.3　CCS 操作开关

2. 控制开关

手柄式控制开关有 5 种控制功能，即 SET（设置）、COAST（减速）、RES（恢复）、ACC（加速）和 CANCEL（取消）。其中，SET 和 COAST 共用一个开关，RES 和 ACC 共用另一个开关。如图 7.3 所示，当沿箭头方向操作开关时，开关接通；松开时，则开关断开。

3. 退出巡航开关

退出巡航开关包括取消开关、停车灯开关、驻车制动开关、离合器开关和空挡起动开关。当其中任一开关接通时，巡航控制将被自动取消。当 CCS 取消瞬间的车速不低于 40km/h 时，此车速存储于巡航 ECU 中。当接通 RES 开关时，最后存储的车速自动恢复。

1) 停车灯开关

停车灯开关由两个开关组成，如图 7.4 所示。踩下制动踏板时，两个开关同时工作。开关Ⓐ闭合，电流经其流过停车灯开关，使停车灯亮。

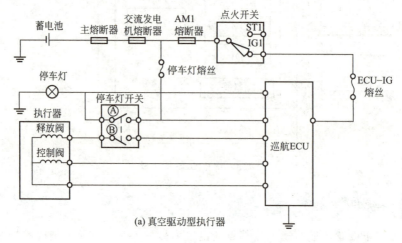

(a) 真空驱动型执行器

图 7.4　停车灯开关电路

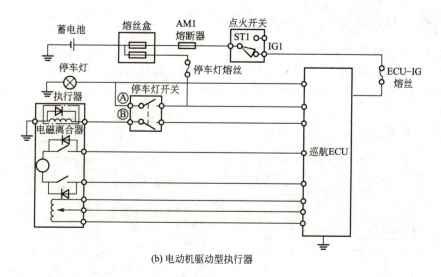

(b) 电动机驱动型执行器

图 7.4　停车灯开关电路(续)

同时，蓄电池电压经过停车灯开关施加在巡驶控制 ECU 上，使其判断制动器是否处于工作状态，巡航 ECU 取消 CCS 工作，开关 Ⓑ 断开，执行器得不到巡航 ECU 的信号，停止工作。

2) 驻车制动开关

当拉起驻车制动操纵杆时，驻车制动开关接通，将取消信号传至巡航 ECU，同时驻车制动指示灯亮。

3) 离合器开关

当踩下离合器踏板(手动变速器)时，离合器开关接通，将取消信号传至巡航 ECU。

4) 空挡起动开关

当自动变速器变速杆设置在 P 或 N 位时，空挡起动开关接通，将取消信号传至巡航 ECU。

7.2.2　传感器

1. 车速传感器

车速传感器提供一个与汽车实际车速成比例的交变振荡脉冲信号，巡航 ECU 将此信号进行处理。车速传感器与发动机电控系统共用。

2. 节气门位置传感器

节气门位置传感器对巡航 ECU 提供一个与节气门位置成正比的电信号，该传感器与发动机电控系统共用。

3. 节气门控制摇臂传感器

节气门控制摇臂传感器对巡航 ECU 提供节气门摇臂位置信号，目前采用较多的是滑线电位器，当节气门控制摇臂转动时，电位器随之转动，便输出一个与控制摇臂位置成比例且连续变化的电信号。

7.2.3 巡航控制单元

巡航 ECU 由处理器芯片、A/D、D/A、IC 及输出重置驱动和保护电路等模块组成，ECU 接收来自车速传感器和各种开关的信号，按照存储的程序进行处理，当车速偏离设定的巡航车速时，对执行器发出控制信号，控制执行器工作，使实际车速与设定车速相一致。

巡航 ECU 控制框图如图 7.5 所示。

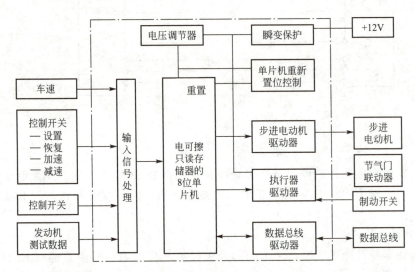

图 7.5　巡航 ECU 控制框图

汽车以巡航车速行驶时，一般当车速低于 40km/h 时，ECU 取消巡航控制，使汽车在制动、转弯时，巡航控制不起作用。当车速超过设定车速 6～8km/h 时，ECU 取消巡航控制；当汽车的减速度大于 $2m/s^2$ 及汽车的制动灯开关动作时，ECU 也自动取消巡航控制，以确保行车安全。巡航 ECU 具有以下控制功能。

1. 匀速控制

ECU 将实际车速与设定车速进行比较，若车速高于设定车速，控制执行器将节气门适当关小；若车速低于设定车速，控制执行器将节气门适当开大。

2. 设定

当主开关接通，车辆在巡航控制车速范围(40～200km/h)内行驶时，若 SET/COAST 开关接通后松开，巡航 ECU 存储此车速，并使车辆保持该速度行驶。

3. 加速

当车辆以巡航控制模式行驶时，若 RES/ACC 开关接通，执行器则将节气门适当开大，使车辆加速。ECU 存储开关松开时的车速，并保持此车速行驶。

4. 减速

当车辆以巡航控制模式行驶时，若 SET/COAST 开关接通后不松开，执行器则减小节气门开度，使车辆减速。ECU 存储开关松开时的车速，并保持此车速行驶。

5. 恢复

只要车速没有降至40km/h以下，若用任一个取消开关以手动的方法将巡航控制模式取消后，接通RES/ACC开关，就可恢复设定车速。车速一旦处于40km/h以下，设定车速则不能恢复，因为存储器中的车速已被清除。

6. 车速下限控制

车速下限是巡航控制所能设定的最低车速，约为40km/h，巡航控制车速不能低于该速度。当车辆以巡航控制模式行驶时，若车速降至40km/h以下，巡航控制则自动取消，设置在存储器内的车速也被清除。

7. 车速上限控制

车速上限是巡航控制所能设定的最高车速，约为200km/h。操作ACC开关，也不能使车速超过200km/h。

8. 取消

操纵CANCEL开关，巡航控制功能取消，退出巡航开关工作。

当车辆以巡航控制模式行驶，伺服电动机始终朝节气门打开方向转动时，存储器中设置的车速被清除，安全电磁阀离合器断电，巡航控制模式取消，主控开关同时关闭。

在巡航控制行驶期间，若CCS电源中断超过5ms，巡航控制被取消，但存储器中设定的速度尚未取消，巡航控制功能可用SET或RES开关恢复。

9. AT控制

车辆以O/D挡上坡行驶时，车速降至O/D挡切断速度（设定车速减去4km/h）时，ECU自动取消O/D挡并增加驱动力，防止车速进一步降低。当车速升至O/D挡恢复速度（设定车速减去2km/h）时，约6s后巡航ECU恢复O/D挡。

10. 迅速降速和迅速升速控制

当实际车速与设定车速相差不足5km/h时，每次迅速（0.6s内）操纵SET/COAST开关，可将设定车速降低约1.65km/h；每次迅速（0.6s内）操纵RES/ACC开关，可将设定车速升高约1.65km/h。

11. 故障自诊断

CCS发生故障时，ECU确认故障并使组合仪表上的CRUISE指示灯闪烁，以提示驾驶人；同时，ECU存储相应的故障码，故障码可通过CRUISE指示灯读取。

7.2.4 执行器

执行器将ECU输出的电流或电压信号转变为机械运动，进而控制节气门的开度，最终达到控制车速的目的。目前使用的执行器有两种类型：一种是真空驱动型，由负压操纵节气门；另一种是电动机驱动型，由电动机操纵节气门。

1. 真空驱动型执行器

真空驱动型执行器施加负压的方法有两种：一种是仅从发动机进气歧管施加负压；另

一种是当进气歧管负压太低时,用真空泵提高负压,如图7.6所示。

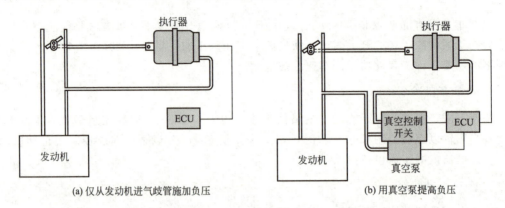

(a) 仅从发动机进气歧管施加负压　　　(b) 用真空泵提高负压

图7.6　真空驱动型执行器控制方法

真空驱动型执行器主要由控制阀、释放阀、真空控制开关和真空泵组成。

1) 控制阀

控制阀用于将大气压状态下的空气或真空吸入执行器,如图7.7所示。当控制阀电磁线圈通电时,大气压状态下的空气通道关闭,进气歧管的真空通道打开,在执行器内部产生一负压,由于吸力大于回位弹簧弹力,膜片向左移动,使节气门开大,车速升高;当控制阀电磁线圈不通电时,大气压状态下的空气充满控制阀,回位弹簧将膜片推回,节气门关小,车速降低。ECU通过对控制阀电磁线圈的电流通断间隔进行控制,即可改变节气门开度,实现车速控制。

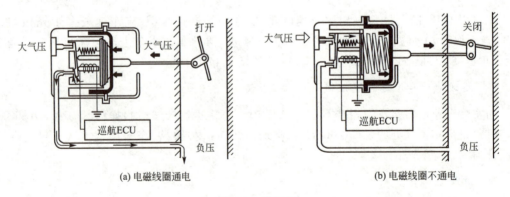

(a) 电磁线圈通电　　　(b) 电磁线圈不通电

图7.7　控 制 阀

2) 释放阀

释放阀用于取消巡航控制时,使大气状态下的空气进入执行器,以便在较短的时间内关闭节气门。

如图7.8所示,CCS工作时,释放阀电磁线圈有电流通过,大气压状态下的空气通道关闭;取消巡航控制时,释放阀电磁线圈停止供电,回位弹簧将膜片推回,节气门关闭,此时控制阀供电停止,空气经过控制阀进入执行器。

如果控制阀安装在真空引入位置,当发生故障时,释放阀相当于一个安全阀。控制阀将来自释放阀的大气引入执行器,使节气门关闭,降低车速,以确保行车安全。

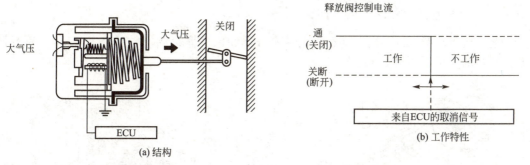

图 7.8 释放阀

3）真空控制开关

真空控制开关用于检测进气室负压，如图 7.9 所示，当压力低于 22.7kPa 或更低时，真空控制开关接通将信号送至 ECU。

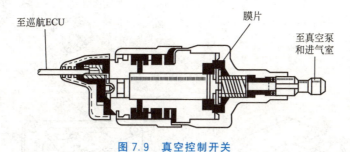

图 7.9 真空控制开关

4）真空泵

真空泵由电动机、连杆、单向阀和膜片组成，如图 7.10 所示。

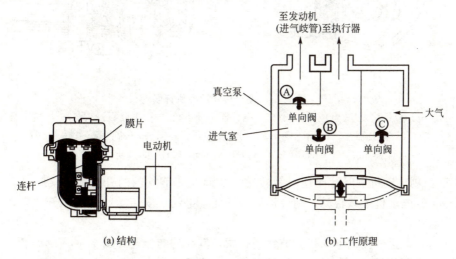

图 7.10 真空泵

由于进气室负压的作用，单向阀Ⓐ通常保持打开，向执行器提供负压；当进气室负压低时，ECU 发出信号接通真空泵，负压由单向阀Ⓑ提供给执行器。

2. 电动机驱动型执行器

电动机驱动型执行器由电动机、电磁离合器和电位器组成，如图 7.11 所示。执行器与节气门的关系，如图 7.12 所示。

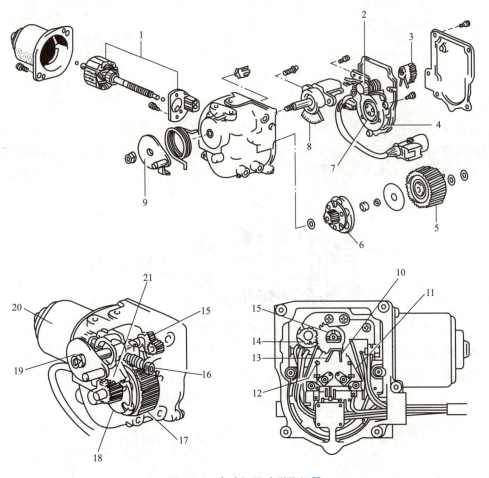

图 7.11 电动机驱动型执行器

1—驱动电动机；2、14—电位计；3、15—电位器主动齿轮；4—电路板；5、17—电磁离合器；
6、18—离合器片；7—滑力环；8、21—主减速器；9、19—控制臂；10—杆 B；
11、12—限位开关；13—杆 A；16—蜗杆；20—电动机

ECU 控制电动机顺时针或逆时针转动，从而改变节气门的开度。节气门已完全打开或关闭后，若电动机继续转动，则会损坏。为此，电动机安装了两个限位开关，用于控制电动机的运转。

电磁离合器用于控制电动机和节气门拉索，其结构与原理如图 7.13 所示。当 ECU 给执行器发出控制信号时，电磁离合器接合，电动机通过拉索转动节气门。若按任一取消开关，巡航 ECU 控制电磁离合器分离，取消巡航控制。

电位器及其工作电路如图 7.14 所示。当设定巡航车速时，电位器将节气门开度转换为电信号，送入巡航 ECU，ECU 根据此数据控制节气门的开度，使实际车速与设定的车速相符。

汽车巡航控制系统 第7章

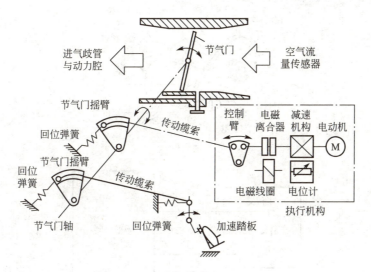

图 7.12　执行器与节气门的关系

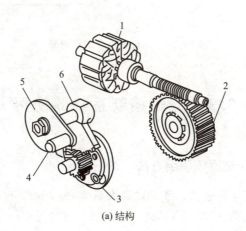

(a) 结构

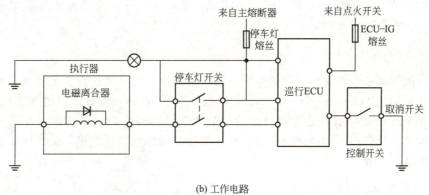

(b) 工作电路

图 7.13　电磁离合器的结构及其工作电路

1—驱动电动机；2—电磁离合器；3—离合器；4—至节气门拉索；
5—控制臂；6—主减速器

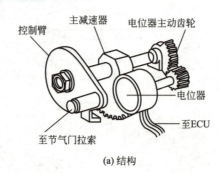

图 7.14 电位器及其工作电路

7.3 巡航控制系统的使用

7.3.1 汽车巡航控制系统使用方法

通常巡航操纵手柄有 4 挡开关，手柄端部按钮为 CCS 的总开关，按下该按钮时，组合仪表上的 CRUISE 指示灯亮，表示 CCS 进入运行状态；若再按一下，则按钮弹起、指示灯灭，表示 CCS 关闭。操纵手柄朝下扳动为巡航车速设定开关；向上推为巡航车速取消开关；朝转向盘方向扳起为恢复。

1. 设定巡航速度

按下巡航控制主开关，踩下加速踏板，使车辆加速；当车速达到设定值时，将巡航控制手柄置于 SET/COAST 位置并释放，即进入自动行驶状态，驾驶人可将加速踏板松开，CCS 会根据汽车行驶时阻力的变化，自动调节节气门的开度，使车速保持在设定的范围内。若要加速，只要踩下加速踏板即可。超车完毕后再释放加速踏板，汽车便又恢复到已设定的巡航速度行驶。

2. 取消设定巡航速度

(1) 将 CCS 控制开关置于 CANCEL 位置并释放。
(2) 踩下制动踏板使汽车减速。
(3) 装备 MT 的汽车，踩下离合器踏板即可；装备 AT 的汽车，将变速杆置于空挡。
(4) 当车速低于 40km/h 时，则设定的巡航速度自动取消；当汽车减速后，车速比设定的巡航车速低时，CCS自动停止工作。

3. 加速设定（AT）

将CCS的控制开关置于RES/ACC位置并保持不动，此时车速将逐渐加快，当车速达到要重新设定的巡航速度时释放开关。该方法与踩加速踏板加速相比，历时较长。

4. 减速设定（AT）

将CCS的控制开关置于SET/COAST的位置并保持不动，此时车速将逐渐减慢，当车速降至所要求设定速度时释放控制开关。该方法与踩制动踏板减速相比，减速度要小。

5. 恢复巡航设定车速

将CCS的控制开关置于RES/ACC位置，汽车可恢复到原设定的速度行驶。当车速降至40km/h以下或低于设定速度16km/h以上时，CCS自动停止工作。

7.3.2　汽车巡航控制系统使用注意事项

（1）为使汽车获得最佳控制，当遇到交通阻塞或在雨、冰、雪等湿滑路面上行驶或遇上大风天气时，不要使用CCS。

（2）为避免CCS误工作，在不使用CCS时，务必使CCS的控制开关处于关闭状态。

（3）汽车行驶在陡坡时，使用CCS会引起发动机转速变化过大，因此最好不要使用。下坡驾驶时，应避免加速行驶。若车辆的实际行驶速度较设定车速高出太多，则可忽略巡航控制，然后将变速器换入低挡，利用发动机制动控制车速。

（4）汽车巡航行驶时，对装备MT的汽车应在踩下离合器踏板时将变速杆置空挡，否则发动机转速会急剧升高。

（5）使用CCS要注意观察组合仪表上的CRUISE指示灯是否闪亮，若闪亮，则表明CCS处于故障状态。此时，应停止使用CCS，待排除故障后再使用。

（6）ECU是CCS的中枢，对电磁环境、湿度及机械振动等有较高的要求。CCS对以上各方面均进行了全面的防护，有较强的适应能力。使用时应注意以下几点。

① 保持汽车发电机及其电压调节器处于良好的技术状态。
② 必须保证车辆的蓄电池与发电机、车身的良好连接。
③ 保持ECU电源插接件接线正确、连接可靠。
④ 注意ECU防潮、防振、防磁、防污染。

7.4　自适应巡航控制系统

巡航控制系统提高了车辆的驾驶舒适性，使得汽车的长距离驾驶变成了一种享受，但也容易因为驾驶人的悠闲、舒适，注意力分散而引发交通事故。早期的巡航控制系统在需要频繁制动的城市道路上并不实用，而自适应巡航则能很好地适应路况较复杂的城市路况。

为了使车辆能够自动预防交通碰撞事故，汽车工程师在汽车上安装了各种主动安全装置,如测距雷达和后视镜盲点探测器等,这些装置在必要时可以通过声光的形式提醒驾驶人,并通过车载系统自动对车速和车辆间距等行车数据进行调整,从而有效地避免交通事故的发生。

自适应巡航控制(Adaptive Cruise Control,ACC)系统是基于巡航控制技术发展而来的一种智能化的车速自动控制系统。由于可以视交通情况自动采取适宜措施(加速、减速、制动),使得自适应巡航系统能很好地适应路况复杂的城市道路行驶。

目前,雷克萨斯、英菲尼迪、奥迪、宝马、奔驰、沃尔沃、大众CC、雪铁龙C4等车都配备了自适应巡航系统。

7.4.1　自适应巡航控制系统的组成

如图7.15所示,ACC系统主要由车距传感器(雷达)、轮速传感器、转向角传感器及ACC控制单元等组成。

车距传感器一般安装在散热器格栅内或前保险杠的内侧如图7.16所示,它可以探测到汽车前方200m左右的距离。车距传感器(雷达)与ACC控制单元安装在同一壳体内如图7.17所示,若传感器或控制单元任一部件发生故障,则必须换掉整个总成。

图7.15　ACC系统的组成

车距传感器(雷达)

图7.16　宝马E90新3系车距传感器　　图7.17　车距传感器与ACC控制单元

在前后车轮上装有轮速传感器(与ABS共用),可以检测车辆的行驶速度;转向角传感器用来判断车辆行驶的方向;ACC控制单元采集各个传感器的信号并进行计算,以便实时地与发动机控制单元和制动防抱死控制单元交换数据。

7.4.2　自适应巡航控制系统的工作原理

ACC控制系统是一种智能化的自动控制系统,它是在前面介绍的巡航控制技术的基础上发展而来的。

在车辆行驶过程中,安装在车辆前部的车距传感器(雷达)持续扫描车辆前方道路如图7.18所示,同时轮速传感器采集车速信号。

当与前车之间的距离过小时,ACC控制单元可以通过与制动防抱死系统、发动机控制系统协调动作，使车轮适当制动（图7.19），并使发动机的输出功率下降，以使车辆与前方车辆始终保持安全距离。

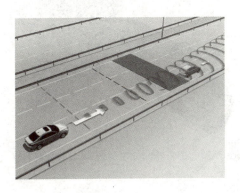

图7.18 车距传感器持续扫描前方道路

图7.19 ACC系统视交通情况自动采取强度适宜的制动措施

ACC系统在控制车辆制动时，通常会将制动减速度限制在不影响舒适性的程度，当需要更大的减速度时，ACC控制单元会发出声光信号通知驾驶人主动采取制动操作。当与前车之间的距离增加到安全距离时，ACC控制单元控制车辆按照设定的车速行驶。

虽然ACC系统可以自动控制车速，但在任何时候驾驶人都可以主动进行加速或制动。当驾驶人在巡航控制状态下进行制动后，ACC控制单元就会终止巡航控制；当驾驶人在巡航控制状态下进行加速，停止加速后，ACC控制单元会按照原来设定的车速进行巡航控制。

7.4.3 自适应巡航控制系统的扩展功能

通过软件升级和增加少量电子装置等方法，ACC系统无需增加更多的装置即可实现车辆的智能驾驶等多项扩展功能。

通过车距传感器的反馈信号，ACC控制单元可以根据靠近车辆物体的移动速度判断道路情况，并控制车辆的行驶状态；通过反馈式加速踏板（图7.20）检测驾驶人施加在踏板上的力，ACC控制单元可以决定是否执行巡航控制，以减轻驾驶人的劳动强度。

ACC系统一般在车速大于25km/h时才会起作用，而当车速降低到25km/h以下时，就需要驾驶人进行人工控制。通过系统软件的升级，ACC系统可以实现"停车/起步"功能，以应对在城市中行驶时频繁的停车和起步情况。ACC系统的这种扩展功能，可以使汽车在非常低的车速时也能与前车保持设定的距离。当前方车辆起步后，ACC系统会提醒驾驶人，驾驶人通过踩加速踏板或按下按钮发出信号，车辆就可以起步行驶。

ACC系统使车辆的编队行驶更加轻松。ACC控制单元可以设定自动跟踪的车辆。当本车跟随前车行驶时，ACC控制单元可以将车速调整为与前车相同，同时保持稳定的车距，而且这个距离可以通过转向盘附近的控制杆（图7.21）上的设置按钮进行选择。

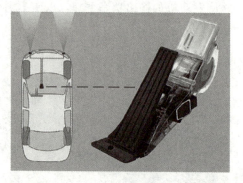
图 7.20　反馈式加速踏板

图 7.21　位于转向柱左侧的 ACC 控制杆

【参考视频】

1. 简述汽车巡航控制系统的控制原理。
2. 常见的汽车巡航控制系统执行器有哪两种类型？
3. 简述汽车自适应巡航控制系统的基本组成和功能。

第 8 章 汽车安全气囊系统

教学提示

作为重要的被动安全措施，安全气囊在保护汽车乘员、减轻交通事故伤害程度方面，发挥着不可替代的作用。多功能、智能化是汽车安全气囊系统的发展趋势。

教学要求

本章主要介绍汽车安全气囊系统。要求学生了解汽车安全气囊系统的应用概况和发展趋势，熟悉汽车安全气囊系统的基本组成和工作原理。

8.1 安全气囊系统概述

8.1.1 安全气囊的作用

为了在车辆发生碰撞事故时最大限度地保护驾乘人员，尽量减小撞车对驾乘人员的伤害程度，汽车广泛装备了辅助约束系统(Supplemental Restraint System，SRS)，也称辅助乘员保护系统。

作为汽车重要的被动安全措施，SRS 的安全气囊(Airbag Safety)与座椅安全带(Seat Belt)配合使用，可以为乘员提供十分有效的防撞保护。由于安全气囊是 SRS 的核心保护部件，故国内也习惯将辅助乘员保护系统称为安全气囊系统。

安全气囊(图 8.1)是一种当汽车遭到冲撞而急剧减速时能很快膨胀的缓冲垫，当汽车发生碰撞时，能迅速在乘员和汽车内部结构之间打开一个充满气体的袋子，使乘员撞在气袋上，避免或减缓碰撞，从而达到保护乘员的目的，如图 8.2 所示。

由于乘员和气囊相碰时容易因振荡造成乘员伤害，所以在气囊的背面开两个直径 25mm

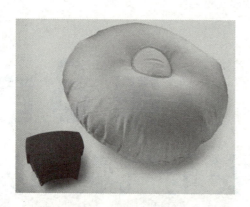

图 8.1 安全气囊

图 8.2 安全气囊对乘员的保护作用

左右的圆孔,这样当乘员和气囊相碰时,借助圆孔的放气可减轻振荡,放气过程同时也是一个释放能量的过程,因此可以很快地吸收乘员的动能,有助于保护乘员。

8.1.2 安全气囊的种类

1. 按照气囊的数量划分

按照气囊的数量分为单气囊系统(只装在驾驶人侧)、双气囊系统(驾驶人侧和前排乘员侧各有一个安全气囊)和多气囊系统(前排安全气囊、后排安全气囊、侧面安全气囊)。

2. 按照气囊的大小划分

按气囊的大小可分为保护全身的安全气囊、保护整个上身的大型气囊和主要保护面部的小型护面气囊。

3. 按充气装置点火系统划分

按充气装置点火系统分为电子式安全气囊与机械式安全气囊两种。

4. 按照保护对象的不同划分

1) 驾驶人防撞安全气囊

驾驶人防撞安全气囊(Driver Airbag,DAB)安装在转向盘上,分美式和欧式两种。

美式气囊是考虑到驾驶人没有佩戴座椅安全带而与汽车相撞时起保护作用,其体积较大,约 60L。

欧式气囊是假定驾驶人佩戴座椅安全带而设计的,其体积较小,约 40L。日本的安全气囊也属于此类。近年来,由于安全气囊的生产成本下降,日本防撞安全气囊规格有所增加,如本田乘用车的驾驶人防撞安全气囊的体积为 60L。

2) 前排乘员防撞安全气囊

由于前排乘员在车内位置不固定且前方空间较大,因此为保护其撞车时免受伤害而设计的前排乘员防撞安全气囊(Passenger Airbag,PAB)也较大。美式的约 160L,欧式的约 75L(后者考虑了乘员受座椅安全带的约束)。

3) 后排乘员防撞安全气囊

后排乘员防撞安全气囊(Rear Side Airbag,RSAB)安装在前排座椅上,防止后排乘员在撞车时受到伤害。

4) 侧面防撞安全气囊

侧面防撞安全气囊(Side Impact Airbag)安装在车门上,防止驾驶人及乘员的肩、臂、腰、髋受侧面撞击。

5) 安全气帘

安全气帘(Inflatable Curtain,IC)安装在汽车车顶与车门的交接处,用于汽车在遭受横向撞击或翻车时保护乘员的头部、肩部不受伤害。

6) 智能型安全气囊

为了克服普通安全气囊系统的不足,一些高端汽车装备了新一代智能型安全气囊(Smart Air Bag)。智能型 SRS 比一般 SRS 增加了以下几种功能。

(1) 检测乘员是否系上座椅安全带。

(2) 检测乘员乘坐位置。

(3) 检测儿童座椅。

(4) 调控安全气囊充气膨胀力。

(5) 检测座椅上是否有乘员。

(6) 检测气温。

此外,还有对乘员的膝盖进行保护的膝部安全气囊(Knee Airbag),如图 8.3 所示,以及对车外行人进行保护的行人安全气囊(Pedestrian Airbag),如图 8.4 所示。

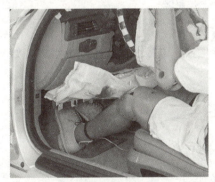

图 8.3　膝部安全气囊

图 8.4　福特公司的行人安全气囊

图 8.5 所示为奔驰 M 级乘用车安全气囊的布置示意图。

图 8.5　奔驰 M 级乘用车安全气囊的布置示意图

8.2 安全气囊系统的结构组成与工作原理

8.2.1 安全气囊系统的组成与工作过程

1. 安全气囊系统的组成

机械式 SRS 主要由传感器、气囊组件、气体发生器等组成。安全气囊由传感器直接引爆点火,如图 8.6 所示。该 SRS 的优点是结构简单、成本低;缺点是可靠性差、容易误动作。

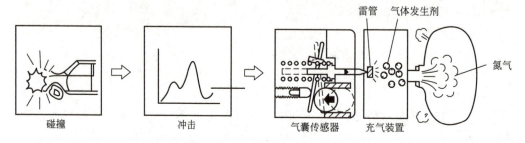

图 8.6 机械式 SRS 工作原理

下面重点介绍电子式 SRS 的结构组成与工作过程。

电子式 SRS 主要由传感器、气囊组件、气体发生器、电控装置(ECU)等组成,如图 8.7 所示。

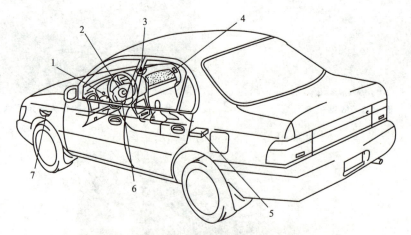

图 8.7 电子式 SRS 的组成

1—气囊警告灯;2—螺旋电缆(装于转向盘内);3—前部碰撞传感器(右);
4—前排乘员安全气囊总成;5—中央气囊传感器总成及电控单元;6—转向盘
(内装驾驶人安全气囊);7—前部碰撞传感器(左)

汽车上装有车前与车内两种碰撞传感器。位于车前两侧的车前传感器,可保证在正面 30°范围内有效地工作。当汽车发生碰撞时,由传感器对碰撞程度进行识别,对于中等程度以上的碰撞，传感器发出信号给 ECU，经 ECU 判别后发出点火信号使点火器工作，气体发生装置在极短的时间内产生大量气体通过滤清器充入卷收在一起的气囊，使其膨胀，如图 8.8 所示。

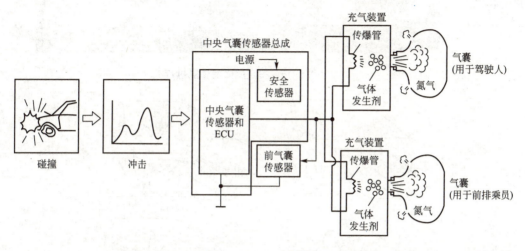

图 8.8　SRS 工作原理

SRS 所用的碰撞传感器，一般根据所承担的任务不同分为车前传感器、中央传感器与安全传感器三种。车前传感器用来检测汽车正面低速所受到的冲击信号；中央传感器用来检测汽车发生高速碰撞的信号；安全传感器用来防止系统在非碰撞状况下引起安全气囊误动作。

安全气囊的前部碰撞有效范围及点火、起爆、膨出的判断条件如图 8.9 所示。

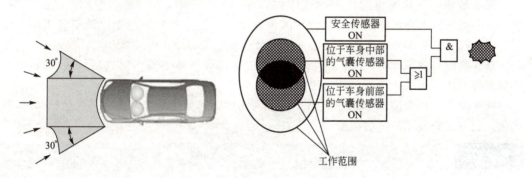

图 8.9　安全气囊的前部碰撞有效范围及点火的判断条件

2. 安全气囊系统的工作过程

安全气囊由点火起爆到完全膨开是需要一定时间、经历一个过程(图 8.10)的，其充气速度和膨胀强度是可以控制的，而且需要与汽车的碰撞强度相适应，否则将很难起到良好的乘员保护作用。

SRS 的整个工作过程大约需要 110ms，可分为 4 个阶段，如图 8.11 所示。

第 1 阶段：汽车撞车，达到气囊系统引爆极限，传感器从测出碰撞到接通电流需 10ms，引爆器点燃气囊的气体发生器，而此时驾驶人仍然处于直坐状态。

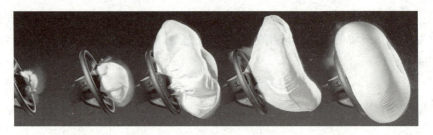

图 8.10 安全气囊的膨胀过程

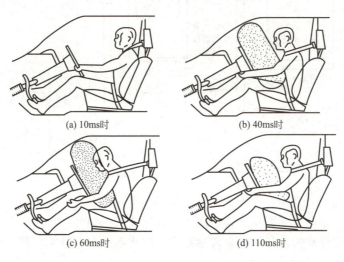

图 8.11 SRS 动作时序

第 2 阶段：气体发生剂产生的气体在 30ms 内将气囊完全胀起，撞车（50km/h 的速度）40ms 后驾驶人身体开始向前移动。因为安全带斜系在驾驶人身上，随驾驶人的前移，安全带被拉长，一部分撞车时产生的冲击能量由安全带吸收。

第 3 阶段：汽车撞车 60ms 之后，驾驶人的头部及身体上部压向气囊，气囊后面的排气口允许气体在压力作用下匀速地逸出。

第 4 阶段：汽车撞车 110ms 之后，驾驶人向后移回到座椅上，大部分气体已从气囊中逸出，前方又恢复了清晰的视野。

8.2.2 安全气囊系统的主要部件

1. 传感器

传感器用于检测、判断汽车发生事故后的撞击信号，以便及时启动安全气囊，并提供足够的电能或机械能点燃气体发生器。

传感器按其功能可分为碰撞传感器和安全传感器两种。安全传感器也称触发传感器，其闭合的减速度与碰撞传感器相比要稍小一些，起保险作用，防止因碰撞传感器短路而造成误爆开。

传感器按其结构可分为机械式、机电式和电子式 3 种。

1) 机械式传感器

机械式传感器的结构如图 8.12 所示。当传感器中传感重块的减速度达到某一特定值时，传感重块便将其机械能直接传给引发器使气囊膨开。该传感器用于机械式安全气囊系统。

2）机电式传感器

机电式传感器主要有滚球式、偏心式、水银开关式等。

(1) 滚球式传感器。平时小钢球被磁场力所约束。当碰撞时，在圆柱形钢套内小钢球向前运动，一旦接触到前面的触点，则将触发电路接通，如图8.13所示。这种传感器目前应用很广，可以检测各种撞击信号。

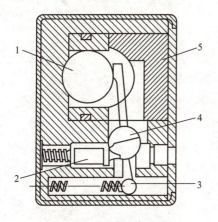
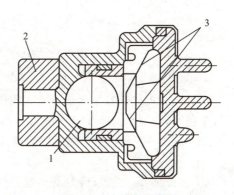

图8.12 机械式传感器
1—感应块；2—撞针；3—偏置弹簧；
4—D轴；5—顶盖

图8.13 滚球式传感器
1—小钢球；2—磁铁；3—触点

(2) 偏心式传感器。偏心式传感器为具有偏心转动质量的机电式加速度传感器，由外壳、偏心转子、偏心重块、旋转触点与固定触点、螺旋弹簧等构成，如图8.14所示。

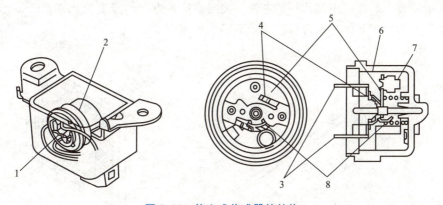

图8.14 偏心式传感器的结构
1—自检电阻；2—传感器；3—固定触点；4—旋转触点；
5—偏心转子；6—外壳；7—偏心重块；8—螺旋弹簧

偏心式传感器的外侧装有一个电阻，做自检之用，检测传感器总成与其之间的线路是否有开路或短路。

当汽车正常行驶时，偏心转子和偏心重块被螺旋弹簧拉回，处于平衡状态，此时转子上安装的旋转触点与固定触点不接触。当车辆受到正面碰撞且碰撞强度达到设定值时，由于偏心重块惯性的作用，使偏心重块连同偏心转子和旋转触点一起转动，旋转触点与固定触点发生接触,如图 8.15 所示,从而向 ECU 发出闭合电路信号。

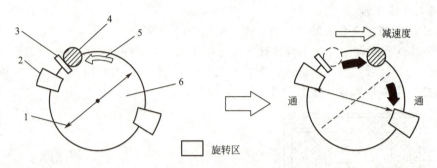

图 8.15　偏心式传感器的工作过程

1—旋转触点；2—固定触点；3—止动器；4—偏心重块；5—螺旋弹簧力；6—偏心转子

(3) 水银开关式传感器。水银开关式传感器是安全传感器中常见的一种,如图 8.16 所示。当汽车碰撞时,汞(水银)产生惯性力抛向电极 2 和电极 3,使两极接通,并使点火器接通。安全传感器一般比碰撞传感器所需的惯性力或减速度小,以保证碰撞传感器的可靠工作。

3) 电子式传感器(中央安全气囊传感器)

电子式加速度计对汽车正向减速度进行连续测量,并将测量结果输送给 ECU,ECU 内有一套复杂的碰撞信号处理程序,能够确定气囊是否需要膨开。若需要气囊膨开,ECU 便会接通点火电路,安全传感器同时也闭合,则引发器接通,气囊膨开。

电子式传感器通常是一个半导体压力传感器,其结构如图 8.17 所示。汽车的速度越大,碰撞后产生减速度的力就越大,则输出的电压也越大。由于半导体压力传感器输出特性受温度影响较大,故应用晶体管的基极—发射极间的电压的温度变化来消除传感器输出特性的变化,所以半导体压力传感器要求有稳定的电源。

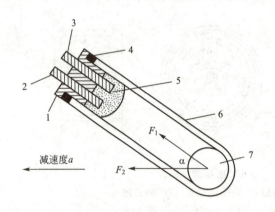

图 8.16　水银开关式传感器

1—盖；2、3—电极；4—O 形圈；5—水银撞上后位置；6—壳体；7—汞(水银)；
F_1—水银运动分力；F_2—撞击力

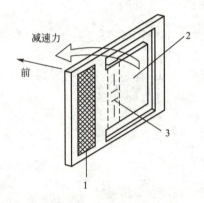

图 8.17　电子式传感器

1—集成电路；2—惯性质量；
3—变形针

使用水银开关式以外的安全传感器时,在气囊已作用充气之后,中央气囊传感器总成绝不可重复使用。因为在气囊动作时,会有大电流流过传感器触点,使触点表面产生烧蚀而令电阻过大，造成气囊可靠性降低。

2. 气囊组件

气囊组件主要由气体发生器、点火器、气囊、衬垫、饰盖和底板组成。驾驶人侧气囊组件（图8.18）位于转向盘中心处，前排乘员侧气囊组件（图8.19）位于仪表板右侧杂物箱的上方。

【参考图文】

图8.18 驾驶人侧气囊组件　　　　图8.19 前排乘员侧气囊组件

1) 气体发生器

气体发生器又称充气器，用于在点火器引爆点火剂时产生气体向气囊充气，使气囊膨开。气体发生器用专用螺栓和专用螺母固定在气囊支架上，装配时只能用专用工具进行装配。

气体发生器由上盖、下盖、充气剂（片状叠氮化钠）和金属滤网等组成，如图8.20所示。上盖上有若干个充气孔，充气孔有长方孔和圆孔两种。

下盖上有安装孔，以便将气体发生器安装到气囊支架上。上盖与下盖用冷压工艺压装成一体，壳体内装充气剂、滤网和点火器。金属滤网安放在气体发生器的内表面，用以过滤充气剂和点火剂燃烧后的渣粒。

目前，大多数气体发生器都利用热效反应产生氮气而充入气囊。在点火器引爆点火剂的瞬间，点火剂会产生大量热量，叠氮化钠受热立即分解，释放氮气，氮气从充气孔充入气囊。

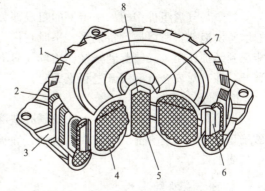

图8.20 气体发生器

1—上盖；2—充气孔；3—下盖；4—充气剂；
5—点火器药筒；6—金属滤网；
7—电热丝；8—引爆炸药

2）点火器

点火器外包铝箔，安装在气体发生器内部中央位置，其结构如图 8.21 所示。

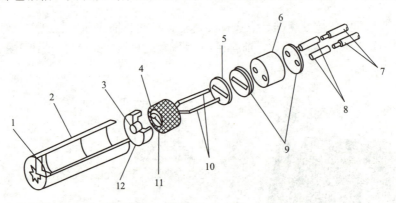

图 8.21　点火器结构

1—引爆炸药；2—药筒；3—引药；4—电热丝；5—陶瓷片；6—永久磁铁；7—引出导线；
8—绝缘套管；9—绝缘垫片；10—电极；11—电热头；12—药托

点火剂包括引爆炸药和引药。引出导线与气囊插接器插头连接，插接器中设有短路片（铜质弹簧片）。当拔下插接器插头或插头与插接器未完全结合时，短路片将两根引线短接，防止静电或误导电将电热丝电路接通而造成气囊误膨开。

当 SRS ECU 发出点火指令时，电热丝电路接通，电热丝迅速红热引爆引药，引爆炸药瞬间产生热量，药筒内温度和压力急剧升高并冲破药筒，使充气剂受热分解，释放氮气充入气囊。

3）气囊

气囊按位置分为驾驶人气囊、乘员气囊、侧面气囊等；有用来保护上身的大型气囊，也有用来主要保护面部的小型气囊。驾驶人气囊（图 8.22）多采用尼龙布涂氯丁橡胶或有机硅制造，橡胶涂层起密封和阻燃作用，气囊背面有两个泄气孔。乘员气囊没有涂层，靠尼龙布本身的间隙泄气。

4）衬垫

衬垫是气囊组件中的一个重要的组成部分，由聚氨酯制成。在制造过程中使用了很薄的水基发泡剂，所以质量特别轻。平时它作为转向盘的上表面，把气囊与外界隔离开，既能起到维护作用，又能起到修饰作用。气囊膨开时，它在气囊爆发力的作用下快速、及时裂开，并且对安全气囊展开过程毫无阻碍。

5）饰盖和底板

饰盖是气囊组件的盖板，上面模制有裂缝（类似邮票边缘的联排小孔），以便气囊能冲破饰盖膨开。气囊和充气器装在底板上，底板装在转向盘或车身上，气囊膨开时，底板承受气囊的反力。

3. SRS 警告灯

SRS 警告灯位于仪表板上，如图 8.23 所示。接通点火开关时，诊断单元对系统进行自检，若 SRS 警告灯点亮 6s 后熄灭，表示系统正常；若 6s 后依然闪烁或长亮不熄，表示气囊系统出现故障，应进行检修。

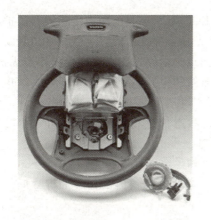
图 8.22 驾驶人安全气囊组件展开图

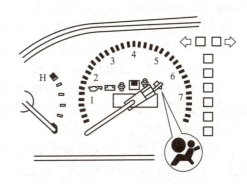
图 8.23 SRS 警告灯

若 ECU 出现异常，不能控制 SRS 警告灯，SRS 警告灯便在其他电路的控制下，作出异常显示。如 ECU 无点火电压，警告灯常亮；ECU 无内部工作电压，警告灯常亮；ECU 不工作，警告灯在看门狗电路的控制下，以 3Hz 的频率闪烁；ECU 未接通，警告灯经线束插接器的短接条接通。

4. ECU

ECU 主要由 SRS 逻辑模块、信号处理电路、备用电源电路、保护电路和稳压电路等组成，安全传感器一般与 SRS ECU 一起制作在 SRS 控制组件中。福特汽车公司林肯城市乘用车 SRS 控制组件的内部结构如图 8.24 所示。

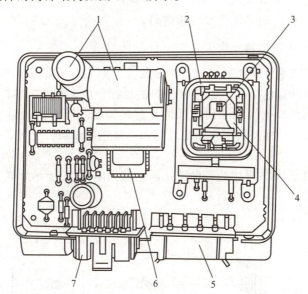

图 8.24 福特林肯城市乘用车 SRS 控制组件的内部结构
1—能量储存装置（电容）；2—安全传感器总成；3—传感器触点；
4—传感器平衡块；5—4 端子插接器；6—逻辑模块；7—SRS ECU 插接器

1）SRS 逻辑模块

SRS 逻辑模块主要用于监测汽车纵向减速度或惯性力是否达到设定值，控制气囊组件中的点火器引爆点火剂。在汽车行驶过程中，SRS ECU不断接收前碰撞传感器和防护碰撞传感器传来的车速变化信号，经过数学计算和逻辑判断后，确定是否发生碰撞。当判断结果为发生碰撞时，立即运行控制点火的软件程序，并向点火电路发出点火指令引爆点火剂。

除此之外，SRS ECU还要对控制组件中关键部件的电路不断进行诊断测试，并通过SRS指示灯和存储在存储器中的故障码来显示测试结果。仪表板上的SRS指示灯，可直接向驾驶人提供SRS的状态信息。逻辑存储器中的状态信息和故障码，可用专用仪器或通过特定方式从串行通信接口调出，以供维修时参考。

2）信号处理电路

信号处理电路主要由放大器和滤波器组成，用于对传感器检测的信号进行整形、放大和滤波，以便SRS ECU能够接收、识别和处理。

3）备用电源电路

安全气囊系统有两个电源：一个是汽车电源；另一个是备用电源。备用电源又称为后备电源或紧急备用电源。备用电源电路由电源控制电路和两个电容器组成。备用电源用于当汽车电源与SRS逻辑模块之间的电路切断后，在一定时间内维持SRS供电，保持SRS的正常功能。

4）保护电路和稳压电路

在汽车电气系统中，许多电气部件有电感线圈，电气开关多，电气负载变化频繁。当线圈电流接通或切断、开关接通或断开、负载电流突然变化时，都会产生瞬时脉冲电压即过电压。若过电压加到SRS电路上，系统中的电子元件就可能因电压过高而导致损坏。为了防止SRS元件遭受损害，SRS ECU中必须设置保护电路。为了保证汽车电源电压变化时SRS能够正常工作，还必须设置稳压电路。

5. 安全气囊系统保险机构与线束

为了便于区别电气系统线束插接器，SRS的插接器与汽车其他电气系统的插接器有所不同。过去曾采用过深蓝色插接器，目前SRS的插接器绝大多数采用黄色插接器。

SRS的插接器采用导电性能和耐久性能良好的镀金端子，并设计有防止气囊误爆机构、端子双重锁定机构、插接器双重锁定机构和电路连接诊断机构等，用以保证气囊系统可靠工作。

丰田科罗娜乘用车SRS采用的各种特殊插接器如图8.25所示，插接器采用的各种保险机构见表8-1。

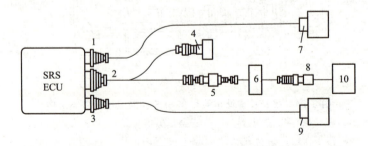

图8.25　丰田科罗娜乘用车SRS插接器

1、2、3—ECU插接器；4—SRS电源插接器；5—中间线束插接器；6—螺旋线束；
7—右碰撞传感器插接器；8—气囊组件插接器；9—左碰撞传感器插接器；10—点火器

表 8-1　丰田科罗娜乘用车 SRS 插接器保险机构

序号	名称	插接器代号
1	防止气囊误爆机构	2、5、8
2	电路连接诊断机构	1、3、7、9
3	插接器双重锁定机构	5、8
4	端子双重锁定机构	1、2、3、4、5、7、8、9

1）防止 SRS 气囊误爆机构

从 SRS ECU 至 SRS 点火器之间的插接器 2、5、8 均采用了防止气囊误爆的短路片机构，主要用于当拔下插接器时，短路片自动将靠近 SRS 点火器一侧插头或插接器两个引线端子短接，如图 8.26 所示，防止静电或误通电将电热丝电路接通而造成气囊误膨开。

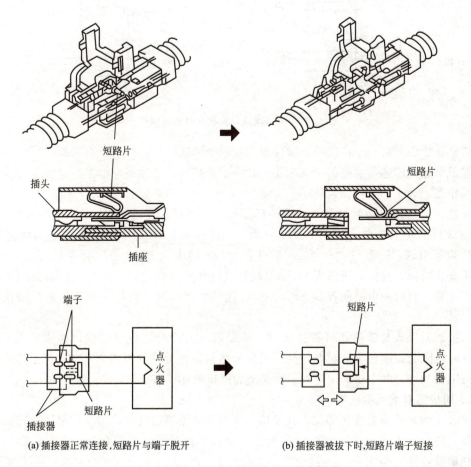

(a) 插接器正常连接，短路片与端子脱开　　(b) 插接器被拔下时，短路片端子短接

图 8.26　防止气囊误爆机构的结构与原理

2）电路连接诊断机构

电路连接诊断机构用于监测插接器的插头与插接器是否连接可靠。与 SRS ECU 连接的插接器采用了电路连接诊断机构，如图 8.27 所示。

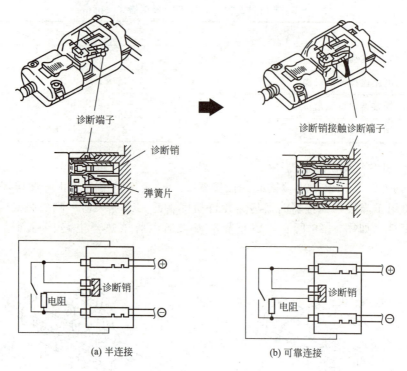

图 8.27　电路连接诊断机构结构与原理

插接器插头上有一个诊断销,插接器上有两个诊断端子,端子上有弹簧片。其中一个诊断端子与碰撞传感器触点的一端相连,另一个诊断端子经过一个电阻与碰撞传感器触点的一端相连。

碰撞传感器触点为常开触点,当传感器插头与插接器半连接(未可靠连接)时,诊断端子与诊断销尚未接触,如图 8.27(a)所示,此时电阻尚未与传感器触点构成并联电路,插接器引线"+"与"−"之间的电阻为∞。因为"+""−"引线与 SRS ECU 插接器 1 或 3 的插头连接,所以当 ECU 监测到碰撞传感器的电阻为∞时,即诊断为插接器连接不可靠,自诊断电路便控制 SRS 警告灯闪亮报警,同时将故障编成代码存储在存储器中。

当传感器插头与插接器可靠连接时,诊断端子与诊断销可靠接触,如图 8.27(b)所示,此时电阻与碰撞传感器触点并联。因为传感器触点为常开触点,所以当 SRS ECU 检测到的阻值为该并联电阻的阻值时,即诊断为插接器连接可靠。

3) 插接器双重锁定机构

SRS 在线束的重要连接部位,其插接器采用了双重锁定机构,用于锁定插接器插头与插接器,防止插接器脱开,如图 8.28 所示。插接器插头上有主锁和两个凸台,插接器上有锁柄能够转动的副锁。

4) 端子双重锁定机构

SRS 的每一个插接器都设有端子双重锁定机构,用于防止引线端子滑动,主要由插接器壳体上的锁柄与分隔片组成,如图 8.29 所示。锁柄为一次锁定机构,可防止端子沿引线轴线方向滑动;分隔片为二次锁定机构,可防止端子沿引线径向移动。

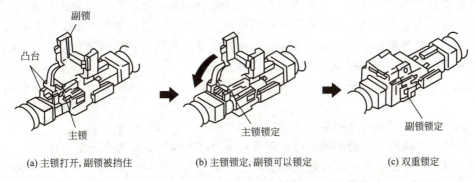

副锁
凸台
主锁
主锁锁定
副锁锁定
(a) 主锁打开，副锁被挡住
(b) 主锁锁定，副锁可以锁定
(c) 双重锁定

图 8.28 插接器双重锁定机构

5）SRS 线束

SRS 的所有线束都套装在黄色波纹管内，以便于区别并引起安装、维修人员的重视。为了保证转向盘具有足够的转动角度而又不致损伤驾驶人侧 SRS 气囊组件的连接线束，在转向盘与转向柱管之间采用了螺旋线束。先将线束安装在螺旋弹簧内，再将螺旋弹簧安放到弹簧壳体内，如图 8.30 所示。

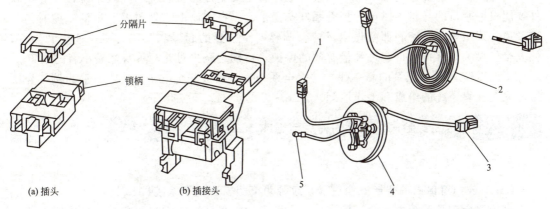

分隔片
锁柄
(a) 插头
(b) 插接头

图 8.29 端子双重锁定机构

1
2
3
4
5

图 8.30 螺旋弹簧与螺旋线束

1、3—线束插头或插接器；2—螺旋弹簧；4—螺旋壳体；5—搭铁插头

通常，电喇叭线束也安装在螺旋弹簧内。不同汽车公司的电路图中，螺旋线束的名称各不相同，有的称为螺旋弹簧，有的称为游丝，有的称为游丝弹簧。在安装螺旋弹簧时，应注意其安装位置和方向，否则将会导致转向盘转动角度不足或转向沉重。

8.3 智能安全气囊系统

8.3.1 智能安全气囊系统概述

近年来，安全气囊技术发展很快，在一些高端汽车上，已经开始装备智能安全气囊系统。

智能安全气囊是在普通安全气囊的基础上增加传感器，以探测出座椅上的乘员是儿童还是成年人，是否系好安全带及乘员所处的位置、高度，通过采集这些数据，由电子计算机软件分析并处理控制安全气囊的起爆和膨胀，使其发挥最佳作用，避免安全气囊出现不必要的起爆，从而极大地提高其安全保护作用。

智能安全气囊比普通安全气囊主要多了两个核心元件，即传感器及与之配套的计算机软件。

目前使用的传感器主要有以下几种。

(1) 重量传感器，根据座椅上的重量感知是否有人及乘员是大人还是小孩。

(2) 电子区域传感器，能在驾驶室中产生一个低能量的电子区域，测量通过该区域的电流测定乘员的存在和位置。

(3) 红外线传感器，根据热量探测乘员的存在，以区别于其他无生命的物品。

(4) 光学传感器，如同一台照相机注视着座椅，并与存储的空座椅的图像进行比较，以判别人体的存在和位置。

(5) 超声波传感器，通过发射超声波，然后分析遇到的物体后的反射波探明乘员的存在和位置。

设计开发智能安全气囊的另一个重要工作就是编制计算机软件。一般来说，计算机软件要能根据乘员的身材、体重、是否系好安全带、人在座椅上所处位置、车辆碰撞时的车速及撞击程度等，在一刹那就做出反应，调整安全气囊的起爆和膨胀时机、速度和强度，使安全气囊为乘客提供最合理和最有效的保护，特别是减少对儿童等身体矮小者的伤害。

下面以宝马 E60 车系的新一代被动安全系统——高级安全电子系统(ASE)为例，介绍智能安全气囊系统的组成和工作原理。

8.3.2　智能安全气囊系统的特点与组成

1. 宝马高级安全电子系统的特点

BMW 公司将自己的智能安全气囊系统称为高级安全电子系统(ASE)。

高级安全电子系统由一个主控制单元、安全和网关模块(SGM)和多个卫星式控制单元组成。这些卫星式控制单元及其传感器散布于车辆上的各个重要位置，并与 SGM 交换信息。

高级安全电子系统具有以下优点：快速获取并传输数据(10Mbit/s)；准确识别碰撞；安全气囊控制系统联网；选择性触发；精确控制智能型安全气囊；触发安全性高；抗电磁干扰能力强；需要时可断开安全蓄电池接线柱，进行蓄电池线路诊断。

通过分布于车辆上重要位置的多个加速传感器，能够比多重乘员保护系统 (MRS) 更准确地识别出碰撞情况。由车内加速传感器探测到的车辆减速信息都被传送至安全和网关模块。安全和网关模块与所有卫星式控制单元交换减速数据，据此描绘出准确的碰撞情况，然后根据碰撞情况及时地、有选择地触发执行器(气囊)。发生碰撞时，仅仅触发那些必要的执行器(气囊)，以便对车内乘员提供最佳的保护，并降低维修费用。

2. 宝马高级安全电子系统的组成

高级安全电子系统由传感器、控制单元、执行器、总线系统组成。高级安全电子系统总线系统组成如图 8.31 所示。

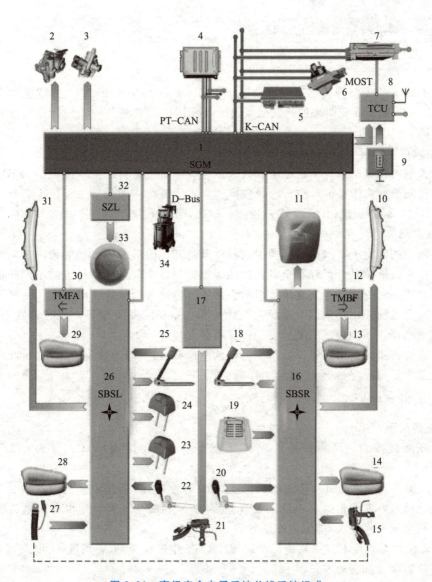

图 8.31　高级安全电子系统总线系统组成

1—安全和网关模块；2—伺服转向助力系统阀(SA)；3—ECO 阀(仅针对 AFS)；4—数字式发动机控制单元；5—车身标准模块；6—灯光模块；7—多音频系统控制器；8—电子信息系统控制单元；9—紧急呼叫按钮；10—右侧头部安全气囊；11—前乘客前部安全气囊；12—前乘客侧车门模块；13—前乘客侧面安全气囊；14—后座右侧侧面安全气囊；15—行李箱内监控屏蔽接头；16—右侧 B 柱卫星式控制单元；17—车辆中央卫星式控制单元；18—前乘客安全带锁扣开关及拉紧装置；19—座位占用识别装置；20—后座右侧安全带锁扣开关及拉紧装置；21—安全蓄电池接线柱；22—后座左侧安全带锁扣开关及拉紧装置；23—主动式前乘客头枕；24—主动式驾驶人头枕；25—驾驶人安全带锁扣开关及拉紧装置；26—左侧 B 柱卫星式控制单元；27—发动机室内监控屏蔽接头；28—后座左侧侧面安全气囊；29—驾驶人侧面安全气囊；30—驾驶人侧车门模块；31—左侧头部安全气囊；32—转向柱开关中心；33—驾驶人前部安全气囊；34—诊断接口

8.3.3 智能安全气囊的工作原理

1. 触发规则

针对 E60 车型专门开发的高级安全电子设备（ASE）是在 E65/66 的智能型全面安全系统（ISIS）基础上演变而来的，其触发逻辑是相同的，只是各种碰撞严重程度和触发阈值有所不同。

1）碰撞严重程度

通过大量的在极端条件下的碰撞和行驶试验，确定所有可能的事故类型的 BMW 触发阈值。触发阈值取决于碰撞严重程度，碰撞严重程度分为 4 组，即 CS0，不必触发乘员保护系统；CS1，轻度碰撞；CS2，中度碰撞；CS3，重度碰撞。

2）触发阈值

触发阈值的确定主要取决于碰撞严重程度及对其他因素的考虑，如撞击方向、碰撞时接触面积和车内乘员是否系好安全带。由此得出控制各个乘员保护系统的不同阈值。由于触发阈值的不同，前部安全气囊第 2 级的引爆根据碰撞的严重程度而变化。

如果安全带锁扣识别错误，系统会由此推断出乘员未系安全带。此时触发阈值降低，尽管是识别错误，还是会试图激活安全带拉紧装置。

如果座椅占用识别出现错误，系统将确认座椅被占用（即座椅上有乘员），此时乘员保护系统会被激活（相应的安全气囊会引爆）。

2. 碰撞时的触发

1）正面碰撞

发生正面碰撞时，可将碰撞严重程度分为轻度至中度碰撞（CS1/CS2）和严重碰撞（CS3）3 级。

（1）碰撞严重程度 CS1。碰撞严重程度 CS1（轻度碰撞）会触发安全带拉紧装置。在识别到车内乘员系好安全带时，不会触发驾驶人/前乘客安全气囊。如果车内乘员没有系好安全带，则会触发驾驶人/前乘客安全气囊。

（2）碰撞严重程度 CS2。从碰撞严重程度 CS2（中度碰撞）起，驾驶人/前乘客安全气囊和安全带拉紧装置都会触发。

安全蓄电池接线柱开始工作，关闭电动燃油泵，如车内装有具备报警功能的电话，还将进行紧急呼叫。

（3）碰撞严重程度 CS3。碰撞严重程度 CS3（严重碰撞）时，驾驶人/前乘客安全气囊和安全带拉紧装置都会触发，但时间延迟不同。

车辆发生正面碰撞时安全气囊的触发过程如图 8.32 所示。通过安全带锁扣开关和座椅占用识别装置可以确定前乘客座椅是否被占用。

在 t_0 时刻，车辆发生碰撞，安全带的机械锁止装置阻止安全带伸长，传感器采集车辆减速数据。

在 t_1 时刻，卫星式控制单元触发执行器（引爆阶段），燃爆式执行器被引爆。驾驶人/前乘客安全带拉紧装置及驾驶人/前乘客安全气囊第 1 级被引爆。

碰撞严重程度达到 2 级时，同时触发安全蓄电池接线柱，以避免发动机舱中蓄电池导线短路。

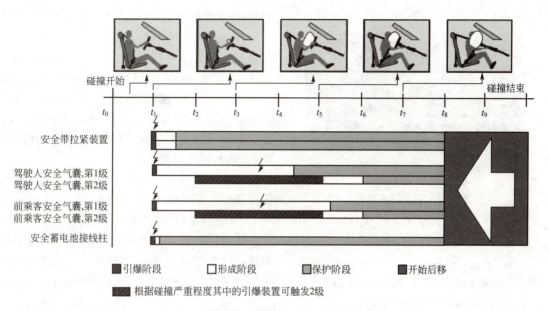

图 8.32 车辆发生正面碰撞时安全气囊的触发过程

然后开始形成阶段，即安全气囊充气。安全带拉紧装置中的活塞被拉紧管中的气体推动，活塞上固定的拉索将安全带锁向下拉并将安全带的松弛部分拉住。

在 t_2 时刻拉紧安全带的过程结束，安全带开始提供保护，此时两个安全气囊还在充气。

在 t_4 时刻已经开始对驾驶人提供保护。根据碰撞严重程度，从 t_2 时刻起可能两个安全气囊就已经开始第 2 级引爆。由于各级别引爆时间错开，安全气囊对于车内乘员来说攻击性更小。

从 t_8 时刻起，车内乘员开始后移，车内乘员不再有前冲运动而是跌回到座椅中。

2) 侧面碰撞

发生侧面碰撞时，按碰撞严重程度区分为轻度和中度碰撞。

从碰撞严重程度 CS1(轻度碰撞)起，受撞击侧的头部保护系统 AITS Ⅱ 和侧面安全气囊即会被触发。从碰撞严重程度 CS2(中度碰撞)起，气囊触发的同时，还会激活安全蓄电池接线柱，关闭电动燃油泵。如车内装有具备报警功能的电话，还将进行紧急呼救。

3) 尾部碰撞

从碰撞严重程度 CS1(轻度碰撞)起，触发主动式头枕和安全带拉紧装置。

如碰撞严重程度为 CS2(中度碰撞)，还将激活安全蓄电池接线柱，关闭电动燃油泵。如果车内装有具备报警功能的电话，还将进行紧急呼救。

2. 紧急呼叫(欧规车)

如果装有车载电话，BMW 高级安全电子系统可向客户提供两种紧急呼叫功能，即手动和自动紧急呼叫功能。如果车内还装有导航系统，发出紧急呼叫的同时还可发出车辆所在位置的数据。

1) 手动紧急呼叫(不带导航)

紧急呼叫按钮位于车顶托架内前部车内照明灯上，如图 8.33 所示。紧急呼叫按钮由一个盖板保护，打开盖板并按动紧急呼叫按钮即可触发手动紧急呼叫功能，拨出所在国家的紧

图 8.33 紧急呼叫按钮

1—左侧免提话筒；2—活动天窗按钮；
3—紧急呼叫按钮；4—右侧免提话筒

急呼叫号码(德国 112，美国 911，中国 119)。

2) 手动紧急呼叫(带导航)

通过操作紧急呼叫按钮，拨打已存储的网络服务商紧急呼叫号码，同时一条短信息(SMS)将车辆所在位置的数据发给网络服务商。网络服务商会尝试与车内乘员建立电话联系，以便获得事故的更多信息(事故严重程度、伤者人数)，从而指导救援工作。

如果 60s 内未能与网络服务商建立联系，则拨打所在国家的紧急呼叫号码。

3) 自动紧急呼叫(不带导航)

发生碰撞时，安全和网关模块会根据相应的碰撞严重程度向车载电话发送本车发生碰撞的电码(电子信息)。车载电话会立即进行紧急呼叫并拨打所在国家的紧急呼叫号码。

4) 自动紧急呼叫(带导航)

接收到碰撞电码后，车载电话会拨打已存储的网络服务商紧急呼叫电话，同时一条短信息(SMS)将车辆所在位置的数据发给网络服务商。网络服务商会尝试与车内乘员建立电话联系，以便获得事故的更多信息(事故严重程度、伤者人数)，从而指导救援工作。

如果 60s 内未能与网络服务商建立联系，则拨打所在国家的紧急呼叫号码。

【参考图文】

8.4 座椅安全带

8.4.1 安全带的作用

汽车安全带是一种安全保护装置，能在汽车发生碰撞或者急转弯时约束乘员的身体，使其尽可能保持在座椅原来位置上而不移动和转动，避免乘员与车内坚硬部件发生碰撞而造成伤害。安全带与安全气囊一样都是汽车上的安全装置，共同构成乘员约束系统(SRS)，但是安全带历史悠久，应用更普遍。

车辆碰撞时，车与车(或固定物体)的碰撞称为一次碰撞，乘员撞在车内结构物上称为二次碰撞。乘员的伤害程度取决于二次碰撞的程度，车速越高，二次碰撞的减速度越大，伤害越严重。

实践证明，使用安全带，对于减轻交通事故中的人身伤害有积极的作用，特别是在高速公路上最常见的多车追尾事故中，安全带的作用尤为明显。

安全带的保护作用分为主动和被动两大类，被动又分为半被动和完全被动。主动保护作用是由乘员自己着用(系上)安全带；完全被动保护作用是不管乘员愿意与否，由自动机构将安全带穿着在乘员身上；半被动保护作用是由辅助操作自动着用安全带。

8.4.2 安全带的种类

安全带按安装方式分为 4 种，如图 8.34 所示。

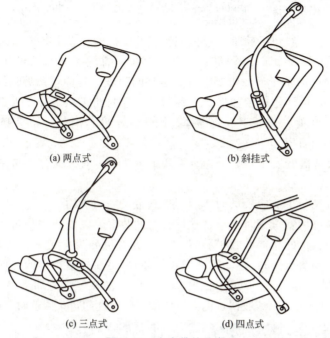

(a) 两点式　　(b) 斜挂式
(c) 三点式　　(d) 四点式

图 8.34　安全带的种类

1. 两点式

两点式又称腰带式，是安全带的基本型。飞机乘员一般使用的就是这种安全带，软带从腰的两侧挂在腹部。两点式安全带的优点是使用方便，容易逃出车外；缺点是腹部负荷很大，撞车时，上身容易前倾，前座乘员头部会碰到仪表板或风窗玻璃。后座乘员一般可以使用两点式安全带。

2. 斜挂式

斜挂式又称安全肩带，软带经乘员胸前斜挂在肩部，可防止上体转动。其缺点是撞车时乘员受力不均匀，下体容易向前挤出；若安装不当，身体会从带中脱出或头部被撞。这种安全带欧洲采用较多，但日本、加拿大、澳大利亚等国在标准中排除了这种安全带。国际标准中虽然通过了这种安全带，但是不推荐使用。由于最近开发了膝部保护装置与这种安全带并用，消除了这一缺点，美国已认可使用。

3. 三点式

三点式安全带有两种，一种是两点式和斜挂式合二为一的复合式，又称连续三点式；另一种是将防止上体前倾的肩带连在两点式安全带上任意点而成的，称为分离三点式。三点式兼有两点式和斜挂式的优点并且消除了缺点，对乘客保护效果良好，实用性高，是现在应用最广泛的一种安全带。

4. 四点式

四点式又称马夹式安全带，是在两点式安全带上再连两条肩带组合而成。其保护效果最好，也是最完善的一种；但使用不便，一般用于特殊用途车或赛车上。

8.4.3 安全带的结构

安全带基本结构一般包括软带、带扣、长度调整机构、卷带装置和固定部分。

软带是安全带的本体。一般用尼龙织物、聚酯、维尼纶等合成纤维原丝编织成宽约50mm、厚约1.5mm的带子。软带要求具有足够的强度、延伸性和吸收能量性，以便在撞车时起到缓冲作用，可用作腰带和肩带。各国对软带的性能和试验要求都有标准规定。生产的软带必须经过强度、伸长率、收缩率、耐磨、耐寒、耐热、耐水和耐光照等考核试验，符合规定后才能使用。

带扣用以扣合或脱开安全带，分为有舌和无舌两类。有舌又分为包围型按钮式和开放型按钮式两种。

长度调整机构是为了适应乘员的体形调整软带长度的机构。

卷带装置是在不用安全带时自动将软带收卷的装置，以防止损伤带扣和软带。在使用时还具有调整软带长度的功能。卷带装置按卷带方式可分为无锁紧式卷带装置（不能在软带拉出的位置自动锁紧软带）、自动锁紧式卷带装置（可在软带拉出的任何位置自动锁紧软带）、手动无锁紧式卷带装置（能用手拉出软带，但不能锁紧的卷带装置）和紧急锁紧式卷带装置（可将安全带自由拉出或收回，但当拉出带子的速度超过某限值时，则立即锁住）4种。

8.4.4 预紧式安全带

图8.35 预紧式安全带

1. 功能与特点

预紧式安全带（Pre-tensional Seat Belt，图8.35）的特点是，当汽车发生碰撞事故的一瞬间（0.1s左右），乘员尚未向前移动时它就会拉紧织带，立即将乘员紧紧地绑在座椅上，然后锁止织带以防止乘员身体前倾，有效保护乘员的安全。

预紧式安全带对乘员的约束过程如图8.36所示。

预紧式安全带中起主要作用的卷收器与普通安全带不同，除有普通卷收器的收放织带功能外，还具有当车速发生急剧变化时，能够在0.1s左右加强对乘员的约束力，因此它还有控制装置和预拉紧装置。

【参考图文】

(a) 预紧（刚刚发生碰撞，但气囊尚未弹出）

(b) 保持拉紧，约束乘员（气囊已经弹出）

(c) 解除拉紧状态（气囊处于泄放过程中）

图8.36 预紧式安全带对乘员的约束过程

2. 安全带收紧器

控制装置分为电子式(E型)和机械式(M型)两种控制装置,但两者的基本构造和工作原理实质上是一样的,只是气体发生器的点火方式不同而已。

座椅安全带收紧器由收紧机构、收缩机构和 ELR(紧急锁紧收缩器)组成,如图 8.37 所示,其中收缩机构和 ELR 属于不带收紧器的普通座椅安全带的组成部分。

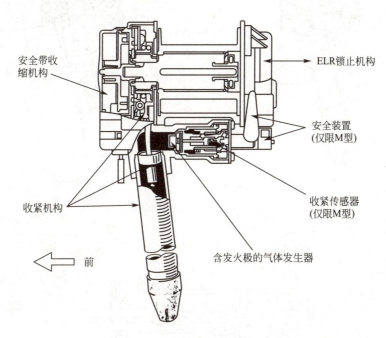

图 8.37 座椅安全带收紧器结构

E 型安全带收紧器由中央气囊传感器总成控制其工作。M 型安全带收紧器带有自己的收紧传感器,它可检测减速惯性力,并据此点燃气体发生器,此外它还有一个安全装置来锁定该传感器。

1) 收紧机构

收紧机构(图 8.38)由气体发生器、缸筒、活塞及与活塞连在一起的拉索组成。为不影响安全带的正常工作,拉索绕在一鼓轮上,而不与轴的外表面接触。

当收紧器动作时,由气体发生器释放出的大量气体迫使活塞向下运动。由于拉索与活塞连在一起,所以活塞带动拉索,使鼓轮夹紧轴,这样轴向收紧安全带的方向转动,使安全带收紧一定的长度,实现安全带的预紧。

2) 气体发生器(E型)

气体发生器(图 8.39)由传爆管(发热丝和点火药粉)及装在金属容器内的气体发生剂(无烟火药)组成。当气囊传感器接通时,电流流到传爆管的发热丝而点燃点火药粉,火焰随即在极短的时间内传到气体发生剂,产生高压气体。

需特别注意,即使微弱的电流也可能点燃传爆管,因此维修时绝不可使用万用表测量其电阻。

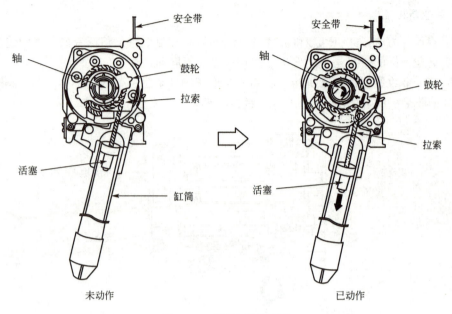

图 8.38 收紧机构的结构

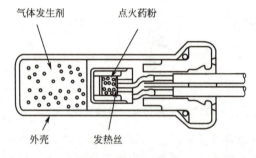

图 8.39 气体发生器

【参考视频】

复习思考题

1. 安全气囊充气组件由哪几部分组成？各有什么功能？
2. 智能安全气囊系统有何特点？
3. 简述宝马智能安全气囊系统的工作原理。
4. 简述预紧式安全带对乘员的约束过程。

第 9 章 汽车电子防盗系统

教学提示

汽车防盗技术伴随着盗窃技术的发展而发展。只有走技术防范和法律打击相结合的道路，才能有效地遏制汽车盗窃犯罪行为。

教学要求

本章主要介绍汽车电子防盗系统。要求学生了解汽车防盗技术的应用概况和发展趋势，熟悉汽车防盗系统的基本组成和工作原理。

9.1 汽车防盗系统概述

9.1.1 汽车防盗系统的分类

目前汽车防盗系统按其结构可分机械式、电子式和网络式 3 大类。

1. 机械式防盗器

防盗系统是采用机械方式来达到防盗目的的，常见的结构形式有转向盘锁和变速手柄锁。机械式防盗锁是靠坚固的金属结构锁住汽车的操纵部位，但使用起来不隐蔽，占用驾驶室空间，每次开、停车都要用钥匙开启。

（1）转向盘锁。使用时，一种款式的转向盘锁主要是将转向盘与制动踏板连接在一起，使转向盘不能作大角度转向及制动汽车，而另一款式的转向盘锁是在转向盘上加一根长铁棒，也是使转向盘不能正常使用。

（2）变速手柄锁。在换挡杆附近安装变速手柄锁，可使变速器不能换挡。在停车后，把换挡杆推回空挡或倒挡,加上变速手柄锁可使汽车不能换挡。转向盘锁和变速手柄锁、钩锁等机械式防盗器,主要是靠锁定离合器、制动踏板、加速踏板或转向盘、变速杆来达到防盗目的,但只防盗不报警。

2. 电子式防盗器

电子式防盗器是目前使用最广泛的防盗措施,有插片式、按键式和遥控式等多种形式。电子式防盗器主要是靠锁定点火或起动系统来达到防盗目的,同时具有防盗和声音报警功能。

电子防盗器有4种功能:①服务功能,包括遥控车门、遥控起动、寻车和阻吓等;②警惕提示功能,触发报警记录(提示车辆曾被人打开过车门);③报警提示功能,当有人触动车辆时发出警报;④防盗功能,当防盗器处于警戒状态时,切断汽车上的起动电路。

3. 网络式防盗器

该类汽车防盗系统分为卫星定位系统(GPS)和利用车载台(对讲机)通过中央控制中心定位监控系统两大类。

GPS汽车防盗系统属于网络式防盗器,主要靠锁定点火或起动来达到防盗目的,同时还可通过 GPS(或其他网络系统)将报警信息和报警车辆所在位置无声地传送到报警中心。

该类产品从技术上来讲是可靠的,但效果不尽如人意。原因是这些系统要构成网络、消除盲区(少数接收不到信号的地区),需要有非常完善的配套设施才行。

9.1.2 汽车防盗系统的工作原理

1. 点火控制防盗系统

点火控制防盗系统主要采用控制点火装置的模块,对点火系统进行控制。在车主离开汽车并启动防盗系统后,如有人非法进入车内,并试图用非法配制的点火钥匙起动车辆,这时点火电路受控制模块防盗装置的作用,拒绝提供发动机运转所需的点火功能,同时也可防止点火开关的线路短接,并通过音响报警装置向车主通报。

还有一种防盗器是用特殊材料制成盒状,将汽车的点火器安装在内,并设置一个错误点火线路模块和开关电路,在开关钥匙上置入密码芯片,一旦密码交流认证不符,就会进入错误模式,使发动机无法起动。这种盒状防盗器在锁止后,除使用密码开关钥匙外无法打开,而且有很强的防撬、防钻、防砸功能,在发动机起动后,就可取下开关钥匙。一旦车辆被抢,劫匪在抢劫车辆后不能熄火,熄火后就无法再次起动。

2. 油路防盗系统

油路防盗系统的基本原理与点火控制防盗系统的相似,在汽车油路中安装一套装置来控制供油系统。只要该系统进入工作状态,有人想要偷车,发动机供油系统将会拒绝提供燃油,起到防盗作用。

3. 其他防盗系统

最近有公司开发出一套新型防盗系统,其中既有机械式,也有电子式,还有防砸功能。其车门钥匙锁芯可以无阻力旋转,当盗贼用一字螺钉旋具(俗称平口螺丝刀)或其他坚硬物体撬锁时，该锁芯可随撬动的物体旋转方向转动，而无法撬开。

电子静止状态控制，一旦车主打开该系统离开汽车，如有人想移动该车，车辆会拒绝进入行驶状态。前、后风窗玻璃和车窗玻璃都由特种玻璃制成，即使用铁锤或铁棒击打，玻璃也不会出现缝隙和漏洞，令盗贼的手无法伸进车内将车门打开。

还有一种利用电波控制的防盗系统。它是在汽车上安装一个类似寻呼机的装置来对发动机点火系统进行控制，只要车主发现车辆被盗或车辆被劫后通知总控发射台，发射台就发出控制电波信号，使该车发动机无法运转。

9.2 典型汽车防盗系统

狭义的汽车防盗，是指防止非法利用汽车自身的动力将汽车盗走。简言之，就是防止非法起动汽车发动机。因此，汽车防盗系统又称汽车防盗止动系统或防盗止动器。

下面以德国大众汽车公司的汽车防盗系统为例，介绍典型汽车防盗系统的结构组成和工作原理。

9.2.1 大众车系防盗系统的发展历程

汽车防盗系统的基本工作原理是每次用钥匙起动发动机时，防盗系统都要与汽车钥匙进行互相认证，只有完成认证，确认彼此均为合法之后，车辆才能正常使用。防盗系统与汽车钥匙之间的互相认证，是通过"对口令"的方式实现的。"对口令"之后，如果确认彼此均为合法，则发动机正常起动；如果确认为非法，则汽车点火系统拒绝点火、喷油系统拒绝喷油，发动机无法起动。

大众、奥迪车系采用的防盗系统都是由西门子公司开发的，目前已经发展到第5代。

第1代防盗系统采用固定编码作为口令，应用于1993年之前生产的汽车上；第2代防盗系统采用固定编码＋可变编码作为口令，应用于2007年之前生产的捷达（JETTA）、2001年左右生产的部分宝来（BORA）及高尔夫（GOLF 2.0）等汽车上；第3代防盗系统依然采用固定编码＋可变编码作为口令，但发动机控制单元开始参与防盗编码的计算，应用于2007年之后生产的捷达（JETTA）、宝来（BORA）、速腾（SAGITAR）、高尔夫（GOLF 2.0除外）等汽车上；第4代防盗系统集成了舒适系统中央控制单元和FAZIT中央数据库，需进行在线匹配，主要应用于迈腾（MAGOTAN）、辉腾（Phaeton）、途锐（Touareg）等汽车上；第5代防盗系统在结构组成和售后服务方面与第4代无明显区别，但具有"一键恢复"功能，使防盗系统的设置和匹配工作更加方便、快捷，主要应用于途锐NF（Touareg NF）等汽车上。

鉴于目前市场上采用第3代和第4代防盗系统的汽车保有量很大，并且已有很多高档汽车采用第5代防盗系统，故分别对第3代、第4代和第5代防盗系统进行介绍。

9.2.2 大众车系第3代防盗系统

1. 系统组成

大众车系第3代防盗系统主要由点火钥匙（图9.1。它用于在"对口令"过程中发送防盗编码,也称发射/应答器)、点火开关上的读写线圈(图9.2)、集成在组合仪表内部的防盗系统控制单元(图9.3)、发动机控制单元(图9.4)及仪表板上的故障警告灯等组成。

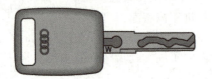

图9.1 带有防盗编码发射/应答器的点火钥匙

图9.2 点火开关上的读写线圈

图9.3 内含防盗系统控制单元的组合仪表及故障警告灯

图9.4 发动机控制单元

2. 工作原理

在每次使用钥匙起动发动机时,点火钥匙、点火开关上的读写线圈、防盗系统控制单元及发动机控制单元之间都要进行互相认证,以确认彼此的合法性。

防盗系统的通信过程示意图如图9.5所示,具体的认证过程如图9.6所示。

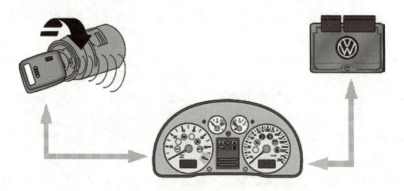

图9.5 防盗系统的通信过程示意图

第3代防盗系统特点:发动机控制单元是防盗系统的一部分,不接受没有个人识别代码(PIN)的自适应;自适应后的钥匙(应答器)被锁止,不能再用于其他车辆;第3代防盗系统提供对第2代防盗系统功能的支持;由CAN总线进行数据传输。

9.2.3 大众车系第4代防盗系统

1. 系统组成

如图9.7所示,大众车系第4代防盗系统在第3代防盗系统的基础上,又增加了进入和起动授权控制单元(点火开关)E415、舒适系统中央控制单元J393、转向柱锁止控制单

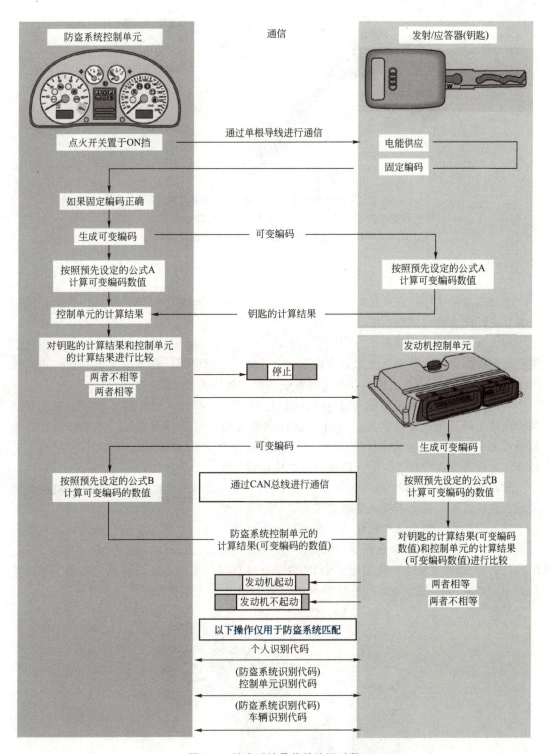

图 9.6 防盗系统具体的认证过程

元 J764。另外,第 4 代防盗系统在进行防盗匹配时,还需要与大众汽车公司的汽车信息查询和中央识别工具数据库进行在线认证,防盗能力得以大幅提高。

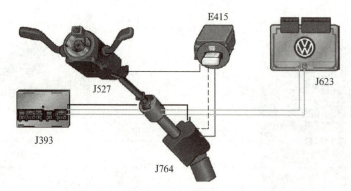

图 9.7　大众车系第 4 代防盗系统(迈腾汽车)

E415—进入和起动授权控制单元(点火开关)；J393—舒适系统中央控制单元；
J764—转向柱锁止控制单元；J623—发动机控制单元

2. 工作原理

大众车系第 4 代防盗系统的工作原理与第 3 代防盗系统基本相同。不过，其认证过程更为复杂，防盗能力更强，安全性更高。

在大众车系第 4 代防盗系统中，进入和起动授权控制单元(点火开关)E415 中集成了钥匙读写线圈，该件更换后无需对防盗系统进行匹配。防盗系统控制单元集成在舒适系统控制单元 J393 中，该件更换后需要进行在线匹配，防盗系统才能正常工作。

转向柱锁止控制单元 J764 负责对转向柱进行锁止或解锁，但转向柱的锁止或解锁必须得到位于舒适系统控制单元 J393 中防盗控制单元的认可后方可进行。如果转向柱锁止控制单元 J764 损坏，必须同时更换转向柱锁止控制单元 J764 和舒适系统中央控制单元 J393，并且需要进行在线匹配，防盗系统才能正常工作。

发动机控制单元 J623 作为大众车系第 4 代防盗系统的一个组成部分，该件更换后必须进行在线匹配，防盗系统才能正常工作。

第 4 代防盗系统最重要的组成部分是位于大众汽车公司总部的中央数据库——汽车信息查询和中央识别工具数据库(Fahrzeugauskunft and Zentrales Identifikations Tool，FAZIT，图 9.8)。在中央数据库 FAZIT 内存有所有与汽车防盗系统有关的数据，如果不是处于在线联网状态，那么相关的控制单元就无法与中央数据库 FAZIT 进行匹配(自适

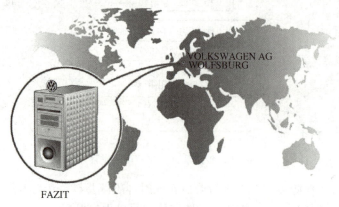

图 9.8　位于大众汽车公司总部的中央数据库——FAZIT

应），偷车贼也就无法起动发动机，无法将汽车盗走。

9.2.4 大众车系第5代防盗系统

1. 系统组成

目前，奥迪 A5 Coupe、奥迪 A4L、奥迪 Q5 等汽车上均采用了第 5 代防盗系统（图 9.9）。作为第 4 代防盗系统的升级版本，第 5 代防盗系统的结构更为复杂，其认证过程更为繁琐，防盗能力更强，安全性更高。

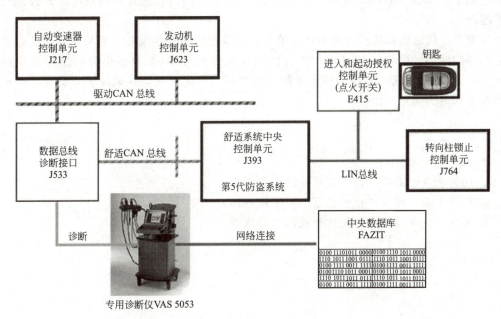

图 9.9　大众车系第 5 代防盗系统（奥迪 A5 Coupe 汽车）

舒适系统中央控制单元 J393 是第 5 代防盗系统的主设备，同时，该控制单元也集成了智能进入及起动控制单元 J518 的功能。在第 5 代防盗系统中，自动变速器控制单元 J217、发动机控制单元 J623、高级钥匙、舒适系统中央控制单元 J393、转向柱锁止控制单元 J764 和中央数据库 FAZIT 均参与车辆的防盗、认证工作，而进入和起动授权控制单元（点火开关）E415、数据总线诊断接口 J533、专用诊断仪及各种数据总线（驱动 CAN 总线、舒适 CAN 总线、LIN 总线等）仅负责传输防盗、认证信息。

装备第 5 代防盗系统的车辆，在防盗系统执行任何操作（如更换防盗系统组件）之前都必须先通过专用诊断仪与中央数据库 FAZIT 建立在线连接。

2. 工作原理

下面以奥迪 A5 Coupe 汽车为例，说明第 5 代防盗系统的工作原理。当驾驶人将汽车钥匙插入点火开关 E415，试图起动发动机时，发动机在起动之前，防盗系统将发出若干次查询、认证信号，并做出相应的反应。

（1）在识别到点火开关 E415 内的 S 触点之后，汽车钥匙将与舒适系统中央控制单元 J393 交换防盗器数据，进行查询、认证工作。舒适系统中央控制单元 J393 评估、认证该钥匙是否为被授权的合法钥匙。若确认该钥匙为合法钥匙，则进行下一步。

(2) 舒适系统中央控制单元 J393 与转向柱锁止控制单元 J764 交换防盗数据,以查询、认证转向柱锁止控制单元 J764 是否已经在该车上匹配过(即认证该车装备的转向柱锁止控制单元 J764 是否合法)。若确认该车装备的转向柱锁止控制单元 J764 的身份合法,则舒适系统中央控制单元 J393 授权转向柱锁止控制单元 J764,将汽车转向柱解锁。

(3) 舒适系统中央控制单元 J393 接通接线端子 15,使接线端子 15 得电。

(4) 接线端子 15 得电后,舒适系统中央控制单元 J393 会继续与发动机控制单元 J623、自动变速器控制单元 J217 交换防盗器数据,进行查询、认证工作。若确认该车装备的发动机控制单元 J623、自动变速器控制单元 J217 的身份均为合法,防盗系统才允许发动机正常起动。

作为第 4 代防盗系统的升级版本,第 5 代防盗系统在售后服务方面与第 4 代防盗系统没有明显的区别。防盗系统使用专用诊断仪执行各种操作(如调试更换的防盗系统组件等)。第 5 代防盗系统中的许多操作步骤已经得到了高度简化,并倾向于自动化,使得售后服务工作更为简单、快捷。

1. 简述大众车系第 3 代防盗系统的工作原理。
2. 简述大众车系第 4 代防盗系统的工作原理。
3. 简述大众车系第 5 代防盗系统的工作原理。

第10章 车载网络技术

构建车载网络系统并对汽车实施网络化控制的技术体系称为车载网络技术。车载网络技术是汽车电子控制技术与现场总线技术、计算机网络技术相结合的产物。

本章主要介绍车载网络技术及其应用。要求学生了解车载网络技术的作用与分类，熟悉车载网络技术协议，掌握各种网络技术在汽车上的应用情况。

为实现汽车内部各个电子控制系统之间的数据共享和快速传输，在显著降低线束用量的同时，有效提高汽车电子系统的安全性和可靠性，现代汽车普遍采用了以控制器局域网为代表的汽车网络系统——车载网络系统。

车载网络技术的推广使用，进一步优化了汽车的控制系统，极大地提升了汽车的整体控制水平，并为汽车向以 Telematics 技术为代表的信息化时代迈进创造了条件。

10.1 车载网络技术作用与分类

10.1.1 车载网络技术的作用

1. 信息传输的瓶颈问题

在汽车技术发展处于子系统层次的汽车单片机(汽车电脑)控制时代，特别是早期生产的汽车，车上只有一个电子控制单元(Electronic Control Unit，ECU)，其信息传输量较少，电子控制系统的传感器、电子控制单元和执行器之间的连接电线(线束)的数量还不太多，尚可接受。

随着汽车技术的进步和消费者需求的进一步提高，汽车上的电子控制系统越来越多，其内部的线束也变得越来越复杂(图10.1)。

图 10.1　汽车内部的电线(线束)数量(装备 3 个电子控制单元)

为解决这一制约汽车电子技术进一步发展的信息传输瓶颈问题，一种新的信息传输技术——车载网络技术应运而生。

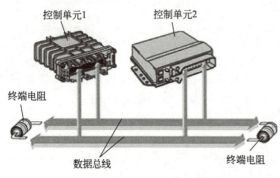

图 10.2　采用数据总线技术在两个控制单元之间进行信息传输

2. 采用网络技术进行信息传输

将计算机领域的数据总线技术引入汽车电气系统中，可以在大大简化汽车电路的同时，传输丰富的信息。如图10.2所示，采用数据总线技术在两个控制单元之间进行信息传输，可以有效减少数据传输线的数量。

图 10.3 为在具有 3 个控制单元的系统中采用 CAN 数据总线进行信息传输的示意图，相应地，汽车内部的线束连接也变得简洁、清晰，不再是一团乱麻。

图 10.3　采用 CAN 数据总线进行信息传输的示意图(装备 3 个电子控制单元)

显而易见，采用车载网络技术之后，不仅可以减轻整车自重、降低生产成本、提高汽车电气系统的工作可靠性，同时，还便于后续的技术开发。

10.1.2　车载网络技术的分类

1. 按网络拓扑结构分类

网络的拓扑结构(Topological Structure)是指网上计算机或设备与信息传输介质形成的节点与数据传输线的物理构成模式。车载网络的拓扑结构主要有线形结构、星形结构、环形结构等几种。

(1) 线形拓扑结构。线形拓扑结构（图10.4）是一种信道共享的物理结构。这种结构中总线具有信息的双向传输功能，普遍用于控制器局域网的连接，总线一般采用同轴电缆或双绞线。

线形拓扑结构的优点是安装简单，扩充或删除一个节点很容易，不需停止网络的正常工作，节点的故障不会殃及整个系统。由于各个节点共用一个总线作为数据通路，信道的利用率高。

但线形拓扑结构也有其缺点，由于信道共享，连接的节点不宜过多，并且总线自身的故障可以导致整个系统的崩溃。

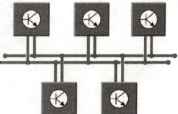

图 10.4　线形拓扑结构

车载网络多采用这种结构，应用在 CAN 总线系统上。动力 CAN 数据总线（高速）速率为 500kbit/s，用于动力系统和底盘系统数据总线；舒适 CAN 数据总线（低速）速率为 100kbit/s，用于将中央门锁系统、车窗玻璃升降等系统联网。

(2) 星形拓扑结构。星形拓扑结构是一种以中央节点为中心，把若干外围节点连接起来的辐射式互联结构（图10.5）。这种结构适用于局域网。

星形拓扑结构的特点是结构简单，安装容易，费用低，通常以集线器作为中央节点，便于维护和管理。中央节点的正常运行对网络系统来说是至关重要的。中央节点负载重，扩充困难，信道（线路）利用率较低。

由于车载网络的应用目的之一就是简化线束，所以这种结构不可能成为整车网络的结构，只在某一总成或系统上使用。宝马车系的安全气囊系统采用的就是星形拓扑结构。

(3) 环形拓扑结构。环形拓扑结构由各节点首尾相连形成一个闭合环形线路（图10.6）。环形网络中的信息传输是单向的，即沿一个方向从一个节点传到另一个节点；每个节点需安装中继器，以接收、放大、发送信号。

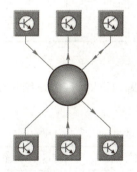

图 10.5　星形拓扑结构

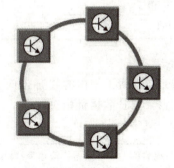

图 10.6　环形拓扑结构

环形拓扑结构的特点是结构简单，建网容易，便于管理。其缺点是当节点过多时，影响传输效率，不利于扩充，另外某一个节点发生故障时，整个网络就不能正常工作。

奥迪和宝马车系的影音娱乐系统采用的 MOST 总线即为环形拓扑结构（图10.7），通过光脉冲传输数据，而且只能朝一个方向传输数据。光缆用作传输媒介可以传输各种数据（如控制信息、音频和图像数据），并提供各种数据服务。

图 10.7 宝马车系影音娱乐系统的 MOST 总线采用环形拓扑结构

2. 按联网范围和控制能力分类

总线按联网范围和控制能力分为主总线系统和子总线系统两大类。

1) 主总线系统

主总线系统负责跨系统的数据交换，其相关参数见表 10-1。

表 10-1 主总线系统相关参数

主总线系统名称	数据传输速率/(kbit/s)	总线拓扑结构	传输介质
K 总线	9.6	线形，单线	铜质导线
D 总线	10.5~115	线形，单线	铜质导线
CAN	100	线形，双线	铜质导线
K-CAN	100	线形，双线	铜质导线
F-CAN	100	线形，双线	铜质导线
PT-CAN	500	线形，双线	铜质导线
Byteflight	10^4	星形	光纤
MOST	2.25×10^4	环形	光纤

2) 子总线系统

子总线系统负责系统内的数据交换，其相关参数见表 10-2。这些系统用于交换特定系统内的数据，并且数据量相对较少。

表 10-2 子总线系统相关参数

子总线系统名称	数据传输速率/(kbit/s)	总线拓扑结构	传输介质
K 总线协议	9.6	线形，单线	铜质导线
BSD	9.6	线形，单线	铜质导线
DWA 总线	9.6	线形，单线	铜质导线
LIN 总线	9.6~19.2	线形，单线	铜质导线

3. 按信息传输速率分类

为方便研究和设计应用，美国汽车工程师学会（Society of Automotive Engineers, SAE）的汽车网络委员会按照系统的复杂程度、传输流量、传输速率、传输可靠性和动作响应时间等参量，将汽车数据传输网络进一步细分为 A、B、C、D、E 五类。

A 类网络是面向传感器/执行器控制的低速网络，数据传输位速率通常小于 10kbit/s，主要用于车外后视镜调节，电动车窗、灯光照明等的控制。

B 类网络是面向独立模块间数据共享的中速网络，位速率为 10～125kbit/s，主要应用于车身电子舒适性模块、仪表显示等系统。

C 类网络是面向高速、实时闭环控制的多路传输网络，位速率为 125kbit/s～1Mbit/s，主要用于牵引力控制、发动机控制、ABS、ESP 等系统。

D 类网络是智能数据总线（Intelligent Data BUS，IDB）网络，主要面向影音娱乐信息、多媒体系统，其位速率为 250kbit/s～100Mbit/s。按照 SAE 的分类，IDB-C 为低速网络，IDB-M 为高速网络，IDB-Wireless 为无线通信网络。

E 类网络是面向汽车被动安全系统（安全气囊）的网络，其位速率为 10Mbit/s。

就目前的技术水平而言，以上几种网络技术在汽车上多采用组合方式，即车身和舒适性控制单元都连接到低速 CAN 总线上，并借助于 LIN 总线进行外围设备控制。而汽车高速控制系统，通常会使用高速 CAN 总线将其连接在一起。

远程信息处理和多媒体连接需要高速互连，而且数据传输量大，视频传输又需要同步数据流格式，因此，影音娱乐信息、多媒体系统多采用 DDB（Domestic Digital Bus）总线或 MOST（Media Oriented Systems Transport）总线。无线通信则通过蓝牙（Bluetooth）技术加以实现。

随着技术的不断进步，在未来的 5～10 年里，时间触发协议（Time Trigger Protocol，TTP）和 FlexRay 将得到广泛使用，使汽车网络技术得到一次脱胎换骨的提升。

但是，时至今日，仍没有一个通信网络可以完全满足未来汽车的所有成本和性能要求。因此，在车载网络系统中，多种总线、协议并存，各自发挥自身所长，彼此协同工作的局面还将继续存在下去。

10.2　车载网络技术应用

10.2.1　车载网络技术应用概况

汽车电子技术在经历了零部件层次的汽车电器时代、子系统层次的汽车单片机控制时代之后，已经开始进入汽车网络化时代，并向汽车信息化时代迈进。

世界主要汽车制造商生产的大多数汽车上均采用了以 CAN、LIN、DDB、MOST、FlexRay 等为代表的网络控制技术（图 10.8 和图 10.9），将车辆控制系统简化为节点模块化。在基于现场总线的分布式控制中，任何传统意义上的传感器和执行器都可以与同一现场的节点相组合，构成节点模块，车载网络技术进一步优化了汽车的控制系统，极大地提升了汽车的整体控制水平。

图 10.8 宝马 E60 乘用车的车载网络系统

图 10.9 奥迪 A4 乘用车的车载网络系统

车载网络技术是现代汽车电子技术的重要组成部分,也是现代汽车通信与控制的基础。伴随着车载网络技术的日益成熟,汽车电子技术开始向信息化时代迈进。

10.2.2 各种网络技术的应用

在汽车电气系统内部采用基于总线的网络技术,可以达到信息共享、减少布线、降低成本、提高系统可靠性的目的。鉴于此,各大汽车制造商在其生产的汽车上大量使用了车载网络系统(表 10-3)。受制造成本和技术水平的限制,不同品牌的汽车和同一品牌、不同时期生产的汽车,其网络结构各有不同。但从宏观上看,都有相同和相近之处。

表 10-3 主要车载网络系统一览表

车载网络系统名称	适用范围	传输速率	主要应用车系
CAN(Controller Area Network)	车身控制系统、动力传动控制系统	1Mbit/s	欧、美、日、韩各大车系均有应用
VAN(Vehicle Area Network)	车身控制系统	1Mbit/s	法国车系
J1850	车身控制系统	10.4~41.6kbit/s	美国车系
LIN(Local Interconnect Network)	车身控制系统	20kbit/s	德国车系
IDB-C(Intelligent Data BUS on CAN)	汽车多媒体系统	250kbit/s~100Mbit/s	
TTP/C(Time Trigger Protocol by CAN)	被动安全系统	2~25Mbit/s	
TTCAN(Time Triggered CAN)	被动安全系统	1Mbit/s	
Byteflight	被动安全系统	10Mbit/s	宝马车系
FlexRay	被动安全系统、行驶动态管理系统	10Mbit/s	宝马 F01/F02 车系
DDB/Optical(Domestic Digital Bus/Optical)	汽车多媒体系统	5.6Mbit/s	奔驰车系

（续）

车载网络系统名称	适用范围	传输速率	主要应用车系
MOST（Media Oriented Systems Transport）	汽车多媒体系统	22.5Mbit/s	德国车系
IEEE1394	汽车多媒体系统	100Mbit/s	美国车系
IDB-1394	汽车多媒体系统		美国车系、日本车系
Bluetooth	无线通信、语音系统、个人娱乐	1Mbit/s	欧、美、日、韩各大车系均有应用
Ethernet	维修时的车辆编程、汽车多媒体系统	100Mbit/s	宝马F01/F02车系

由于汽车上不同控制系统对信息传输的要求不尽相同，因此，在汽车上，针对不同的控制系统采用了各具特色的总线技术，然后利用网关把这些性能各异、各具特色的总线整合成一体，构成成本较低但功能完善的整车网络，以实现"人尽其才，物尽其用"。

遵循这一指导思想，汽车网络结构采用多条不同速率的总线分别连接不同类型的节点，并使用网关服务器来实现整车的信息共享和网络管理，如图10.10所示的宝马E60乘用车全车网络系统。该系统包括4套总线结构，即K-CAN、PT-CAN、Most和Byteflight。其中K-CAN总线主要控制车身系统，PT-CAN总线主要控制动力传动及底盘系统，Most总线主要控制影音娱乐、通信和信息显示系统，Byteflight总线主要用于安全气囊系统。

动力传动系统的受控对象（发动机、自动变速器、动态稳定控制系统等）直接关系汽车的动力性能、经济性能和行驶状态，对数据通信（信息交换）的快速性、实时性要求较高。因此，在动力传动系统内部需要使用高速总线进行信息传输。

动力传动系统的传感器的各种状态信息可以广播的形式在高速总线上发布，各节点可以在同一时刻根据自己的需要获取信息。这种方式最大限度地提高了通信的实时性。

对于车身系统和舒适型控制系统，其受控器件多为低速电动机和各种开关，如车门门锁电动机、车窗玻璃升降电动机、座椅调节电动机及各种按钮、开关等。这类器件对信息传输的实时性要求不高，但数量众多。因此，在车身系统和舒适型控制系统内部使用低速总线进行信息传输就可以满足要求。

汽车动力传动系统采用高速总线，车身系统和舒适型控制系统采用低速总线，两者彼此分开，还利于保证动力传动系统通信的快速性和实时性。此外，采用低速总线还可增加传输距离，提高抗干扰能力，并降低硬件成本。

汽车影音娱乐系统（也称车载多媒体系统）需要传输的信息量大，而且对通信速率的要求也高（一般在2Mbit/s以上），一般以铜质导线为传输介质的数据总线难以满足要求。因此，在汽车影音娱乐系统中，多采用以光导纤维（光纤）为传输介质的光学总线系统，如DDB、MOST等。

采用基于光纤通信的光学总线系统，可以保证足够的带宽，确保车载多媒体系统的视频、音频信号连续流畅，不致出现停顿和卡滞。

作为汽车上最重要的被动安全措施，安全气囊系统的控制对信息传输速率要求很高。在车载网络技术发展的早期，一般把安全气囊系统纳入车身系统加以控制。随着技术的不断

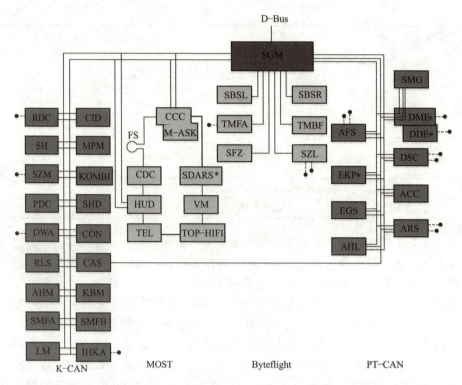

图 10.10 宝马 E60 乘用车全车网络系统

D-Bus—诊断总线；SGM—安全和网关模块；RDC—轮胎压力监控系统；CID—中央信息显示器；SH—停车预热系统；MPM—电源管理系统；SZM—中央控制台开关中心；KOMBI—组合仪表；PDC—驻车距离报警系统；SHD—天窗系统；DWA—防盗报警系统；CON—iDriver 控制器；RLS—雨量传感器/行车灯控制系统；CAS—便捷进车及起动系统；AHM—挂车电气连接模块；KBM—车身控制单元；SMFA—驾驶人座椅调整控制单元；SMFB—乘客座椅调整控制单元；LM—前照灯灯光控制单元；IHKA—自动恒温空调系统；CCC—整车通信系统控制单元；M-ASK—多音频控制系统；FS—系统检修用快速擦写插头；CDC—光盘自动换碟机构；SDARS*—卫星收音机；HUD—信息抬头显示系统；VM—车载电视系统；TEL—车载电话系统；TOP-HIFI—高保真音响系统；SBSL—位于左侧 B 柱处的卫星式安全气囊控制单元；SBSR—位于右侧 B 柱处的卫星式安全气囊控制单元；TMFA—位于驾驶人侧车门处的卫星式安全气囊控制单元；TMBF—位于乘客侧车门处的卫星式安全气囊控制单元；SFZ—位于车辆前部的中央卫星式安全气囊控制单元；SZL—位于转向柱开关处的卫星式安全气囊控制单元；SMG—顺序换挡变速器控制单元；DME—汽油发动机控制单元；DDE*—柴油发动机控制单元；AFS—主动转向系统；DSC—动态稳定控制系统；EKP*—燃油泵控制系统；ACC—自适应巡航控制系统；EGS—自动变速器控制单元；ARS—动态驾驶（主动式抗侧翻）系统；AHL—自适应转向前照灯系统

发展，目前已经开发出专门用于气囊系统控制的安全总线系统，如 Byteflight、X-by-Wire 等。

网关是车载网络内部通信的核心器件，通过网关可以确保各条总线上信息的共享和协调工作，实现汽车内部的网络管理和故障诊断功能，营造"顺畅、和谐"的工作氛围。

10.3 车载网络标准与协议

早在 20 世纪 80 年代，国际上众多知名汽车制造商和电子服务商就积极致力于车载网络技术的研究及应用，迄今为止，已有多种网络标准存世。目前的多种车载网络标准，其侧重的功能有所不同。

10.3.1 A 类网络标准与协议

A 类网络通信大部分采用通用异步接收/发送（Universal Asynchronous Receiver / Transmitter，UART）标准。UART 标准使用起来既简单又经济，但随着技术的发展，预计在今后几年中将会逐步在汽车通信系统中被停止使用。

以前通用汽车公司使用的 E&C(Entertainment and comfort)协议、克莱斯勒公司使用的 CCD(Chrysler Collision Detection)协议和福特公司使用的 ACP(Audio Control Protocol)协议现在已逐步停止使用，但丰田公司制定的 BEAN(Body Electronics Area Network)协议目前仍在其多种车型(如 Prius 和 Celica)中使用。

A 类网络通信目前首选的标准是局域互联网（Local Interconnect Network，LIN）。LIN 是用于汽车分布式电控系统的一种低成本串行通信系统。它是一种基于 UART 的数据格式、主从结构的单线 12V 的总线通信系统，主要用于智能传感器和执行器的串行通信，而这正是 CAN 总线的带宽和功能所不要求的部分。

LIN 总线采用低成本的单线连接，传输速率最高可达 20kbit/s，对于低端的大多数应用对象(如中央门锁控制、空调系统控制等)来说，这个速率是完全可以满足要求的。

LIN 总线的媒体访问采用单主/多从的机制，不需要进行仲裁，在从节点中不需要晶体振荡器而能进行自同步，这极大地减少了硬件平台的成本，大大降低了汽车电子装置的开发、生产和服务费用。

LIN 总线及其他各类典型汽车总线标准、协议特性和参数见表 10-4。

表 10-4　LIN 总线及其他各类典型汽车总线标准、协议特性和参数

类别	A 类	B 类	C 类	诊断	多媒体	X-by-Wire	安全
名称	LIN	ISO 11519-2	ISO 11898 (SAE J1939)	ISO 15765	DDB(MOST)	FlexRay	Safety bus
所属机构	Motorola	ISO/SAE	ISO/TMC-ATA	ISO	PHILIPS	BMW&DC	Delphi
用途	智能传感器	控制、诊断	控制、诊断	诊断	数据流控制	电传控制	气囊
介质	单根线	双绞线	双绞线	双绞线	光纤	双线	双线
位编码	NRZ	NRZ-5	NRZ-5	NRZ	Biphase	NRZ	RTZ
媒体访问	主/从	竞争	竞争	TESTER/SLAVE	TOKEN RING	FTDMA	主/从
错误检测	8 位 CS	CRC	CRC	CRC	CRC	CRC	CRC

（续）

类别	A类	B类	C类	诊断	多媒体	X-by-Wire	安全
数据长度	8B	0～8B	8B	0～8B		12B	24～39B
位速率	20kbit/s	10～1250kbit/s	1Mbit/s（250kbit/s）	250kbit/s	12Mbit/s（25Mbit/s）	5Mbit/s	500kbit/s
总线最大长度	40m	40m（典型）	40m	40m	无限制	无限制	未定
最大节点数	16	32	30(STP) 10(UTP)	32	24	64	64
制造成本	低	中等	中等	中等	高	中等	中等

10.3.2 B类网络标准与协议

B类网络通信中使用最广泛的标准是CAN总线。CAN总线是德国BOSCH公司在20世纪80年代初为解决现代汽车中众多的控制与测试仪器之间的数据交换问题而开发的一种串行数据通信协议。它是一种多主总线，通信介质可以是双绞线、同轴电缆或光导纤维，通信速率可达1Mbit/s。

CAN总线通信接口中集成了CAN协议的物理层和数据链路层功能，可完成对通信数据的成帧处理，包括位填充、数据块编码、循环冗余检验、优先级判别等项工作。

CAN协议的一个最大特点是废除了传统的站地址编码，而代之以对通信数据块进行编码，最多可标识2048个（2.0A）或5亿多个（2.0B）数据块。采用这种方法的优点可使网络内的节点个数在理论上不受限制。数据段长度最多为8B，不会过长地占用总线时间，从而保证了通信的实时性。CAN协议采用CRC检验并可提供相应的错误处理功能，保证了数据通信的可靠性。

B类网络通信的国际标准是ISO 11898，其传输速率在100kbit/s左右。欧洲的各大汽车制造商从1992年起，一直采用ISO 11898，所使用的传输速率范围从47.6～500kbit/s不等。

近年来，基于ISO 11519的容错CAN总线标准在欧洲的各种车型中也开始得到广泛的应用，ISO 11519-2的容错低速双线CAN总线接口标准在乘用车中正在得到普遍的应用，其物理层比ISO 11898要慢一些，同时成本也高一些，但是它的故障检测能力却非常突出。与此同时，以往广泛应用于美国车型的J1850正逐步被基于CAN总线的标准和协议所取代。

10.3.3 C类网络标准与协议

根据SAE的分类，高速总线系统属于C类网络标准。

由于高速总线系统主要用于与汽车安全相关，以及实时性要求比较高的领域，如动力系统等，所以其传输速率比较高，通常在125kbit/s～1Mbit/s，而且必须支持实时的周期性的数据传输。

随着车载网络技术的发展，未来将会使用到具有高速实时传输特性的一些总线标准和协议，包括采用时间触发通信的X-by-Wire系统总线标准及用于安全气囊控制和通信的总线标准、协议。

1. C类总线标准与协议

在C类标准中，欧洲的汽车制造商大多采用的是高速通信的CAN总线标准ISO 11898。ISO 11898主要面向汽车（乘用车）电子控制单元（ECU）之间的通信，信息传输速率大于125kbit/s，最高可达1Mbit/s。ISO 11898对使用控制器局域网（CAN）构建数字信息交换的相关特性进行了详细的规定。

J1939也使用了控制器局域网（CAN）协议，任何ECU在总线空闲时都可以发送信息，它利用协议中定义的扩展帧29位标识符实现一个完整的网络定义。29位标识符中的前3位被用来在仲裁过程中决定信息的优先级。对每类信息而言，优先级是可编程的。这样原始设备制造商在需要时可以对网络进行调整。J1939通过将所有11位标识符信息定义为专用，允许使用11位标识符的CAN标准帧的设备在同一个网络中使用。这样，11位标识符的定义并不是直接属于J1939的一个组成部分，但是也被包含进来。这是为了保证其使用者可以在同一网络中并存而不出现冲突。

J1939供货车及其拖车、大客车、建筑机械及农业机械使用，是用来支持分布在车辆各个不同位置的ECU之间实现实时闭环控制功能的高速通信标准，其数据传输速率为250kbit/s。

在美国，通用汽车公司已开始在所有的车型上使用其专属的所谓GM LAN总线标准，它是一种基于CAN的传输速率在500kbit/s的通信标准。

2. 安全总线标准与协议

安全总线主要是用于安全气囊系统，以连接碰撞强度传感器（减速度传感器）、碰撞安全传感器等装置，为汽车的被动安全提供保障。目前已有一些公司研制出了相关的总线和协议，如德尔福（Delphi）公司的Safety Bus和宝马汽车公司的Byteflight等。

Byteflight主要以宝马汽车公司为中心制定。数据传输速率为10Mbit/s，光纤可长达43m。Byteflight不仅可以用于安全气囊系统的网络通信，而且可用于X-by-Wire系统的通信和控制。

宝马汽车公司在2001年9月推出的宝马7系列车型中，采用了一套名为集成化智能安全系统（Intelligent Safety Integrated System，ISIS）的安全气囊控制系统。它是由14个传感器构成的网络，利用Byteflight来连接和收集前座安全气囊、后座安全气囊及膝部安全气囊等安全装置的信号。在紧急情况下，中央控制单元能够更快、更准确地决定不同位置的安全气囊是否动作及动作时机和膨出强度，以期发挥最佳的保护效果。

3. X-by-Wire总线标准与协议

X-by-Wire是目前在工业生产、机电产品控制等领域中应用日益广泛的一种控制技术。其中，Wire是导线的意思，X就像数学方程中的未知数，代表受控对象。X-by-Wire意指通过导线传递控制信号，控制受控对象X，有别于传统的靠机械方式或液压方式传递控制信号。因此，X-by-Wire技术又称为线传控制技术或电传控制技术。

X-by-Wire技术最初用在飞机的飞行控制系统中，称为Fly-by-Wire，现在已经在飞机控制中得到广泛应用，并向包括汽车在内的其他机电产品控制领域渗透。如果受控对象是转向系统，则称为Steering-by-Wire；如果受控对象是制动系统，则称为Braking-by-Wire；如果受控对象是发动机节气门，则称为Throttle-by-Wire，故将这种控制技术统称为 X-by-Wire。

由于目前对汽车容错能力和通信系统的高可靠性的需求日益增长，X-by-Wire 开始应用于汽车电子控制领域。在未来的 5～10 年里，X-by-Wire 技术将使传统的汽车机械系统（如制动和驾驶系统）变成通过高速容错通信总线与高性能 CPU 相连的电气系统。在一辆装备了综合驾驶辅助系统的汽车上，诸如 Steering-by-Wire、Braking-by-Wire 和 Throttle-by-Wire 等特性将为驾驶人带来全新驾驶体验。

为了提供这些系统之间的安全通信，就需要一个高速、容错和时间触发的通信协议。目前，这一类总线标准主要有 TTP、Byteflight 和 FlexRay。

TTP（时间触发协议）是由维也纳理工大学的 H. Kopetz 教授提出的。时间触发系统和事件触发系统的工作原理大不相同。对于时间触发系统来说，控制信号起源于时间进程；而在事件触发系统中，控制信号起源于事件的发生（如一次中断）。这项开发工作后来作为一个被欧洲委员会资助的项目，进一步发展成为一种汽车自动驾驶控制系统。

TTP 开发了大量的汽车 X-by-Wire 控制系统，如驾驶控制和制动控制等。TTP 是一个应用于分布式实时控制系统的完整的通信协议，能够支持多种的容错策略，提供了容错的时间同步及广泛的错误检测机制，同时还提供了节点的恢复和再整合功能。TTP 采用光纤作为传输介质，传输速率可达 25Mbit/s。

宝马汽车公司的 Byteflight 可用于 X-by-Wire 系统的网络通信。Byteflight 的特点是既能满足某些高优先级信息需要时间触发，以保证确定延迟的要求，又能满足某些信息需要事件触发，需要中断处理的要求。但其他汽车制造商目前并无意使用 Byteflight，而计划采用另一种标准——FlexRay。

FlexRay 是一种新的特别适合下一代汽车应用的网络通信系统。它采用 FTDM（Flexible Time Division Multiple Access）的确定性访问方式，具有容错功能和确定的信息传输时间，能够满足汽车控制系统的高速率通信要求。CAN 网络最高性能极限为 1Mbit/s，而 FlexRay 两个信道上的数据传输速率最高可达到 10Mbit/s，总数据传输速率可高达 20Mbit/s。因此，在车载网络中，FlexRay 的网络带宽可达 CAN 的 20 倍之多。

宝马、克莱斯勒、摩托罗拉和飞利浦公司联合开发和建立了 FlexRay 标准，通用汽车公司也加入了 FlexRay 联盟，成为其核心成员，共同致力于开发汽车分布式控制系统中高速总线系统的标准。该标准不仅提高了一致性、可靠性、竞争力和系统效率，而且还简化了开发过程和使用，并降低了成本。

4. 诊断系统总线标准与协议

故障自诊断是现代汽车的一项重要功能，给复杂汽车电子控制系统的故障诊断、检修带来了极大的方便。同时，随着环境保护意识的普遍增强，汽车故障自诊断系统又增加了汽车尾气排放系统的监测功能。

目前，在汽车上使用的故障自诊断系统主要有 OBD-Ⅱ（On-Board Diagnostics-Ⅱ）、OBD-Ⅲ 和 E-OBD（European On-Board Diagnostics）标准。

目前，许多汽车制造商都采用 ISO 14230（Keyword Protocol 2000）作为诊断系统的通信标准，它满足 OBD-Ⅱ 和 OBD-Ⅲ 的要求。在欧洲，以往诊断系统中使用的是 ISO 9141，它是一种基于 UART 的诊断标准，满足 OBD-Ⅱ 的要求。美国的通用、福特、克莱斯勒公司广泛使用 J1850 作为满足 OBD-Ⅱ 的诊断系统的通信标准。

但随着 CAN 总线的广泛应用，美国三大汽车公司对乘用车采用了基于 CAN 的 J2480 诊断系统通信标准，J2480 满足 OBD-Ⅲ 的通信要求。从 2000 年开始，欧洲汽车制造商已经开始使用一种基于 CAN 总线的诊断系统通信标准 ISO 15765，它满足 E-OBD 的系统要求。

目前，汽车的故障诊断主要是通过一种专用的诊断通信系统来形成一套较为独立的诊断网络，ISO 9141 和 ISO 14230 就是这类技术上较为成熟的诊断标准。

ISO 15765 适用于将车用诊断系统在 CAN 总线上加以实现的场合，从而适应了现代车载网络总线系统的发展趋势。ISO 15765 的网络服务符合基于 CAN 的车用网络系统的要求，是按照 ISO 14230-3 及 ISO 15031-5 中有关诊断服务的内容和要求来制定的。

因此，ISO 15765 对于 ISO 14230 应用层的服务和参数完全兼容，但并不限于只用在这些国际标准所规定的场合，因而有广泛的应用前景。

10.3.4　D 类网络标准与协议

汽车多媒体网络和协议属于 D 类总线系统，分为三种类型，分别是低速、高速和无线，对应 SAE 的分类相应为 IDB-C(Intelligent Data BUS-CAN)、IDB-M(Multimedia) 和 IDB-Wireless，其传输速率为 250～100Mbit/s。

低速网络用于远程通信、诊断及通用信息传输，IDB-C 按 CAN 总线的格式以 250kbit/s 的位速率进行信息传输。由于其低成本的特性，IDB-C 作为汽车类产品的标准之一，已经在车载网络中得到应用。

高速网络主要用于实时的音频和视频通信，如 MP4、DVD 和 CD 等的播放，所使用的传输介质是光纤，这一类标准、协议里主要有 DDB、MOST、IEEE1394 及基于 IEEE1394 的 IDB-1394。

DDB 是用于汽车多媒体和通信的分布式网络，通常使用光纤作为传输介质，可连接 CD 播放器、语音控制单元、电话和国际互联网。奔驰汽车公司在其 1999 年款的 S-Class 车型上就已经开始使用 DDB 技术，但在 2003 年 9 月 1 日之后，开始使用数据传输速率更快的 MOST。

克莱斯勒汽车公司与宝马汽车公司一样使用 MOST。MOST 是车辆内 LAN 的接口规格，用于连接车载导航仪和无线设备等，数据传输速率为 24Mbit/s。其规格主要由德国绿洲半导体公司(Oasis Silicon System)制定。

通用汽车公司等美国汽车制造商计划使用塑料光纤(Plastic Optical Fiber, POF)在汽车中安装以 IEEE 1394 为基础的 IDB-1394，丰田汽车公司等日本汽车制造商也将采用 POF。由于消费者手中已经有许多 IEEE 1394 标准下的个人电子设备，并与 IDB-1394 互相兼容，因此，IDB-1394 将随着 IDB 产品进入车载网络系统的同时而成为普遍的标准。

在无线通信方面，目前广泛采用蓝牙技术。蓝牙技术主要是面向汽车无线装置的应用，如语音系统、轮胎气压监控、无线通信、个人娱乐或 PC 外设等方面。

复习思考题

1. 采用车载网络技术具有哪些优点？
2. 简述车载网络系统的分类。
3. 目前已经广泛应用的车载网络技术有哪些？

第 11 章 汽车电子控制系统检测诊断

教学提示

现代汽车具备的电子控制系统故障自诊断功能给汽车维修带来了极大的方便,掌握汽车电子控制系统的故障检测诊断方法具有重要意义。

教学要求

本章主要介绍汽车电子控制系统的故障检测诊断方法。要求学生了解自诊断系统的功能,熟悉汽车电子控制系统的故障测试方法,掌握汽车电子控制系统检修的基本技能。

11.1 汽车自诊断系统

11.1.1 汽车自诊断系统的基本功能

顾名思义,自诊断就是电子控制系统自己诊断系统本身的技术状态是否良好。自诊断系统又称为故障自诊断系统,主要由电控单元(ECU)及传感器与执行器的监测电路组成。

自诊断系统的功能包括 3 个方面:一是监测控制系统工作情况,一旦发现某只传感器或执行器参数异常,就立即发出报警信号;二是将故障内容编成代码(故障码)存储在随机存储器(RAM)中,以便维修时调用;三是启用相应的备用功能,使控制系统处于应急状态运行。

1. 发出报警信号

在发动机运转过程中,当某只传感器或执行器发生故障时,ECU 将立即接通仪表板上的故障指示灯电路，使指示灯点亮，提醒驾驶人控制系统出现故障，应立即检修或送修理厂检修，以免故障范围扩大。

故障指示灯又称为检查发动机指示灯（图11.1）或立即维修发动机指示灯。

图11.2所示为故障指示灯的工作电路。图中TDCL为故障诊断插座，安装在驾驶室内，检查连接器安装在发动机舱内。

图11.1 故障指示灯
（检查发动机指示灯）

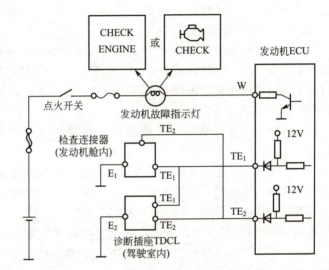

图11.2 故障指示灯的工作电路

2. 存储故障码

当自诊断系统发现某只传感器或执行器发生故障时，ECU会将监测到的故障内容以故障码的形式存储在随机存储器中。只要存储器电源不被切断，故障码就会一直保存在存储器中。

即使是汽车在运行中偶尔出现一次故障，自诊断电路也会及时检测到并记录下来。在控制系统的电路上，设有一个专用诊断插座，在诊断排除故障或需要了解控制系统的运行参数时，使用汽车制造商提供的专用检测仪或通过特定操作方法，就可通过故障诊断插座将存储器中的故障码和有关参数读出，为查找故障部位、了解系统运行情况和改进控制系统设计提供依据。

3. 启用备用功能

备用功能又称为失效保护功能。当自诊断系统发现某只传感器或执行器发生故障时，ECU将以预先设定的参数取代故障传感器或执行器工作，控制发动机进入故障应急状态运行，使汽车维持基本的行驶能力，以便将汽车行驶到修理厂修理，这种功能称为控制系统的备用功能或失效保护功能，也有人形象地称之为"跛行回家"功能。

在备用功能工作状态下，发动机的性能将受到不同程度的影响，某些车型的自诊断系统还将自动切断空调、音响等辅助电器系统电路，以便减小发动机的工作负荷。

11.1.2　汽车自诊断系统的备用功能

某些传感器或执行器发生故障后,自诊断系统将自动启用备用功能,以便将汽车行驶到修理厂修理。备用功能主要包括以下几个方面。

(1) 冷却液温度传感器电路断路或短路时,ECU 按固定温度值控制喷油器喷油。当冷却液温度传感器工作正常时,冷却液温度一般设定在 $-30 \sim +120$℃,其输出信号电压在 $0.3 \sim 4.7$V 范围内变化。

当冷却液温度传感器电路发生短路或断路故障时,其输出的信号电压就会低于 0.3V 或高于 4.7V,ECU 接收到低于 0.3V 或高于 4.7V 的冷却液温度信号后,自诊断系统就会判定冷却液温度传感器电路有短路或断路故障,并启用备用功能,按固定温度值控制喷油器喷油。

(2) 当进气温度传感器电路断路或短路时,ECU 将按进气温度为 20℃ 的状态控制喷油。

(3) 空气流量传感器或歧管压力传感器电路断路或短路时,ECU 将按节气门位置传感器信号以 3 种固定的喷油量控制喷油。

当节气门位置传感器(桑塔纳 2000GSi 乘用车,捷达 GT、GTX 型乘用车为节气门控制组件)的怠速触点闭合时,以固定的怠速喷油量控制喷油;当怠速触点断开、节气门尚未全开时,以固定的小负荷喷油量控制喷油;当节气门全开或接近全开时,以固定的大负荷喷油量控制喷油。

(4) 当节气门位置传感器电路断路或短路时,ECU 将根据发动机转速信号和空气流量传感器信号计算出一个替代值来控制喷油。

(5) 当大气压力传感器电路断路或短路时,ECU 将按 101kPa(1 个标准大气压)控制喷油。

(6) 氧传感器电路断路、短路,输出信号电压保持不变或变化频率每 10s 变化低于 8 次时,ECU 将取消反馈控制,并以开环控制方式控制喷油。

(7) 曲轴位置传感器电路断路或短路时,ECU 接收不到曲轴转速与转角信号,无法控制点火时刻和喷油时刻,因此无法采取失效保护措施,发动机将无法运转。

(8) 执行器(如喷油器、点火控制器、怠速控制阀等)故障监测,有的能被 ECU 检测出来,有的则不能检测,依车型的控制软件设计而异。

11.2　汽车故障自诊断测试

11.2.1　汽车自诊断测试方式

自诊断测试是指利用故障检测仪或按照特定操作方式来读取或清除故障码、检测各种传感器或执行器工作情况及其控制电路是否正常、与车载 ECU 进行数据传输等。汽车电子控制系统有无故障,均可通过自诊断测试进行检测诊断。

根据发动机工作状态不同,自诊断测试方式分为静态测试和动态测试两种。

静态测试(Key ON Engine OFF,KOEO)方式,即在点火开关接通、发动机不运转的情况下进行诊断测试,主要用于读取或清除故障码。

动态测试(Key ON Engine Run,KOER)方式,即在点火开关接通、发动机运转的情况下进行诊断测试,主要用于检测传感器或执行器的工作情况及控制电路是否良好、与车载 ECU 进行数据传输等。

11.2.2　汽车自诊断测试内容

1. 读取故障码

诊断汽车电子控制系统故障最常用的自诊断测试方法是读取故障码。

电控发动机汽车在使用过程中,只要蓄电池正极柱和负极柱上的电缆端子未曾拆下,ECU 中存储的故障码就能长期保存。将故障码从 ECU 中读出,即可知道故障部位或故障原因,为诊断排除故障提供依据。

读取故障码的方法有两种:一种是利用故障检测仪读取,另一种是利用特定的人工操作方法读取。

2. 数据传输

当发动机运转时,利用故障检测仪将车载 ECU 内部的控制参数和计算结果等以数据表和串行输出方式在检测仪屏幕上一一显示出来的过程,称为数据传输,通常称为"数据通信"或"读取数据流"。

通过数据传输,各种传感器输出信号电压的瞬时值、ECU 内部的计算与判断结果、各执行器的控制参数都能一目了然地显示在检测仪屏幕上。

根据发动机运转状态和传输数据的变化情况,即可判断控制系统的工作状态,将特定工况下的传输数据与标准数据进行比较,就能准确判断故障类型和故障部位。

3. 监控执行器

在发动机熄火状态下或运转过程中,通过故障检测仪向执行器发出强制驱动或强制停止指令来监测执行器动作情况,可以判断执行器及其控制电路有无故障。例如,在发动机熄火状态下,控制电动燃油泵运转、控制某只电磁阀或继电器(如冷却风扇继电器、空调压缩机继电器等)工作、控制某只喷油器喷油等,当发出相应的控制指令后,如燃油泵不转(听不到运转声音)、电磁阀不工作(用手触摸时没有振动感)、冷却风扇不转动或空调压缩机电磁离合器不吸合,说明该执行器或其控制电路有故障。

在发动机运转状态下,如果发出控制某只喷油器停止喷油的指令后,用手触摸该喷油器仍有振动感或发动机转速不降低,说明其控制电路有故障;当控制模式设定为闭环控制模式时,系统将对空燃比 A/F 实施闭环控制时,氧传感器将发挥作用,如果检测仪屏幕上表示发动机混合气浓度的红色指示灯(混合气浓)与绿色指示灯(混合气稀)交替闪亮,说明闭环控制系统工作正常,如果红色或绿色指示灯常亮不闪,说明氧传感器失效。

11.2.3　汽车自诊断测试工具

汽车电子控制系统的自诊断测试工具有故障检测仪、调码器和跨接线等。

1. 故障检测仪

为了便于维修人员诊断测试汽车电子控制系统故障，汽车制造商都为自己生产的汽车设计有专用故障检测仪。

故障检测仪又称为故障诊断测试仪、故障阅读仪、汽车系统测试仪以及解码器等。常用的汽车故障检测仪及适用车系见表 11-1。

表 11-1 常用的汽车故障检测仪及适用车系

汽车故障检测仪名称	适用车系
V.A.G 1551 故障阅读仪	德国大众车系（包括中国所有引进大众技术生产的合资合作车型）
V.A.G 1552 汽车系统测试仪	
V.A.S 5051 汽车系统测试仪	
GT1（Group Tester One）	德国宝马车系
XP-STAR 检测诊断系统	德国奔驰车系
Tech-Ⅰ、Tech-Ⅱ	美国通用车系
SUPER STAR II（Self Test Automatic Readout）	美国福特车系
DRB-Ⅱ、DRB-Ⅲ	美国克莱斯勒车系
修车王 SY-380	取决于自诊断软件，几乎涵盖国内能见到的所有车型
V-Scanner（伟世）汽车故障计算机检测仪	
电眼睛	

故障阅读器 V.A.G 1551 的结构如图 11.3 所示，汽车系统测试仪 V.A.G 1552 的结构如图 11.4 所示，这两种仪器的使用方法和功能完全相同，唯一区别在于 V.A.G 1552 没有打印功能。

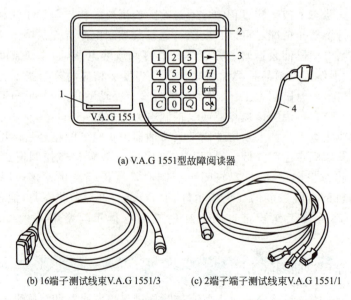

图 11.3　故障阅读器 V.A.G 1551 与测试线束
1—打印纸输出口；2—显示屏；3—输入键盘；4—测试线束

故障诊断仪主要由显示屏、键盘、打印机、测试线束插孔、程序卡安装槽（位于仪器后上部）和交叉线束连接插孔（位于仪器背面）组成，其中 16 端子测试线束适用于具有 16 端子诊断插座的汽车，如桑塔纳 GLi、2000GLi、2000GSi 型乘用车；2 端子测试线束适用于具有 2 端子诊断插座的汽车，如奥迪乘用车。

不同年份生产的车型，配有不同的磁卡，将其插入相应的故障测试仪，即可对不同的车型进行诊断测试。

图 11.4　汽车系统测试仪 V.A.G 1552

汽车故障检测仪不仅可以检测诊断燃油喷射系统 EFI 故障而且还能检测诊断防抱死制动系统（ABS）、安全气囊系统（SRS）、自动变速系统（ECT）等各种电子控制系统的故障。

近年来，德国大众公司又推出新一代汽车系统测试仪 V.A.S 5051，如图 11.5 所示，其性能比 V.A.G 1551 和 V.A.G 1552 有更大的提高，应用日益广泛。

故障测试仪型号不同，使用方法也不相同，因此使用故障测试仪时，必须按照不同测试仪的使用说明进行操作。

2. 调码器

汽车故障检测仪功能齐全、使用方便，但价格昂贵。为了便于没有故障检测仪的用户通过读取故障码来诊断故障，大多数车型设计有利用调码器或跨接线来读取故障码的程序。

调码器是由发光二极管（LED）与一定阻值的电阻串联组成的显示器，如图 11.6 所示。将调码器与诊断插座上相应的端子连接，即可根据调码器上发光二极管的闪烁情况读取故障码。

图 11.5　汽车系统测试仪 V.A.S 5051

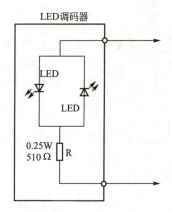

图 11.6　LED 调码器电路

3. 跨接线

跨接线是一根普通的或其两端带有鳄鱼夹的导线,将跨接线与诊断插座上相应的接线端子连接后,接通点火开关即可根据仪表板上发动机故障指示灯的闪烁情况读取故障码。

11.2.4 汽车自诊断测试过程

将故障检测仪、调码器或跨接线等自诊断测试工具与汽车上的诊断插座连接后,接通点火开关,即可触发自诊断系统进行诊断测试。根据读取的故障码查阅被测车型的维修手册,就可知道故障码表示的故障内容与故障原因。

诊断插座是故障诊断通信接口(Trouble Diagnostic Communication Link,TDCL)的简称。在装备电子控制系统的汽车上,都设有诊断插座,一般安装在熔断器盒上、仪表板下方或发动机舱内。

1. 利用跨接线进行诊断测试

日本丰田、马自达、本田,美国通用、福特、克莱斯勒及欧洲各汽车公司生产的大部分乘用车均可利用跨接线跨接诊断插座上某两个或某几个指定的接线端子,触发自诊断系统来读取故障码。

由于各型汽车诊断插座的形状、安装位置、端子分布、跨接端子的名称及故障码的显示方式各不相同,因此自诊断测试方法也有所区别。

下面以丰田乘用车及引进丰田技术生产的夏利 2000 型乘用车发动机电子控制系统读取与清除故障码的自诊断测试为例,说明利用跨接线进行诊断测试的方法。

丰田和夏利乘用车设有两个诊断插座,发动机舱与驾驶室各设置一个。发动机舱内的诊断插座又称为检查连接器,设在熔断器盒旁边,可用于读取与清除故障码;驾驶室内的诊断插座设在仪表板左下方或仪表台下面的工具箱内,用于数据传输。

通过诊断插座可以对发动机燃油喷射系统(EFI)、电子控制自动变速器、防抱死制动系统、空调器系统(A/C)、安全气囊系统、空气悬架系统、牵引力控制系统(TRC)、巡航控制系统等进行自诊断测试。

丰田和夏利车系采用的诊断插座有 3 种形式,如图 11.7 所示。诊断插座上设有防护盖,打开防护盖即可看到图中所示端子排列情况,各端子代号及功能见表 11-2。

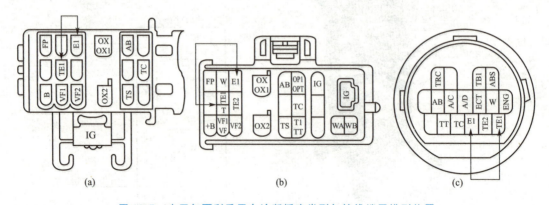

图 11.7　丰田与夏利乘用车诊断插座类型与接线端子排列位置

表 11-2　丰田乘用车诊断插座引线端子连接部位及其功能

端子代号	连接部位	功能
FP	与汽油泵"+"端子连接	将+B与FP连接时,其油泵运转
W	仪表板故障指示灯与发动机 ECU 控制端	当发动机 ECU 检测到故障时,使 CHECK 灯显示故障码
El	发动机 ECU 与车身搭铁线的引出端子	发动机 ECU 搭铁
OX(OX1)	No.1 氧传感器信号输入发动机 ECU 的引线端子	检测氧传感器输出信号
AB	与 SRS ECU LA 端子连接,SRS 指示灯控制端	当 SRS ECU 检测到故障时,控制 LA 端子搭铁,使 SRS 指示灯点亮
OP1(OPT)	与冷却液温度传感器至冷却风扇控制器 TH+端子连接	冷却风扇控制器控制信号
TE1(T)	发动机 ECU 和变速器 ECU 故障码诊断触发端子	读取发动机 ECU 和变速器 ECU 故障码（读变速器 ECU 故障码指发动机 ECU 和 ECT ECU 组合成一体的汽车）
TE2	发动机 ECU 开关动作触发端子	检查诊断开关动作
TC	与 ABS/SRS/ACC ECU TC 端子连接	调取 ABS/SRS/ACC 系统故障码
+B(B)	与主继电器输出端子连接	由主继电器控制蓄电池电源与 ECU 接通或切断
VF1(VF)（ENG）	与发动机 ECU 的 VF 或 VF1 端子连接,主氧传感器浓稀修正控制端	混合气浓稀测试
VF2	与发动机 ECU 的 VF2 端子连接,辅助氧传感器浓稀修正控制端	混合气浓稀测试
OX2	No.2 氧传感器信号输入 ECU 的引线端子	检测氧传感器输出信号
TS	与 ABS ECU 的 TS 端子连接	ABS 动作测试
T1(TT)	与变速器 ECU、发动机 ECU 的 T1 或 TT 端子连接	变速器动作测试
IG-	点火控制器转速信号输出 RPM 端	发动机转速脉冲信号输出
WA	ABS 指示灯及 ABS ECU	ABS 故障指示
WB	ABS 电磁阀继电器	ABS 动作测试
ECT	与电控变速器 O/D 指示灯及开关连接	电控变速器 O/D 指示灯控制
A/D	与巡航控制指示灯及 ECU 的 PI 端子连接	巡航控制系统指示灯控制
ABS	与 ABS ECU D/G 端子连接	ABS ECU D/G 信号
TB1(AS)	与空气悬架指示灯及 ECU 的 AP 端子连接	空气悬架指示灯控制
TRC	与 ABS 指示灯及 ECU 的 B16 端子连接	ABS 故障指示灯控制
A/C	与空调器 ECU 的 DOUT 端子连接	空调器 ECU 诊断输出信号

1) 自诊断测试条件

在读取故障码之前，控制系统必须满足以下条件。

(1) 蓄电池电压高于 11V。

(2) 节气门完全关闭(即节气门位置传感器的怠速触点处于闭合状态)。

(3) 普通变速器的变速杆处于空挡位置，自动变速器的挡位选择手柄处于 P(停车)位。

(4) 断开所有用电设备开关，如空调开关、音响开关、灯光开关等。

(5) 检查组合仪表板上的发动机故障指示灯(CHECK)及其线路是否良好。方法是先将点火开关转到 ON 位置，但不起动发动机，此时故障指示灯应当点亮。如果指示灯 CHECK 不亮，说明指示灯 CHECK 灯泡或其控制线路有故障，应检修。然后起动发动机，此时故障指示灯应立即熄灭。如指示灯始终点亮，说明控制系统有故障。

2) 静态测试方式读取故障码

在静态测试方式下读取发动机控制系统故障码的程序如下。

(1) 用跨接线将诊断插座(TDCL)上端子 TE1 与 E1 跨接，如图 11.7 所示。

(2) 点火开关转到 ON 位置，但不起动发动机。

(3) 根据组合仪表板上的指示灯闪烁规律读取故障码。如果控制系统功能正常，则指示灯闪烁波形及时间如图 11.8(a)所示，每 0.52s 闪烁一次，每次灯亮与灯灭时间均为 0.26s，高电平时灯亮，低电平时灯灭。如果控制系统存储有故障码，指示灯的闪烁波形及时间将如图 11.8(b)所示。

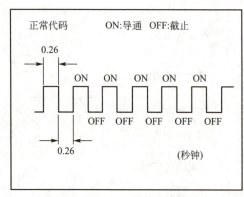 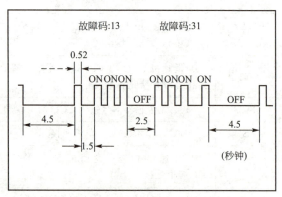

(a) 正常代码显示时间　　　　　　　　　(b) 故障码"13""31"显示时间

图 11.8　故障码显示时间(单位：s)

丰田系列乘用车和装备 8A-FE 型燃油喷射式发动机的夏利 2000 型乘用车，其故障码均为两位数字。故障指示灯先显示十位数字，后显示个位数字。

同一数字灯亮与灯灭时间均为 0.52s，十位数字与个位数字之间间隔 1.5s。如有多个故障码，则故障码与故障码之间间隔为 2.5s，并按故障码的大小由小到大顺序显示。故障码全部输出后，间隔 4.5s 再重复显示。

只要诊断插座上端子 TE1 与 E1 保持跨接，就会继续重复显示。

故障码的含义及故障原因见表 11-3。

表 11-3　丰田(TOYOTA)与夏利 2000 型乘用车故障码的含义及故障原因

代码	故障内容	故障原因及部位
11	ECU 电源瞬间中断	主继电器及其线路接触不良
12	① 起动机接通 2s 以上时间 ECU 未接收到曲轴转速信号 ② 发动机在 600～4000r/min 范围内，ECU 在 3s 以上未接收到凸轮轴位置传感器信号	① 曲轴位置传感器及其线路故障 ② 凸轮轴位置传感器及其线路故障 ③ 起动信号线路断路或短路 ④ ECU 故障
13	① 发动机转速 1500r/min 以上 ECU 在 0.3s 以上时间内未接收到转速信号 ② 发动机转速在 500～4000r/min，ECU 未接收到凸轮轴位置传感器信号	① 曲轴位置传感器及其线路故障 ② 凸轮轴位置传感器及其线路故障 ③ ECU 故障
14	ECU 连续发出 4～5 次点火信号后，仍未接收到点火监控信号(IGf 信号)	① 分电器至 ECU 之间的监控信号线路断路或短路 ② 点火控制器故障 ③ ECU 故障
15	ECU 连续发出 4～5 次点火信号后，仍未接收到第二组点火线圈的点火监控信号(IGf 信号)	① No.2 点火线圈至 ECU 之间的监控信号线路断路或搭铁 ② 点火控制器故障 ③ ECU 故障
16	电子控制自动变速器信号不正常	① 主 ECU 与电子控制变速器 ECU 之间线路故障 ② 电子控制变速器 ECU 故障
17	No.1(左)凸轮轴位置传感器信号不良	① No.1(左)凸轮轴位置传感器线路断路、搭铁 ② No.1(左)凸轮轴位置传感器故障
18	No.2(右)凸轮轴位置传感器信号不良	① No.2(右)凸轮轴位置传感器线路断路、搭铁 ② No.2(右)凸轮轴位置传感器故障
21	左侧主氧传感器信号不正常(传感器输出电压在 0.35V 以下或 0.7V 以上超过 60s 无变化)	① 左侧主氧传感器损坏或线路断路、搭铁 ② 氧传感器加热元件损坏或线路断路、搭铁
22	冷却液温度传感器线路断路或短路 0.5s 以上时间(ECU 在 0.5s 以上时间内未接收到 THM 信号)	① 冷却液温度传感器线路短路或断路 ② 冷却液温度传感器失效 ③ ECU 故障
24	进气温度传感器线路断路或短路 0.5s 以上时间(ECU 在 0.5s 以上时间内未接收到进气温度信号)	① 进气温度传感器线路短路或开路 ② 进气温度传感器失效 ③ ECU 故障
25	混合气过稀、空燃比过大(ECU 接收到氧传感器信号电压低于 0.45V 的时间超过 90s)	① 氧传感器失效、线路断路 ② 冷却液温度传感器失效 ③ 喷油器线圈断路或阀针卡住 ④ 空气流量传感器工作不良 ⑤ ECU 故障

(续)

代码	故障内容	故障原因及部位
26	混合气过浓、空燃比过小(氧传感器信号电压高于0.45V的时间超过10s；发动机怠速运转冷却液温度在80℃以上)	① 喷油压力过高 ② 喷油器密封不良、漏油 ③ 正时带跳齿、配气正时错乱 ④ 进气歧管漏气 ⑤ ECU 故障
27	左侧副氧传感器信号不正常	左侧副氧传感器损坏或线路断路、搭铁
28	右侧主氧传感器信号不正常(传感器输出电压在0.35V以下或0.7V以上超过1min无变化)	① 右侧主氧传感器损坏或线路断路、搭铁 ② 氧传感器加热元件损坏或线路断路、搭铁
29	右侧副氧传感器信号不正常	右侧副氧传感器损坏或线路断路、搭铁
31	歧管压力传感器线路断路或短路0.5s以上时间(怠速运转时ECU在0.5s以上时间未接收到PIM信号)	① 歧管压力传感器信号电压失常(标准值5V±0.5V) ② 歧管压力传感器线路开路或短路 ③ ECU 故障
32	空气流量传感器信号不良(怠速运转时ECU在0.5s以上时间未接收到AFS信号)	① 空气流量传感器故障 ② 空气流量传感器线路开路或短路 ③ ECU 故障
33	怠速控制阀信号不良	① 怠速控制阀线路断路或短路 ② 怠速控制阀故障
34	压力传感器信号不良(TURBO 车型)	压力传感器损坏或线路断路、搭铁
35	大气压力传感器信号不正常	大气压力传感器损坏或线路断路、搭铁
41	节气门位置传感器线路断路或短路0.5s以上时间(ECU在0.5s以上时间内没有接收到VTA信号或怠速时信号电压低于0.4V或高于3.5V)	① 节气门位置传感器线路断路、搭铁 ② 节气门位置传感器故障 ③ ECU 故障
42	发动机转速在2500～5000r/min(普通变速器)或2800r/min(ECT)以上、冷却液温度高于80℃、歧管压力高于60kPa时，ECU在8s以上时间内未接收到车速传感器信号(SPD信号)	① 车速传感器线路断路、搭铁 ② 车速传感器故障 ③ P/N 开关故障 ④ ECU 故障
43	起动信号不良	① 起动信号线路断路、搭铁 ② ECU 故障
47	辅助节气门位置传感器线路开路或短路0.5s以上时间(雷克萨斯LS400乘用车)	① 辅助节气门位置传感器线路断路、搭铁 ② 辅助节气门位置传感器故障 ③ ECU 故障

(续)

代码	故障内容	故障原因及部位
51	自诊断测试时，自动变速器的挡位控制开关处于空挡、倒挡、前进挡D、2、1（应拨到停车挡）位置或空调开关接通	① 操作不当 ② 自动变速器的挡位控制开关故障 ③ 空调开关故障
52	No.1 爆燃传感器信号不正常（发动机转速在 1600～5200r/min，爆燃传感器信号有 6 个循环未输入 ECU）	① No.1 爆燃传感器线路断路、搭铁 ② No.1 爆燃传感器故障 ③ ECU 故障
53	发动机转速在 650～5200r/min，ECU 检测到爆燃信号无法处理	ECU 内部爆燃控制电路失效
54	涡轮增压器冷却液温度信号不良	① 冷却液温度传感器线路短路或开路 ② 冷却液温度传感器失效 ③ ECU 故障
55	No.2 爆燃传感器信号不正常（发动机转速在 1600～5200r/min，爆燃传感器信号有 6 个循环未输入 ECU）	① No.2 爆燃传感器线路断路、搭铁 ② No.2 爆燃传感器故障 ③ ECU 故障
71	废气再循环（EGR）系统工作不良	① EGR 真空电磁阀故障或线路断路或搭铁 ② EGR 系统排气温度传感器故障 ③ ECU 故障
72	燃油切断电磁阀工作不良	① 燃油切断电磁阀故障或线路断路或搭铁 ② ECU 故障
78	① 发动机转速低于 1000r/min 时，电动燃油泵线路开路或短路 1s 以上 ② 发动机转速低于 1000r/min 时，燃油泵与 ECU 之间的线路开路或短路 ③ 发动机转速低于 1000r/min 时，燃油泵 ECU 的监测线路开路或短路	① 燃油泵 ECU 线路断路或搭铁 ② 燃油泵 ECU 故障 ③ 燃油泵线路故障 ④ 发动机 ECU 故障
99	控制系统正常	

注：虽然表中列出了 ECU 故障，但是其可能性很小，汽车行驶 10 万千米 ECU 故障约占总故障的 1‰。

（4）故障码读取完毕，断开点火开关，拆下跨接线，盖好诊断插座护盖。

3）动态测试方式读取故障码

动态测试方式读出的故障码与静态测试方式相比，检测能力更强，灵敏度更高，不仅可以读取在静态测试方式显示的故障码，而且还能检测起动信号、节气门怠速触点信号、空调信号和空挡开关信号等。

动态测试是在汽车运行状态下进行诊断测试，其测试程序如下。

（1）将点火开关转到 OFF（断开）位置。

（2）用跨接线将诊断插座（TDCL）上的端子 TE2 与 E1 跨接，如图 11.9(a)所示。

(3) 将点火开关转到 ON(接通)位置，但不起动发动机，此时组合仪表板上的故障指示灯将快速闪烁(大约每秒钟闪烁 4 次)，如图 10.10 所示，发亮与熄灭时间均为 0.131s。

(4) 起动发动机，模拟驾驶人所述故障状态行驶，此时端子 TE2 与 E1 保持跨接，并且车速不低于 10 km/h。

(5) 路试完毕，再用一根跨接线将诊断插座上的端子 TE1 与 E1 跨接，即将 TE2、TE1 和 E1 三个端子同时跨接，如图 11.9(b)所示。

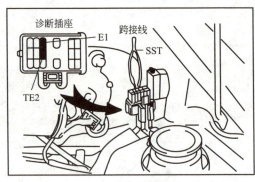
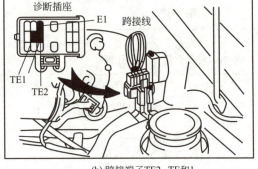

(a) 跨接端子TE2与E1   (b) 跨接端子TE2、TE和1

图 11.9　诊断插座在动态测试时的跨接情况

(6) 根据仪表板上的指示灯闪烁规律读取故障码。

(7) 故障码读取完毕，将点火开关转到 OFF 位置，并拆下跨接线，盖好诊断插座护盖。

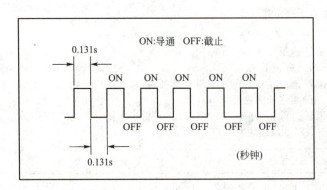

图 11.10　动态测试时指示灯闪烁时间

关于动态测试的几点说明如下。

(1) 在跨接端子 TE2、E1 时，如果点火开关处于 ON 位置，那么控制系统将不能进入动态测试状态，即不能读取故障码。

(2) 如果指示灯显示 17、18、42、43 和 51 等代码，分别表示 No.1(左)和 No.2(右)凸轮轴位置传感器信号、车速信号、起动信号和开关信号正常。

4) 清除故障码

根据故障指示灯闪烁显示的故障码查阅维修手册中表示的故障原因将故障排除后，故障码仍存储在 ECU 的存储器中，并不能随故障的排除而自动消除，因此为了便于以后检修，排除故障后应将故障码清除。

丰田与夏利乘用车清除故障码的方法是将熔断器盒中的 EFI 熔断器（20A 或 15A）拔下 10s 以上时间，即可清除故障码。

清除故障码的另一种方法是将蓄电池搭铁线拆下 10s 以上时间，这种方法同时也会清除存储器中存储的所有信息（包括时钟、音响系统的密码等），因此必须慎重使用。

2. 利用调码器进行诊断测试

部分乘用车（如日本三菱、韩国现代、中国猎豹等汽车）可以利用调码器进行自诊断测试，测试方法与利用跨接线测试基本相同，将调码器跨接诊断插座上某两个指定的接线端子，即可触发自诊断系统来读取故障码。有所不同的是利用调码器测试的故障码是由调码器显示，利用跨接线测试的故障码由组合仪表板上的故障指示灯显示。

3. 利用故障检测仪进行自诊断测试

各种故障检测仪的使用方法各有不同，下面以大众汽车普遍使用的 V.A.G 1551 和 V.A.G 1552 型故障测试仪测试桑塔纳 2000GSi 型乘用车多点喷射系统为例，说明利用故障测试仪进行自诊断测试的过程。

V.A.G 1551 或 V.A.G 1552 测试仪可供选择的功能有 10 项，见表 11-4。为了便于读者掌握测试仪的使用，下面以英文版本测试仪为例说明。

表 11-4　V.A.G 1551 或 V.A.G 1552 测试仪可供选择的功能

代码	功能	前提条件	
		发动机停转，点火开关接通	发动机怠速运转
01	显示控制系统版本号	—	—
02	读取故障码	是	是
03	执行机构测试	是	否
04	进入基本设定	是	是
05	清除故障码	是	是
06	结束输出	是	是
07	控制模块编号	—	—
08	读取测量数据块	是	是
09	读取单个测量数据	×	×
10	自适应测试	×	—

注：1. 发动机停转，点火开关接通进行基本设定时，必须在更换电控单元 J220、节气门控制组件 J338、发动机或拆下蓄电池电缆后，才能选择代码 04 进行基本设定。
　　2. 发动机怠速运转进行基本设定时，在冷却液温度高于 80℃才能进行，如果冷却液温度低于 80℃，基本设定功能将被锁止。
　　3. 自适应测试目前仅用于厂内检查。

1）读取故障码

使用故障诊断仪进行诊断测试时，蓄电池电压必须高于 11.5V；燃油喷射系统熔断器正常;发动机和变速器上的搭铁线连接必须可靠。读取故障码的操作程序如下。

(1) 起动发动机进行至少 220s 试车。试车中应当满足的条件:必须在发动机冷却液温度高于 70℃ 的情况下至少运转 174s;发动机至少高速运行 6s;发动机运转 210s 后至少再怠速运转 10s;发动机转速至少有一次超过 2200r/min。

对于发动机不能起动的车辆,首先应当排除机械故障,然后反复接通起动开关,使发动机转动数次。

(2) 连接故障测试仪。桑塔纳 2000GSi 型乘用车电控汽油喷射系统设有一个 16 端子故障诊断插座,又称为故障阅读仪接口,是一个标准的 OBD-Ⅱ插座(第二代车载故障诊断插座),安装在变速杆下端皮质护套下面,如图 11.11 所示。

诊断电控系统故障时,断开点火开关,用测试线束 V.A.G 1551/3 将故障阅读仪 V.A.G 1551 或汽车系统测试仪 V.A.G 1552 与诊断插座连接,即可进行诊断测试。

(3) 接通电源进入诊断测试程序。首先接通点火开关或起动发动机怠速运行(如故障导致发动机不能起动,则接通点火开关),然后接通故障诊断仪电源开关。此时故障诊断仪进入"车辆系统测试"模式,显示如图 11.12 所示。

图 11.11 桑塔纳 2000GSi 型乘用车故障诊断插座安装位置

图 11.12 进入"车辆系统测试"模式时显示的信息

(4) 输入发动机控制系统的地址指令 01,并单击 Q 键确认,地址指令代表的系统名称就会出现在屏幕上(单击 C 键可以改变输入指令)。电控单元确认后将显示如图 11.13 所示的电控单元信息(注意:只有在点火开关接通或发动机运转时,才能显示控制器的编号和代码)。

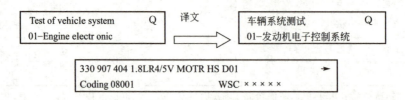

图 11.13 输入电控单元地址代码 01 后显示的信息

330 907 404—电控单元零件编号(实际编号参见配件目录);1.8L—发动机排量;
R4/5V—直列 4 缸 5 气门发动机;MOTR—燃油喷射系统(MOTRONIC)名称;
HS—手动变速器;D01—电控单元软件代码(程序编号);
Coding 08001—电控单元编码;WSC×××××—服务站代码

需要特别指出的是：由于汽车使用的电控单元及诊断仪使用的程序卡型号不同，各项功能所显示和打印的内容会有所不同。

（5）单击"→"键，直到诊断仪屏幕上显示输入"功能选择代码"，如图11.14所示。

图 11.14　单击"→"键后显示的功能选择信息

（6）输入读取故障码的功能选择代码02，并单击Q键确认，屏幕上将首先显示存储故障的数量或显示"没有故障被识别"，显示如图11.15所示。如果没有故障码，显示屏显示如图11.16所示。

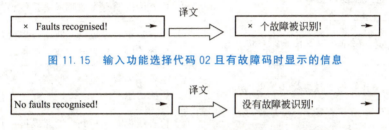

图 11.15　输入功能选择代码02且有故障码时显示的信息

图 11.16　输入功能选择代码02但无故障码时显示的信息

（7）单击"→"键继续运行，每一个故障的文字说明将单独显示在屏幕上，如图11.17所示。

图 11.17　显示每个故障的文字说明信息

如果使用V.A.G 1551型测试仪，单击Print键接通打印机（Print键上的指示灯将发亮），存储的一个或多个故障码及其文字说明将按存储故障的顺序打印出来。

为了使打印输出的故障码与维修手册印制的故障码表一一对应，故障码均按5位数字排列，桑塔纳2000GSi型乘用车的故障码见表11-5。

表 11-5　桑塔纳2000GSi型乘用车发动机电控系统故障码

V.A.G 打印码	故障部位	排除方法
00000	无故障	如果汽车有故障，说明故障没有被控制系统识别
00513	发动机转速传感器 G28	① 检查曲轴位置传感器有无松动 ② 检查线束有无短路、断路或搭铁 ③ 检查传感器有无故障或更换传感器
00515	霍尔式凸轮轴位置传感器 G40	① 检查霍尔传感器转子的安装位置是否准确 ② 检查线束有无短路、断路或搭铁 ③ 检查传感器有无故障或更换传感器

（续）

V.A.G 打印码	故障部位	排除方法
00518	节气门控制组件的节气门位置传感器(电位计)G69	① 检查线束有无短路、断路或搭铁 ② 检查传感器有无故障或更换传感器
00522	冷却液温度传感器 G62	① 检查线束有无短路、断路或搭铁 ② 检查传感器有无故障或更换传感器
00524	1、2缸用1号爆燃传感器 G61	① 检查线束有无短路、断路或搭铁 ② 更换传感器
00527	进气温度传感器 G72	① 检查线束有无短路、断路或搭铁 ② 检查传感器有无故障或更换传感器
00530	节气门怠速位置传感器 G88	① 检查线束有无短路、断路或搭铁 ② 检查传感器有无故障或更换传感器
00540	3、4缸用2号爆燃传感器 G66	① 检查线束有无短路、断路或搭铁 ② 更换传感器
00553	空气流量传感器 G70	① 检查线束有无短路、断路或搭铁 ② 检查传感器至发动机之间是否漏气 ③ 检查传感器是否脏污
00668	30号电源线电压过低	① 检查蓄电池电压是否过低 ② 检查整体式交流发电机能否发电
01165	节气门控制组件 J338 基本设定错误	① 检查控制组件与 ECU 是否匹配 ② 检查节气门或控制电机 V60 是否卡死 ③ 重新进行基本设定
01247	活性炭罐电磁阀 N80	① 检查电磁阀线圈电阻(20℃时标准值 40～80Ω) ② 检查线束有无短路、断路或搭铁
01249	第1缸喷油器 N30	① 检查线束有无短路、断路或搭铁 ② 检查喷油器线圈电阻(20℃时标准值 13～18Ω)
01250	第2缸喷油器 N31	① 检查线束有无短路、断路或搭铁 ② 检查喷油器线圈电阻(20℃时标准值 13～18Ω)
01251	第3缸喷油器 N32	① 检查线束有无短路、断路或搭铁 ② 检查喷油器线圈电阻(20℃时标准值 13～18Ω)
01252	第4缸喷油器 N33	① 检查线束有无短路、断路或搭铁 ② 检查喷油器线圈电阻(20℃时标准值 13～18Ω)

在显示屏下面一行显示的是故障类型，如果故障类型后面显示有"/SP"字样，表明该故障为偶然性故障。

故障码及其类型显示完毕，显示屏将显示输入"功能选择代码"，如图11.14所示。此时输入功能选择代码，可继续进行诊断测试。

2）清除故障码

故障排除后应及时清除故障码，否则再次读取故障码时，此次故障码会一并调出，影响工作效率。

如果电控单元电源切断（如控制器插头被拔下）或蓄电池极柱上的电缆端子被拆下，那么故障码存储器中存储的故障信息将被清除。

利用故障诊断仪 V.A.G 1551 或 V.A.G 1552 清除桑塔纳 2000GSi 型乘用车发动机电子控制系统故障码的操作程序如下。

（1）按读取故障码的操作程序（1）～（5）进入诊断测试"功能选择"。当诊断仪屏幕上显示输入"功能选择代码"时，如图 11.18 所示，输入读取故障码的功能选择代码 02，并单击 Q 键确认。

图 11.18　单击"→"键后显示的功能选择信息

（2）单击"→"键，直到显示出所有的故障码，并在屏幕上显示输入"功能选择代码"时，输入清除故障码的功能选择代码 05，并单击 Q 键确认，显示如图 11.19 所示。

图 11.19　输入功能选择代码"05"时显示的信息

（3）单击"→"键，直到故障码被清除，并在屏幕上显示输入"功能选择代码"时，输入结束输出功能选择代码 06，并单击 Q 键确认。

（4）重新试车并再次读取故障码，不得有故障码显示。

3）执行机构测试

桑塔纳 2000GSi 型乘用车发动机电子控制系统执行机构的诊断测试又称为最终控制诊断（Final control diagnosis）。诊断测试执行机构时，电控单元将逐一激活每一个执行元件并产生相应的执行动作，从而可以检查每一个执行元件及其电路的技术状况。

桑塔纳 2000GSi 型乘用车发动机电子控制系统执行机构诊断测试需要注意以下几点。

（1）电控系统执行机构诊断测试只能在接通点火开关、发动机不运转的情况下进行。如果起动发动机运转，电控单元接收到转速信息时就会立即终止执行元件测试。

（2）在诊断测试执行元件期间，被测执行元件将连续动作，直到单击"→"键时该元件动作才结束，并进入下一个执行元件测试。

（3）在测试期间，能够听到执行元件动作的声音或通过触摸感觉到动作情况。

（4）需要重复进行执行元件测试时，必须断开点火开关 2s 以后，才能再次进行测试。

（5）在执行元件测试期间，电动燃油泵将连续工作，测试进行 10min 之后将自动结束。

（6）执行元件测试顺序为：第 1 缸喷油器（N30）、第 2 缸喷油器（N31）、第 3 缸喷油器（N32）、第 4 缸喷油器（N33）、活性炭罐电磁阀（N80）。

桑塔纳 2000GSi 型乘用车发动机电子控制系统执行机构诊断测试测试程序如下。

(1) 按读取故障码的操作程序(1)~(5)进入诊断测试"功能选择"(但只接通点火开关,不起动发动机)。在诊断仪屏幕上显示输入"功能选择代码"时,输入执行机构自诊断的功能选择代码03,显示如图11.20所示。

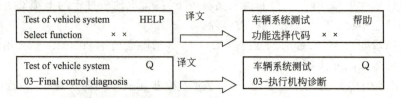

图11.20　输入功能选择代码03时显示的信息

(2) 单击Q键确认后,便开始对执行元件进行诊断测试。执行元件的诊断顺序由电控单元决定,并通过显示屏显示出来,如图11.21所示。

图11.21　测试第1缸喷油器时显示的信息

此时踩下加速踏板,使节气门控制组件J338中的怠速触点断开,第1缸喷油器将连续发出5次"咔嗒"声;如果没有发出"咔嗒"声,说明第1缸喷油器或其线路故障,需要检修或更换喷油器。

(3) 单击"→"键,切换到下一个执行元件(即第2缸喷油器)测试,显示如图11.22所示,并用踩下加速踏板测试第1缸喷油器的相同方法,分别检查其他各缸喷油器是否发出"咔嗒"声。

图11.22　测试第2缸喷油器时显示的信息

(4) 单击"→"键切换到对活性炭罐N80进行诊断测试,显示如图11.23所示。此时活性炭罐电磁阀必须连续动作(可以听到"咔嗒"声,用手触摸电磁阀时应有振动感),并持续到单击"→"键切换到对下一个执行元件测试。如果活性炭罐电磁阀不动作,则需检修或更换电磁阀。

图11.23　诊断测试活性炭罐电磁阀N80时显示的信息

(5) 继续单击"→"键切换到对其他执行元件继续诊断测试。执行元件测试完毕,诊断仪返回到输入"功能选择代码"状态。此时输入结束输出的功能选择代码06,并单击Q键确认,结束执行机构测试。

11.3 OBD-Ⅱ车载自诊断系统

11.3.1 OBD-Ⅱ车载自诊断系统简介

1993年以前的电控自诊断系统为第一代自诊断系统,由于各厂家采用不同的诊断插座、不同的诊断代码和不同的诊断功能,给检测诊断带来很大的不便。

OBD-Ⅱ是第二代车载自诊断系统(On-Board Diagnostics-Ⅱ)的简称。OBD-Ⅱ是由美国汽车工程学会(SAE)制定的汽车自诊断标准。该标准要求各汽车厂家采用统一的诊断模式、统一的诊断插座、统一的诊断代码(故障码)。这样一来,只要一台诊断仪器就可检测诊断所有车系,大大简化汽车检测诊断、维护修理工作。到1996年,全世界所有汽车制造商都已经采用了OBD-Ⅱ标准。

11.3.2 OBD-Ⅱ车载诊断系统的特点

OBD-Ⅱ车载诊断系统有以下特点。

(1)统一诊断插座,将各种车型的诊断插座统一为16端子,OBD-Ⅱ诊断插座结构如图11.24所示。

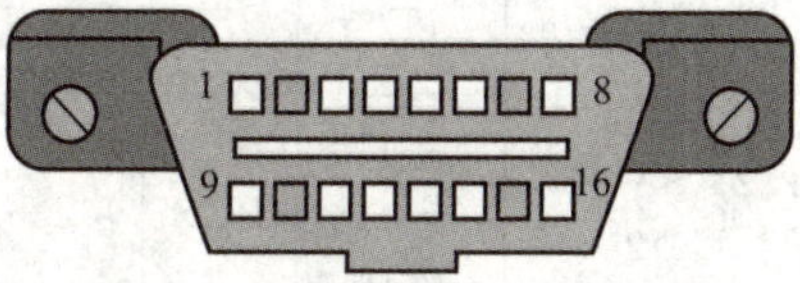

(2)统一诊断插座位置,均安装在驾驶室内位于驾驶人侧仪表板下方。

图 11.24 OBD-Ⅱ诊断插座的结构

(3)故障诊断仪和车辆之间采用标准通信规则。
(4)统一各个车型的故障码含义。
(5)具有数值分析和数据传输功能。
(6)具有重新显示记忆故障码的功能。
(7)具有行车记录仪功能。
(8)具有可由仪器直接消除故障码的功能。
(9)监控排放控制系统。
(10)标准的技术缩写术语,定义系统的工作元件。

数据传输线有两个标准,一个是国际标准,即ISO(International Standards Organization);另一个是美国汽车工程学会统一标准,即SAE(Society of Automotive Engineers)。

1. OBD-Ⅱ诊断插座

OBD-Ⅱ的DLC(Data Link Connection)诊断插座,其16端子的定义见表11-6。

表 11-6 OBD-Ⅱ诊断插座端子定义

端子号	端子定义	端子号	端子定义
1	供汽车制造商使用	4	接地(搭铁)
2	SAEJ 1850所制定的数据传输线	5	信号反馈接地(搭铁)
3	供汽车制造商使用	6	供汽车制造商使用

（续）

端子号	端子定义	端子号	端子定义
7	ISO 9141-2 所制定的数据传输线	12	供汽车制造商使用
8	供汽车制造商使用	13	供汽车制造商使用
9	供汽车制造商使用	14	供汽车制造商使用
10	SAE 制定的数据传输线	15	ISO 9142-2 制定的数据传输线
11	供汽车制造商使用	16	接蓄电池正极

诊断连接器的插针端子代号虽已基本统一，但每个端子所连接的内容各个汽车制造商却有所不同。通用、福特、克莱斯勒、奔驰、沃尔沃、丰田和三菱等公司的定义见表 11-7。

表 11-7 OBD-Ⅱ诊断连接器端子代号及内容

端子代号	通用（GM）	福特（Ford）	克莱斯勒（Chrysler）	奔驰（BENZ）	沃尔沃（VOLVO）	丰田（TOYOTA）	三菱（MITSUBISHI）
1#	—	—	—	DM7#/1 HFM15#/1	—	—	触发发动机故障码
△2#SAE—J2012	"M"发动机数据	BUS	—	—	—	SDL	—
3#	悬架	—	SRS—4#	—	A2#BUS	—	—
4#	搭铁	搭铁	搭铁	搭铁	搭铁	搭铁	搭铁
5#	搭铁	搭铁	搭铁	搭铁	搭铁	搭铁	搭铁
6#	"B"触发	—	发动机 9#	—	—	A/T 故障码 9#	—
☆7# ISO 9141	—	—	发动机 30# ABS5#	DM23#/1	A6#BUS	—	发动机数据 92#
8#	防盗	—	—	—	—	—	ABS 故障码 22#
9#	BCM 数据	—	—	DM6#/1 HFM16#/1	—	—	—
△10#SAE—J2012	—	BUSS	—	—	—	—	发动机数据 86#
11#	悬架	—	—	—	—	—	—
12#	—	—	—	—	—	—	SRS 诊断 9#
13#	—	触发	—	—	—	—	巡航 24#
14#	音响空调	—	—	—	—	—	—
☆15# ISO 9141	—	—	—	—	—	—	—
16#	B+	B+	B+	B+	B+	B+	B+

2. OBD-Ⅱ诊断测试模式

OBD-Ⅱ规定了14个诊断测试模式,分别为回到正常模式、传输诊断数据、记忆数据清除、检测 RAM 数据、元件控制功能、RAM 数据选择、RAM 数据修改、数据指令显示、切断正常传输、连接正常传输、清除故障记忆、暂停正常传输、根据数值定义诊断和根据记忆故障码定义诊断。

3. OBD-Ⅱ硬件特点

典型的装备 OBD-Ⅱ的车辆具有以下特点。

(1) 氧传感器通常是加热型氧传感器。附加的氧传感器位于催化转化器之后。前后的氧传感器组合起来对催化转化器的净化率进行监控,同时对燃油控制进行补偿。

(2) 具有 32 位处理器的增强功能的传动系统控制模块(PCM),为适应 OBD-Ⅱ的需要,增加了 1.5 万个新的标定常数。

(3) 带有 EEPROM 的 PCM,其中的软件可重新编程,通过终端接口及外部计算机可对其重新写入新版的软件。

(4) 改进的燃油蒸发污染控制系统。

(5) 增强的 EGR 系统,带有一个电子控制的线性 EGR 阀和一个针阀位置传感器,实现对 EGR 量的精确监控。

(6) 燃油喷射方式由多点顺序喷射(SFI)取代了普通多点喷射(MPI)和单点喷射(TBI)。

(7) 进气歧管绝对压力(MAP)传感器和空气流量(MAF)传感器同时使用,更精确地监测发动机的空气流量。

11.3.3 故障码

1. 故障码的组成

SAE 规定 OBD-Ⅱ故障码由 5 位字母和数字组成。

第 1 个是英文字母,代表测试系统,如 B——车身(BODY);C——底盘(CHASSIS);P——发动机、变速器(POWER TRAIN);U——未定义,由 SAE 另行发布。

第 2 个到第 5 个为数字码。每一个代码均有特殊含义。例如,故障码 P1352 可表示如下含义:P 代表测试系统,在此表示发动机和变速器;1 代表汽车制造商;3 代表 SAE 定义的故障码范围;52 代表原厂故障码。

2. 故障码的含义

故障码前 2 位代码表示下列不同含义。

P0——发动机和变速器计算机控制系统,由 SAE 统一制定故障码。

P1——发动机和变速器计算机控制系统,由汽车制造商自行制定故障码。

P2——发动机和变速器计算机控制系统,预留故障码。

P3——发动机和变速器计算机控制系统,预留故障码。

C0——底盘计算机控制系统,由 SAE 统一制定故障码。

C1——底盘计算机控制系统,由汽车制造商自行制定故障码。

C2——底盘计算机控制系统,预留故障码。

C3——底盘计算机控制系统，预留故障码。
B0——车身计算机控制系统，由 SAE 统一制定故障码。
B1——车身计算机控制系统，由汽车制造商自行制定故障码。
B2——车身计算机控制系统，预留故障码。
B3——车身计算机控制系统，预留故障码。
U0——网络联系相关故障码。
U1——网络联系相关故障码。
U2——网络联系相关故障码。
U3——网络联系相关故障码。

故障码第 3 位代表 SAE 定义故障范围。

1 表示燃油或空气测试系统不良。

2 表示燃油或空气测试系统不良。

3 表示点火系统不良或发动机间歇熄火。

4 表示废气控制系统辅助装置不良。

5 表示汽车或怠速控制系统不良。

6 表示计算机或输出控制元件不良。

7 表示变速器控制系统不良。

8 表示变速器控制系统不良。

3. 故障码的区分

OBD-Ⅱ发动机和变速器的故障码大致分为如下 10 类。

P01××——燃油和进气系统。

P02××——燃油和进气系统。

P03××——点火系统。

P04××——排放污染物控制相关系统。

P05××——车速传感器和怠速控制相关系统。

P06××——控制计算机相关系统。

P07××——变速器故障码。

P08××——变速器故障码。

P09××——SAE 预留部分。

P00××——SAE 预留部分。

故障码 P0000~P0999 为 SAE 统一规定部分，见表 11-8。

表 11-8 SAE 定义的 OBD-Ⅱ故障码说明

代码	代码含义	代码	代码含义
P0100	空气流量计线路故障	P0107	进气歧管绝对压力传感器信号太高
P0101	怠速时空气流量计电压不良	P0108	进气歧管绝对压力传感器信号太低
P0102	空气流量计信号太低	P0110	进气温度传感器线路故障
P0103	空气流量计信号太高	P0111	进气温度传感器信号不良
P0105	大气压力传感器信号不良	P0112	进气温度传感器线路短路

(续)

代码	代码含义	代码	代码含义
P0113	进气温度传感器线路断路	P0204	第4缸喷油器线路不良
P0115	冷却液温度传感器线路故障	P0205	第5缸喷油器线路不良
P0116	冷却液温度传感器信号不正确	P0206	第6缸喷油器线路不良
P0117	冷却液温度传感器线路短路	P0207	第7缸喷油器线路不良
P0118	冷却液温度传感器线路断路	P0208	第8缸喷油器线路不良
P0120	节气门位置传感器信号不良	P0300	发动机有间歇性不点火
P0121	节气门位置传感器调整不当	P0301	第1缸有间歇性不点火
P0122	节气门位置传感器信号太低	P0302	第2缸有间歇性不点火
P0123	节气门位置传感器信号太高	P0303	第3缸有间歇性不点火
P0125	发动机无法达到闭环工作温度	P0304	第4缸有间歇性不点火
P0130	主氧传感器信号电压过高或过低	P0305	第5缸有间歇性不点火
P0131	氧传感器信号电压过低	P0306	第6缸有间歇性不点火
P0132	氧传感器信号电压过高	P0307	第7缸有间歇性不点火
P0133	主氧传感器信号电压变化不灵敏	P0308	第8缸有间歇性不点火
P0135	主氧传感器加热线路不良	P0320	发动机转速信号不良
P0136	副氧传感器信号电压过高或过低	P0321	曲轴位置传感器信号不良
P0137	副氧传感器信号电压过低	P0325	前爆燃传感器信号不良
P0138	副氧传感器信号电压过高	P0330	后爆燃传感器信号不良
P0140	副氧传感器线路断路	P0335	起动或运转中未收到曲轴传感器信号
P0141	副氧传感器加热线路短路	P0336	曲轴传感器和凸轮轴传感器信号不良
P0150	后氧传感器信号电压过高或过低	P0402	EGR阀怠速时漏气
P0151	前副氧传感器信号电压过低	P0403	EGR控制系统线路不良
P0152	前副氧传感器信号电压过高	P0420	三元催化转化器不良或后氧传感器不良
P0153	后氧传感器信号变动率太慢	P0421	三元催化转化器不良
P0154	前副氧传感器线路断路	P0422	三元催化转化器不良
P0155	后氧传感器加热线路短路	P0430	后催化转化器不良(福特等)
P0158	后副氧传感器信号电压过高	P0440	活性炭罐堵塞或控制不良
P0160	后副氧传感器信号线路不良	P0443	活性炭罐电磁阀线路不良
P0161	后副氧传感器信号线路受干扰	P0444	活性炭罐电磁阀信号过低
P0171	氧传感器信号电压过低	P0445	活性炭罐电磁阀信号过高
P0172	氧传感器信号电压过高	P0550	始终收不到车速信号
P0174	后氧传感器信号电压过低	P0501	实际车速在29km/h以上,但无车速信号(如通用车)
P0175	后氧传感器信号电压过高		
P0201	第1缸喷油器线路不良	P0502	已挂入前进挡且发动机转速在3000r/min以上,但无车速信号(如通用车)
P0202	第2缸喷油器线路不良		
P0203	第3缸喷油器线路不良	P0505	怠速步进电动机故障

(续)

代码	代码含义	代码	代码含义
P0510	节气门位置传感器不良	P0741	变矩器离合器电磁阀不良或卡在全开位置
P0605	主计算机 ROM 记忆不良	P0743	变矩器离合器电磁阀控制线路不良
P0703	制动灯开关信号不良	P0750	换挡电磁阀 A 不良
P0705	挡位开关信号不良	P0751	换挡电磁阀 A 卡在全开位置
P0707	挡位开关信号过低	P0753	换挡电磁阀 A 短路或断路
P0708	挡位开关信号过高	P0755	换挡电磁阀 B 不良
P0712	变速器油温传感器搭铁	P0756	换挡电磁阀 B 卡在全开位置
P0713	变速器油温传感器断路	P0758	换挡电磁阀 B 短路或断路
P0720	变速器输出轴车速传感器信号不良	P0770	变矩器离合器(TCC)电磁阀不良
P0740	变矩器离合器电磁阀不良	P0773	变矩器离合器(TCC)电磁阀短路或断路

11.3.4　故障码的读取

1. 通用车系

读取发动机故障码的方法是跨接 OBD-Ⅱ 诊断插座的 6 号、5 号端子，由仪表板 CHECK ENGINE 灯闪烁读出。

2. 克莱斯勒车系

读取发动机故障码的方法是跨接 OBD-Ⅱ 诊断插座的 13 号、15 号端子，由仪表板 CHECK ENGINE 灯闪烁读出。

3. 奔驰车系

1996 年以前的奔驰车系统仍然采用 38 针诊断插座，由第 4 孔读取 HFM 发动机计算机故障码或由第 19 孔读取 DM 发动机计算机故障码。

4. 沃尔沃车系

读取发动机故障码的方法是在 OBD-Ⅱ 诊断插座 3 号跨接指示灯。

5. 丰田车系

读取发动机故障码的方法是跨接 OBD-Ⅱ 诊断插座的 5 号、6 号端子或将 TE1、E1 端子跨接，由仪表板 CHECK ENGINE 灯闪烁读出。

6. 三菱车系

三菱车系可由 OBD-Ⅱ 诊断插座读取下列 5 个系统的故障码。

(1) 发动机故障码：可将诊断插座 1 号端子接地，由仪表板 CHECK ENGINE 灯闪烁读出。

(2) 变速器故障码：可将指示灯跨接诊断插座的 6 号、4 号端子，由跨接灯闪烁读出。

(3) ABS 故障码：可将指示灯跨接诊断插座的 8 号、4 号端子，由跨接灯闪烁读出。

(4) SRS 故障码：可将指示灯跨接诊断插座的 12 号、4 号端子，由跨接灯闪烁读出。

(5) 巡航控制系统故障码：可将指示灯跨接诊断插座的 13 号、4 号端子，由跨接灯闪烁读出。

7. 北京切诺基汽车

北京切诺基汽车发动机故障码的读取方法是 3s 内完成点火开关的下述循环：ON—OFF—ON—OFF—ON（即通—断—通—断—通）。发动机 ECU 得到此信息后，将一系列数字以 CHECK ENGINE 灯闪烁的形式输出故障码。

11.3.5 故障码的清除

诊断出的故障在排除之后，必须随之将存储的故障码清除，其基本手段是切断 ECU 中随机存储器的电源。

丰田车系的故障码清除方法是关闭点火开关，从熔断器盒里拆下 20A 的 EFI 熔断器 10s 以上。

福特车系的故障码清除方法是先进入 KOEO 测试状态，当故障码刚要显示时，立刻拆下连接自诊断输入接头和自诊断插座上的信号返回接头的跨接线，若拆线时机掌握不好，可反复进行。

奥迪车系在自诊断测试结束后，LED 指示灯将闪烁故障码 0000，这时接通跨接线 4s 以上，即可清除故障码。

沃尔沃车系的故障码清除方法比较麻烦，先置点火开关于 ON 位置，按下诊断按钮 5s 以上，然后放开，过 3s 后 LED 点亮，再次按下诊断按钮 5s 以上，待 LED 灭后放开，再次进入诊断测试状态，LED 将显示新的故障码，或显示代码 111，表明已排除故障的代码均被清除。

三菱车系 ABS 故障码的清除方法是在点烟器后方有一个两针插头，分别为红/黄和绿/白线，这两条线分别与 ABS ECU 9 号、10 号端子连接。跨接上述两接头，将点火开关置于 ON 位置、测试 ABS 电磁阀全关，显示灯闪烁；等待 7s 以上将点火开关置于 OFF，并将跨线断开；将点火开关再置于 ON 位置，即完成清除 ABS 故障码。

通常在清除故障码后，故障指示灯即熄火而且不再有故障症状，这说明故障排除彻底。若清除故障码后，故障指示灯不灭，说明故障排除不彻底，应重新进行一轮故障码的读取和清除。

11.4 数据流与波形分析

11.4.1 汽车数据流

1. 故障码的局限性

汽车故障码一般只能监测汽车电控系统的电路信号，并且只能监测信号的极限值，并不能监测传感器和执行器工作特性的变化。

例如，线性节气门位置传感器要输出与节气门开度成比例的电压信号，控制系统根据其输出的电压信号来判断节气门的开度（即负荷的大小），从而决定对喷油器的持续喷油时间（喷油量）的控制。如果节气门位置传感器的工作特性发生了变化，传感器输出的电压信号虽然在规定的范围内，但并不与节气门的开度成规定的比例变化，这时就会出现发动机工作不良，而发动机故障指示灯却并不会点亮，当然也不会有故障码存储。

由此可见，通过汽车故障检测仪读取故障码仅能发现汽车电子控制系统中大部分传感器、执行器或电控单元线路短路、断路，以及元件损坏所导致的无输出信号及信号超出极限值的故障，而对于传感器、执行器精度误差等方面的故障则无法检测。

事实上，各种传感器出现的模拟性故障（如工作不正常和偏差严重等）是无法依靠故障码功能检测出来的。因此，在诊断故障时不能完全依赖故障码功能检测诊断，而只能把它作为检测诊断时的一种重要参考依据。

目前，许多汽车的故障诊断系统除了具有故障码的存储、记录功能以外，还具有行车记录仪功能，能存储、记录车辆行驶过程中的有关技术数据（技术参数）。其功能、作用与飞机的飞行状态记录仪（俗称飞机黑匣子）非常相似，因此也称汽车黑匣子。

对于汽车故障码无法反映出来的故障，可以利用汽车黑匣子的数据流功能进行较为准确的判断和分析。

2. 汽车数据流及其作用

汽车数据流是指汽车电子控制单元（ECU/ECM）与各种传感器和执行器之间交流的、能够动态反映汽车实际运行状态的技术数据的总和。

这些反映汽车实际运行状态的技术数据（或称技术参数），可由汽车故障诊断仪通过汽车故障自诊断系统的诊断接口进行读取和显示。在汽车故障自诊断系统的诊断接口与汽车故障诊断仪之间，如实反映汽车实际运行状态的技术数据犹如队伍排队一样，一个一个地通过数据传输导线流向诊断仪，并可在诊断仪屏幕上显示出来，因此，被形象地称为汽车数据流。

汽车数据流真实地反映了各种传感器和执行器的工作电压和工作状态，为汽车故障诊断提供了有力依据。汽车数据流可作为汽车电子控制单元的输入/输出数据，使维修人员随时可以了解汽车的工作状况，及时诊断汽车的故障。

通过读取和分析汽车数据流，不仅可以了解和掌握汽车的动态运行参数，而且可以大大提高汽车故障诊断的效率，显著降低误诊率。此外，还可以对汽车的运行数据进行初始化设定。

11.4.2　数据流的读取

下面，以用 V.A.G.1551/1552 型故障检测仪读取（或称检测）上海桑塔纳 2000GSi 乘用车 AJR 型发动机电子控制系统数据流为例，介绍汽车数据流的读取方法。

1. 数据流的读取条件

数据流的读取（或称检测）条件：冷却液温度不低于 80℃；发动机散热器风扇未运转；空调系统及其他用电设备应该关闭；故障存储器中应该没有故障存储。

2. 数据流的读取方法

（1）连接 V.A.G.1552 型故障检测仪，并使发动机怠速运转。选择地址代码"01"，进入"发动机电子控制系统"，屏幕显示如图 11.25 所示。

图 11.25 进入"发动机电子控制系统"

(2) 输入"读取测量数据流"功能代码"08",按 Q 键确认,屏幕显示如图 11.26 所示。

图 11.26 输入读取测量数据流功能代码"08"

(3) 输入相关的显示组号,按 Q 键确认,屏幕即显示相关的数据流。例如,输入基本功能的显示组号"0",按 Q 确认,屏幕显示如图 11.27 所示。

图 11.27 输入"基本功能"的显示组号

11.4.3 数据流的分析

1. 基本功能数据流(显示组号"01")

在发动机怠速运转,冷却液温度大于80℃时检测,屏幕显示(显示组号"01")如图 11.28 所示。

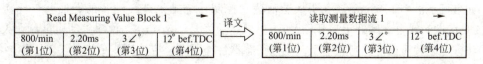

图 11.28 基本功能数据流(显示组号"01")

数据流含义及分析如下:

第1位数据的含义是发动机转速,其正常值为830r/min±30r/min。如果该转速超差,应检查并调整发动机怠速。

第2位数据的含义是发动机负荷(发动机曲轴每转1周,喷油器的持续喷油时间),其正常值为1.00~2.5ms。

如果显示值小于1.00ms,说明进气系统漏气或者燃油系统压力太高,应排除进气系统漏气故障和检查燃油系统压力或更换燃油压力调节器;如果显示值大于2.5 ms,说明发动机负荷太大。如果发动机怠速转速正常,则表示空气流量传感器性能不良,应检测或更换空气流量传感器。

第3位数据的含义是节气门角度值,也即节气门开度值,其正常值为0°~5°。

如果显示值大于5°,说明节气门拉索调整不当;节气门控制器 J338 未进行基本设定;

节气门控制器J338损坏。此时应调整节气门拉索；对节气门控制器进行基本设定。如果该数据仍显示大于5°，则应更换节气门控制器J338。

第4位数据的含义是点火提前角，其正常值为12°±4.5°（上止点前）。如果其值不在正常范围内，则应检修电子点火系统；如果点火系统工作正常，则说明当前发动机负荷太大。

2. 基本功能数据流（显示组号"02"）

在发动机怠速运转，冷却液温度大于80℃时检测，屏幕显示（显示组号"02"）如图11.29所示。

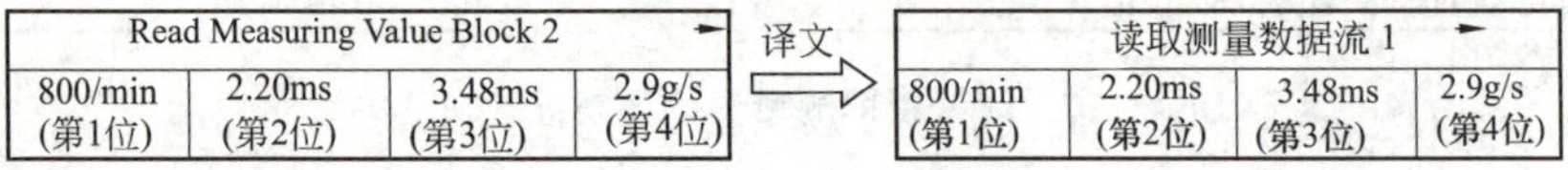

Read Measuring Value Block 2				译文	读取测量数据流1			
800/min（第1位）	2.20ms（第2位）	3.48ms（第3位）	2.9g/s（第4位）	→	800/min（第1位）	2.20ms（第2位）	3.48ms（第3位）	2.9g/s（第4位）

图11.29　基本功能数据流（显示组号"02"）

数据流含义及分析如下：

第1位数据的含义是发动机转速，其正常值为830r/min±30r/min。如果该转速超差，应检查并调整发动机怠速。

第2位数据的含义是发动机负荷（发动机曲轴每转1周，喷油器的持续喷油时间），其正常值为1.00～2.5ms。

如果显示值小于1.00ms，说明进气系统漏气或者燃油系统压力太高，应排除进气系统漏气故障和检查燃油系统压力或更换燃油压力调节器；如果显示值大于2.5ms，说明发动机负荷太大。如果发动机怠速转速正常，则表示空气流量传感器性能不良，应检测或更换空气流量传感器。

第3位数据的含义是发动机每循环（曲轴回转2周），喷油器的持续喷油时间，其正常值为2.0～5.0ms。

如果显示值小于2.0ms，说明从燃油蒸发控制系统排入进气歧管的燃油蒸气比例较高（可能是活性炭罐电磁阀处于常开位置）；如果显示值大于5.0ms，说明发动机负荷太大。如果发动机怠速转速正常，则表示空气流量传感器性能不良，应检测或更换空气流量传感器。

第4位数据的含义是进气空气质量，其正常值为2.0～4.0g/s。如果显示值小于2.0g/s，则说明进气系统有漏气故障存在；如果显示值大于4.0g/s，则说明发动机负荷太大。

3. 基本功能数据流（显示组号"03"）

在发动机怠速运转，冷却液温度大于80℃时检测，屏幕显示（显示组号"03"）如图11.30所示。

Read Measuring Value Block 3				译文	读取测量数据流3			
800/min（第1位）	14.000V（第2位）	93.6℃（第3位）	39.1℃（第4位）	→	800/min（第1位）	14.000V（第2位）	93.6℃（第3位）	39.1℃（第4位）

图11.30　基本功能数据流（显示组号"03"）

数据流含义及分析如下：

第1位数据的含义是发动机转速,其正常值为830r/min±30r/min。如果该转速超差,应检查并调整发动机怠速。

第2位数据的含义是蓄电池电压,其正常值为10.0～14.5V。如果显示电压值超差,则应检查蓄电池、发电机及发动机控制单元的工作情况。

第3位数据的含义是冷却液温度,其正常值为80～105℃。如果显示值小于80℃,说明发动机没有完成暖机过程,应该在发动机暖机后再进行检测;如果暖机后此显示值仍小于80℃,则说明冷却液温度传感器有故障。如果显示值大于105℃,则说明冷却液温度传感器有故障。

第4位数据的含义是进气温度,其值应随外界环境温度的变化而变化。如果显示值始终为19.1℃而不发生变化或与环境温度不符,则说明进气温度传感器有故障。

4. 怠速稳定数据流(显示组号"04")

在发动机怠速运转,冷却液温度大于80℃时检测,屏幕显示(显示组号"04")如图11.31所示。

图11.31 怠速稳定数据流(显示组号"04")

数据流含义及分析如下:

第1位数据的含义是节气门角度值,也即节气门开度值,其正常值为0°～5°。

如果显示值大于5°,说明节气门拉索调整不当;节气门控制器J338未进行基本设定;节气门控制器J338损坏。此时应调整节气门拉索;对节气门控制器进行基本设定。如果该数据仍显示大于5°,则应更换节气门控制器J338。

第2位数据的含义是怠速空气质量测量值(空挡位置),其正常值为-1.7～+1.7g/s。如果显示值小于-1.7g/s,说明存在节气门泄漏故障;如果显示值大于+1.7g/s,说明进气系统有泄漏或进气系统有堵塞故障。

第3位数据的含义是怠速空气质量测量值(自动变速器),手动变速器数值正常值为零且不变。如有变化,则说明发动机怠速不稳,应调整发动机怠速转速。

第4位含义是工作状态,正常显示为"Leer lauf(德文,意为怠速)"。如果有其他显示,则应检修或更换怠速开关。

5. 怠速稳定数据流(显示组号"05")

在发动机怠速运转,冷却液温度大于80℃时检测,屏幕显示(显示组号"05")如图11.32所示。

图11.32 怠速稳定数据流(显示组号"05")

数据流含义及分析如下:

第1位数据的含义是发动机转速，其正常值为830r/min±30r/min。如果该转速超差，应检查并调整发动机怠速。

第2位数据的含义是怠速转速规定值，其正常值为800r/min，在发动机处于怠速运转时该值应保持不变。

第3位数据的含义是怠速控制，其正常值为-10%～+10%，表示发动机处于怠速运转状态。如果显示数据超差，应检查并调整节气门控制器中的怠速节气门电位计，并再次进行基本设定。

第4位数据的含义是进气空气质量，其正常值为2.0～4.0g/s。如果显示值小于2.0g/s，则说明进气系统有漏气故障存在；如果显示值大于4.0g/s，则说明发动机负荷太大。

6. 怠速稳定数据流（显示组号"06"）

在发动机怠速运转，冷却液温度大于80℃时检测，屏幕显示（显示组号"06"）如图11.33所示。

Read Measuring Value Block 6 →				译文	读取测量数据流6 →			
800/min (第1位)	-0.7% (第2位)	-2.3% (第3位)	13.5°V.OT (第4位)		800/min (第1位)	-0.7% (第2位)	-2.3% (第3位)	13.5°V.OT (第4位)

图11.33 怠速稳定数据流（显示组号"06"）

数据流含义及分析如下：

第1位数据的含义是发动机转速，正常值为830r/min±30r/min，如果该转速超差，应检查并调整发动机怠速。

第2位数据的含义是怠速控制，其正常值为-10%～+10%，表示发动机处于怠速运转状态。如果显示数据超差，应检查并调整节气门控制器中的怠速节气门电位计，并再次进行基本设定。

第3位数据的含义是混合气λ调节，也即可燃混合气的浓度——空燃比控制，其正常值为-10%～+10%。如果显示值不在此范围内，则说明λ调节超差，应检查发动机的λ闭环控制系统的性能。

第4位数据的含义是点火提前角，其正常值为12°±4.5°（上止点前）。如果显示值不在正常范围内，则应检修电子点火系统；如果点火系统正常，则说明发动机负荷太大。

7. λ调节和ACF阀系统数据流（显示组号"07"）

在发动机怠速运转，冷却液温度大于80℃时检测，屏幕显示（显示组号"07"）如图11.34所示。

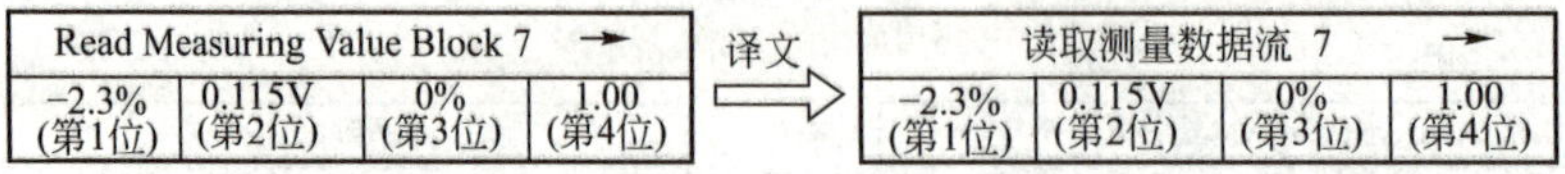

Read Measuring Value Block 7 →				译文	读取测量数据流7 →			
-2.3% (第1位)	0.115V (第2位)	0% (第3位)	1.00 (第4位)		-2.3% (第1位)	0.115V (第2位)	0% (第3位)	1.00 (第4位)

图11.34 λ调节和ACF阀系统数据流（显示组号"07"）

数据流含义及分析如下：

第1位数据的含义是混合气λ调节，其正常值为-10%～+10%。如果显示值不在此范围内，说明λ调节超差，应检查发动机的λ控制系统的性能。

第 2 位数据的含义是 λ 传感器输出电压，如果 λ 传感器输出电压在 0.1～1.0V 不断跳动、变化，则表示 λ 调节正常。

第 3 位数据的含义是活性炭罐电磁阀（ACF 阀）N80 的占空比，显示值为 0%，说明电磁阀关闭；显示值为 99%，说明电磁阀打开。如果显示值与活性炭罐电磁阀 N80 的工作状态不符，则说明活性炭罐电磁阀 N80 控制系统有故障，应检修活性炭罐电磁阀 N80 控制系统。

第 4 位数据的含义是燃油蒸发控制系统动作时的混合气修正系数。如果显示值为小于 1.00，说明燃油蒸发控制系统为气缸内输送浓混合气，λ 控制系统将缩短喷油器持续喷油时间；如果显示值等于 1.00，说明燃油箱没有排气或燃油蒸发控制系统为气缸内输送标准混合气(λ=1)；如果显示值大于 1.00，说明燃油蒸发控制系统为气缸内部输送稀混合气，λ 控制系统将延长喷油器的持续喷油时间。

8. λ 调节值数据流（显示组号"08"）

在发动机怠速运转，冷却液温度大于 80℃时检测，屏幕显示（显示组号"08"）如图 11.35 所示。

图 11.35　λ 调节值数据流（显示组号"08"）

数据流含义及分析如下：

第 1 位含义是发动机每循环喷油持续时间，其正常值为 2.0～5.0 ms。如果显示值小于 2.0ms，说明从燃油蒸发控制系统排入进气歧管的燃油蒸气比例较高（可能是活性炭罐电磁阀常开）；如果显示值大于 5.0ms，说明发动机负荷太大，在发动机怠速转速正常的条件，一般情况下表示空气流量传感器性能不良，应检测或更换空气流量传感器。

第 2 位含义是怠速时 λ 调节值，其正常值为 -10%～+10%。如果显示值不在此范围内，说明 λ 控制超差，应检查发动机的 λ 控制系统的性能。

第 3 位含义是部分负荷时 λ 调节值，其正常值为 -8%～+8%。如果显示值不在此范围内，说明 λ 控制超差，应检查发动机的 λ 闭环控制系统的性能。

第 4 位含义是燃油蒸发控制系统。如果显示为"TE Aktive"，说明活性炭罐电磁阀动作；如果显示为"TE n. Aktive"，说明活性炭罐电磁阀关闭；如果显示为"λ-Adaption"；说明活性炭罐电磁阀关闭，λ 调节在起作用。

9. 爆燃控制数据流（显示组号"13"）

在发动机处于大油门（节气门开度超过 50%）状态，变速器以 3 挡行驶，并且发动机冷却液温度大于 80℃时检测，屏幕显示（显示组号"13"）如图 11.36 所示。

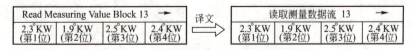

图 11.36　爆燃控制数据流（显示组号"13"）

数据流含义及分析如下：

第1～4位含义分别是第1～4缸爆燃控制点火滞后角，正常值为0°～15°曲轴转角。如果显示值超出正常范围，说明爆燃控制系统不良，应检修爆燃控制系统。

10. 爆燃控制数据流（显示组号"16"）

在发动机怠速时检测，屏幕显示（显示组号"16"）如图11.37所示。

Read Measuring Value Block 13 →	译文	读取测量数据流 13 →
0.760V（第1位） | 0.800V（第2位） | 1.120V（第3位） | 1.120V（第4位）		0.760V（第1位） | 0.800V（第2位） | 1.120V（第3位） | 1.120V（第4位）

图 11.37　爆燃控制数据流（显示组号"16"）

数据流含义及分析如下：

第1～4位的含义分别是第1～4缸爆燃传感器电压信号，其正常值为0.3～1.4V。如果显示值不在正常值范围内，则应更换第2缸爆燃传感器。

需要注意的是，各缸爆燃传感器电压信号之间的偏差不得大于50%；在猛踩加速踏板时爆燃传感器电压信号最大可达5.1V。

11.4.4　波形分析

应该指出，除上述的汽车数据流分析之外，利用专用示波器对汽车电子控制系统的传感器、执行器的工作波形、汽车网络系统的各种总线波形进行分析，也是进行汽车电子控制系统故障诊断的极为有效的方法。

关于示波器的使用方法及汽车网络系统的各种总线波形的分析方法，可参阅本书参考文献［5］，为节省篇幅，在此不再赘述。

1. 现代汽车故障自诊断系统主要有哪3个方面的功能？
2. 根据发动机工作状态不同，自诊断测试方式分为哪两种？各有何特点？
3. OBD-Ⅱ车载自诊断测试的主要内容有哪些？
4. 如何进行汽车数据流分析？

参考文献

[1] 凌永成. 汽车电气设备 [M]. 3版. 北京：北京大学出版社，2016.
[2] 凌永成. 汽车维修技术与设备 [M]. 2版. 北京：北京大学出版社，2015.
[3] 凌永成. 汽车工程概论 [M]. 北京：机械工业出版社，2015.
[4] 凌永成. 汽车空调技术 [M]. 北京：机械工业出版社，2014.
[5] 凌永成. 车载网络技术 [M]. 北京：机械工业出版社，2013.
[6] 凌永成. 汽车运行材料 [M]. 2版. 北京：北京大学出版社，2013.
[7] 凌永成. 汽车电子控制技术 [M]. 2版. 北京：北京大学出版社，2011.
[8] 赵海波. 汽车自动变速器构造与维修 [M]. 北京：机械工业出版社，2010.
[9] 付百学. 汽车电子控制技术（上册）[M]. 北京：机械工业出版社，2010.
[10] 付百学. 汽车电子控制技术（下册）[M]. 北京：机械工业出版社，2010.

北京大学出版社汽车类教材书目

序号	书　　名	标准书号	著作者	定价	出版日期
1	汽车构造(第2版)	978-7-301-19907-7	肖生发，赵树朋	56	2014.1
2	汽车构造学习指导与习题详解	978-7-301-22066-5	肖生发	26	2014.1
3	汽车发动机原理(第2版)	978-7-301-21012-3	韩同群	55	2013.5
4	汽车设计	978-7-301-12369-0	刘涛	45	2008.1
5	汽车运用基础	978-7-301-13118-3	凌永成，李雪飞	26	2008.1
6	现代汽车系统控制技术	978-7-301-12363-8	崔胜民	36	2008.1
7	汽车电气设备实验与实习	978-7-301-12356-0	谢在玉	29	2008.2
8	汽车试验测试技术（第2版）	978-7-301-25436-3	王丰元，邹旭东	36	2015.3
9	汽车运用工程基础(第2版)	978-7-301-21925-6	姜立标	34	2016.3
10	汽车制造工艺（第2版）	978-7-301-22348-2	赵桂范，杨娜	40	2013.4
11	车辆制造工艺	978-7-301-24272-8	孙建民	45	2014.6
12	汽车工程概论	978-7-301-12364-5	张京明，江浩斌	36	2008.6
13	汽车运行材料（第2版）	978-7-301-22525-7	凌永成	45	2015.6
14	汽车运动工程基础	978-7-301-25017-4	赵英勋，宋新德	38	2014.10
15	汽车试验学	978-7-301-12358-4	赵立军，白欣	28	2014.7
16	内燃机构造	978-7-301-12366-9	林波，李兴虎	26	2014.12
17	汽车故障诊断与检测技术	978-7-301-13634-8	刘占峰，林丽华	34	2013.8
18	汽车维修技术与设备（第2版）	978-7-301-25846-0	凌永成	36	2015.6
19	热工基础（第2版）	978-7-301-25537-7	于秋红，鞠晓丽等	45	2015.3
20	汽车检测与诊断技术	978-7-301-12361-4	罗念宁，张京明	30	2009.1
21	汽车评估（第2版）	978-7-301-26615-1	鲁植雄	38	2016.1
22	汽车车身设计基础	978-7-301-15619-3	王宏雁，陈君毅	28	2009.9
23	汽车车身轻量化结构与轻质材料	978-7-301-15620-9	王宏雁，陈君毅	25	2009.9
24	车辆自动变速器构造原理与设计方法	978-7-301-15609-4	田晋跃	30	2009.9
25	新能源汽车技术（第2版）	978-7-301-23700-7	崔胜民	39	2015.4
26	工程流体力学	978-7-301-12365-2	杨建国，张兆营等	35	2011.12
27	高等工程热力学	978-7-301-16077-0	曹建明，李跟宝	30	2010.1
28	汽车电气设备（第3版）	978-7-301-27275-6	凌永成	59	2016.8
29	汽车电气设备	978-7-301-24947-5	吴焕芹，卢彦群	42	2014.10
30	汽车电器与电子设备	978-7-301-25295-6	唐文初，张春花	26	2015.2
31	现代汽车发动机原理	978-7-301-17203-2	赵丹平，吴双群	35	2013.8
32	现代汽车新技术概论（第2版）	978-7-301-24114-1	田晋跃	42	2016.1
33	现代汽车排放控制技术	978-7-301-17231-5	周庆辉	32	2012.6
34	汽车服务工程（第2版）	978-7-301-24120-2	鲁植雄	42	2015.4
35	汽车使用与管理	978-7-301-18761-6	郭宏亮，张铁军	39	2013.6
36	汽车数字开发技术	978-7-301-17598-9	姜立标	40	2010.8
37	汽车人机工程学	978-7-301-17562-0	任金东	35	2015.4
38	专用汽车结构与设计	978-7-301-17744-0	乔维高	45	2014.6
39	汽车空调	978-7-301-18066-2	刘占峰，宋力等	28	2013.8
40	汽车空调技术	978-7-301-23996-4	麻友良	36	2014.4
41	汽车CAD技术及Pro/E应用	978-7-301-18113-3	石沛林，李玉善	32	2015.4
42	汽车振动分析与测试	978-7-301-18524-7	周长城，周金宝等	40	2011.3
43	新能源汽车概论（第2版）	978-7-301-25633-6	崔胜民	37	2016.3
44	新能源汽车基础	978-7-301-25882-8	姜顺明	38	2015.7
45	汽车空气动力学数值模拟技术	978-7-301-16742-7	张英朝	45	2011.6

序号	书 名	标准书号	著作者	定价	出版日期
46	汽车电子控制技术(第 3 版)	978-7-301-27262-6	凌永成	59	2017.1
47	车辆液压传动与控制技术	978-7-301-19293-1	田晋跃	28	2015.4
48	车辆悬架设计及理论	978-7-301-19298-6	周长城	48	2011.8
49	汽车电器及电子控制技术	978-7-301-17538-5	司景萍，高志鹰	58	2012.1
50	汽车车身计算机辅助设计	978-7-301-19889-6	徐家川，王翠萍	35	2012.1
51	现代汽车新技术	978-7-301-20100-8	姜立标	49	2016.1
52	电动汽车测试与评价	978-7-301-20603-4	赵立军	35	2012.7
53	电动汽车结构与原理	978-7-301-20820-5	赵立军，佟钦智	35	2015.1
54	二手车鉴定与评估	978-7-301-21291-2	卢 伟，韩 平	36	2015.4
55	汽车微控制器结构原理与应用	978-7-301-22347-5	蓝志坤	45	2013.4
56	汽车振动学基础及其应用	978-7-301-22583-7	潘公宇	29	2015.2
57	车辆优化设计理论与实践	978-7-301-22675-9	潘公宇，商高高	32	2015.2
58	汽车专业英语	978-7-301-23187-6	姚 嘉，马丽丽	36	2013.8
59	车辆底盘建模与分析	978-7-301-23332-0	顾 林，朱 跃	30	2014.1
60	汽车安全辅助驾驶技术	978-7-301-23545-4	郭 烈，葛平淑等	43	2014.1
61	汽车安全	978-7-301-23794-6	郑安文	45	2015.4
62	汽车安全概论	978-7-301-22666-7	郑安文，郭健忠	35	2015.10
63	汽车系统动力学与仿真	978-7-301-25037-2	崔胜民	42	2014.11
64	汽车营销学	978-7-301-25747-0	都雪静，安惠珠	50	2015.5
65	车辆工程专业导论	978-7-301-26036-4	崔胜民	39	2015.8
66	汽车保险与理赔	978-7-301-26409-6	吴立勋，陈立辉	32	2016.1
67	汽车理论	978-7-301-26758-5	崔胜民	32	2016.1
68	新能源汽车动力电池技术	978-7-301-26866-7	麻友良	42	2016.3
69	汽车车身控制系统	978-7-301-27023-3	杭卫星	28	2016.5
70	汽车发动机管理系统	978-7-301-27083-7	贝绍轶	28	2016.6
71	汽车底盘控制系统	978-7-301-27693-8	赵景波	32	2016.11
72	汽车底盘机械系统	978-7-301-27270-1	李国庆	28	2016.7
73	现代汽车新技术（第 2 版）	978-7-301-27425-5	姜立标	57	2016.8
74	汽车新能源与排放控制（双语教学版）	978-7-301-27589-4	周庆辉	35	2016.10
75	汽车新技术	978-7-301-27692-1	邹乃威，周大帅	46	2016.11
76	汽车发动机机械系统	978-7-301-27786-7	李国庆	28	2016.12

如您需要更多教学资源如电子课件、电子样章、习题答案等，请登录北京大学出版社第六事业部官网 www.pup6.cn 搜索下载。

如您需要浏览更多专业教材，请扫下面的二维码，关注北京大学出版社第六事业部官方微信（微信号：pup6book），随时查询专业教材、浏览教材目录、内容简介等信息，并可在线申请纸质样书用于教学。

感谢您使用我们的教材，欢迎您随时与我们联系，我们将及时做好全方位的服务。联系方式：010-62750667，童编辑，13426433315@163.com，pup_6@163.com，lihu80@163.com，欢迎来电来信。客户服务 QQ 号：1292552107，欢迎随时咨询。